中国大遗址保护理论与方法研究

刘卫红 著

科学出版社
北京

内 容 简 介

大遗址是指遗址或遗迹等遗存本体与其相关联的环境载体共同构成的有明确地域范围的综合性景观场所。本书综合运用考古学、历史学、哲学、经济学、建筑学、地理学、管理学、规划学、社会学等融贯学科的研究方法，在对国内外遗址和大遗址保护历程回顾的基础上，分析了构建中国大遗址保护理论与方法的必要性；基于对大遗址概念、内涵与外延的辨析，提出了大遗址景观论；在价值论、系统论、控制论、人地关系论和有机更新理论的指导下，对大遗址的价值、保护技术措施、展示与解说、保护利用模式、保障管理等问题进行了系统的探讨，构建起了适合我国大遗址保护的基础理论与方法体系，是一篇理论性和实用性兼备的著作，对于当前我国大遗址保护实践及文化遗产学科体系建设具有重要的指导意义。

本书可供从事考古、文化遗产保护与管理、文化遗产保护规划方面的专家、技术人员或基层管理人员阅读、参考；也可作为考古学、旅游学、城市规划学、建筑学等学科文化遗产保护或管理方面师生的参辅教材。

图书在版编目（CIP）数据

中国大遗址保护理论与方法研究 / 刘卫红著. —北京：科学出版社，2020.3

ISBN 978-7-03-064706-1

Ⅰ. ①中⋯ Ⅱ. ①刘⋯ Ⅲ. ①文化遗址－文物保护－研究－中国 Ⅳ. ① K878.04

中国版本图书馆 CIP 数据核字（2020）第 046335 号

责任编辑：赵 越 吕 治 / 责任校对：王晓茜
责任印制：张 伟 / 封面设计：张 放

科学出版社 出版
北京东黄城根北街 16 号
邮政编码：100717
http://www.sciencep.com

北京厚诚则铭印刷科技有限公司 印刷
科学出版社发行 各地新华书店经销
*

2020 年 3 月第 一 版　开本：720×1000　1/16
2022 年 1 月第四次印刷　印张：17 3/4
字数：380 000

定价：168.00 元
（如有印装质量问题，我社负责调换）

本书得到

西北大学学术著作出版基金

资助

创新新时代大遗址保护与发展（代序）

　　大遗址是指遗址或遗迹等遗存本体与其相关联的环境载体共同构成的有明确地域范围的综合性景观场所。它是一个民族文化发展的历史见证与实践结果，是该民族心理结构、思维方式、审美情趣、价值取向等深层文化和生活方式、行为习惯等表层文化的集合反映。从文化遗产保护发展的角度来说，大遗址是一个国家、民族文化遗产的重要组成部分，同时也是这个国家、民族保护发展文化遗产的重要内容和任务。

　　我国作为一个有着五千年文明史的国家，保存着众多内涵丰富、价值高、影响大的大遗址。保护传承发展好这些大遗址是当代国人义不容辞的职责和使命。长期以来，特别是改革开放40多年来，我国大遗址保护取得了举世瞩目的成就。一方面，保护的法律法规不断健全完善，管理体制机制不断改革创新，保护方法措施不断改进提高。另一方面，许多专家学者针对大遗址保护中面临的实际问题，从不同角度、不同层面进行理论与实践探讨，政府有关部门从资金、人力等方面给予积极关注与大力支持，人民群众的保护意识也在不断提高。不过，需要指出的是，就当前我国大遗址保护的实际现状来看，尚存在一些突出问题，主要表现在三个方面：

　　一是一些理应得到保护的大遗址没有被保存或很好地保护下来。我们知道，西方国家的大遗址基本上都是石质结构，不易破损，保存时间长，如古希腊、古罗马时期的一些神庙、宫殿，虽经受数千年风雨剥蚀，但其主体结构、基本轮廓依然保存至今。我国则不然，大部分大遗址都是土木、砖木结构，易破损，保存时间短，例如，位于今西安市西北郊的汉长安城遗址，是全国重点文物保护单位，经过两千多年的自然和人为的破坏，今天只留下来部分残垣断壁和一些宫殿建筑的夯土台基。特别是随着我国经济的快速发展和城镇化步伐的加快，大遗址保护与城市建设、经济发展之间的矛盾日益突出，大遗址保护让路于项目建设的现象时有发生，致使一些理应被保护或保存的大遗址在本体或局部上不同程度地受到破坏与影响。

　　二是注重保护传承，轻视发展创新。多年来，在大遗址保护中，从专家学者到专业技术人员，更多重视的是大遗址原貌、现状的保持，基本上都是通过维修加固以达到实体元素的保留传承，而很少从活化遗址的角度，运用创造性转化和创新发展的方式，使遗址"亮"起来、"活"起来、"用"起来，以促进遗址自身的发展。按照文化发展规律，任何时代的文化总是在发展中不断充实、完善和进步的，也总是在发展中不断充满生机、活力和魅力。皮埃尔·布迪厄认为，文化是动态的，不断发展变化的，只有通过不断的"再生产"才能维持自身平衡，社会也才得以延续。文化遗产作为文化的物质载体和历史见证，必然伴随着文化的发展而发展。可以肯定地说，没有任何一种文化遗产能够以其诞生时的"原貌""原质"永久地留存于世，它总是在随着时间的推移而不断地被后人赋予新的时代内涵的过程中延续发展的。比如，明万历年间维修唐代所建大雁塔时，在塔体外围加固了一层60厘米厚的砖，这种在唐文化基础上融入明文化新内涵的做法，既使大雁塔能够更好更长久地留存于世，又促进了大雁塔这一文化遗产自身的发展。

三是大遗址的文化、社会、经济价值没有得到充分彰显。客观地讲，长期以来，我国对大遗址这类具有价值的内隐性、可读性差特征的文化遗产的保护，在很大程度上忽略了其价值的彰显与发挥。比如，在中国乃至世界都城史上具有重要价值、产生过重大影响的汉长安城遗址，由于多年来在维修保护中资源整合不力，内涵开发不足，文化载体缺乏，展示形式单一等原因，以致其至今仍默默无闻地蜷缩一隅，深藏地下或"稍露头角"，不唯外地游客，就是西安"土著"，亦很少有人了解其价值与影响，更遑论从中汲取滋养以推动文化事业和文化产业的发展。

出现以上问题的原因，从根本上讲，主要是因为缺乏一个符合大遗址特性并富有中国特色的大遗址保护理念与体系。我认为，立足中国大遗址特性，遵从中国传统审美崇尚与价值取向，按照创新发展思路，构建符合中国特色的大遗址保护发展理念与体系，是当今我国大遗址保护的重要任务。事实上，多年来我一直在思考和研究这一问题。从21世纪初开始，我先后撰写发表了《对当代文物保护观念的质疑》《当前文物保护工作的难点和关键》《论我国文化遗产保护》《东方文化遗产保护的典范》《大遗址保护的西安模式》《保护文化遗产，加快西安文化建设步伐》《中国文化特性与文化遗产保护体系的构建》等多篇学术论文。近期，我在此前研究的基础上，撰写了《中西方文化遗产保护理念辨析——兼论中国特色文化遗产保护发展理念的理论建构》一文，在对比分析中西方文化遗产保护理念差异及原因的基础上，从理论依据、理论基础、研究内容、研究方法四个方面论述了中国特色文化遗产保护发展理念的理论建构，提出新时代中国文化遗产保护发展应坚持"保护为主，发展为要，保护与发展并重；传承为主，创新为要，传承与创新并举"的理念（见《中国文化遗产》2020年第1期）。具体讲：

第一，文化保护是文化发展的前提和基础，文化发展是文化保护的宗旨和目标。党的十八大以来，习近平总书记多次强调指出，"要像爱惜自己的生命一样保护好城市历史文化遗产"，"让收藏在禁宫里的文物、陈列在广阔大地上的遗产、书写在古籍里的文字都活起来"，成为坚定文化自信、推动文化繁荣的深厚滋养。在新时代我国特色社会主义伟大实践中，我们要始终坚持保护为主的理念，既要开展抢救性保护，还要加强养护巡查和监测保护，要利用新科技、新材料、新方法、新工艺，力求以最先进的科学技术实现最高效、最持续的保护。与此同时，要坚持以发展为要的理念，秉持保护是为了更好的发展，发展是积极的保护的工作思路，努力使我国丰厚的文化遗产资源不断为坚定文化自信，推动社会主义文化繁荣兴盛，促进经济社会发展服务。只有坚持保护与发展并重的理念，才能使文化遗产永葆延续文脉、传承精神、丰富内涵的生机与活力。

第二，文化传承是文化创新的基础，文化创新是文化传承的时代要求。习近平总书记在党的十九大报告中指出，要加强文物保护利用和文化遗产保护传承，实现中华文化的创造性转化和创新性发展。新时代赋予文化遗产事业新的定位和使命。首先，文化遗产保护发展要坚持传承为主的理念。我们知道，中国文化遗产是华夏文明的记忆载体，蕴含着中华民族特有的思维方式、审美情趣和价值取向，凝聚着中华民族的精神文化标识，蕴藏着中华民族智慧的符号基因。保护发展文化遗产，要注重遗产精神内涵的挖掘传承，着力彰显"厚德载物、居安思危、乐天知足、崇尚礼义"的中华文化精神，传承"自强不息、爱国为民、崇尚和平、勤劳勇敢"的中华民族精神，延续中华民族一脉相承的精神追求、精神特质和精神脉络。其次，要坚持创新为要的理念。传承文化遗产，要按照时代发展的实际需要，重点做好创造性转化和创新性发展，使之与现实文化相融相通。一方面，要按照时代特点与要求，对那些至今仍有借鉴价值的内涵和陈旧的表现形式加以改造，赋予其新的时代内涵和现代表达方式，激活其生命力，实现其创造性转化。另一方面，要按照时代的新进步、新进展，对文化遗产的内涵加以补充、拓展、完善，增强其影响力和感召力，实现其创新性发展。总之，只有坚持传承与创新并举的理念，新时代文化遗产保护发展才能更具生生不息的价值与魅力。

大遗址作为文化遗产的重要组成部分，应坚持保护与传承为主，发展与创新为要的理念，走出一条在保护中发展，在发展中保护的新路子。正是受我专业研究的影响，2010年9月～2013年7月，卫红同志师从我攻读博士学位期间，鉴于其对大遗址保护的兴趣和研究专长，我建议其以构建大遗址保护发展体系为题完成博士学位论文。今天呈现在读者面前的《中国大遗址保护理论与方法研究》就是其当时博士论文的修改与完善。其主要结论与创新点包括以下几个方面：

一是在回顾国内外大遗址保护发展进程，总结我国大遗址保护成绩，并指出其存在问题的基础上，提出构建具有中国特色的大遗址保护理论体系的基本框架，即大遗址基本概念及价值认知评价体系、大遗址保护理念原则及保护技术措施体系、大遗址保护展示方法体系和大遗址解说体系、大遗址保护利用模式体系和大遗址保障管理体系。

二是客观考察国内外价值认知的演变过程，分析指出我国大遗址价值认知中存在的问题及其对大遗址保护的影响，以国际理念为指导，结合我国文化传统和大遗址特性，从价值类型、价值指标、评价要素和评价内容四个层面，构建起以历史、科学、艺术等文物价值为主的本体价值评价体系和对遗址实践、改造后成果与意义认识为主的包括社会价值、文化价值、经济价值和环境价值在内的衍生价值评价体系。

三是在研究分析国内外保护原则及保护技术措施利弊得失的基础上，结合我国实际，提出大遗址保护应遵循的原则（整体性原则、真实性原则、可识别性原则、可逆性原则、原址保护原则、最小干预原则、修旧如旧原则）和保存、修复、迁移、环境整治及重建等应采取的保护技术措施，并从实践层面论述了每一原则和技术措施的实际运用。

四是提出大遗址展示、解说与利用是大遗址价值实现的重要途径，并以大遗址景观论为指导，结合大遗址保护的目的和目标，构建起大遗址展示、解说与利用模式体系。首先，在对大遗址展示重要性和存在问题分析的基础上，以大遗址景观论和保护利用、价值导向等理念为指导，根据大遗址展示对象的多元性，提出了保护陈列展示法、意象展示法、地脉强化法、文脉延伸法、文化展示法等展示设计方法，构建起静态与动态、物质与非物质、文化与自然相结合的大遗址展示体系。其次，借助旅游学，从解说对象、解说受众、解说内容、解说媒介、解说方式等层面对大遗址解说系统进行了比较全面深入的阐述。

五是基于对西安地区遗址保护利用成功案例的总结分析，以产业集聚理论为指导，提出了大遗址区域产业集聚理论的框架体系，对其内涵、特征、效应和形成原因、机制、模式及影响因素进行了探讨；同时结合西安地区大遗址特性和保护现状，以大遗址区域产业集聚理论为指导，提出了"田园文化城市"、"文化影视公园"、"田园乡村"和"休闲社区公园"等保护与利用模式，以期推进我国大遗址的保护。

六是在对大遗址保护管理存在问题分析基础上，从保护管理体系（大遗址管理体制、登录制度、社会参与制度、监督管理制度、保护规划制度等）、法律制度保障体系、资金保障体系和教育科研体系对大遗址保障体系进行了探讨，以实现大遗址保护事业的科学、可持续发展。

以上六个方面，是卫红同志在继承前人研究成果的基础上，对新时代我国大遗址保护在理论和方法体系上所做的新的研究与探索。这些研究与探索为大遗址保护、展示、利用提供了理论、原则上的指导和方法、措施上的支持，具有较高的学术性和较强的应用性。与以往大遗址研究成果相比，这部论著在创新性、理论性和实践性方面实现了新的突破。

关于创新性。我始终认为，创新永远是促进学术研究，推动学术发展的不竭动力。没有创新，就无从彰显学术研究的魅力和生命力，更无从谈及其价值与意义。卫红同志无论是对大遗址保护理念、原则的研究，还是对大遗址保护方法、技术的探讨，都始终从创新创造的视角切入，按照创新新时代大遗址保护与发展的思路阐释论述大遗址保护的理念与方法。上所胪述该著六个方面的创新就正好说明这一点。

关于理论性。较强的理论性是任何学术研究提升质量、突显特色、强化说服力的有力支撑。缺乏理论支撑的学术研究，会严重削弱其指导力与影响力。卫红同志在对大遗址评价体系、技术措施体系、展示体系、解说系统、保护利用模式的研究论述中，始终注重理论的导入、阐释与支撑，力戒就事论事式的说教。

关于实践性。较强的实践性是增强学术研究现实生命力的重要保障。通读该著，不难发现，作者时时处处强调大遗址保护理论、原则、方法、技术、措施的实际运用，着力从可操作、可验证层面突显学术研究的实践性。

我相信，卫红同志的研究成果会从以下三个方面推动我国大遗址保护工作取得新进展。一是将有利于破解大遗址保护与经济发展之间的矛盾冲突，有效保护大遗址本体与周边环境。二是将有利于实现大遗址自身的良性发展和促进遗址所在区域文化、经济的发展。三是将有利于大遗址"亮"起来，"活"起来，更好彰显其文化、社会、经济价值。

大遗址保护理论与方法研究是一门涉及多领域、多层面的综合性课题，目前有关这方面的理论与实践还处在探索阶段，国内关于大遗址保护理论与方法体系的综合性研究尚未有专人涉及。因此，本研究领域可参考的资料相对较少，在研究过程中难免存在一些不足和需要继续深化拓展之处，当然这也是当初在和卫红沟通过程中他期待未来进一步深入研究的地方。首先，该著是一个理论研究，初衷只是想构建起一套完整的大遗址保护理论与方法体系。因此，在实践研究方面，最初只针对大遗址价值评价、展示与利用方面进行了实践探讨，但由于篇幅限制，后期作了删减，未以具体的大遗址为例进行全面系统的研究。其次，结构方面，限于当时博士论文篇幅所限，在后期写作过程中，做了较多的删减，有的地方论述不够详细，在研究深度方面尚显不足。如在大遗址保护与模式研究方面需继续完善大遗址区域产业集聚理论体系，继续深化探讨以都城型遗址为代表的"田园文化城市"模式、以宫殿型遗址为代表的"文化影视公园"模式、以陵墓遗址为代表的"田园乡村"模式、以聚落遗址为代表的"休闲社区公园"模式的概念、内涵、形成机制、产业结构体系和布局及影响因素，以有效推进大遗址保护与利用的可持续发展；在大遗址保障体系研究方面需继续完善、深化大遗址管理体制、登录制度、保护规划制度等。希望通过卫红同志的探讨研究，为大遗址保护理论与方法体系后续的研究与实践开一个好头。最后，该著在大遗址保护利用方面着墨较多，但对如何促进大遗址自身发展和如何通过大遗址保护促进当今经济社会发展却论述相对较少，这也是需要卫红同志今后进一步研究探讨的方向和内容。

以上三点是卫红同志这部著作存在的缺陷与不足。当然，仁者见仁，智者见智，学界同仁和广大读者一定会在阅读过程中提出更多的问题和建议。不过，需要指出的是，作为迄今国内第一部比较全面系统论述大遗址保护理论与方法体系的著作，卫红同志敢于发前人所未发的勇气和较高的学术见识是值得肯定的。我希望卫红同志在继续研究深化大遗址保护理论与方法体系的基础上，放开视野，拓展研究范围，在新时代我国特色文化遗产保护发展理念和保护发展体系的构建上做出新的探索与努力，不断为我国大遗址保护与发展贡献自己的智慧与力量。

李颖科
2019年12月于西安

目　　录

第一章　绪论 ……………………………………………………（ 1 ）

　　第一节　选题背景及意义 …………………………………（ 1 ）
　　第二节　研究目标与研究过程 ……………………………（ 5 ）
　　第三节　理论基础与方法 …………………………………（ 8 ）
　　第四节　研究内容与结构框架 ……………………………（ 15 ）

第二章　国外遗址保护与发展 ……………………………（ 18 ）

　　第一节　国外遗址保护的历程 ……………………………（ 18 ）
　　第二节　国外遗址保护理论与方法的演变 ………………（ 39 ）

第三章　中国大遗址保护与发展 …………………………（ 46 ）

　　第一节　大遗址保护制度的形成与发展 …………………（ 46 ）
　　第二节　大遗址保护存在的问题及原因分析 ……………（ 61 ）

第四章　大遗址概念探讨与大遗址景观论 ………………（ 69 ）

　　第一节　大遗址概念辨析 …………………………………（ 69 ）
　　第二节　大遗址保护的概念及保护目标 …………………（ 80 ）
　　第三节　大遗址景观论 ……………………………………（ 86 ）

第五章　中国大遗址价值（评价）体系的构建 …………（ 92 ）

　　第一节　国外对遗址价值的认知 …………………………（ 92 ）
　　第二节　我国对大遗址价值的认知 ………………………（102）
　　第三节　我国大遗址价值认知存在的问题及对策 ………（111）
　　第四节　构建我国大遗址价值及价值评价体系 …………（114）

第六章　大遗址保护技术措施体系研究·····················（123）

第一节　大遗址保护原则探讨·····························（123）

第二节　大遗址保护技术措施探讨·························（148）

第七章　大遗址展示与解说体系研究·······················（176）

第一节　大遗址展示的方法体系···························（176）

第二节　大遗址解说系统的设计···························（193）

第八章　大遗址保护与利用模式体系研究···················（205）

第一节　大遗址利用的概念和原则·························（205）

第二节　大遗址保护与利用模式现状分析···················（213）

第三节　大遗址区产业集聚理论的机制与模式研究···········（222）

第四节　基于大遗址区域产业集聚理论的大遗址保护与
利用模式探讨···································（232）

第九章　大遗址保护的保障体系研究·······················（246）

第一节　大遗址保护管理体系·····························（246）

第二节　大遗址保护法规保障体系·························（262）

第三节　大遗址保护资金保障体系·························（265）

第四节　大遗址保护教育科研保障体系·····················（268）

后记···（271）

第一章 绪 论

第一节 选题背景及意义

一、问题的提出

大遗址是文化遗产重要的构成部分，是我们祖先以大量人力营造，并长期用于举行各种活动的空间，在历史的演化过程中因各种原因被废弃，成为历史文化的遗存，综合并直观体现了中华民族和中华文明的起源与发展，是构成中华文明史史迹的主体，具有重要的历史、科学、艺术等价值。伴随着我国经济社会的进一步发展和文化遗产保护的全面推进，对于大遗址保护与利用问题的探索与认知，也经历着一个由感性认识到理性认识，实践、认识、再实践、再认识的过程。

近代以来，我国由于天灾人祸、生产建设等原因，文化遗产被大规模破坏，一方面受当时国外国内形势限制，主要是关起门来做文物保护，和外界的联系较少，使得我国文化遗产保护在理论、理念及人才培养等方面都陷入了一个相对的停滞期，缺乏先进理论方法的指导；另一方面受当时经济社会发展现状困扰，国家对文物保护经费投入有限。因此，形成了传统的"抢救"保护理念，并在抢救保护的过程中，形成了文物工作就是"保护文物"的基本观点和"为保护而保护"的工作思路。

随着改革开放及经济社会的发展，我国文物保护机构逐渐积极与各国际保护组织和各国文化遗产保护机构展开合作，引进先进的保护理念和保护技术等，以加强、完善我国文化遗产保护工作。但在此过程中，由于传统保护思维的影响和对国际文化遗产保护理念、原则等提出背景认知的局限，在学习和借鉴国际文化遗产保护理念、方法等进行实践过程中，出现了一些基于自身发展需求的"误读"现象，由一种"保存"教条陷入了以"洋标准"为教条的"保护"桎梏。而导致这种"误读"现象的原因主要是对国际文化遗产保护理念、方法认识的"不完整、欠准确和少创建"①。

20世纪90年代以来，基于社会经济发展和城镇化建设加快所引起的大型遗址保护与区域经济社会发展、居民生活质量改善之间矛盾的加剧，大遗址保护与利用问题列入国家计划，成为新时代的新课题。针对大遗址保护面临的困境，以国际文化遗产保护理念为指导的一些大遗址保护理念、方法和模式被引入我国大遗址保护中，并在"十一五"期间开展了积极的探索和实践，取得了一定的成绩。但是，我国由于大遗址保护才刚刚起步，还没有建立起大遗址保护的基本理论与方法，没有形成良好的大遗址保护氛围。因此，在保护中沿用了早期的以"保护"为主和被"误读"的一些国际保护理念与方法，在保护上仍单纯地强调"国际"或"传统"，而没有将"国际""传统"和中国大遗址保护实际结合起来综合考虑，使大遗址保护陷入一种传统理念和"洋标准"双重指导下的"死保"或者为保护而保护的桎梏中。缺乏对我国大遗址保护理念、思路、措施和模式等问题系统性的探讨和创新，导致大遗址保护理念与思路狭窄，保护与展示、利用方法及模式单一，不能有效实现大遗址价值弘扬传承和大遗址保护与区域经济社会的协调发展。尤其是近年来，针对这种"误读"的理论在指导实践中出现的保护性、建设性与开发性破坏，国内学术界又展开了一场大遗址保护目的、目标、对象与原则、方法、模式的争论，在此过程中，有人甚至直接提出将大遗址恢复到传统的"封存"或者全部"征收"保护状态，以避免破坏。出现这种争论的主要原因在于大遗址概念不清、保护观念不明确、保护理论研究不足和管理不完善，未能建立起系统的大遗址保护概念、理论与方法等逻辑体系。因此，在"十二五"大遗址保护实践总结和"十三五"文化遗产保护开拓创新之际，面对大遗址保护存在的问题和出现的新情况，系统的理论性研究更显得必要和紧迫。

历史一方面在于传承，另一方面在于创新，在保护过去的同时，也要建设现在，并将其流传给后人，展现我们这一代人的成就和发展，并能继续为后人所利用。我国文化遗产保护发展及目前的保护理论与方法主要以外因型为主。这种发展过程并不是由科学技术发展、生产力发展和社会文化发展所引起，而是由于外界的原因，被迫发展。我国近现代文化遗产保护发展的模式首先就是向外界学习，是一种"拿来主义"和自上而下的改革。由于我国和西方文化的巨大差异，以及我国文化遗产保护理论、方法的缺失，在"拿

---

① 徐嵩龄：《第三国策：论中国文化与自然遗产保护》，科学出版社，2005年，第23页。

来"和学习过程中,经常出现只要是"国际的"就是先进的,只要是"国际的"我们就要接受的现象,并将其作为宣扬和回击不同意见的最佳"武器",往往忽略、漠视,甚至嫌弃本民族文化和传统。这并不是说在构建中国大遗址保护理念与方法中要摒弃西方的文化遗产理念和保护方法。先进的、有效的保护理论、方法,我们要积极地借鉴、学习,但在此过程中,不能断章取义,按照自己的意愿或需求随意截取和阐释,从自身需求和学科背景去狭义地解读。一个多世纪以来,国际上许多文物古迹保护方面的专家学者在理论与实践方面都做出了重大的贡献,除了专门著述之外,还产生了众多的国际性文化遗产保护文件。这些文件中的许多指导性原则和规定都是十分重要的,但是它并不排除根据本国、本地区、本民族的实际情况来进行工作,而且还特别强调保存各个国家、各个地区、各个民族文化遗产特色的重要性[①]。而且,中华人民共和国成立以来,特别是改革开放和"十一五"以来,我国大遗址保护研究在学习与借鉴东西方文化遗产保护理论与实践经验方面取得了一定的成果和经验,已经具备了创立"具有中国特色的大遗址保护与利用理论与实践科学体系"的条件。因此,在对国内外大遗址保护历程回顾总结、大遗址概念重新界定的基础上,结合我国实际,对大遗址保护理念、保护思路、保护模式等重新解读,构建起适合我国文化遗产保护的大遗址保护理论与方法体系就显得十分必要。

二、研究的目的与意义

1. 厘清大遗址概念

大遗址是我国基于文化遗产保护实践提出的一个特有概念。概念是思维形式的基本要素,是认识、理解事物的基础。大遗址概念的厘清,是确定大遗址保护对象,形成科学、合理的大遗址保护理念,开展大遗址保护方法、模式体系探讨的基础。本书在对国内外文化遗产、国内大遗址保护回顾与总结的基础上,基于现有法理学和学理学对大遗址概念的分析,重新界定大遗址概念,深入探讨大遗址的概念属性及其内涵与外延,并提出遗址景观论,为大遗址保护理论体系研究奠定基础。

---

① 罗哲文:《关于建立有东方建筑特色的文物建筑保护维修理论与实践科学体系的意见》,《古建园林技术》2001年第2期。

2. 探讨大遗址保护的理念原则、方法与模式

大遗址具有重要的历史、科学、艺术价值，是先辈们智慧的结晶，是维系民族情感、增强民族认同的纽带，是探索人类过去历史的桥梁，是获取知识和文化的宝库。大遗址价值的实现在于其本体的存在，因此，大遗址的保存与保护是大遗址保护工作的基础和核心。在大遗址保护中，将我国土木结构建筑遗址的特性和国际化的保护修复等理念结合，是我国大遗址保护理论与方法体系研究的重点。而在此过程中，也要综合考虑我国传统文化、建筑文化中的"天人合一""圆满"等理念及基于建筑文化的价值观、环境观、文化观对遗产保护观念的影响，对大遗址保护的原则、方法与模式等展开探讨，以创新、丰富我国大遗址保护的手段。遗址是建筑的延续，以传统文化及建筑文化表征的建筑美学特性为基础，综合价值观、文化观和生态环境观等学说的保护原则、方法探讨，对研究具有较强的理论和实践指导意义。

3. 建立健全我国大遗址保护理论与方法体系

我国大遗址保护从名称提出到概念化及付诸实施经过了几十年的时间。尽管近年来在学习借鉴西方先进文化遗产保护理论的基础上，取得了一定的成绩。但仍存在许多不足。本书基于对西方文化遗产的解读，结合我国大遗址保护实践及传统文化根脉，从概念、价值体系、保护技术措施体系、展示与解说体系、保护与利用模式体系、保障体系等角度对大遗址展开系统理论探讨，以建立健全我国大遗址保护理论与方法体系，为我国大遗址保护提供理论和实践指导。

4. 完善我国文化遗产保护理论体系

深入分析我国大遗址保护存在的主要问题及其深层次原因，认识到问题的主要症结在于我国文化遗产保护观念的"保守"和基于"洋标准"误读下的桎梏。这导致我国文化遗产保护观念滞后，保护思想混乱，许多专家学者基于自身学科背景和利益需求，不能完全从宏观层面的国计民生发展、遗址价值实现角度展开对大遗址保护观念的讨论，以致形成一系列认识不清、良莠混淆的观点，最终影响到正确保护理念及方法的形成和实施。因此，从国际文化遗产保护层面分析入手，在对国际文化遗产保护理念解读的基础上，结合我国大遗址以土木结构为主体这一事实和国计民生发展、遗址价值弘扬传承以及理论创新和方法建设等需求来解决大遗址保护事业发展过程中的问题，构建起适应我国文化遗产保护需求的大遗址保护理论方法体系，对于完善我国文化遗产保护理论体系具有重要的意义。

第二节 研究目标与研究过程

一、研究目标

以我国大遗址保护现实需求为基础，以保护理论与方法体系建构为导向，借鉴国外主要国家及我国大遗址保护的理论、方法和经验，探索我国"大遗址保护的理念、思路、措施和模式"，这是本书研究的出发点和根本目标。以期通过本书的研究与探讨，构建起适合我国大遗址保护的理论方法体系，并指导大遗址保护实践。现阶段，我国大遗址保护理论与实践建设虽取得一定的成绩，但仍存在着诸多问题，尤其是大遗址保护理论与方法体系的系统探索还未开展。因此，本书对"大遗址保护"问题进行全面审视与研究，目标不仅仅在于对这一类型文化遗产本身的思考，而是力图在对国内外大遗址保护、回顾、总结及大遗址概念、内涵、外延重新界定的基础上，通过历史追溯、梳理归纳与审视总结，采用中西文化遗产与大遗址保护理论现状介绍、诊释、剖析、比较、总结等方法，发现问题、探寻缘由，进而充分借鉴西方的先进理论与方法，结合我国的传统文化，吸纳融合考古学、历史学、建筑学、文物保护学、旅游学、规划学、社会学、管理学等基础学科以及生态价值论、系统论和控制论等学科知识，对确定的课题开展科学、系统、全面的研究，建立健全大遗址保护理论与方法体系，促进当今文化遗产的可持续保护与利用，以修正、弥补以往的不足乃至缺失之处，也期望有抛砖引玉之效。

二、研究过程

研究过程以实践调研和理论研究两条线展开。理论是认知过程中形成的逻辑性推论结果，实践是理论的来源，理论对实践具有能动的指导作用。一切理论性的认识都是从实践中普遍化的。为了做好本课题的研究，基于本科和研究生阶段实践与理论研究认识，针对选题首先查阅了大量的文献资料，在文献资料学习的背景下，以其为指导，展开了深入的实践调研，以期能更好地指导理论研究，增强理论的科学性、合理性和指导性。

1. 实践调研

实践调研过程主要包括五个阶段。

第一个阶段是硕士研究生学习期间的调研认识。攻读硕士研究生期间，参与了多项大遗址保护规划（陕西的秦雍城遗址、唐乾陵遗址，山东的城子崖遗址、大辛庄遗址等）；同时基于硕士学位论文研究需求，主要在2009年7~9月，集中调研了陕西的汉长安城遗址、杜陵、丰镐遗址、大明宫遗址、杨官寨遗址、秦始皇陵、阳陵、北首岭遗址、姜寨遗址等；四川的金沙遗址、明蜀王墓群、三星堆遗址；河南安阳殷墟遗址、濮阳西水坡遗址等。此次调研主要以大遗址区域土地利用现状、管理与大遗址保护之间的关系为主。

第二个阶段是2011年7月，对陕西统万城遗址、镇北台遗址、陕北秦长城和明长城（榆阳段、靖边段）、铜川黄堡镇耀州窑遗址及宁夏水洞沟遗址、西夏王陵进行了考察调研。

第三个阶段是2012年5月，为了加强对陕西地区大遗址的认识，厘清大遗址概念和为遗址景观论提供现实资料支撑，集中对陕西的丰镐遗址、汉长安城遗址、阿房宫遗址、半坡遗址、杨官寨遗址、周原遗址（周公庙遗址）、雍城遗址、咸阳宫遗址、秦东陵、秦始皇陵、茂陵、阳陵、杜陵、昭陵、明秦王墓群等进行了调研，调研中重点关注大遗址区保护现状、遗址环境风貌、利用现状及区域民生发展现状等。

第四个阶段是2012年7月16日~8月14日，为对我国大遗址保护与利用现状、存在问题等有直观认识，基于国家文物局公布的"十二五"六片四线150处大遗址为支撑的大遗址保护格局，选择了一批典型大遗址进行了集中调研。

调研对象选择：选择的遗址既有对外开放利用的，也有实行开放式田野管理的；既有正在建设开展保护、展示与利用的，也有已经建成并取得一定展示效果的，以及未开展任何保护展示的；从区位来看，既有城市中心的，又有位于郊区和乡村的。

调研内容：大遗址保护、展示、利用、管理现状和方式方法、模式及存在的问题。

访谈对象：主要包括遗址的保护管理者、运营管理者、一般员工、考古专家和遗址区的居民。

访谈内容：主要包括对我国大遗址保护现状、存在问题、保护与利用关系及展示方式方法、旅游发展等的认知及未来保护与发展建议。

调研遗址：三门峡的北平阳遗址和虢国墓地；洛阳片区的汉魏洛阳故城遗址、隋唐洛阳城遗址、二里头遗址、偃师商城遗址、龙门石窟、关林、天子九驾遗址、天堂遗址；郑州片区的郑韩故城、郑州商城遗址、大河村遗址、宋陵（巩义）；安阳的殷墟遗址、袁林和曹操陵区；河北主要是邯郸古城遗址、赵王陵遗址、清东陵、清西陵；北京的周口店遗址、圆明园遗址、明十三陵（定陵和长陵）、故宫、颐和园、天坛、元城墙遗址公园等。

第五个阶段是2012年9月初和10月初，9月初，在参加秦文化研讨会的过程中，调研了甘肃大堡子山遗址、毛家坪遗址和秦安大地湾遗址；10月初，调研了湖北盘龙城遗址、擂鼓墩古墓群、楚纪南故城和湖南汉代长沙王陵墓群（马王堆汉墓）、铜官窑遗址等。

2. 理论研究

理论调研过程在学习了大量关于中国古建筑保护与审美、考古学、文化遗产保护、大遗址保护、历史文化名城保护与利用、城市规划与遗产规划、旅游体验、旅游规划开发、景观生态学、世界遗产保护利用、遗产旅游等学科理论文献的基础上，结合我国大遗址保护与利用的实践进行了理论思考，提炼出大遗址保护与利用理论研究的核心问题。同时对陕西省，特别是西安市大遗址有关的资料文献进行了详细查阅，对西安地区大遗址保护状况有了更详细、具体的认知，为理论研究提供了实践指导。

3. 实践与理论的融合

在文献研读及实践调研中发现，大遗址保护矛盾的根源在于对大遗址概念界定的不明晰和大遗址保护的理念原则、方法、模式等技术问题的不明确性。大遗址保护中，保护是基础和关键，但同时要处理好大遗址的弘扬传承问题，在科学的原则、方法、模式指导下展开合理的利用，只有形成科学保护与利用的理念，才能真正促进大遗址的保护。因此大遗址全面系统的保护理论的构建应成为大遗址保护的首要目标，本书在中西方大遗址保护理念及理论分析的基础上，从学理角度界定了大遗址的概念，分析了大遗址的内涵外延，提出了"遗址景观论"，作为整个研究的基础和出发点。在此基础上，探讨了大遗址保护理论与方法体系问题。

第三节　理论基础与方法

一、研究的理论基础

1. 价值论

价值论是关于社会事物之间价值关系的运动与变化规律的科学，是社会科学领域重要的理论之一。在西方哲学理论体系中，价值论是关于价值的性质、构成、标准和评价的哲学学说。价值论与本体论、存在论和认识论相并列，是哲学领域的主要理论，价值观是哲学世界观的重要内容，价值思维是哲学思维的重要方式。价值论对于主体认识客观世界的指导性体现在两个方面，一方面是关于客观世界各种事物的属性与本质及运动规律的认识；另一方面是关于客观世界各种事物对于人类的生存与发展的意义（即价值）的认识[1]。前者是对事物内在价值的认识，后者是基于客体对主体的价值效应所产生的认识。大遗址保护是文化遗产保护的重要组成部分，是社会科学的重要分支，其保护一方面牵涉到对大遗址本体价值的认识，另一方面也牵涉到从不同价值评价角度出发大遗址保护对人类社会产生的客观效应。由于价值观是世界观的重要内容，是价值思维的重要方式，而无论是对大遗址的认识、评价或者作为评价的主体，其都反映并对客体进行着一定的主客观判断。因此，价值观是大遗址保护的理论基础。李颖科教授认为将价值论运用于我国文化遗产保护体系的构建，集中体现为价值哲学对遗产保护理念的目标取向[2]。它主要从主体的需要和客体能否满足及如何满足主体需要的角度，考察和评价各种物质的、精神的现象及人们的行为对个人、阶级、社会的意义[3]。它将影响遗产保护利用体系在理论上的系统性、观念上的认同性、意念上的连续性、情感上的可原性、数理逻辑上的相容性、自然法则上的和谐性和语义逻辑上的一致性。

人类的需求是多方面的，各种物质和精神现象的属性也是多方面的，因此

---

[1] 李德顺：《价值论》（第2版），中国人民大学出版社，2007年，第24-28页。
[2] 李颖科：《试论我国文化遗产保护体系的构建——以西安为例》，西安市社会科学基金结项报告，2008年，第16页。
[3] Roscoe Pound. *An Introduction to the Philosophy of Law*. New Haven and London: Yale University Press, 1954: 25.

具有不同的价值，彼此可以互相满足各种不同的需要。许多学者认为价值是相对性和绝对性的统一，即认为事物的价值既有多样性又有单一性。多样性一方面认为价值存在多类型，即不同客体价值不同；另一方面认为价值存在多元性，即同一客体在不同价值取向下，对不同主体，价值不同。单一性是指一定社会历史条件下同一客体对具体主体的价值是确定的，即价值具有客观性并能够被认识、评价与保存[①]。这一方面说明同一事物的价值在不同时空具有普遍的适应性，另一方面说明同一事物的价值可以被确认、评价，但同时也具有不同背景下的认识与理解的差异。而价值的普遍适应性和多样性决定了我国既应有对西方文化遗产保护理念的继承，确立人类对待遗产态度上的共同追求和理想目标，也应在尊重这些代表人类基本价值共识的公约、制度的同时，充分考虑我国文化独特性，从我国大遗址的价值实际出发，结合我国国情对大遗址价值体系和评判制度进行创造性探索。

2. 系统论

系统论是研究客观现实系统共同的特征、本质、原理和规律的科学[②]。系统论认为任何系统都不是组成物质的各个部分的简单相加或机械组合，而是一个有机整体，具有各要素在孤立状态下所不具有的性质。同时系统中各要素都处于一定的位置，发挥着自己独特的作用和价值，彼此之间相互关联，不可分割，具有整体性、关联性、等级结构性、动态平衡性、时序性等基本特征。系统思想是系统论的认识基础，是帮助人们进行科学分析、判断、决策、解决问题的最优选择，有利于实现系统效益的最大化。它要求在分析、处理问题时应有系统的整体观念，综合分析系统的结构和功能，调整彼此之间的关系，并协调系统内部各组成要素的关系，使系统达到目标的优化。

世界上没有离开系统的物质，也没有离开物质的系统[③]。有物质就一定有系统，有系统就一定是物质的。观念系统不过是物质系统的派生物。大遗址是物质的构成体，具有面积大、价值高、保护利用问题复杂等特性。因此，大遗址保护利用是一个系统工程，运用系统论有助于厘清大遗址保护系统内部、系统环境变化之间的逻辑关系。首先，根据系统的自然属性分析，系统可分为自

---

① 张未知：《马克思主义哲学的价值精神论纲》，吉林大学博士学位论文，2012年。
② 霍绍周：《系统论》，科学技术文献出版社，1988年，第1页。
③ 沈曦、覃美琼：《系统论视野下的高等学校教学管理网络结构》，《当代教育科学》2009年第15期，第47-50页。

然系统和人造系统,结合大遗址的组成要素的自然属性分析,大遗址是一个综合系统,一是大遗址是自然景观和人文景观的结合体,构成要素包括了自然系统和人造系统;二是在系统理论指导下人们对大遗址保护利用中社会现象的科学认识所创立的科学体系和技术体系,大遗址保护涉及考古学、建筑学、历史学、地理学等相关学科,是一个由各个子系统构成的整体,包括概念体系、价值认知、保护技术、展示设计、利用、管理、法律、教育等各个亚系统;三是大遗址的保护利用涉及一定的组织、制度和程序等管理系统,是一个复杂的组织管理体系,大遗址保护涉及体制机制建设、组织建设、组织运营、法律制度建设等。大遗址以自然环境和人文环境为依托,保护利用需要一套科学、合理的保护、利用方法体系,因此,大遗址是自然系统和人造系统的结合。其次,根据客观世界的物质和精神现象,系统可分为实体系统和概念系统。实体系统由具有实质物体的要素组成,大遗址的基本构成要素如自然环境、遗址或遗迹本体等都属于实体系统范畴;概念系统是由概念、原理、原则、理论、方法等组成的,对大遗址保护利用问题的研究,必须对大遗址的概念进行厘清,对内涵、外延进行阐释,基于此,对大遗址保护利用的原理、原则、理论、方法等进行探讨,构建起具有中国特色的大遗址保护体系。大遗址的实体系统和概念系统紧密联系,实体系统是概念系统的基础,概念系统反过来指导实体系统。再次,人、自然环境、人文环境和社会环境是遗址或遗迹本体保护系统外部边界的四大要素,也是大遗址的重要构成部分,它们与大遗址保护之间的关系问题,是大遗址保护与利用必须关注的问题之一。社会环境中的政治制度、宗教信仰、经济状况和科技水平都对遗址保护产生着巨大的影响;而自然环境的差异可能导致保护、展示、利用遗址的手段、方法、模式的不同;作为保护主体的人决定着保护研究、保存制度和民众的意识等。

系统论认为系统内部每个子系统都有自己的结构与功能,都有自己的视野和位置[①]。世界是多样的,文化是多样的,不同的文化背景对待具体事物的世界观必然有所差异。每个国家、每个民族、每个种族、每个区域都有基于自己文化圈的重点与盲点,特别在处理文化传播的过程中。因此,在全球化和信息化的时代背景下,我国大遗址在保护中如何在学习西方的同时,结合自身实际处理好大遗址宏观与微观要素之间的关系,如何处理好大遗址保护与利用的关系,如何维护自身的结构,如何从反馈中更新自己,优化结构,使自己的系统

---

① 〔奥〕路德维希·冯·贝塔兰菲:《一般系统论》,秋同等译,社会科学文献出版社,1987年,第8-36页。

更加有弹性，是我们现在需要思考的问题。

3. 控制论

控制论是研究系统的状态、功能、行为方式及变动趋势，探讨不同系统共同具有的信息交换、反馈调节、自组织、自适应的原理，通过信息的变换和反馈作用改善系统行为，使系统按预定目标运行，实现系统的稳定性和环境适应性，最终达到最优目标技术的科学。它是一种研究各类系统的调节和控制规律的科学。它的基本思想是通过把一个系统或系统的一部分量化，找出系统中主要要素之间的关系，然后提供最优化的方法、技术和模型进行实践和模拟，进而对系统的未来或未知状态进行预测和估计，以保证人对发生在自然和社会过程中的作用最大。控制论的出现，给研究自然与社会现象进程增加了方法、提供了技术；控制论的运用，对实现过程控制和最优化，对提高社会劳动生产率，以及对更有效的管理经济活动和整个社会发展都带来了重要贡献①。

控制论是研究复杂动态系统中的指挥、控制、协调与自调的问题，并以一种整体概念强调它们运动与演变中的规律的理论，是解释和建立知识复杂辩证过程的基础。而大遗址的保护问题复杂多样，牵涉到多学科多领域，借鉴现代控制论思想对大遗址保护领域的意义在于，将大遗址看作是一个控制系统，探讨利用最优控制、最优设计和系统辨识使大遗址保护达到最佳状态。大遗址保护问题研究是一个复杂的系统，它的构建需要以控制论为指导，分析大遗址保护的信息流程、反馈机制和控制原理，厘清存在于大遗址保护中的组织机制、运行机制、保护技术与方法实施、展示利用模式等系统管理复杂机制，进行保护与利用体系最优化设计，并对整个体系构建过程进行最优控制，使保护与利用体系及各子系统达到最佳状态，以保证保护体系的科学性、合理性、可行性与有效性。

4. 人地关系论

人地关系是自人类起源以来就客观存在的关系，是人类为了生存的需要不断扩大和加深利用与改造周边环境，增强适应环境的能力，同时环境也对人类活动产生影响，形成地域特征和地域差异的相互影响关系。人地关系的"人"是指在一定生产方式下从事各种社会活动的社会人；"地"不仅包括自然环

---

① 〔罗〕M. 曼内斯库：《经济控制论》，何维凌等译，新时代出版社，1986年，第2、3页。

境，也包括因人类作用而改变了的人文地理环境[①]。人地关系论是人们对人地关系的各种观点、思想的总称，是关于人地关系的认识论，是地理学发展过程中对客观人地关系认识的反映，其随着人类社会的形成而形成，随着人类社会的发展而变化[②]。随着人类社会的发展，人地关系引起了更多学者的关注，从近代的地理环境决定论、可能论、适应论、生态调节论、文化景观论、人地共生论，到现代的人地协调共生、人地关系地域系统、可持续发展论等形成了系统的理论思想。探索了人地关系的范式、人地关系的相互作用、区域人地关系的特征和状态等。

人类活动、自然环境、人文社会环境与大遗址保护之间的关系问题，是大遗址保护必须关注的问题之一，也是构建大遗址保护理论与方法体系需要关注的问题。大遗址作为当时人们适应、改造自然的产物，是先辈们智慧的结晶，承载着当时人地关系发展演变的历史信息。同时我国现在的许多大遗址仍然有居民在其范围内或周边生产生活，延续着人地关系的发展。随着社会进步与区域经济的发展，大遗址面临着复杂的保护、利用与区域发展、人民生活水平提高等问题和矛盾。如何处理好这些问题、矛盾，促进大遗址和大遗址区域经济社会等和谐有序、可持续发展就成为当务之急。而人地关系论指导我们用人地景观论、人地共生论、人地关系协调发展理论去分析、探讨大遗址的保护利用，并构建人地关系协调的大遗址景观论和大遗址保护利用体系。

文化景观论是人地关系论的一种学说，认为文化景观是地面上可以感觉到的人文现象的形态，是一个地域单位（景观单元）的地理特征和地区文化现象的复合体，是人类及其劳动所创造的能反映人类集团的文化和经济的景观[③]。文化景观学说将指导我们从"文化景观"的角度重新审视大遗址的概念、内涵与外延，包括对大遗址保护、展示、利用与管理等问题的系统化思考。

人地共生论认为人类对环境的开发与利用必须谨慎，人与环境只有通过共生来实现人类与自然界的和平共处，以保持环境的和谐与平衡[④]。人地共生论给处理人类与大遗址保护之间的关系提供了一定的理论指导，在大遗址保护中，人类只有与大遗址共生，共同创造，协同发展，才能实现二者彼此和谐有序、可持续的发展。大遗址的有效保护利用不一定只有通过大遗址区域聚落与人口搬迁才能

---

① 李振泉：《汾河水库渔业资源调查报告》，《水库渔业》1984年第4期。
② 陆林：《人文地理学》，高等教育出版社，2004年，第12-23页。
③ 赫维人、潘玉君：《新人文地理学》，中国社会科学出版社，2002年，第47页。
④ 赫维人、潘玉君：《新人文地理学》，中国社会科学出版社，2002年，第48页。

实现；人类的活动也不一定就是对大遗址的一种破坏，其可以作为一种历史发展的活的片段，继续发挥大遗址区域基本的功能——服务人类，促进人类发展。在人地共生论指导下实现大遗址保护利用与区域居民、社会的共同发展。

人地可能论也称相关论或或然论，它认为同样的环境完全可能形成不同的生活方式，关键在于人的能动性。自然环境为人类提供了多种可能性，利用什么和如何利用完全取决于人类的选择能力。人地关系不是一种必然的关系，而是一种或然的关系[①]。或然论要求我们在大遗址保护利用过程中认识到，当地居民与大遗址之间的保护与利用关系、保护利用的方式与模式等取决于人们的能动性，在大遗址保护利用中应积极探索能处理好大遗址保护与利用中各种关系以及适合大遗址保护与利用的方式方法和模式。

人地关系协调发展理论是人地关系论与其新发展阶段产物协调论的结合。它强调人与自然应形成"和谐共处、协调发展"的关系，应认识到人与自然的辩证关系，并依据人的能动性、主导性和智力与技术的发展，从根本上改变传统的人与自然的对立关系；在适应自然、保护自然的前提下，合理开发利用和改造自然，以实现自然生态和社会协调持续的发展[②]。基于此，在大遗址保护中，应处理好大遗址保护与大遗址利用、区域经济社会发展、居民生活质量改善等之间的关系，使大遗址保护利用中的各种要素和谐、有序，以实现保护、利用与区域社会经济、文化发展的最优化。

5."有机更新"理论

"有机更新"理论是清华大学吴良镛教授基于"城市更新"中出现的矛盾，在国内外城市发展理论与实践研究基础上，结合主持的北京什刹海地区规划和菊儿胡同住宅工程改造项目实践而提出的理论，其认为"有机更新即采取适当规模、合适尺度，依据改造的内容与要求，妥善处理目前与将来的关系——不断提高规划设计质量，使每一片的发展达成相对的完整性，这样集无数相对完整性之和，即能促进北京的历史环境得到改善，达到有机更新的目的"[③]。即不管是从城市到建筑、从整体到局部都应该是有机关联、和谐共处的，永远处于新陈代谢之中，不能一成不变。如果房子质量较好，具有一定的历史文化价值则应予以保留，部分损坏的则应在修缮基础上提供新的用途，破

---

① 陆林：《人文地理学》，高等教育出版社，2004年，第14页。
② 刘卫红：《大遗址土地用途分区管制研究》，西北大学硕士学位论文，2010年，第1-3页。
③ 吴良镛：《北京旧城与菊儿胡同》，中国建筑工业出版社，1994年，第68页。

坏较大者则可以直接拆除更新。因此，城市建设必须顺应原有城市结构，遵从其内在的秩序和规律，新的建设应较为自觉地顺其肌理，用插入法，以新替旧，一般不必要全面地推倒重来，只是在特殊的情况下，才需要"动手术"，这是一般规律。

大遗址因其面积大、价值高、保护复杂而著称，是重要的历史文化保护区，大遗址保护、利用及区域更新整治等也不是一蹴而就的事情，应该循序渐进。因此，"有机更新"理论作为历史文化城市保护中的一种理论方法，也可以运用到大遗址区，针对大遗址区在保护整治过程中"推平头"的大拆大建式的聚落搬迁与环境整治模式，建议"采取适度规模、合适尺度，依据改造的内容与要求，妥善处理目前与将来的关系"[①]。在大遗址保护过程中，在整体保护的基础上，分清主次和重点，循序渐进，针对大遗址保护、需要调整和整治的聚落及环境区域，有机更新和协调发展，最终使大遗址得到有效的保护利用，遗址区经济发展、社区居民生活改善，实现人地共生协同发展。

"有机更新"理论主要指导大遗址区域遗址或遗迹保护、展示、利用以及聚落搬迁、改造和环境整治等。保护和有机更新过程中，在充分考虑大遗址区域经济社会等现状的基础上，应遵循整体性更新、延续性更新、阶段性更新、（聚落）自发性更新、形态改造与制度改造并举、面向低收入阶层的更新以及延续大遗址区域内原有自然景观和文化景观的经济社会功能，实现大遗址综合效益的原则对大遗址区域展开保护与利用。

二、研究的方法

1. 历史的研究方法

通过对国外社会文化遗产、古迹遗址和国内大遗址保护历程与保护理论、方法的回顾、分析与总结，归纳其对于当前我国大遗址保护理论与方法体系建设的深刻影响，借鉴历史，启示未来。

2. 田野调查法

田野调查法是文化遗产保护领域较普遍的方法之一。运用田野调查，对研究大遗址保护现状，及其与社会变迁、环境演变、群体审美意识、民族风俗等

---

① 吴良镛：《北京旧城与菊儿胡同》，中国建筑工业出版社，1994年，第68页。

方面的关系都有很大助益。通过田野调查，获取第一手资料，有助于增强对大遗址保护现状的直观认知，也有助于认识中西方以大遗址为代表的文化遗产保护理念和方法的异同。

3. 对比分析法

对比分析法是把客观事物加以比较，以达到认识事物本质和规律并做出正确的评价的目的。在对比分析中，运用时间标准、空间标准、经验或理论标准、计划标准等对所比较的客观事物做出客观的评价。大遗址保护所涉及的理论与方法问题与各国、各民族的文化背景与传统价值等密不可分，所以在大遗址保护理论与方法研究中应以充分尊重我国传统文化为基础。以大遗址为代表的文化遗产保护是一门以应用为先导的学科体系，我国应在学习其先进理论与方法的基础上，结合我国国情，通过对中西方遗址或大遗址的保护发展背景、价值、保护理念、保护方法、展示方法、利用模式、管理体制等特点的对比分析，从不同角度来探讨我国大遗址保护的理论与方法体系，以增强其实践指导性。

4. 综合研究法

通过查阅第一手的学术资料，分析大量研究成果和学术观点，明确大遗址保护、利用的社会意义和时代意义，开展多学科综合研究，开阔视野，获取新的认识，为进一步深入探讨奠定基础。

第四节 研究内容与结构框架

一、研究思路与内容安排

本书主要研究内容及意图解决的问题在于：以现状研究为基础，在国内外遗址或大遗址保护历程回顾基础上，通过对比分析阐明构建中国大遗址保护理论与方法的重要性；进而基于概念研究、阐释，在价值论、系统论、控制论、人地关系论和"有机更新"理论的指导下，对大遗址的价值、保护技术措施、展示与解说、保护与利用模式、保障管理等问题进行系统的探讨，以构建起适合我国大遗址保护的理论与方法体系。

随着中国文化遗产保护事业的不断发展和文化强国战略的实施，构建具有中国特色的大遗址保护利用体系已经成为当务之急，也是我国文化强国战略的应有之意。构建具有中国特色的大遗址保护理论与方法体系，具体内容主要包括以下几方面。

（1）中国当前大遗址保护理论与方法体系需求的分析。通过对国内外遗址和大遗址保护历程的回顾，首先总结了国外遗址保护理论与方法的成果及其演变，在此基础上，对比分析了国内大遗址保护存在的问题及原因，而出现这些问题的根源是我国大遗址保护还未结合本国实际及大遗址自身特点构建起具有中国特色的大遗址保护理论与方法体系。因此构建具有中国特色的大遗址保护理论与方法体系在当前复杂环境下具有迫切性。

（2）大遗址（保护）概念的探讨。基于我国大遗址概念不清，内涵、外延不明的现状，通过对国内外遗址、大遗址等文化遗产保护对象发展演变及其理论的认识，对大遗址的概念、内涵、外延进行系统性探讨与分析；同时探讨大遗址保护的概念及其目的和目标；提出"大遗址景观论"这一理念，以指导大遗址保护理论与方法体系研究。

（3）中国大遗址保护理论与方法体系的构架。主要从大遗址价值（评价）体系、大遗址保护技术措施体系、大遗址展示与解说体系、大遗址保护与利用模式体系和大遗址保护保障体系五个层面对我国大遗址保护理论与方法体系进行建构。

大遗址价值（评价）体系。主要研究国内外遗址和大遗址价值认知的演变，中国大遗址价值认知存在的问题及对策建议，结合国内外价值认知和中国大遗址特征构建起具有中国特色的大遗址价值（评价）体系。大遗址价值（评价）是大遗址保护的基础，影响着公众的保护理念和方法等。

大遗址保护技术措施体系。主要是在研究国内外保护原则及保护技术措施的基础上，结合大遗址保护实践，构建起具有中国特色的大遗址保护技术措施体系。大遗址保护技术措施体系属于微观范畴，主要用于指导具体的大遗址保护实践，对于维护和保存大遗址资源具有重要的意义。

大遗址展示与解说体系。首先从大遗址展示的概念、目的、内容、理念及方法体系及实践研究等方面构建起大遗址展示体系；其次从大遗址解说系统的概念、功能和构成要素构建起大遗址解说体系。展示和解说是大遗址保护的重要措施，也是大遗址利用实现的重要途径，大遗址保护只有通过展示和解说才能有效实现大遗址价值的传承弘扬。

大遗址保护与利用模式体系。回顾、总结了大遗址利用的历程，探讨了大遗址利用的概念、原则、方式，分析了大遗址保护与利用的关系，针对保护与利用存在的问题，认为应该开展综合性的保护利用，"跳出遗址，保护遗址";在此基础上,分析了大遗址保护与利用的已有模式及存在问题,以产业集聚理论为指导,研究大遗址区产业集聚的理论与模式,并结合西安地区不同类型的大遗址进行实践探讨,以期改变大遗址保护与利用模式单一、不能有效实现综合性保护利用的缺陷,以推进大遗址保护与大遗址利用、区域经济社会发展、居民生活质量改善协同发展。

大遗址保护保障体系。为保证大遗址各项保护措施和整个大遗址保护体系的有效运转实践,结合中国大遗址保护中存在的问题,从保护管理体系、法律保障体系、资金保障体系、教育科研体系四个方面构建了大遗址保障体系。

二、技术路线及结构框架

本书的技术路线及结构框架如下图(图1-1)。

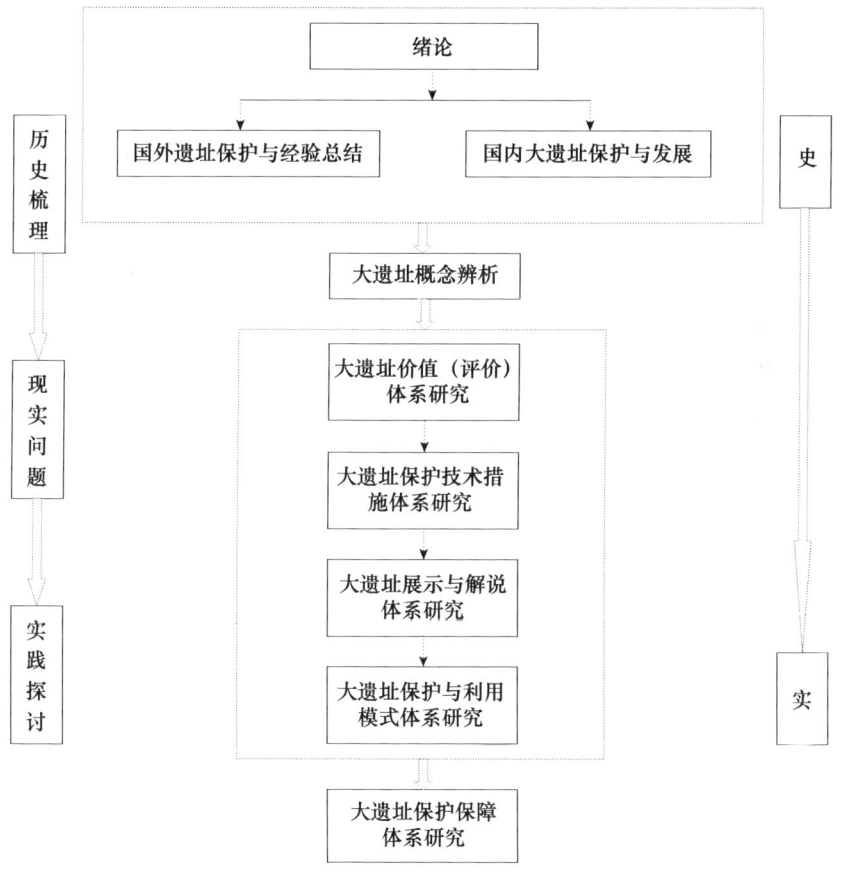

图1-1 技术路线及结构框架图

第二章 国外遗址保护与发展

第一节 国外遗址保护的历程

遗址保护科学体系的形成主要以欧洲为代表。欧洲遗址保护及理论体系的形成与发展是随着早期"文物古迹"保护和19世纪以及20世纪的文化遗产保护运动的产生与发展而逐渐形成。在20世纪中后期，随着全球化的发展，以欧洲为代表的先进的文化遗产保护理念、方法开始国际化，并被世界各国所普遍接受。中国随着经济社会的发展和文物保护面临的困境，也积极引入、介绍了西方先进的文化遗产保护理念与方法，并基于本国遗址保护过程中一些面积大、价值高、内部关系错综复杂的现实，创造性地提出了中国所特有的"大遗址"概念体系和保护类型，开始对该类遗址展开"综合融贯"的保护。大遗址是遗址中的特殊类型，不能单一地运用遗址保护技术手段措施来保护，需要从大遗址区经济、社会、文化、生态环境等协调、综合发展的角度去考虑。因此，有必要了解西方的遗址保护历程，为我国大遗址的保护及其理论与方法体系建设提供借鉴。在欧洲早期，残损的建筑遗存或废墟主要是基于建筑作为艺术体系核心元素中"美"的和纪念意义原因被修复，将其作为"遗址"予以区别对待和特别的关注不是一开始就有的，是随着时代的发展和认识的深化逐渐形成的。国外对遗址的关注和保护主要经历了四个阶段。

一、起源阶段（14世纪之前）——文艺复兴之前遗址原状保护时期

文艺复兴之前，文物保护修复理念还未产生，主要将古代遗址[①]作为新建建筑原料产地。但也存在基于对某个人物或事件、场所的尊敬、崇拜或纪念需求，而"保存"和"展示"这些重要的古代纪念物。形式主要以古迹遗址"原

---

① 启蒙运动之前的遗址主要指的是以纪念物、遗产、文物古迹为专有名词的"废墟"，书中对启蒙运动以前遗址的介绍，主要指这些废墟或建筑残存。

状"保存为主,也有对建筑"废墟"的"修复"。例如,在公元前1世纪左右对雅典伊瑞克提翁神庙的修缮与重建中,建筑物的许多部分如山形墙或天花板均被拆除并依照原样重建;5世纪末6世纪初的狄奥多里克大帝命令修复了奥利安墙、导水渠、罗马大角斗场和圣天使堡等;同时还包括古希腊、古罗马时期对历代著名帝王和先贤墓地、居所遗址的保护。这一时期的"保护"主要是基于美学或纪念意义性而展开的原址保护或个别重建,还未出现对遗址的保护性修复思维。但这种"保护"理念为文艺复兴时期保护理念的出现奠定了基础,促进了保护理念的出现和发展。

二、萌芽阶段（14～17世纪）——保护理念的出现

14～17世纪随着东罗马拜占庭帝国的灭亡和文艺复兴运动的发展,人文主义学者以宗教辅助文学与艺术复兴,在此过程中,从对器物的修复开始扩展到对古代毁损的宗教建筑等的关注。随着雕塑修复和古建筑修复运动的开展与研究,保护理念出现,并在对古建筑的修复中,开始关注遗址的保护。文艺复兴主要在意大利产生、发展,因此,这一阶段的文物保护运动也主要以意大利为核心。

进入14世纪后,随着1453年东罗马拜占庭帝国的灭亡,帝国中收藏的一些古希腊、古罗马的典籍、雕像、手抄本等艺术成果开始流布整个欧洲,这使得经过漫长中世纪的人在古代典籍、古代文化遗产中找到了享受人生的依据,并在经济大发展背景下,结合当时文化发展形成了新的艺术精神与艺术理想。在对文学作品中古希腊、古罗马往日辉煌与眼前的遗迹、残垣断壁、破败的庙宇和宫殿城堡等对比认识过程中,人们开始积极倡导复活,再生古希腊、古罗马文化。出于复活、再生古代辉煌的目的,在文艺复兴早期,许多上层社会的学者和贵族开始收集古代艺术品的残片作为研究对象。对这些收藏品,一般将破损的古代雕像和建筑碎片通常原样保留,陈列在宫殿的庭院和室内。但是,随着15世纪初期,美第奇家族委托多纳泰罗修复和复原他们所收藏的文物碎片以装修他们在佛罗伦萨的宫殿,和同时期罗马红衣主教安德里亚·德拉·维勒用类似的方法在他自己的宫殿里陈列自己收藏的古代大理石雕,并将古代的柱子和其他建筑构件作为装饰,使得当时的社会掀起了一股修复雕塑的风潮[①]。在对雕塑的修复过程中,许多人开始将这种修复"理念"引入对古代建筑的维护

---

① 〔芬〕尤嘎·尤基莱托:《建筑保护史》,郭旃译,中华书局,2011年,第33页。

中,并展开了科学探讨,出版了一批建筑著作。这些著作在提到坚固持久的建筑和建筑维护原则的同时,还对保护建筑的重要性做了阐释。

15世纪著名的建筑学家莱昂·巴蒂斯塔·阿尔伯蒂是第一个撰写文艺复兴时期建筑著作的作者,他认为建筑劣化的重要原因是人们的漠不关心,并基于价值分析,提出符合这些要求的建筑值得保护[①]。文艺复兴时期另一位重要的建筑学家安东尼奥·阿韦利诺提出预防性保护理念,他认为应预见建筑的需求,以避免破坏并及时修理。而这一时期稍晚的佛朗切斯科·迪·乔其奥·马蒂尼被认为是"古代遗址的修复者",他将古代典型遗址以图解法整体绘制下来,以求在古代遗址消亡之前记录它们,为这些遗址间接的保护做出了贡献。在对古代建筑修复及其原则等的探讨中,早期保护思想萌芽。而这也引起人们关注文献记录的和文艺复兴时期的宝贵资源——古代遗址的保护[②]。这一时期,基于"美学"和纪念需求下的"重生"或"再现"盛世的区别性修复,已经不同于14世纪文艺复兴之前对古建筑的"修复",开始具有了在当时价值观下的"保护"意识和思维。尽管古代遗址仍被当作建筑材料的原料地,但随着保护意识的增强和保护行动的开展,这种破坏性的行为推动了遗址保护的进程。尤其是15世纪中叶以后,随着人文主义者对破坏古迹行为的批评,在古建筑修复理念基础上,开始从上层社会层面展开对古建筑与遗址的保护运动。尽管任何有效的保护措施的实施都需要经过漫长的时间才能实现,不过,为保护古迹和教堂,许多政令首先得以颁布。据文献记载,最早在教廷所在地意大利开始,教皇尤金四世(1431~1447)曾命令保护罗马大角斗场;教皇庇护二世1462年4月28日颁布了第一个专门保护古代遗址法令——《有关我们城市(罗马)》,要求保护罗马的古迹遗址。在此基础上,在建筑实用主义和强烈的"古为今用"的思想驱动下,修缮和改建了一批在当时还有用的建筑,如教堂、桥梁、导水渠,甚至包括被用作教皇住所的圣天使堡(哈德良陵墓)等。这一时期的"保护"与基督教有着紧密的关系,并在此过程中推动了保护运动,为保护运动提供了决定性的依据。

进入16世纪以后,随着资产阶级的发展和海外财富的涌入,欧洲加快了经济发展和建设的步伐。这些建设活动加速了对古代建筑和遗址的破坏,并引起了人们对历史建筑和遗址保护的关注,许多人文主义者投入古迹遗址的保护运

---

① 〔意〕莱昂·巴蒂斯塔·阿尔伯蒂:《建筑论:阿尔伯蒂建筑十书》,王贵祥译,中国建筑工业出版社,2010年。

② 〔芬〕尤嘎·尤基莱托:《建筑保护史》,郭旃译,中华书局,2011年,第36页。

动中，其中影响最大的是意大利著名学者拉斐尔·圣齐奥，在他的努力下，开创了国家对历史建筑和遗址的现代保护。在16世纪初他及其同僚给教皇利奥十世写了一封信，描述了古典建筑当前遭到破坏的情况，并在对这些历史建筑和遗址或遗迹价值进行阐释的基础上，呼吁采取紧急的措施保护这些遗产。1515年拉斐尔被利奥十世任命为大理石和石材长官，成为文化遗产保护史上官方任命的第一位主管古代建筑保护的专员，而这一时期的古代建筑包含着对建筑的毁灭形态——遗址的保护。但历任教皇在签署了一些保护古代建筑的命令的同时，也签署了另一些破坏古代建筑的命令，反而使罗马地方政府和市民更多地投入古代建筑保护中。例如，1521年，罗马的一位编辑亚克普斯·玛左楚斯在多年收集、整理与研究基础上，出版了罗马第一部建筑保护名录——《罗马文物之碑铭》，其中包括了许多重要的遗址或遗迹，为罗马文物古迹保护做出重要贡献。这一时期的英国，也基于宗教等因素，积极开展保护运动。例如，1560年，伊丽莎白一世针对英国教堂破坏严重的现象，颁布了《反对破坏和损害历史建筑》的公告，为教堂保护做出贡献。这一时期，尽管保护更多的是出于宗教等原因，但在人文主义者的推动下，基于宗教等原因从国家层面展开对遗址保护的探讨这一点对推动遗址保护的功绩不可磨灭。

17世纪，在前期保护探索的基础上，逐渐形成了以国家为主体、社会精英为主要推动的文化遗产保护潮流。文物古迹的概念也不再单纯停留在典籍、艺术品、器物层面，而是直接将古建筑包括古建筑的演变体——遗址包含在内。瑞典在1666年12月18日颁布了第一个在意大利以外的保护法令《文物法令》，为古迹遗址保护提供了法律依据。《文物法令》规定，不管文物或建筑多么不显眼，只要它们曾经为国家的历史事件、人物、地点或者家族，特别是与国王和贵族的历史相关，就应当加以保护；同时规定，如果有人对古迹遗址造成破坏，必须将其修复到先前的状态[①]（表2-1）。

表2-1 14～17世纪欧洲各国对遗址保护的法规[②]

国家	年代	颁布的法规及主要内容
意大利	1425年	教皇马丁五世颁布《纵然在迟来的世界》，规定"修复和改良"建筑和市政设施
意大利	1431年	教皇尤金四世命令保护大角斗场
意大利	1462年	教皇庇护二世颁布《有关我们城市（罗马）》，这是第一部专门保护古代遗址的法令，规定维护和保护教会建筑以及那些用以掩蔽死者和圣人遗物的古代建筑

① 〔芬〕尤嘎·尤基莱托：《建筑保护史》，郭旃译，中华书局，2011年，第63页。
② 此处的"法规"主要是指古代颁布的法令、教皇的命令、政府文件或规定等。

续表

国家	年代	颁布的法规及主要内容
英国	1560年	伊丽莎白一世颁布了《反对破坏和损害历史建筑》的公告，以保护古代教堂和公共建筑，其中涉及部分遗址
瑞典	1666年	颁布《文物法令》，这是第一个在意大利以外的保护法令，对遗址保护做出专门规定

文艺复兴不是简单地恢复古典文化，其借助"恢复古典"为建立新的社会制度体系造舆论，促进了后来的科学发展、地理大发现、民族国家的诞生，为现代社会大发展奠定了基础。同样，在此过程的影响下，也促进了现代保护运动的发展。尽管在这一时期并没有形成一定的保护理论和方法，但从保护观念的产生、保护运动的发展到国家层面进行法令、法规等的实践，可以寻找到一些保护理论、方法发端的迹象，为18世纪以后文化遗产保护理论流派的发展奠定了基础。在保护方法方面，主要基于纪念价值和艺术价值，表现为全面修复、重建以再现历史遗迹整体的艺术形象；对于"美"的追求也主要是基于"对过去形象大概的想象"，真实存在的过去并不重要，主要是在对原有可能形态想象复原的基础上，通过理解性的创作进行表达。

三、发展阶段（18～20世纪初期）——保护理论、方法的出现

18～19世纪是文化遗产、遗址或遗迹保护的一个重要时期，这一时期伴随着启蒙运动、浪漫主义等思想的提出与发展，在对理性与"自然"的讨论中，考古学、建筑学、哲学等得到了长足发展，为遗址保护理论化发展做出重要贡献。尤其是在文化模式概念提出的基础上，结合保护实践，开始系统的总结、阐述那些有效构成现代保护运动的理念，并将其理论化，形成了以法国、英国、意大利等为代表的不同保护流派，为西方遗址或文化遗产保护理论与方法奠定了基础，也为20世纪中后期形成比较完整的文化遗产保护理论与方法体系提供了思想源头。这一阶段，可结合西方历史的发展，分为两个小阶段。

1. 启蒙运动时期（18世纪初～18世纪末）

18世纪初～18世纪末的启蒙运动时期以理性主义为主，勇于质疑权威与传统教条，朝个人主义发展，强调普世的观念。启蒙时代的学者希望通过理性思考能使知识脱离宗教的影响，使其成为建立道德、美学以及思想体系的基础。在这种思潮影响下，保护观念深入人心，保护运动迅速发展，基于古建筑保护

的遗址保护原则被提出，各国根据本国实际也制定了一系列保护法律，以加强对古迹遗址的保护。

随着理性主义思潮的兴起和哲学等学科的发展，为了理解事物的起源、探索世界并对一切进行批判的思考，在社会精英分子的推动下，人们开始在地质学发展的基础上，对古代遗存进行系统的考古学研究，并将哲学、艺术、建筑学等学科引入对考古遗址和建筑遗址的保护工作中。这一时期，随着人们对考古学兴趣的增强，开始注重意大利和地中海周边古希腊和古罗马曾经的故地游历，在游历的过程中，人们开始将目光从对古建筑的重视转向对遗址的重视，具有代表性的人物是卡西亚诺·达尔·波佐。他研究了古代罗马地位最低的遗址，认为它们是"已消亡世界的片断提示"，并试着依此理解古代人的习俗和生活方式[①]。同时，在对美学理论认识的基础上，基于绘画认知提出了"岁月印记"和"风景如画"的概念，随后，与有着神话、蜿蜒的小径和古遗址废墟的英格兰景观园林的发展相联系，将它们扩展到对古代废墟的认识，使"画意风格"成为遗址的一部分，促使英国形成了独特的"画意风格"遗址保护模式。这些导致对保护认识的进一步深化，人们开始出于保护目的而对历史古迹进行评估。并在对古代艺术作品、文物和古迹的批判性研究过程中，提出了真实性、最小干预、可逆性、修旧如旧等保护理念和原则。

这一时期是保护政策发展的重要时期，将先前几十年里产生的各种想法集中，并确立了一些基本的保护理念。包括历史古迹的理念，作为国家文化遗产的科学和艺术的概念以及它们的教育作用，因而国家有管理这些遗产的责任；提出把所有的国家遗产列出清单并进行分类，不管是建筑古迹、艺术品还是档案资料，都作为国家财产进行保护，并被写入法国和其他国家的政策法规中。较早将文物古迹保护写入法规中的是葡萄牙国王若奥五世。在1721年所下的敕诏中，他提倡保护历史纪念物；法国在1792年、1793年颁布的法规中，规定古迹委员会对"在艺术价值上有特殊重要性的物品进行保护"；最为重要的是1802年10月1日由红衣主教多里阿·帕姆菲利签署教皇亲笔函，其成为那个时期文化遗产保护的基本法案，直到19世纪70年代被意大利一系列法律代替。

2. 浪漫主义期（19世纪初期～20世纪初期）

19世纪初至20世纪初的这一阶段，文化遗产保护理念、方法的发展主要受

---

① 〔芬〕尤嘎·尤基莱托：《建筑保护史》，郭旃译，中华书局，2011年，第70页。

到起源于德国的浪漫主义思潮的影响。浪漫主义推动了从模仿艺术到表现艺术的转变，在思想上催生了历史怀旧主义，在实践中出现了针对建筑的复古建设。同时自19世纪初期开始，出现了一种将古迹遗址作为遥远过去的遗存加以保护的趋势，并出现了关于修复风格的争论，导致了风格化修复的出现。在此背景下，推动了各国文化遗产保护的发展，形成了以法国、英国、意大利为主的几大保护理论流派，保护理念和原则得到了深入发展，这一时期成为探索保护与修复历史性对象和场所新方法的关键时期。

（1）法国的修复式"风格保护"。法国作为当时启蒙运动的发展中心，走在文化遗产保护前列。进入19世纪后，在启蒙运动时期发展的基础上，法国率先提出了古迹遗址修复理论；大革命后，开始注重编写法国历史名录。1810年法国政府进行了第一次文物古迹清查，并由内政部成立了文物建筑遗产保护委员会，设立了视察员，国家开始对遗产进行保护[①]。1813年英格兰游客在诺曼底游览发现了诺曼底遗址，引起了人们对考古学和历史研究的兴趣，促使法国19世纪20年代一些协会的成立，并开始关注遗址的保护，如1834年成立的法国考古学会。当时法国对于文物古迹的管理主要由内政部负责，由于经费有限，管理制度不健全，几乎所有的城镇都有破坏历史建筑和毁坏遗址的事件发生。针对这种破坏，雨果首先在他的《巴黎圣母院》中呼唤保护文物，并认为巴黎圣母院是巴黎古城最重要的部分。在此过程中，他不仅关注石头建筑的古迹，还关注作为珍贵历史纪念物的遗址。

在雨果等有识之士的呼吁下，1830年法国七月革命之后，法国加大了对建筑遗产（包括遗址）的编目和保护力度，并在1830年设置了"法国古迹总巡视员"这一职位，主要职责一方面是编制准确完整的保护目录，另一方面是负责管理修复工作，为当地政府提供行政指导，与各地的联络员保持联系。第一位总巡查员是路德维克·维泰特（1802~1873），他认为必须促进将古迹作为历史的证据来诠释和理解，在保护上赞成重建式修复。路德维克·维泰特于1834年辞去总巡查员的职位，由普洛斯波·梅里美继任。普洛斯波·梅里美担任总巡查员后，在1837年成立了古迹委员会来协助自己完成总巡查员的工作，并开展了文物建筑的登录保护工作，在其任职期间，保护目录中古迹认定的数量从1840年的934个增加到1849年的3000多个，但这些古迹范围较小，主要以中世纪的宗教建筑遗址为主，包括少量的罗马时期的古文物等。1840年，法国成立了历史建筑管理局，这是世界上成立的第一个专门保护古迹的政府机构，同年还

---

① 赵琳：《法国古建筑保护概况》，《古建园林技术》2002年第1期。

提出了《历史性建筑法案》。这一时期，修复原则已经从19世纪30年代基于严谨的考古学研究基础、提倡"最小干预"的保守式修复理念，发展到了19世纪中期更为大胆的"完全修复"理念，历史建筑或遗址的保护基本上等同于"修复"。针对这种现象，普洛斯波·梅里美认为，所有时期和所有风格的历史建筑（包括遗址）都值得保护，但不提倡用重建的方式保护，认为这将损害古迹价值，这为"风格式修复"奠定了基础，其后法国的阿道夫·拿破仑·迪德伦、维奥莱·勒·杜克和英国的乔治·吉尔伯特·斯科特等进行了实践探索，丰富了该理论。19世纪中叶，维奥莱·勒·杜克在普洛斯波·梅里美的基础上，提出把历史建筑修复置于科学基础之上，他认为对建筑的修复应在认真调研其时代及特点的基础上，以保持其外表和结构上的原有风格为指导来制定修复方案。同时他强调"整体修复"对于建筑的重要性，并在巴黎圣母院和皮埃尔丰城堡的保护中进行了实践。这些有力地推进了古建筑修复工作的科学化。但是，他过分强调了恢复原状和风格统一，实际上是用"创作"代替了"修复"，因而给古建筑修复工作也带来了有害的影响[①]。同时代的阿纳托尔·法朗士批评维奥莱·勒·杜克对皮埃尔丰城堡和巴黎圣母院的修复，强调原样保护的重要性。维奥莱·勒·杜克之后，法国历史建筑管理局颁布了保护历史建筑的法规《关于保护、维修和修复宗教建筑和特殊教堂的指南》，其中重点强调了历史建筑的最佳保护策略是"维护保养"。公众此时也越来越意识到要尽量避免不必要的破坏，并对臆测式修复进行批判，反对政府基金集中用于"彻底修复"某种纪念物的预案。但由于1905年的法国，教堂不受政府管辖，国家拒绝对历史古迹采取维护保养的方式，而把"修复"作为唯一的选择，这种理念和方法一直持续到1931年《关于历史性纪念物修复的雅典宪章》的颁布才得到改观。

（2）英国的"反修复"运动。英国在保护管理的国家化方面相对于法国要晚，它在最初的发展中也借鉴法国的协会和遗产保护目录模式，但英格兰长期以来历史建筑的保护建立在个人努力的基础上。进入19世纪后，英格兰先后成立了古物研究者协会、英格兰皇家建筑师协会、英格兰古建筑保护协会等，尽管各种考古学协会也遍布英国各地，却都无意参与保护行动。甚至到20世纪，维护和修复国家级大教堂这样意义重大的事情仍依赖私人的资助。1877年，古建筑保护协会成立，标志着英格兰建筑保护方式进一步趋向个人化。1895年，

---

① 谢辰生：《文物保护与科学研究的历史发展概述》，《谢辰生文博文集》，文物出版社，2010年，第1-8页。

英格兰国民信托组织成立，主要负责保管具有重大意义的国家财产。同时，也出现了以法国体系为模式，建立官方的历史性建筑物保护机构的早期尝试，但都未能成功。直到1882年8月18日《历史纪念物保护法》的颁布才得以实现。但保护内容主要以重要的坟墓、史前墓石、圆形巨石建筑等史前遗址和建筑群为主。为了扩大国家遗产的保护，英格兰1892年通过了《爱尔兰法案》，扩大了保护名录。第一次世界大战后，编目登录保护名单制度变得活跃，但主要从1947年开始，在遭受了第二次世界大战的破坏之后，编目登录保护名单制度才被广泛接受，成为保护历史建筑的一种方法。进入20世纪后，英国加强了国家立法保护，1913年英国政府颁布《古迹维护和修缮条例》，1931年英国政府又对此条例进行了补充，规定地方政府可以通过编制古建筑保护规划来保护古建筑本体及其周边。英国人首次以政府法律条文的形式提出了文物建筑的"群体保护"概念，这是保护方法的重大发展[①]。

  保护理念与原则上，英格兰早期对于古建筑和遗址的保护有两种形式，一种是修复，另一种是基于环境整治的原状保存展示。18世纪90年代，随着启蒙运动的发展，英格兰文物工作者开始对古典主义风格的教堂重建风潮进行批判，并引发了19世纪40年代关于古建筑与遗址保护与修复的辩论，最终在保护名义下，引导实践走向一种更为保守的方式，但这一时期受法国影响，还是以修复为主。但随着浪漫主义在英国的发展和对法国修复运动的质疑，19世纪中叶，由约翰·拉斯金和威廉·莫里斯所领衔的批评浪潮，直指当时以法国为代表的按照一定风格对历史建筑进行武断修复和重建的"风格式"修复，他们认为"修复"破坏了古迹（遗址）的历史真实性，修复后的古迹（遗址）只不过是一个毫无生气的假古董。在他们的影响下，"修复"（restoration）一词几乎被视为贬义词，修复逐渐被"保护"（conservation）取代。保护理念正是以这个批判运动为先导，逐渐成为被世人所接受的保护古迹和艺术品的现代方法，同时也成为维护保养和保护性修缮政策的主要参照[②]。其后在威廉·莫里斯和古建筑保护协会的努力下，约翰·拉斯金所领导的保护运动传播到英格兰以外的广大地区，包括欧洲国家和亚洲的印度等。"这是一种受到本时期浪漫主义思潮影响而产生的'残缺美'观点，追求的是一种绝对的'历史真实性'的价值，并将其视为最高价值。与'修复'观点相比，它走向了另一个极端，排斥一切为延长古代建筑寿命而进行的干

---

① 林源：《中国建筑遗产保护基础理论研究》，西安建筑科技大学博士学位论文，2007年，第29页。

② 〔芬〕尤嘎·尤基莱托：《建筑保护史》，郭旃译，中华书局，2011年，第241页。

预。"①这种基于古建筑保护的"反修复"运动的成果自然也运用到对当时建筑的包含物遗址的保护上。

（3）德国的"多元化"保护。德国在未统一之前，古迹遗址保护主要以普鲁士为代表。18世纪，普鲁士对古迹遗址的管理主要由成立于1770年的建筑部负责；19世纪以后，主要由1804年在建筑部基础上改名的"建筑工程署"和"建筑学委员会"来负责；1815年德国建筑工程署向国王呈交了后来成为普鲁士文化遗产保护基本原则的《关于保护我国古迹和文物的基本原则》，建议成立专门负责登录和保护有价值历史古迹的国家机构，并在登录基础上，制定一个拯救古迹的具体计划，这标志着普鲁士国家保护的开始。随后几年又发布了其他的一些保护通知，如1819年，《关于保护被废弃的城堡和修道院的通知》；1830年发布《关于保护城市防御工事》的皇室法令；1835年，发布了《将古迹转交给文化部的有关事宜》，文化部保留了检查与具有历史、科学、技术价值和意义的建筑有关的所有保护工程的权利；为了保护公有的"艺术古迹"，使更多的人了解它们的价值，以及制定保护和修复的原则，1843年国王签署了一份任命艺术古迹保护官员的法令，第二年任命德国著名保护学家费迪南德·冯·奎斯特为第一任保护专员，促使国家开始对历史建筑实施全面的掌控。费迪南德·冯·奎斯特任职期间，调查了许多地区，为德国古迹保护做出重要贡献。但一名保护专员负责全国范围的古迹保护是一个繁重的任务，因此，1853年，成立了一个古迹委员会来专门负责古迹的调查与保护，其后，又成立了省级委员会及省级保护专员来协助保护专员的工作。在该委员会的推动下，展开了对普鲁士重要古迹的编目运动，促进了古迹的保护。1861年颁布了《艾森纳赫法》，对哥特式建筑的修复做了规定。进入20世纪后开始定期举行一个由德国各州保护理论家共同参与的会议，并将会议召开的时间确定为"古迹保护日"，1900年，第一次会议在德累斯顿举行，此后会议每年定期举行，这为后来的国际保护专家会议和其他各国文化遗产保护日的制定提供了借鉴。

德国在保护与修复理念、方法方面，既受法国影响，又受英国影响，这使得德国的保护理念与方法比较多样。德国19世纪早中期主要以法国理念为主，展开的保护与修复实践主要是以重建为主。费迪南德·冯·奎斯特任职期间，不赞成"艺术的"或"考古学的"修复，包括所谓的"净化"，他认为这些做法都会造成毁坏；他希望在尊重各时期形成的具有艺术或历史价值的结构和古

---

① 肖金亮：《中国历史建筑保护科学体系的建立与方法论研究》，清华大学博士学位论文，2009年，第2页。

迹的基础上修复建筑物[①]。德国另一位著名的保护专家戈特佛里德·森佩尔是折中主义的代表人物，他志趣多样，从绝对保护到修复，到风格式重建都有涉及。19世纪下半叶，在浪漫主义运动和历史主义的影响下，修复的目的越来越倾向于复原和重建，修复工作由追求风格统一转向风格纯净。在修复与重建的浪潮中，一些学者开始对1861年修葺一新的慕尼黑圣母大教堂的修复方法进行批判，这种抗议是一种反修复的征兆，但这只是一股微小的力量，直到19世纪末20世纪初，随着赫尔曼·穆特修斯对英国保护理念的引入才开始在理论上对反修复形成支持。这一派别认为即使是最不起眼的历史结构也具有极高的文献价值，而重建则是彻头彻尾的愚蠢。但当时德国保护的主流主要以法国式修复为主，在推崇维奥莱·勒·杜克方法的专业技术人员推动下，修复与重建的潮流一直延续到20世纪中叶以后。在反修复理念引进的过程中，德国将英国的"画意风格"引入遗址的保护中，促使德国许多地区将废墟作为公园的核心，使遗址保护公园化。

（4）意大利"文献式保护"和"历史性保护"。意大利对历史古迹保护理论与方法的重视相对于法国、英国、德国要晚，正是时间上的滞后，意大利在学习其他国家的经验和引进保护理念的过程中，结合本国实际，逐渐形成了自己的方式方法。这些方式方法一方面是自身早期古代纪念物修复经验的总结；另一方面则是吸收了其他国家的宝贵经验，如法国的修复准则以及英格兰约翰·拉斯金和英格兰古建筑保护协会的方法，德国的浪漫主义和历史主义。19世纪中后期在意大利形成自己保护理论与方法的同时，意大利正逐步走向统一，因此在保护过程中特别强调国家主义的情感，这在正确评价国家遗产方面发挥了重要作用。

意大利的相关立法主要关注的是古典遗迹，但也曾制订了一些法令保护15世纪以来的中世纪建筑。1890年，为保护名录中的历史建筑，在罗马成立了一个名为文物古迹艺术委员会的组织，协会将建筑分为三类，法律保护的主要是第一类具有历史和艺术价值的建筑，其他类型的则交由地方政府保护。

意大利对古迹遗址的保护在19世纪经历了几个典型阶段。18世纪末和19世纪早中期主要受到法国"风格修复"运动的影响。19世纪初期在意大利南部许多遗址出现了修缮和小规模的修复，其中包括赫库兰尼姆和庞贝古城，对这些遗址的修复主要以当时的风格来实现，但当时主要以流行风格来修复历史建

[①] Detlef Karg. *Ferdinand von Quast (1807-1877): Erster preußischer Konservator der Kunstdenkmäler*. Berlin: Lukas Verlag, 2007.

筑。随着哥特复兴主义的到来，人们的观点随之改变，1823年圣保罗教堂毁于大火，朱塞佩·瓦拉迪尔为重建准备了一份提议，他不喜欢复制品，决定在保留尚存的十字交叉部的翼殿及后部主殿半圆形殿堂基础上，对被毁的长方形主体殿堂以现代的风格进行复原。1825年，利奥十二世决定将被烧毁的那部分以其早期的样式进行重建，并在1831~1869年付诸实施。这种对历史建筑修复的方法直接影响到对遗址的保护，促使对建筑遗址或遗迹的重建。

19世纪后期，随着意大利国家独立运动的发展和对英国、德国等保护理念和方法的学习，对古迹遗址的态度从修复开始向保护转变。为这一方针做出重要贡献的首先是米兰的提托·韦斯帕夏诺·帕拉维西尼，他早年提倡修复，但后来转向保护；在保护过程中，他将古迹遗址与文献相互比较，认为它们的价值和缺陷都是各个历史时期的借鉴，损失这些古迹遗址会造成历史的空白，而它作为一份文献被篡改后引发的后果则更为严重[1]。这种观点受到当时米兰学术圈的认可。其后，意大利的卡米洛·博伊托继承了提托·韦斯帕夏诺·帕拉维西尼和米兰学术圈所提出的概念，成为19世纪末意大利保护运动的领袖。他既反对维奥莱·勒·杜克的主张，也反对约翰·拉斯金的观点，而是结合意大利保护实际，对古迹的保护提出了新的见解。1882年发表了一份历史建筑修复的临时指南，目的是促进古迹保护方法论的发展，避免不必要的破坏和错误。他认为修复应该建立在对建筑及其历代改变的彻底研究的基础上，保护工作要建立在科学可信的研究基础上，进而确定哪些需要保护，哪些必须清除；修复过程中要区分建筑最初的"标准状态"（normal state）和它的"现实状态"（actual state），以保证所有需要被保护部分的标准状态都尽可能得以恢复和维护，修复必须是在"真实性"基础上的工作[2]。受法国派影响，他不反对修复，但是要根据每座建筑物的具体情况建立干预标准。他将这些原则归纳为七点建议，并被教育部采纳，这七个原则成为意大利现代古迹保护运动的第一部宪章，他的观点后来被称为"文献式修复"。卡米洛·博伊托原则上将历史古迹看作不同历史时期成就的叠加。尽管他的理论非常清晰，但是在实施过程中却将几种保护理念与方法同时使用，并没有坚持自己的观点。

卡米洛·博伊托的学生卢卡·贝尔特拉米也深受法国修复政策和实践的影

---

[1] A. Bellini. *Note sul dibattito al restauro dei monumenti nella Milano dell'ottocento: Tito Vespasiano Paravicini*. 1992: 895-902.

[2] Kate Nesbitt. From Contrast to Analogy: developments in the concept of Architectural Intervention. *Theorizing a New Agenda for Architecture: An Anthology of Architectural Theory (1965-1995)*. New York: Princeton Architectural Press, 1996: 230-239.

响,他充分认识到文献档案作为修复基础的重要性。他强调保护工作者的多学科、多技能性,认为应在历史学与考古学研究基础上依据确凿的证据确定保护的目标和方式,不能仅凭个人的主观分析或推论来决定。正是因为这样,他的方法被称作"历史性修复",他也被称为意大利第一位现代保护建筑师。

（5）希腊遗址的原物归位。18世纪下半叶,随着启蒙运动学者对古希腊文物古迹的赞美与宣传,引来了大批量的游客和收藏家,许多重要的艺术品被带走,这使得在唤起更多热情和提供直接研究资料的同时,导致已经成为废墟的遗址遭到进一步的破坏。进入19世纪后,随着希腊民族运动的发展,保护希腊古代文物成为政治上对传统辉煌的一种表征。基于此,希腊开始了独立后的大规模保护与修复运动,为了加强保护,希腊在1834年通过了一项保护历史古迹的法律——《纪念物法》,规定保护希腊所有的文物古迹；但它的修复理念与原则不同于其他国家,希腊语中用作"修复"的词"anasylosis"（原物归位）指对整个建筑结构进行记录、分解、重建的一套完整方法[①]。这是一种重建性的修复理念,并在随后雅典卫城和雅典娜胜利女神庙的考古发掘及保护修复中得到实践。19世纪末20世纪初,地中海地区的遗址修复工作越来越多。在希腊奥林匹亚,在巴拉诺斯的指导下对赫拉神庙进行发掘,并将两个倒塌的石柱重新树立起来,并运用雅典卫城的修复技术对其进行了部分修复。在希腊古都德尔斐,雅典国库于1903~1906年被重建,埃匹多拉斯圆形神庙也被重新树立起来；在科诺索斯,1900~1914年人们对米诺按皇宫进行了考古发掘,并由亚瑟·埃文斯爵士主持了重建,在重建中运用了钢筋混凝土和彩绘技术。这个遗址后来成为考古学式修复的"纪念物"。

这一时期,欧洲各国在文物保护运动中,结合本国实际和互相之间经验、理念与方法的交流与沟通,形成了各具特色的保护理论,形成了以法国、英国、德国、意大利为代表的几大保护流派,对于保护本国古迹遗址做出了重要贡献。但不管是在各国国内,还是在整个欧洲,这些理论与方法都还存在许多争议,往往形成各种流派并存、相互交错的现象,这种多元化在有利于保护理论继续探讨发展的同时,由于各种理论的交织和实践也对古迹遗址保护产生保护性的破坏。

四、成熟阶段（20世纪初至今）——保护理论、方法的完善

20世纪以后的遗产保护理念在很大程度上继承了前一时期,但同时也有其

[①] [芬]尤嘎·尤基莱托:《建筑保护史》,郭旃译,中华书局,2011年,第124页。

独特性。随着浪漫主义运动的结束和第一次世界大战后经济社会、科学技术、工业的发展以及全球化趋势的加速，大大改善了沟通、交流和国际合作等诸多方面，这促使对古迹遗址等文化遗产从浪漫主义保护形势转变为一个被政府权威所认可的、受国际组织支持的广域学科。欧洲经过几个世纪演进与实践总结的保护理论开始随着各种国际组织会议的举办而逐渐国际化，并影响到欧洲以外的各国。在此进程中，世界各国也结合本国实际进行不断探索与完善，最终形成了以欧洲保护理念为基础的国际理念与各国本土化释义的"一极多元"发展格局，文化遗产保护的国际影响越来越大，合作交流越来越频繁。并将对单体纪念物的保护拓展到综合性的文化遗产的保护，拓展和深化了保护对象、学科参与、观察视角和价值观念等，使遗址保护也开始向综合性保护方向发展。

1. 以意大利和法国为代表的欧洲各国保护的继续推进

20世纪初期哲学和艺术层面对艺术、历史及价值的探讨与分析，以及关于艺术作品在历史维度层面上的定义、对"历史古迹"的定义以及阿洛依斯·里格尔（Alois Riegel）对遗产价值的批判性分析，共同构成了现代保护理论的第一个连贯一致的基础。随着20世纪科学的不断进步和文化遗产国际保护趋势的发展，各国进一步完善已有的保护理念与方法体系。而这一时期的集大成者主要以意大利为代表，后来的国际理念主要以其为基础而发展。

20世纪初期，继卡米洛·博伊托之后古斯塔沃·乔万诺尼（Gustavo Giovannoni）成为意大利文物保护的代表人物。古斯塔沃·乔万诺尼是罗马建筑学院的主任，他在学校期间，积极推动建筑学师资队伍建设，并开设了历史古迹修复课程，通过教学和写作活动等宣传意大利现代保护理论。古斯塔沃·乔万诺尼强调批判和科学的方法，他认为，修复首先应视为评估的文化问题；修复时应尊重所有重要时期历史特征，并根据实际情况选择重建；维奥莱·勒·杜克的修复理论会造成伪造和武断的干预；他还强调历史建筑的日常维护、修补和加固[①]。1932年，意大利政府以古斯塔沃·乔万诺尼理论为基础，颁布了《古迹修复规范》（*Norme per il restauro dei monumenti*），该规范在卡米洛·博伊托将古迹视为历史档案的基础上，提出了包括建筑外观、历史脉络、环境及建筑功用等方面在内更为广泛的保护方式。1938年，为了完善1932年制定的规范，意大利政府发表了更为详细的《古迹修复规范》，其中对遗址强调

---

① Gustavo Giovannoni. *Questioni di architettura nella storia e nella vita: Edilizia, estetica architettonica, restauri ambiente dei monumenti*. Rome, 1929: 50-55.

原址保护的必要性，禁止无条件地建造具有所谓"历史风格"的建筑物，尤其是在那些没有任何特定纪念意义或景观特色的地区。这一时期，在朱利奥·卡罗·阿尔甘和彻萨尔·布兰迪的共同推动下，1938年向罗马市政大会提交了一份关于成立保护艺术作品的中央国家研究和艺术品修复学院的议案，并获得通过。1939年该研究院正式成立，彻萨尔·布兰迪成为第一任领导，这即是后来著名的罗马文物修复中心。同时，这一时期在内德托·克罗齐、朱利奥·卡奥·阿尔甘、彻萨尔·布兰迪等人发起的关于修复理论的讨论中，不再局限于一类事物的修复，而重在以遗产价值来描述考察和对待物体的某种方法论和关键性方法，并强调保护方法的统一性与普遍适用性问题[①]。第二次世界大战之后，在前期发展基础上，彻萨尔·布兰迪在其修复理论中详细阐述了艺术品的保护与修复这一创造性过程的结果，认为艺术作品具有美学与历史双重性，还有潜在的统一性形成的整体，它的历史性独立于美学价值及美学价值随时间变化的方式，在修复之前，这三个方面的因素都应考虑到[②]。这种关于艺术品的讨论形成了现代修复和保护实践的核心含义。同时，其将创造性过程提升到文化价值的评判之上，而且以客观的视角来看待这一过程。这一讨论为文化遗产保护理念、方法的国际化奠定了基础，推动了意大利文化遗产保护理论地进一步发展和国际化，也使得文化遗产综合性和国际指导性探讨成为可能。

进入20世纪后，法国政府成立了专门负责古迹遗址保护的国家建筑师组织，经过不断地完善，一直存续到现在。1914年成立了国家建筑保护单位财政处，专门负责为文物建筑保护提供资金上的支持[③]。1930年法国政府制定了保护天然纪念物及富有历史、科学、艺术和画境特色地点的自然遗产保护法规，这些法规文件都包含了对遗址的保护与修复。1943年法国政府颁布了《文物古迹周边环境法》，规定重要的古迹周围半径500米范围内的任何建设都应受到限制，任何可能改变文物古迹周边环境的建设必须得到国家建筑师批准。1959年法国成立了专门负责文化遗产保护与管理的文化部，并在1962年制定了《历史性街区保存法》，规定对历史街区应依据法律划定建筑遗产保护区，对历史区域和历史环境实施整体保护，同时规定要从城市发展的角度出发促进保护区的生存发展，保护与利用要为保护区恢复生机活力提供有效的途径。具体的实施

---

① 〔芬〕尤嘎·尤基莱托：《建筑保护史》，郭旃译，中华书局，2011年，第312页。
② C. Brandi. *Teoria del restauro, Edizioni di Storia e letteratura*. Rome, 1963.
③ 林源：《中国建筑遗产保护基础理论研究》，西安建筑科技大学博士学位论文，2007年，第29页。

是通过编制保护区的"保护与价值重现规划",这个重现规划是作为城市规划文件发挥法律效力的,在保护区内它取代了其他的规划文件,是唯一有效的[①]。这一重要的法律对后来国际宪章中环境保护和历史区域保护规划编制产生重要影响。我国的历史文化名城和大遗址保护及历史文化名城法规的制定和历史文化名城保护规划和大遗址保护规划的编制也都受到其影响。1975年法国文化部发起了对19~20世纪工业建筑的系统化保护。20世纪80年代法国对近现代建筑遗产展开了积极的保护,遗产保护类型不断扩大。例如,1983年法国提出"风景和建筑遗产保护区",开始对历史名胜区实施区划保护;1984年成立了基于考古学、历史学与人种学的文物建筑遗产地方委员会,加强对遗址的保护。并在进入20世纪90年代后开始积极从利用的角度去思考古迹遗址的保护。

英国、德国、西班牙、奥地利等国在20世纪随着经济社会和国际保护运动的发展,在以古迹遗址为代表的文化遗产保护及理论建设方面不断充实完善,也逐渐构建起了适合本国的文化遗产保护体系,这些国家在文化遗产保护方面取得的成就对推动国际保护运动及我国遗址和文化遗产保护做出了重要贡献。

2. 亚洲日本 20 世纪的保护历程

20世纪,对世界文化遗产影响比较大的一个国家还包括亚洲的日本。日本对文化遗产的保护开始于闭关锁国政策结束后的19世纪晚期,随着西方文化的传入,西方的文化遗产保护理念也传入日本,针对国内战乱和经济社会发展对遗产的破坏,以及开放后国内可移动文物的流失,日本于1871年5月颁布了保护文物和编制目录的《古旧器物保存方》,要求各地对具有较长历史时期的一些器物分等级保护,并拨出专款。1896年,在内务省设立了古社寺保存会,并于1897年通过了日本第一部传统文化遗产保护法律《古神社和寺庙保护法》,要求对神社开展保护,维护古迹。但这一时期主要停留在对古社寺及其器物的保护,还属于日本文化遗产保护的探索阶段。

日本对以古迹遗址为代表的文化遗产保护的发展主要以进入20世纪后为主。1911年4月,日本颁布了《史迹名胜自然物保存法》,开始对历史遗址、风景名胜以及自然景观等进行保护。并以其为标志,日本把天然名胜与文化遗产归为同类保护,成为现在日本文化财概念的基础。1929年颁布了《国家财产保护法》取代了1897年的《古神社和寺庙保护法》,将保护的范围扩展到城

---

① 林源:《中国建筑遗产保护基础理论研究》,西安建筑科技大学博士学位论文,2007年,第34页。

堡、大厦等。针对1949年奈良的法隆寺大火，在其后1950年颁布的《文化财保护法》以及1966年颁布的《古都保存法》等法规中进一步扩大了法律的保护范围，民间文化财、物质文化财、古迹遗址、风景名胜和自然景观都包括在内。在法律化保护过程中，日本也开始从上层保护和对古迹遗址本体的保护向全国性保护和整个区域及环境保护方面发展，尤其是在进入20世纪80年代以后，开始将文化遗产保护、利用与社会发展相结合，进一步推动了日本文化遗产的保护。在遗址的修复理念与方法上，日本在引入欧洲的价值概念和古迹遗址保存理论过程中，并不仅仅只是单纯的学习和模仿，而是结合本国实际对其逐渐改进，以适应日本的文化条件和自然背景[①]，形成了适合本国的文化遗产保护体系，并在1994年的《奈良真实性文件》中得到国际社会的肯定。同时，其古迹遗址保护政策中兼顾物质与非物质文化遗产的特点，也得到国际社会的认可，并促进了国际社会对非物质文化遗产的保护。

3. 国际组织对保护的推进

这一时期，人们认识到古迹遗址作为文化遗产的重要构成和全人类共同财产的价值和意义，认为保护它们不仅仅是每个国家的重要职责，也是整个国际社会的共同义务。因而，在各国积极推进本国文化遗产保护的过程中，为了促进人类社会对文化遗产的切实保护，到了20世纪中后期，随着各种国际组织的建立，国际组织和机构对其进行了深入的探讨和交流，并通过了一系列保护文化遗产的宪章、宣言和建议。这些国际性法律文件凝聚着世界文化遗产保护理论与实践发展的精髓，了解这些国际性法律文件的产生过程和原则性精神，有助于科学、合理地保护、利用历史文化资源，实现以遗址为代表的文化遗产的有效保护。

1931年在雅典召开的第一届国际历史古迹建筑师及技术专家国际会议可以说是古迹遗址保护从国家走向国际的开始，标志着以古迹遗址为代表的文化遗产保护及其理论与方法探讨开始国际化，遗产保护观念与行动开始科学规范化。这次大会上，通过了"修复历史性文物建筑"的《雅典宪章》，其就保护学科及普遍原理、管理与法规措施、古迹的审美意义、修复技术和材料、古迹的老化问题、国际合作等议题进行了充分讨论，形成了七条"基本原则"。这是第一个对遗产保护具有重要指导意义的国际性文件，其理论基础是以卡米洛·博伊托和古斯塔沃·乔万诺尼为代表的意大利学派的保护理论，这也说明

---

① K. E. Larsen. *Architectural Preservation in Japan*. ICOMOS, Tapir, Trondheim, 1994: 155.

意大利学派的理论观点得到了国际社会的广泛认可[①]。其后，国际现代建筑协会于1933年8月在雅典召开第四次会议并通过了《都市计划大纲》（即《雅典宪章》），这部宪章尽管没有提到遗址保护，但关于城市地区文化遗产保护的规定，为探讨历史文化名城保护和城市地区遗址的保护提供了借鉴。

第二次世界大战后的20世纪50年代是遗址保护的一个重要时期，这一阶段针对遗址保护颁布了许多国际性的宪章和宣言。针对战乱对遗产的破坏，联合国教育、科学及文化组织（以下简称联合国教科文组织）在1954年通过了《关于发生武装冲突时保护文化财产的公约》，加强对战时遗址的保护；1954年12月19日欧洲理事会在巴黎签订了《保护考古遗产的欧洲公约》，规定应划定区域加强对遗址的保护和基于科学、教育及文化目的的交流，该公约在1969年进行了完善；1956年通过了《关于适用于考古发掘的国际原则的建议》，从考古发掘的定义、考古遗产的保护、展示、教育、交流、国家职责等方面做了规定，这是针对遗址考古发掘及保护、管理的第一个综合性国际文件。

考虑到社会经济发展对构成其自然环境的组成部分的景观和遗址的风貌与特征的损坏，1962年12月在巴黎通过了《关于保护景观和遗址的风貌与特征的建议》，将对遗址本体的保护扩大到对遗址景观及环境风貌的保护。针对古迹遗址的保护在1964年通过了《国际古迹保护与修复宪章》（以下简称《威尼斯宪章》），从定义、宗旨、保护、修复、发掘、出版教育等方面对古迹遗址的保护进行了指导性规定。该宪章阐释的理念、方法成为遗址保护的重要基础。《威尼斯宪章》所确立的文物古迹保护价值观及基于这一价值观的方法论，为国际社会所普遍接受。《威尼斯宪章》被采纳之后，文化遗产保护工作在国际上受到普遍重视，并对后来的一系列关于历史地区和历史城市保护的宪章、建议等产生了重要影响，成为文化遗产保护的纲领性文件，并成为联合国教科文组织处理国际文化遗产事务的准则和评估世界文化遗产的主要参照，迄今不失其先进性和成熟性[②]。1968年通过的《关于保护受公共或私人工程危害的文化财产的建议》将对遗址的保护提高到"文化财产"的地位，并提出保护不应局限于遗址本身，而应从整个领土考虑，并强调了原址保护的重要性，从立法、行政、财政等方面提出保护和抢救措施以加强对以遗址为代表的文化财产的保护。在这一时期国际古迹遗址理事会、欧洲理事会等还颁布了《具有历史意义的地区和建筑群保护、修缮和再生的突尼斯建议》《关于积极保护、在利用具

---

① 张松：《城市文化遗产保护国际宪章与国内法规选编》，同济大学出版社，2007年，第8、9页。
② 张松：《城市文化遗产保护国际宪章与国内法规选编》，同济大学出版社，2007年。

有历史与艺术意义的建筑群和地区的原则及实践活动的决议》等国际性文件，其中都对遗址的保护、利用问题做了探讨。

20世纪70年代，对于遗址保护得到进一步的认可与加强，考虑到国家一级保护遗址等工作的不完善和缺乏有效的现代科学制度等问题，联合国教科文组织于1972年通过了《保护世界文化和自然遗产公约》；公约将遗址纳入文化遗产的范畴，并从价值角度对其做出定义，提出整个国际社会有责任参与保护具有突出普遍价值的文化和自然遗产，这是遗址保护的又一纲领性文件，推动了遗址的长远保护。同年还通过了《有关在国家一级保护文化和自然遗产的建议》，将遗址的概念由地方扩大到地区，并从国家政策、行政组织和科学技术、行政管理等保护措施、教育、国际合作角度对遗址保护提出建议。这一时期对遗址保护具有重要性指导意义和影响的还有1972年联合国教科文组织通过的《保护纪念物和遗址等文化遗产临时措施的决议》、1976年联合国教科文组织通过的《关于历史地区的保护及其当代作用的建议》（以下简称《内罗毕建议》）、1975年国际古迹遗址理事会通过的《关于保护历史性小城镇的布鲁日决议》、1976年国际古迹遗址理事会通过的《关于管理具有历史纪念意义的旅游地国际文化旅游宪章》和1979年澳大利亚国际古迹遗址理事会基于《威尼斯宪章》制定的《保护具有文化意义地方的宪章》（以下简称《巴拉宪章》）等。在这些国际性文件中，澳大利亚的《巴拉宪章》具有重要的意义，这是第一部在国际宪章基础上，针对本国历史文化背景不同、遗产的类型和保存的状态、价值取向等而编制的符合本国国情的保护宪章，促进了各国和国际组织对国际宪章的本土化释义。该宪章随着保护理念的不断发展而不断进行充实完善和调整，在1979年的基础上，1981、1988、1999年分别进行了修订，以适应本国在不同阶段包括遗址在内的文化遗产的保护需求。

20世纪80年代随着日本对传统民俗文化遗产保护推进，国际社会开始关注非物质文化遗产的保护，并在1980年和1989年分别通过了《关于保护与保存活动图像的建议》和《保护传统文化和民俗的建议》，使遗址保护从关注有形的物质和环境开始向与遗址有关的民俗传统文化方向发展；这一时期联合国教科文组织在1982年通过了《佛罗伦萨宪章》（简称《历史园林与景观》）、1987年通过了《保护历史城镇与街区宪章》（以下简称《华盛顿宪章》），将文化遗产保护的对象扩展到历史园林、景观、历史城镇和街区，在这过程中丰富了遗址保护的对象和类型。国际古迹遗址理事会对遗址区环境保护的关注从未停止，认为环境保护是遗址保护的重要构成，并注重遗址的利用问题，在1982年先后通过了《关于保护和改善环境的阿普尔顿宪章》《德累斯顿宣言》和《加拿大魁北克遗产保护宣言》（简称《得斯彻姆波特宣言》）。其他国际组织也通过了一系列保护文件，其中最重要的是1989年通过的《关于在实施城乡规划的地域环境中保护与改善考古遗产的建议》，对推动将遗址保护纳入城市规划和我国的大遗址保护规划产生重要影响。

20世纪90年代是文化遗产保护及其理论国际化建设的又一个重要时期，随着经济社会的进一步发展和文化遗产破坏的加剧，国际组织和各国都加强了对文化遗产保护的力度，并将此前未受关注和重视的文化遗产类型纳入文化遗产保护的范畴，并结合时代发展，提出新的保护理念。伴随着文化遗产保护运动的推进，遗址保护及其理论建设也得到快速发展和完善。进入20世纪90年代对遗址保护最为重要的就是1990年10月通过的《考古遗产保护和管理宪章》（简称《洛桑宪章》），其从遗址的勘察、勘测、发掘、档案记录、研究、维护、保护、保存、重建、信息资料、展览以及对外开放与公众利用等的专业操作程序规则以及考古遗产保护所涉及的专家的资格等角度进行了综合详细的界定，是对《威尼斯宪章》的时代化发展和充实完善。具体的保护原则、建议方面，1993年的《关于古建筑、建筑群、古迹保护教育和培训的指南》、1995年的《关于将文化景观地区整体性保护作为景观政策组成部分的建议》及1997年的《实施世界遗产公约操作指南》中进一步对遗址保护提出了普适性的指导意见，并推动遗址保护向更高的"世界文化遗产"方向发展，以得到更有效的保护。这一时期随着《巴拉宪章》精神和理念的影响，国际社会和各国都更重视保护理念、方法的本土化释义，先后通过了一批国际文件，如1992年的《保护考古遗产的欧洲公约（修订）》和《美国保护历史城镇与地段宪章》、1993年的《新西兰具有文化遗产价值场所的保护宪章》、1994年的《奈良真实性文件》、1996年的《圣安东尼奥宣言》、1999年的《保护历史木结构的原则》和《木构建筑保护的北京宣言》。这一时期也是文化遗产类型大发展的一个时期，1990年的《关于保存保护欧洲工业、技术和工程遗产的建议》为保护工业遗产奠定了基础，1991年的《关于保护20世纪建筑遗产的建议》将对建筑遗产的认识从古代提到了当代范畴，1996年的《水下文化遗产保护和管理宪章》使遗产保护从陆地扩展到水下，1998年《欧洲议会关于文化线路的决议》开始保护线性遗产，1999年的《关于乡土建筑遗产的宪章》开始关注乡土建筑遗产。遗产类型的扩展和丰富，促使在遗产保护过程中不断重新认识遗址，扩大了遗址的内涵和外延，使得遗址的类型也得到不断拓展和丰富，并使乡村建筑、工业遗产、20世纪建筑等成为遗址区重要的景观构成部分和保护对象，有利于从整体角度实现遗址保护。同时针对遗址区域旅游发展，1999年通过了《重要文化古迹遗址旅游管理原则和指南》（以下简称《国际文化旅游宪章》），对遗址旅游发展提出指导性意见，并认为科学、合理的利用是遗址保护的有效途径和手段。

进入21世纪以后，随着文化遗产破坏的加剧和许多文化的消失，开始越来越多的关注文化多样性问题。2001年联合国教科文组织通过了《世界文化多样性宣言》，并在2005年将其提升为《保护和促进文化表现形式多样性公约》，以强调文化多样性的重要性。文化遗产保护的类型和范畴进一步扩展，联合国教科文组织2003年通过的《保护非物质文化遗产公约》、国际产业遗工委员会2003年通过的《关于工业遗产的下塔吉尔宪章》和2008年国际古迹遗址理事会通过的《文化线路宪章》进一步将文化遗产保护的类型扩展到无形文化遗产和产业遗产，同时将欧洲的文化线路遗产理念提升到国际范畴。国际古迹遗址理事会2005年的《西安宣言——保护历史建筑、古遗址和历史地区的环境》（以下简称《西安宣言》）进一步强调关于历史建筑、古遗址和历史地区周边环境的保护，并在2011年巴黎会议上通过的《巴黎宣言》中提出应将遗产作为社会发展的重要驱动力。21世纪随着环境的破坏，在综合保护的基础上更重视对景观的保护，先后通过了《关于风景的牛津宣言》《欧洲景观条约》《关于遗产景观的路易斯安那宣言》《保护历史性城市景观维也纳备忘录》《保护历史性城市景观宣言》等国际性文件，以加强景观保护。这一时期在具体的保护原则、方法方面也不断提出新的指导意见，如《非洲世界遗产与可持续发展》《建筑遗产分析、保护和结构修复原则》《实施世界遗产公约操作指南》等，进一步强化完善了新时期遗址保护的理念与方法体系。城市遗址保护与本土化释义在这一时期继续发展，如《考古学与城市项目：良好实践的欧洲规范》《关于澳大利亚乡土文化遗产的声明》等；尤其是针对中国特殊的遗产类型，本土化释义提出了许多宝贵的指导原则和意见，如《中国文物古迹保护准则》《会安宣言》《绍兴宣言》《城市文化北京宣言》和《北京文件——关于东亚地区文物建筑保护与修复》（以下简称《北京文件》）等，这些国际性文件为中国古迹遗址保护提供了重要的借鉴和指导。

总之，20～21世纪，随着国际组织的不断发展、壮大，以国际古迹遗址理事会、联合国教科文组织、欧洲理事会为代表的国际组织陆续颁布了《雅典宪章》《威尼斯宪章》《内罗毕宪章》《佛罗伦萨宪章》《华盛顿宪章》《考古遗产的保护和管理宪章》《关于乡土建筑遗产的宪章》《保护历史木结构的原则》和《西安宣言》等一系列国际性宪章、宣言和原则。这些国际文件如宪章和宣言，在国际文化遗产保护理念和解决逐渐出现的一些重大问题方面做出了积极贡献。而通过的一系列决议和原则为文化遗产保护工作中的一些技术问题提供了指导，从概念、理念、保护、修复、利用、保障等方面逐步形成了一个比较完整的文化遗产保护理论与方法技术体系，为世界文化遗产保护提供了理论、实践指导。同样，也为遗址保护提供了可供借鉴、学习的理论方法基础。

第二节　国外遗址保护理论与方法的演变

对国外遗址和文化遗产保护发展历程的认识，目的是要学会在历史发展中去认识和评价事物和现象。以遗址为主的文化遗产保护不是一个国家的事情，而是全人类共同努力来完成的一项事业。所以世界各国包括中国在内在保护遗址方面都应互相学习，相互借鉴。从国际遗址及文化遗产保护发展历程、趋势和国外的立法情况看，随着国际文化遗产保护的广度和深度的不断扩展和深化，遗址保护的内容也在不断丰富，对遗产价值的认识逐渐深刻、概念逐渐扩展，目的与原则不断调整、修正，方法与手段不断改进、完善，已经形成了一套完整的遗址保护体系。

一、保护对象的演变

1. 概念名称的演变

回顾遗址保护的历程，在漫长的历史发展中，以欧洲为代表的国际社会对遗址概念与类型的认识随着社会经济文化及保护运动的发展不断发生变化，不管是从外延、内涵都越来越宽广和深刻。

自"旧事物"出现以来，"遗产保护"在西方从未间断过，并在两大文明古国先后形成了最早对"遗产"界定的名词"纪念物"[①]。但在文艺复兴之前，"纪念物"主要指有传承性、纪念性、美观性的"艺术品"和历史建筑以及相对于"前代"著名人物或事件的发生地（陵墓或建筑废墟）；随着东罗马帝国的解体，更多的人对希腊、罗马帝国"废墟"的关注，使其也成为"纪念

---

① 中国将"纪念物"（monument or memorial）译作"古迹"。希腊语中"纪念物"（希腊语为"μγημετογ"，英文为"monument"）来源于"mneme"一词，跟记忆有关；拉丁语中的"纪念物"（拉丁语为"monumentum"，英文为"memorial"）来源于"moneo"，意思是"使记起"、提醒或使想起。这一名词随着希腊帝国和罗马帝国的扩张及文献典籍、历史著作的延续等，被欧洲各国普遍认同。

"物"包含的对象，这一时期对遗址的认识主要认为其就是"废墟"。文艺复兴时期人们在对古罗马遗物（relics）研究基础上，认为"遗产"价值不仅仅停留在"纪念物"层面而在已经废弃、破坏并移为他用的废墟中得到更大体现。在使用"纪念物"这一名词的同时，针对保护对象的不同，开始在保护过程或对过去繁荣的追忆中使用"文物古迹（relics and monument）"这一词组。以文物（relics）代表可移动的艺术品"遗物"，但有时也包含古迹；以古迹（monument）代表不可移动的废墟、建筑物等。这一名词出现后，成为与"纪念物"并行但又加以强调遗存不同属性和类型的概念，代表着开始对遗产的一种从"类型"和"属性"上的分类。因为对象不同，价值不同，在修复保护中的方式方法不同。这一概念从产生后也一直沿用到现在，只是在不同时期、不同语境下包含、指代的内容不同。

进入19世纪后，随着考古学及保护运动的发展，遗址（site）的概念被提出，但主要是古代遗存的地下埋藏点，一般不单独提出，习惯仍以文物古迹或古迹命名。但范围已经从地上可见的"废墟"扩大到地下的"考古发掘点和区"。1931年通过的《关于历史性纪念物修复的雅典宪章》，将对"纪念物"的认识结合当前的需求限定在"历史性"的范畴内，历史性纪念物（Historical monument）中包含了"遗址"，也赋予了遗址历史性。1933年通过的《都市计划大纲》（又称《雅典宪章》）提出了"历史古迹"这一概念，但是同1931年的《雅典宪章》一样，该宪章中没有对"历史古迹"详细的界定，只是对其保护标准和方式做了简单阐释。真正将"历史古迹"概念化的是1964年通过的《威尼斯宪章》。它不仅在两部《雅典宪章》的基础上再次重申了遗产保护的范围和意义，更重要的是它拓展了"历史古迹"的概念。指出"历史古迹的要领不仅包括单个建筑物，而且包括能从中找出一种独特的文明、一种有意义的发展或一个历史事件见证的城市或乡村环境。这不仅适用于伟大的艺术作品，而且亦适用于随时光流逝而获得文化意义的过去一些较为朴实的艺术品"。标志着真正从概念体系角度对保护对象的扩展，不仅保护历史古迹个体，还包括对环境的保护；不仅保护那些最辉煌、最重要的文物古迹，还保护普遍保留的历史遗存。这极大地拓展了"遗址"的外延与内涵，使其从对历史悠久的、价值高的范畴拓展到普遍的、一般的遗址。而在1954年通过的《关于发生武装冲突时保护文化财产的公约》中将对"遗址"的认识提高到"文化财产"的范畴。其后颁布的《关于保护可移动文化财产的建议》将"文化财产"保护拓展到更细化的"可移动文化财产"保护，进一步丰富完善了遗址的内容。在保护古迹的过程中，逐渐认识到过去的废墟是构成记载人类过去活动的基本材料，其对认识和了解人类社会的起源与发展，对人类鉴别其文化和社会根源有着极其重要的作用。于是在欧洲理事会1954年12月19日签订的《欧洲文化公约》第五条"确信考古遗产对于了解各文明的历史至为重要"认识基础上，欧洲理事会于1969年5月6日在伦敦通过了《保护考古遗产的欧洲公约》以加强对埋藏有考古物的堆积层和遗址的保护。虽然这两个文件将遗址界定为"考古遗产"，对其重要性进行了肯定，并提出了相应的一些宏观保护政策，但是，文件没有对"考古遗产"概念和保护原则、方法等具体的阐释，保护措施针对性较差。1972年的《保护世界文化和自然遗产公约》通过建立"世界遗产名录"，将遗址的保护提高到全人类共同的"文化遗产"层面，展开国际性的保护。指出文化遗产包括古迹、建筑群和遗址，"遗址"是指从历史、审美、人种学或人类学角度看具有突出的普遍价值的人类工程或自然与人的联合工程以及包括有考古地址的区域。这一概念不仅将对文物古迹的阐释提升到"文化遗产"的层面，同时还对"古迹"这个概念以及从"古迹"中分离出来的"建筑"和"遗址"的概念进行了明确的诠释定义，第一次清晰地从概念层次使三者得以区分，避免混淆，是"遗址"在保护对象、范围、内涵上的一次概念性深化，但这些对遗址的界定还不尽完善。在前期对遗址认识的基础上，1990年的《考古遗产保护与管理宪章》，正式提出了"考古遗产"的概念，认为其是"根据考古方法提供主要资料实物遗产部分，它包括人类生存的各种遗存，它是由与人类活动各种表现有关的地点、被遗弃的结构、各种各样的遗迹（包括地下和水下的遗址）以及与上述有关的各种可移动的文化资料所组成"。这一概念的提出标志着基于"考古遗产"的遗址概念理论体系化的相对形成。其后，随着文化遗产保护运动的进一步发展和文化遗产保护内涵、外延的不断扩展、深化，对遗址的概念认识也不断深化。

2. 遗址保护对象、范畴的演变

从保护对象看，整体性上，经历了从单体或个体的保护，向"环境""群体与环境"，再向"整体"方向发展的历程；类型上，随着文化遗产保护科学化以来对其定性的定义，开始从早期纪念物（古迹）、历史性纪念物、历史古迹向更高级别的考古遗产、建筑遗产、历史园林、乡土建筑遗产、工业遗产等方向发展；综合性上，从单一的遗产类型最终发展为综合性的"文化遗产"。

从保护空间范围看，平面上，在对单体遗存漫长的"点"式保护基础上，随着城市化、工业化发展，由单体或小范围综合体的"点性古迹"保护，向大尺度的"文化线路"和"城镇、地区"等"线、面"结合保护方向发展；立体上，从对地上遗址的保护，拓展到地下的考古遗产及水下遗产领域。

从保护领域的变化看，从"有形的文化遗产"向"无形的文化遗产"和"有形与无形结合"的"综合型（天-地-人，有形与无形）"文化遗产——"文化景观"方向发展。

从保护的时间看，从"纪念物"到"工业遗产""现代遗产"，时间由古代开始向现代扩展，而在此过程中也经历了从对私有遗产到公共"文化遗产"的变化。

从价值高低看，由对历史久远、艺术价值高等重要的、高价值的反映曾经辉煌的城市、宫殿、教堂等遗址开始向乡村历史环境、普通人的场所与空间、一般物品与民俗和晚近的普遍的遗址保护方向发展。

当然从遗址概念、范畴发展中可以看出，既有基于认识从个体向总体的总结；又有在宏观概念上基于保护需求地不断概念细化，这种细化不是保护的倒退，而是更进一步反映出保护科学的发展。总之，从概念演变反映出遗址保护已从单体向整体，由点、线向面，由有形、无形向综合性发展。反映出文化遗产保护发展的整体性、系统性和综合性[①]，有助于加深对遗址保护的认识，提出更科学、更合理、更有应对性的保护措施。

二、保护理念与方法的"多元化"

1. 发展的"一极多元"化

国际文化遗产保护理念方法的变化表现出"总—分—总"的特性。在发展第一个阶段，主要是基于纪念、尊崇和再使用等目的对建筑"废墟"或陵墓等开展单一的"重建式"修复；第二阶段随着保护意识的出现，开始基于一种"保护的理念"进行"重建式"修复；进入18世纪以后，各国在前期"重建"理念的基础上，开始结合本国实际进行探索，并在互相学习借鉴过程中，形成各国独特的"遗址"保护理念与方法；进入20世纪中后期以后，随着各国保护理念与方法的发展，开始影响全球，并形成了国际性的指导理念、方法，但在这个国际性的"总"纲领下，世界各国根据本国实际，继续探索适合本国遗址保护的理念、方法，形成了以国际宪章与宣言为指导、各国保护理念与方法并行发展的"一极多元"格局的保护理念与方法措施体系。

---

① 单霁翔：《文化遗产保护与城市文化建设》，中国建筑工业出版社，2009年，第28页。

2. 保护修复理念、方法的多元化

以欧洲为代表的遗址保护是伴随着古建筑保护的产生、发展而提出的，在遗址保护及理论、方法发展各个阶段，都受到古建筑保护理论、方法的指导或影响，在这个过程中，结合遗址的特性形成了符合自身砖石结构"废墟"特性的保护理论与方法体系。在漫长的遗址与文化遗产保护历程中，先后形成了七种主要的保护理念与方法，这些理念与方法至今还都在影响着遗址保护。例如，法国的风格修复、英国的维持性保护、意大利的文献式修复与历史性修复及其进入20年代中后期形成的科学性修复和评价性修复，这些都是针对以西方为代表的砖石结构为主的遗址而形成的主要方法。在发展中，亚洲的日本结合本国土木结构建筑遗址的特性，形成了适合本国的"重建性修复"理念与方法。

3. 保护理论与方法影响范围的变化

纵观国际遗址保护理念与方法的发展，在影响上，其经历了一个本土化—国际化—本土化的过程。早期"保护"理念与方法主要是针对本国具有纪念、使用意义的遗址而实施。随着经济社会、保护运动的发展和保护理念、方法的相对成熟，各国之间开始互相学习、借鉴，以完善本国的保护理念与方法，并随着全球化的趋势，在进入20世纪后，将这种影响提升到国际范畴，开始通过各种国际重要组织制定总括性的指导性宪章、宣言、建议等指导本国遗址的保护。针对本国文化背景等的不同和国际理念与方法具体实践中的一些不适，随着文化遗产保护运动的发展和彼此之间交流的广泛开展，各国开始基于本国遗址与文化传统的实际，在国际性保护文件的指导下，结合本国实际回归到本土保护理念、方法的制定，代表性的是澳大利亚和日本。在澳大利亚《巴拉宪章》的影响下，各国包括国际组织也开始考虑各国的文化差异等，并针对不同地区和类型的文化遗产对国际宪章进行本土化释义，形成了一批具有本土化指导意义的国际性保护文件，如《奈良宣言》《会安草案——亚洲最佳保护范例》（简称《会安草案》）《北京宣言》《中国文物古迹保护准则》和《关于澳大利亚乡土文化遗产的声明》等。

三、保护管理体系的建立

西方国家遗址保护管理并不是一开始就有的，而是在众多的社会精英的宣扬与努力之下，经过漫长的认识与发展而形成。其保护管理经历了社会精英关注与呼吁、社会团体推动及国家层面专人管理到国家组织与协会管理的历程，并在进入20世纪以后，形成了以具有专业知识的专家为基础的由法律保障体系、行政管理体系、资金保障体系、监督体系、科研与教育体系、公众参与所组成的综合保护管理体系，成为遗址和文化遗产保护事业得以可持续发展的重要基础。但是不同的国家遗址的类型、建筑材料及国情不同，保护的历程及原则、方法和体系也不尽相同，而且有明显的差别，因而保护管理体系各自之间也略有差异。

19世纪末，英国开展的古迹保护运动成为公众关注的以遗址为代表的文化遗产保护的重要话题，并在民间学术团体的推动下，最终发展到用国家立法形式作为保障的阶段。经过100多年的探索与实践，建立起了以遗物、遗址或遗迹、古建筑、古城等为保护对象，包括宏观的保护原则、具体的保护办法、保护资金、社会参与等为主体的完善的保护法规体系；同时形成了以国家主要负责宏观立法和调控，地方政府主要执行、解释这些法律条文，并通过制定保护规划及地方法规补充完善国家立法的古迹遗址保护管理体系。

法国是西方遗址保护的典型国家之一，其遗址保护体系随着文化遗产概念的扩张而不断扩展。从19世纪后段法国颁布第一部历史建筑保护法律开始到现在，对包括遗址在内的文化遗产经过一个多世纪的努力，逐步明确了保护观念、保护对象、保护范围、保护方法、保护目的及保护资金、保护管理机构等原则性内容，使以遗址为代表的文化遗产保护制度体系逐步得以构建并完善。

美国对遗址保护起源于强调对国家的认同和美国生活方式的认同，随着国家认同意识的增强，进而扩张到相关领域。在此过程中，以《国家历史保护法》等法律法规为基础，对保护对象、保护理念、保护方法、政府职能及相应的税收经济优惠政策等都给予了较为详尽的规定，形成了以联邦政府为指导，州政府和地方政府具体操作的遗址保护与利用体系。

意大利、日本、韩国、埃及等国在长期的遗址保护历程中，也逐渐构建起了适合自己本国的遗址及文化遗产保护体系，这些国家在遗址保护方面取得的成就对我国大遗址保护有着极高的学习和借鉴价值。

总之，以"收藏"、崇拜或美观需求为主的遗产"保护"意识和行为，是随着原始宗教信仰的出现、祖先神灵崇拜思想以及阶级的产生就开始出现的。而出于维持建筑物使用价值或延续皇权的、宗教的、社会地位的某种象征意义的修缮、重建活动则从来没有停止过。以拉斐尔为代表的在对古罗马文物题写的调查报告中提出拯救"全基督教教徒的祖国遗产""让过去的荣光照耀现世"的保护文物古迹的思想算起,基于现代弘扬传承的文化遗产保护思想也已经将近500年的历史。但其作为一门学科,真正开始科学的探讨大约是在19世纪的中后叶。而从国际层面进行科学研究,对包括遗址在内的文化遗产展开系统性的探讨,则只有不到100年的历史。在这不到100年的时间里,国际组织制定了一系列国际保护宪章、保护公约与宣言、决议等国际性法规文件以推进文化遗产保护,并取得了巨大成就。在其影响与推进下各国和国际文化遗产保护事业快速发展,并形成了以科学的概念体系、价值与评价体系、保护理念与方法体系和保护管理体系为主体的一个比较完整的遗址保护理论与方法体系,为遗址保护提供了理论、实践指导,也为我国大遗址保护理论与方法体系建设提供了指导与借鉴。

第三章　中国大遗址保护与发展

第一节　大遗址保护制度的形成与发展

中国和世界其他各国在各自的社会及文化体系下，出于不同动机和目的的需求，在历史发展演变中形成了各自的文化遗产（文物）保护和研究传统。即使在20世纪中期以后随着国际相对共性保护理念和原则的形成，对世界各国文化遗产保护产生巨大影响的背景下，各国也从未在学习、借鉴这些国际性理念、原则的同时，停止对本国文化遗产保护理论与方法的建设。而是在学习、借鉴这些国际理论与方法的同时，结合本国实际和传统进行了创新、拓展，不断丰富、完善着本国文化遗产保护的目的、范围、方法和理论。

中国大遗址保护制度的形成与发展是随着我国文化遗产（文物）保护的产生、发展及其理念、制度的形成与发展而形成的。伴随着文化遗产保护进程中对文化遗产保护认识的不断深入以及社会经济文化结构的演变和出现的新问题、新矛盾，新的遗产保护类型不断被提出、发展和完善。现代意义的、科学的、全面协调的、综合发展的大遗址保护体系，也是在此历史发展进程中逐渐提出并形成的。

一、我国古代遗址的保护

我国对文化遗产保护的重视由来已久，并随着认识的不断深入而迅速发展。早期，随着对自身使用器物时代性认识的增强，开始在保存、延续基本生活器物的基础上，出于传承性和历史性，有意识地"保存"一些质量比较好的器物，作为财产的一部分留给子孙使用。与此同时，随着人类对"美"的认识和对祖先的追忆，开始逐渐将这些传承性实用物作为"欣赏"或"怀念"对象，将其"收藏"在自己独立的空间内，不再使用。随着阶级社会的进一步发展和"敬天法祖"理念的形成，人们逐渐从"历史性"衍生的财富性和对"美"的需求角度，有意识地收集和收藏一些时间比较早的、精美的器物，并将其从物质财富的占有，扩大到对精神财富的占有和享受。有明确历史记载属于此范畴的，如商周时期，王室或贵族宗庙中都保存有前代的青铜器、玉器以及其他遗物，并有专人负责看守；春秋时期孔子对肃慎楛矢的考证；秦始皇派人打捞没入泗水的九鼎；汉代武库中收藏孔子履及刘邦斩蛇剑等可以说数不胜数。而自汉以后，这种现象就更为普遍，甚至还出现了专门的管理机构负责收集、收藏这些历史器物，到宋代以后，其逐渐成为一门学科，出现了专门的研究者，如吕大临、吕大昉、赵明诚等；同时在北宋元祐五年（1090年），为保存唐代开成石经和石台孝经，创建了长安碑林，存储汉魏以来历代碑石。早期文物保护的意识和理念在此过程中逐渐形成。

在对器物进行收藏、保管、保存并专门保护的过程中，对于不可移动的建筑物却有着两种不同的态度。

一种态度是是把古代建筑作为一种过去统治的象征和代表，加以破坏和摧毁，以宣告、表征新王朝的建立。在这种观念主导下，在中国王朝改朝换代过程中，大多把前一王朝的象征——都城、宫殿全部烧掉或拆毁，以建立新的城市和宫殿。典型的如史书记载并被考古证据所证明的项羽火烧咸阳城，毁坏大批宫殿苑囿的实例；汉长安城从汉初萧何在秦兴乐宫基础上建设开始，先后作为西汉、新莽、东汉（献帝）、西晋（愍帝）、前赵、前秦、后秦、西魏、北周、隋等10个王朝的都城使用，在此过程中，经历了无数次的破坏和修复、重建，随着隋代迁都大兴城，最终成为一处荒凉的废墟；其他如唐代晚期，朱温挟持唐昭宗迁都洛阳，在将宫室、城防拆迁后，为了防止故人恋旧、兴盛唐室，一把大火将繁华的世界之都——唐长安城化为废墟，使得王朝盛世一去不返；12世纪金兵攻入北宋首都汴梁把皇宫和苑囿全部拆毁，迁往现北京的金中都，整个汴梁城也在后来的元军入侵中遭到彻底的破坏；而金中都在以后的金、辽、元战争中，先后遭到彻底的破坏。明代的南京城和宫殿也在废弃与变迁中成为废墟。这些城市在破坏后，除极少数在后代修复或重建基础上重新利用外，绝大多数在一次或多次破坏之后彻底成为废墟。在战争破坏之后，其遗存又不断遭受自然和其他人为的破坏，如偷盗、耕种、取土、建设等经过岁月的变迁和人为的不断重复破坏，最终只剩下残垣断壁甚或深埋地下，不为后人所知。不过，这种破坏性行为随着社会的进步、实用主义的出现和"器物"保护导致的文物保护意识的萌芽，在清王朝以后逐渐停止。并在近代文物保护思潮中开始得到重视，得到一定的保护。

基于战乱或自身利益需求，在对都城、宫殿等遗址破坏过程中，中国古代盗墓活动对于文物安全的威胁从来就没有停止过。在历代保护帝王、贵族墓葬的同时，也是盗墓等大规模活动的猖獗期，尤其是在战乱时期，甚至有的地方割据政权为了募集经费或者出于破坏风水、报复等思想，直接参与破坏古代帝王陵寝、贵族墓地，导致遗址的破坏，如曹操在军队中专门设置发丘中郎将、摸金校尉等专职盗墓官员和部队；五代十国后梁时期，节度使温韬盗掘了唐代陵寝，而这些都只是中国盗墓史中的极小一部分，其对中国遗址破坏影响之大可谓仅次于战乱或王朝更替对文化遗产的破坏。除此之外，还包括大规模的灭佛等宗教性运动，也对中国的寺院建筑造成极大破坏。

另一种态度是伴随着对器物的"收藏"和保护意识的增强，以及早期崇拜、纪念观念的形成，人们将对器物的这种思想延伸到对建筑物的认识上，在"奕世相承的敬天法祖思想"理念指导下，开始出于原始宗教和祖先崇拜纪念意义，有意识地保护一些宗教性祭祀建筑物和祖先崇拜建筑物，并在这些建筑物毁坏后，有意识地修复或重建，以表征、传承其意义。

据考古发现，在新石器时代的一些祭祀建筑遗址中，就发现有多次重建的痕迹，如半坡遗址的大房子、牛河梁女神庙等。而文献中有明确记载保护遗址的，主要是基于祖先崇拜对古代帝王陵寝或家族墓地的保护、修缮等。《史记·殷本纪》记载，周武王灭商后，即"封比干之墓"，因此取得了"殷民大悦"的政治效应；汉初对岭南割据者赵佗家族墓葬的保护，也成为汉王朝对南越国外交成功的重要因素；春秋时期"齐师入鲁，修柳下惠之墓"（《晋书·元帝纪》）、西汉初年"汉祖祭信陵之坟"（《晋书·慕容德载记》）、西晋初年钟会"西出阳安口，遣人祭诸葛亮之墓"（《三国志·魏书·钟会传》）；这些行为都透露出开明的执政者顺应文化传统与附和民众心态的思路[1]。而在具体的保护措施方面，据《淮南子》记载，汉代就有"发冢者诛"的规定，并明确将前代先贤和帝王的墓葬管理归于中央政府，针对盗掘者处以弃市之刑。北魏孝明帝熙平元年（516年）八月曾下令保护历代帝王陵寝，并针对"古帝诸陵多见残藉"的现状，要求在"四面各五十步"范围内，禁止"耕稼"，这也是目前可考的中国古代最早的对遗址划定范围，并提出保护措施的实例。唐代在《唐律疏议》等典籍中规定，预谋毁坏宗庙山林及宫阙的行为为大逆之罪，处以死刑，发冢盗墓者均以盗贼论处[2]。宋代时期对前代帝王陵寝也多加保护，并在南迁后，针对北方巩义陵多次遣使修缮、祭奠。据《明实录》记载，明太祖即位后规定必须保护前代帝王陵寝，并在洪武三年（1370年）遣使访查先代陵寝，命令各行省绘图上报，在报送的79位帝王陵寝中，选

---

[1] 王子今：《中国盗墓史》，九州出版社，2007年。
[2] 史勇：《中国近代文物事业简史》，甘肃人民出版社，2009年，第19页。

择"功德昭著"的36位帝王陵寝进行修缮和整治，加以保护；其后的洪武九年（1376年），朝廷又派国子监监生分赴各地，视察历代帝王陵寝保护情况，并采取了"百步之内不得樵牧"、"设守陵户二人"、地方官员督促附近百姓按时修复已损毁的陵墓等措施[①]；同时《大明律》还规定了"若于官私地内掘得埋藏之物者，并听收用；若有古器、钟鼎、符印异常之物，限三十日送官，违者杖八十，其物入官"。这些虽是对地下文物的保护，但在保护地下文物不被破坏的同时，其实也对整个遗址区域进行了保护。清入关以后，效仿明，曾明令保护南京明孝陵、北京明十三陵以及中原历代帝王陵寝和清盛京"关外三陵"与宫殿等；其后，随着清东陵和清西陵的建设，明确划出陵区四至，对其区域严格保护，以禁游牧、砍伐、取石等对陵区建筑和环境的破坏。清末，陕西巡抚毕沅，对关中古代陵墓"料量四至，先定封域，安立界石"，并设专人负责保护管理。而全国各地现存的古代桥梁、寺庙、楼阁、宝塔等，几乎都在建成后，经过历代不断的修葺才传承延续到现在。

尽管中国古代在对文物破坏的同时，也对遗址等进行了保护。但是这还不是一项相对固定的国家职能，很大程度上只是统治者为了"尊祖敬宗"、笼络人心、巩固统治秩序和维护封建纲常礼教而采取的一种手段。地方官员也仅是从喜好，或地方教化、彰显政绩等角度出发保护修缮文物古迹，将其作为"德政"的一部分；民间对于文物古迹的保护也只是从尊祖敬宗、礼仪教化和自身实际需求（如神灵祭拜、贤士德明）出发考虑，对于文物保护尤其是遗址保护未有深刻的认识。但在中国传统哲学"尊宗敬祖、神灵崇拜"等理念思维影响下形成的保护理念，相对于战乱频繁、废旧建新的古代中国来说，还是在客观上保存了一大批珍贵的文物古迹，使许多遗址得到了保存，成为中华民族灿烂文化的象征。与此同时，也为近现代文物保护体系建设奠定了一定的基础。

二、20纪初，中国遗址保护观念初步形成

中国近代文物保护科学的萌芽是随着西方考古学在近代中国的引入、发展而产生的。我国严格意义上的遗址或"大遗址"保护也是从这一时期开始的。

清朝末期，随着西方殖民主义的入侵，我国文化遗产在遭到巨大的破坏和流失的同时，西方先进的科学文化技术也开始传入中国，对中国知识界产生了巨大影响，国人中一批优秀的文化精英开始反思传统。在器物研究方面，新的

---

① 史勇：《中国近代文物事业简史》，甘肃人民出版社，2009年，第20页。

理念和方法被引入宋代以来形成的金石学和乾嘉学派的考据学，罗振玉、王国维等人在研究中不仅结合中国传统的金石学著录、汇集、考证等研究方法，而且在西方多学科研究理念指导下，将古文字、古文献、器物学、地理学等学科的方法也融入研究中，并开始重视实地调研，使文献和实地相联系。这促使罗振玉在实地调研中确认了殷墟的存在，由此开启了殷墟的考古与保护工作，为中国的考古事业和文物保护事业发展奠定了基础；另外，也促使王国维在此基础上结合西方近代研究方法与乾嘉学派的考据学，在研究中提出"二重证据法"，即以地下新出土的文物材料与文献史料并重，把古文字、古器物学的研究和经史之学相结合[①]。这种将器物与经史、实地考察调研等结合的研究方法为我国现代考古学和现代遗址保护提供了理论支持。

1911年辛亥革命以后，西方思潮和现代科学技术对中国的冲击越来越强烈，经济功利主义、科学技术主义、批评和否定封建主义等价值观迅速在知识阶层传播，伴随着西方探险家、传教士、学者的到来及留学海外学者的回归，西方先进的文物古迹保护理念也被逐渐引入中国，开始了对中国文物古迹保护的探索，并在此过程中将西方先进理论、方法和我国传统的古器物学、二重辩证法等相结合，建立起了现代的考古学、地质学和建筑学等学科，使我国文物保护事业走上科学化道路。1921年作为当时北洋政府矿政顾问的瑞典地质学家安特生等人先后在北京周口店、河南渑池和甘肃、青海等地进行科学考察和发掘，发现了著名的北京猿人遗址、仰韶文化和马家窑文化。在安特生等西方学者的带领及指导下，培养了裴文中、李济、梁思永、董作宾、石璋如、郭宝钧等一大批考古学者，并先后主持了周口店、殷墟、西阴村等遗址的科学发掘。而1928年吴金鼎、梁思永等在山东章丘城子崖遗址的发掘，将器物学、考古学、地层学相互融合，丰富了中国考古学研究的方法，开拓了中国考古学研究的新领域。这一时期伴随着西方考古学的传入、先进理念方法的学习和中国考古学的诞生、发展，使文物科学研究更加深入，更加系统化、科学化，并进而促进和影响着中国现代文物保护科学的产生及对遗址保护的关注。

在文物保护维修方面，晚晴基本沿袭了传统中国古代古迹遗址的保护理念，官方保护的重点主要在于宫殿、陵寝、寺庙、圣贤之地的维修与重建。但对遗址具有重要意义的一件事就是1909年清政府内阁民政部制订了《保存古迹推广办法》，发布公告要求各省分别从历代陵寝祠墓、名人古迹、金石美术和

---

① 谢辰生：《文物保护与科学研究的历史发展概述》，《谢辰生文博文集》，文物出版社，2010年，第1-8页。

其他（古城邑及单体古物）四个类别调查古迹遗址，以加强监管保护。尽管效果不尽如人意，但这可以说是中国近代大规模、综合型、具有官方意义的文物普查或大遗址保护工作的肇始。

民国北京政府时期，由内务部具体负责不可移动文物的保护管理工作。法制建设方面，1912年袁世凯发布了《保护皇室宗庙陵寝令》，以保护清王朝时期的宗庙陵寝安全；1916年颁布了国民政府首部文物保护方面的法规《保存古物暂行办法》，该办法将全国古物分为历代帝王陵寝、先贤墓地，古代城郭关塞、楼观祠宇，历代碑版造像、画像摩崖，故国乔木，金石竹木、陶瓷锦绣等类别，分别规定了保护管理办法。同时基于尊孔复礼的需求，以中国传统保护维修理念为指导修缮、重建了三孔。在保护的同时，随着城市建设和经济发展，许多古迹亦被拆毁。如为了城市发展需求，北京在1915年先后将正阳门、朝阳门、东直门、安定门、德胜门等城门的瓮城拆除，开启了近代破坏北京城完整格局的先例。

民国南京政府时期，在中央和地方成立了相对专业的文物古迹保护管理委员会，并颁布了一系列法规以加强古物保护。1928年颁布了《名胜古迹古物保存条例》，1930年国民政府颁布了中国近代史上第一部专门的文物保护法律——《古物保存法》，其后，颁布了《古物保存法实施细则》《保存城垣办法》《北平特别市古迹古物保存规则》等一系列法律法规制度。在颁布法律法规加强规范化的过程中，在《名胜古迹古物保存条例》颁布后，开始了民国期间最大的一次全国性的文物普查活动，历经5年，虽有许多不足，但仍较全面地掌握了当时全国文物的家底，为当时文物保护法规、政策的制定及保护实践提供了参考依据。南京国民政府时期，随着经济社会的发展，河南、陕西发生了大量因建设和取土等导致遗址破坏或湮灭的事件。针对此种破坏，1935年9月，中央古物保护管理委员会规定，为保存古迹起见，拟将各地重要遗址，设法圈禁，不准在其上或50米内有所建筑，并树立碑记，以便识别。后又规定，凡陵墓所在地，1000米之内之土地耕田收归国有，禁止耕种。此外，为加强文物古迹的宣传教育，中央古物保管委员会与教育部商定，在编辑教科书时插入保存文物古迹的保护内容，以普及义化知识和保护文物古迹的意识（表3-1）。

表3-1 民国时期颁布的文物保护法规

名称	颁布机构	时间/年	主要内容
保护皇室宗庙陵寝令	北京政府	1912	以保护清王朝时期的宗庙陵寝安全
保存古物暂行办法	北京政府	1916	将全国古物分为历代帝王陵寝、先贤墓地等类别，分别规定了保护管理办法

续表

名称	颁布机构	时间/年	主要内容
名胜古迹古物保存条例	内务部	1928	对可移动文物（传世文物和出土文物）和不可移动文物（包括自然风景区）的保护管理进行了明确
古物保存法	国民政府	1930	对地下文物和可移动文物的管理做了规定，强调地下及其出露文物国有
古物保存法实施细则	国民政府	1931	细化了文物登记、考古发掘的申报、古物流通等
保存城垣办法	国民政府	1930	保存各地现有城垣城壕及边界关塞，如因市政发展或重要建设需要，须经有关部门审核批准，地方政府应主动修缮毁坏城垣

抗日战争时期，文物保护和考古工作进展缓慢。战争结束后，主要开展了损失文物的调查登记和文物接收等工作。同时，开始对损坏的重要文物古迹展开修缮，如天安门、颐和园、永定门、智化寺、碧云寺、故宫午门、北京城墙等。敦煌石窟也在敦煌艺术研究所的努力下，开展了一系列修缮、维护及修复工作，并发现了一批新洞窟。同时，也相继展开了对古都、古长城的调查和研究，这为我国文物保护事业提供了重要的基础资料。

抗日战争和解放战争时期，中国共产党领导和管辖的革命根据地和解放区人民政府也十分重视文化遗产保护工作。例如，陕甘宁边区政府在1939年11月3日训令要求解放区各行政专员和村长调查保护古物、文献及古迹。同时还出台了相关的保护法规和文件，如1947年9月13日通过的《中国土地法大纲》规定，名胜古迹，应妥为保护；1948年东北解放区还颁布了《东北解放区文物古迹保管办法》；1949年华北人民政府高等教育委员会向部队印发了《全国重要文物建筑简目》，要求在战争中注意保护这些古建筑。这一时期，在山东、东北等解放区还成立了专门的文物保护管理机构，如胶东文物管理委员会、山东古代文物管理委员会和东北文物管理委员会等。

进入20世纪的中国在早期的近50年里面临着战乱频繁、政局动荡、外敌入侵、西方文明冲击等影响，使中国近代文物事业既承载着古代文明曾经的辉煌，又要面对着前所未有的与外部世界的碰撞与融合。致使在不同的时期文物保护事业在发展的速度和质量方面各不相同。但这50年，却是中国近代文物保护史上最为重要的时期。这一时期，开展了相对系统的文物古迹调查与登录、设立了专业的管理机构、制定了一系列文物古迹保护法律法规、引进了西方先进的保护理念与方法指导保护修缮工作等。尤其是对帝王陵墓、古城邑等遗址的保护，为中华人民共和国成立后大遗址保护工作奠定了一定基础。同时，这一时期文物保护事业受到意识形态方面的影响较小,在引入西方先进理念与方法的同时,能够结合中国古器物保护、研究和古建筑保护修缮的传统,构建起符合中国实际的文化遗产保护体系,这在一定程度上为我国当代文化遗产保护事业奠定了基础。

三、20世纪50~90年代大遗址保护概念的提出

1949年10月1日中华人民共和国成立,在大规模建设运动中,新中国的文物保护和研究工作进入了一个新的历史阶段,并促使了我国大遗址保护概念的提出。新中国成立后颁布的第一部与大遗址保护相关的法规是1950年5月24日中央人民政府政务院颁布的《古文化遗址及古墓葬之调查发掘暂行办法》,在这部法规中,首次将我国的文物古迹提高到"文化遗产"的高度。1950年7月针对各地弃置、拆毁、破坏具有历史文化价值的历史建筑事件,中央人民政府政务院发布了《中央人民政府政务院关于保护古文物建筑的指示》,规定凡全国各地具有历史价值及有关革命史实的文物建筑等均应加以保护,严禁毁坏。1951年2月5日经政务院批准,内务部、文化部公布了《关于管理名胜古迹职权分工的规定》及《关于地方文物名胜古迹的保护管理办法》等法规;《关于地方文物名胜古迹的保护管理办法》规定"宗教遗迹、古代陵墓、古文化遗址"等由内务部负责管理,并要求在"文物古迹较多的省、市设立'文物管理委员会',直属该省市人民政府。文物管理委员会以"调查、保护并管理该地区的古建筑、古文化遗址、革命遗迹为主要任务"。1953年10月12日,中央人民政府政务院颁发《关于在基本建设工程中保护历史及革命文物的指示》,在对遗址价值肯定的同时,提出在基本建设工程中应对地下的古墓葬、古文化遗址及时做好保护工作,并保证其不致遭受破坏和损失;同时规定,各部门如在重要古遗址地区,如西安、咸阳、洛阳、龙门、安阳、云岗等地区进行基本建设,必须会同中央文化部与中国科学院研究保护、保存或清理的办法。1956年3月19日,陈毅在视察西安半坡发掘工地和沣西遗址后提出应建立一座博物馆对半坡遗址实施原址保护及展示,以便让公众了解我国悠久的历史文化;同年,基于农业大生产中对地上地下文物古迹的破坏,4月2日国务院发布《关于在农业生产建设中保护文物的通知》,文件中第一次提出了文物普查和建立文物保护单位制度,要求文物普查与公布文物保护单位同时进行,并强调了首要工作在于就已知的重要古文化遗址、古墓葬地区等提出保护单位名单,报省(市)人民委员会批准先行公布,并且通知县、乡,做出标志,加以保护。1954年,国家保护文物的内容明确写入第一部《中华人民共和

国宪法》，结束了1840年以来中国文物遭受大规模破坏和流失海外的惨痛历史。在1958年3月8日全国文物、博物馆工作会议闭会的发言以及同年5月26日文物局"务虚"小结中，时任国家文物局局长的王冶秋两次以燕下都遗址保护为例，提及"大遗址的保护"，并希望推广其保护过程中既能对建设有利，又能对保护有利的工作经验[①]。这是目前有明确记载第一次在正式场合提出"大遗址"名称，并将其作为保护与利用协调发展的记载。

进入20世纪60年代后，我国文化遗产保护进入法规化阶段，大遗址保护工作得到了一定重视。1960年11月17日国务院颁布了《文物保护管理暂行条例》，为我国文化遗产保护法律体系的建设奠定了基础。1961年3月4日发布了《关于公布第一批全国重点文物保护单位名单的通知》，开始实施"文物保护单位"制度；并公布了全国第一批180处重点文物保护单位名单，这些古迹遗址后来成为大遗址保护的主体。为表示对燕下都遗址勘察、"四有"规划保护等工作所取得的成绩和经验的肯定，文化部在1963年发出〔63〕文物平字第2064号函，内称"定于1964年3月中旬在河北省易县召开大型古遗址保护工作座谈会"，并对座谈会提出明确要求[②]，这是第一次在文物行政主管部门文件中出现与大遗址保护相关的资料。1964年3月18～24日，文化部文物局在河北省易县召开了全国重点文物保护单位中"大型古遗址保护工作座谈会"，座谈会由文化部文物局副局长王书庄主持，这是文化部第一次召开大遗址保护座谈会，主要交流了勘察大型古遗址、划定保护范围、树立保护标志、建立科学记录档案等经验，探讨了如何解决遗址保护与生产建设矛盾的具体经验、如何组织群众性保护小组、如何制定大型古遗址的保护规划等具体问题，进一步推动了大遗址保护管理工作。

1966年开始的"文化大革命"使国家刚刚建立起的文物保护制度几乎遭到了毁灭性的破坏，以"破四旧"为代表的一系列运动使文物遭受了较严重的人为破坏，随之形成的一种忽视文化、忽视传统的"破旧立新"的社会倾向，在以后的岁月中产生了长期的不良影响[③]。直到1979年4月3日，中国考古学会成立大会及第一次年会在陕西西安召开，全国重点文物保护单位山东曲阜鲁国故城和孔庙、孔府、孔林正式对外开放。同年8月15～21日，国家文物事业管理局和

---

① 孟宪民：《温故求新：促进大遗址保护的科学发展——大遗址保护思路再探》，《东南文化》2009第3期。
② 李晓东：《大型古遗址保护的开创阶段》，《中国文物科学研究》2006年第2期。
③ 李海燕：《大遗址价值评价体系与保护利用模式研究》，西北大学硕士学位论文，2005年，第15页。

冶金工业部在湖北黄石联合召开大冶铜绿山古矿冶遗址保护座谈会，商定成立领导小组主持该遗址保护和发掘工作，这是单就一处大遗址召开保护管理工作和制定保护事宜的会议。这预示着文物保护事业新的春天的到来，也预示着大遗址保护工作的进一步发展。

进入20世纪80年代后，为切实做好"文化大革命"后对文物古迹的保护，1980年5月17日，国务院印发了《关于加强历史文物保护工作的通知》；针对长城破坏严重的现状，1980年6月11日，公安部、文化部、国家文物事业管理局联合召开会议，传达中央负责同志对保护长城的指示并部署调查工作，对北京、陕西、甘肃、河北、内蒙古的长城破坏情况进行调查，并向国务院呈报《长城破坏情况和今后加强保护管理意见》的报告。为了摸清我国文物古迹真实现状，1981年1月15日，国务院批转国家文物事业管理局《关于加强文物工作的请示报告》，提出在全国开展文物普查和编写文物志等工作。针对经济建设中对历史城市的破坏，在郑孝燮、罗哲文、周干峙等人的倡议下，1982年2月8日，国务院公布第一批24个国家历史文化名城，开始从城市保护角度整体保护文化遗产；同年11月19日公布了《中华人民共和国文物保护法》，标志着我国文化遗产法制化的确立。1983年8月10日，经党中央、国务院批准决定将圆明园整修为遗址公园，并举行了北京圆明园整修工程奠基仪式，这是我国大遗址保护与利用模式的创新，为大遗址保护工作提供了新的理念方法手段；1983年10月24日～11月1日，文化部文物局在山东曲阜召开全国古城遗址保护工作座谈会，主要讨论大遗址中古城址保护问题，并拟订《古遗址、古墓葬保护管理条例（草案）》，这是为保护好"大型古遗址"而召开的第二次座谈会，与第一次一样，两次座谈会都提到了"大型古遗址"的名称，但"大遗址"作为一个固定词组尚未在正式文件中使用，这一时期的"大遗址"主要是相对于遗址而言的大型遗址。1984年8月23日，基于湖田窑遗址保护、区域发展和生产生活之间的矛盾，由航空部、文化部、江西省文化厅、江西省国防工办和景德镇市人民政府就全国重点文物保护单位湖田古瓷窑址遭受破坏问题召开专门会议，形成《湖田古窑址保护区和602所生活区问题的会议纪要》，这是第一次就保护一处大型古遗址而召开的多部门及中央、地方协调会议。其后，苏秉琦先生在1985年3月6日在以城市考古为主题的中国考古学会第五次年会闭幕式上讨论"古城、古文化、古国"中提及"大遗址"，并在《华人·龙的传人·中国人——考古寻根记》《中国文明起源新探》等相关著作中较早使用"大遗址"一词。1985年11月，我国加入《保护世界自然与文化遗产公约》；1987年12月，故宫、长城、北京猿人遗址、莫高窟、秦始皇陵遗址等以其无可比拟的价值列入世界文化遗产名录。为加强周口店北京猿人遗址的保护和管理，1989年2月1日，北京市人民政府颁布了《北京市周口店北京猿人遗址保护管理办法》，规定了遗址的保护范围和建设控制地带及具体的保护措施，这是我国针对一处大遗址第一次制定单行法规。同年12月颁布的《中华人民共和国城市规划法》规定，编制城市规划应当保护历史文化遗产、城市传统风貌、地方特色和自然景观，城市新区开发应当避开地下文物古迹，这进一步推进了我国大遗址保护工作，为大遗址保护规划工作奠定了基础。

科学的概念及其理论的形成总要晚于实践。在中华人民共和国成立初期40多年发展过程中，针对经济社会发展中大型遗址保护所面临的问题，开始在保护文化遗产过程中有意识地将其与其他一般性遗址加以区分，以期有效保护这些面积大、价值高的大型古遗址。总体来看，这一阶段对大遗址的认识主要停留在实践及意识思维层面，还没有形成科学的理念与思维，没有提出"大遗址"这一专有名词或概念，没有对"大遗址"开展系统的科学保护研究工作。但这一阶段对大型遗址保护的实践探索，为我国"大遗址"的专有化和科学化保护发展提供了宝贵的经验与借鉴。

四、20世纪90年代至今大遗址保护理论的形成阶段

进入20世纪90年代后，随着新一轮经济建设高潮的到来，大型古遗址保护与区域经济社会发展之间的矛盾越来越剧烈，如何有效保护这类占地面积大、价值高的遗址成为摆在经济建设与社会发展面前的重要问题之一。同时，随着改革开放，我国开始在中断了近三四十年后积极引进、学习西方的先进文化遗产保护理念和方法。在此背景下，推动了我国大遗址保护工作的迅速发展，我国大遗址保护工作开始由简单的意识层面向理论化、体系化发展。这个时期大遗址保护工作可以划分为两个小阶段。

第一个阶段是20世纪90年代初至1997年，这一阶段以政府主导为主，开始以政府法规文件的形式提出"大遗址"保护与管理工作。进入20世纪90年代后，在文化遗产实践过程中，政府部门和相关学者越来越认识到大遗址的重要性。1991年3月25日，国家文物局印发了《全国重点文物保护单位保护范围、标志说明、记录档案和保管机构工作规范（试行）》，加强对以大遗址为代表的全国重点文物保护单位的"四有"工作。其后，国家文物局在河北南戴河召开了首次关于"大遗址"保护的正式会议。并于1993年8月，经国务院批准，我国加入国际古迹遗址理事会，同时由国家文物局牵头成立"国际古迹遗址理事

会中国国家委员会"。1995年7月19日，国家文物局在辽宁绥中召开陕西、河南大遗址保护规划论证会，提出对我国大遗址编制保护规划，以加强大遗址综合保护；同年7月24日，"中国、联合国教科文组织、日本国共同修复西安唐代大明宫含元殿遗址"协议在北京签字，这是我国首次中外合作对大遗址开展保护，先后保护修复了含元殿基址、麟德殿基址等；同年9月8～12日，全国文物工作会议在陕西西安召开，国务委员李铁映在讲话中提出新时期文物工作的"有效保护、合理利用、加强管理"的原则，要求将文物保护纳入当地经济和社会发展计划、城乡建设规划、财政预算、体制改革、领导责任制（简称"五纳入"），要求建立以国家保护为主、动员全社会参与的新体制。这里所谓的"五纳入"也主要是针对大遗址保护而提出。

第二阶段是1997年以后，在政府主导保护的同时，学界开始对大遗址概念、保护的理论与方法等问题展开讨论，并逐渐形成体系。1997年3月国务院印发了《关于加强和改善文物工作的通知》，强调要努力建立与社会主义市场经济体制相适应、遵循文物工作自身规律、国家保护为主并动员全社会参与的文物保护体制，要求各部门各地方做到"五纳入"。同时，此文件中采用了"大遗址"的提法，强调它专指我国文化遗产中规模特别大、文物价值突出的大型文化遗址、遗存和古墓葬。这也是第一次在正式文件中提到"大遗址"，并对其进行了相对的概念定义。

进入21世纪之后，随着经济社会发展的加速，我国文化遗产事业开始逐渐与世界接轨，并走向世界，促进了大遗址保护的理论化发展。2000年6月14日，我国加入国际文化财产保护与修复研究中心；同年7月5日，由国家文物局、建设部、世界银行和联合国教科文组织联合举办的"中国文化遗产保护和城市发展：机遇与挑战"国际会议在京召开，会议达成《北京共识》；同年10月，国际古迹遗址理事会中国国家委员会大会在河北承德召开并审议通过《中国文物古迹保护准则》，系统地对我国文物古迹保护理念、原则、方法进行了探讨，奠定了我国文化遗产保护和大遗址保护的理论基础。2002年11月国家文物局在调查研究的基础上向国务院提交了《"大遗址"保护"十五"计划》，提出在"十五"期间，针对我国大遗址保护现状及存在问题，重点实施50处大遗址保护项目，开始有计划分步骤地对我国大遗址实施保护。

2003年是我国大遗址保护工作法规制度建设的重要年，国家和地方从不同角度推进着大遗址保护和文化遗产保护工作。2003年3月1日，甘肃省人大颁布了甘肃省第一部保护单处遗址的专项立法《甘肃省敦煌莫高窟保护条例》；4月16日，文化部等七部委联合印发了《关于进一步加强长城保护管理工作的通知》；8月1日《北京市长城保护管理办法》开始施行，此办法是我国第一个保护长城的专项规章；8月4日，我国规模最大的第一部区域性文化遗产与地方发展相结合的专项规划《吐鲁番文物保护与旅游发展总体规划》通过国家文物局批复，规划中对吐鲁番地区大遗址保护与区域经济发展工作做了详细阐释，为我国大遗址区域综合协调发展提供了借鉴。同时，国家领导人也越来越关注大遗址的保护工作，国务院副总理温家宝、国务委员陈至立先后分别就河南洛阳河洛文化广场施工破坏东周王陵遗址、河南省郑州商代遗址保护工作、新疆北庭古城佛寺遗址自然损毁等问题做了批示。同年9月4～7日，国家文物局在北京怀柔举办了第一次全国范围的文物保护规划学术交流活动"文物保护单位规划编制研讨班"，这为我国大遗址保护规划工作提供了理论支撑并培养了第一批专业保护规划工作人员。2004年8月2日，国家文物局印发《全国重点文物保护单位保护规划编制审批办法》和《全国重点文物保护单位保护规划编制要求》，为我国大遗址保护和规划管理工作提供了法规性意见；并于10月16～19日，在陕西西安召开了"全国大遗址保护规划现场研讨会"，就大遗址保护规划工作进一步深入探讨，以期切实加强对大遗址的保护管理。

2005年在苏州庆祝第一个"文化遗产保护日"的基础上，8月国家文物局发布公告，决定采用四川成都金沙遗址出土的金饰图案作为中国文化遗产标志；2005年8月25日财政部和国家文物局联合发布《大遗址保护专项经费管理办法》，针对大遗址保护实施专项经费制度，以促进大遗址保护，并在第二条中对大遗址的概念进行了阐释。同年10月1日，首部古代帝王陵墓保护地方法规《陕西省秦始皇陵保护条例》颁布实施；10月17日，在陕西西安举行了"国际古迹遗址理事会第15届大会"，并通过《西安宣言》，使大遗址保护不仅只保护遗址或遗迹本体，还包括周边的环境风貌等。

随着《西安宣言》的公布，我国结合世界文化遗产保护趋势，进一步推进我国文化遗产和大遗址保护工作。2006年5月8日，在北京召开第一次国家文化遗产保护领导小组全体会议，以加强各部委之间的协调，促进文化遗产和大遗址的保护；5月24日，针对线性文化遗产京杭大运河，召开保护与申遗研讨会并通过《杭州宣言》；基于陕西和西安以大遗址为代表的文化遗产的重要性，同年10月20日，国际古迹遗址理事会西安国际保护中心在陕西西安成立。其后陆续发布、批准了《世界文化遗产保护管理办法》《长城保护条例》《保护和促进文化表现形式多样性公约》等法规文件。最为重要的是11月29日财政部和国家文物局在联合发布的《"十一五"期间大遗址保护总体规划》中，确立了以长城、丝绸之路、大运河、西安片区、洛阳片区为核心，100处大遗址为重要节点的保护格局，开始了我国大遗址保护工作的实践，在该规划中对大遗址的概念做了进一步阐述。在规划指导下，河南洛阳和陕西西安先后开展了大遗址保护工程。

同时，在2006年发布的《"十一五"国家重要大遗址保护规划纲要》中提出建设遗址公园，并得到了各地的积极响应，相继建立起了一批考古遗址公园。在各地考古遗址公园实践与发展基础上，2009年6月在杭州良渚召开的大遗址保护论坛达成《关于建设考古遗址公园的良渚共识》，这标志着曾经备受诟病的考古遗址公园在国内基本获得考古界及文化遗产界认同。2009年，为促进考古遗址保护、展示与利用，规范考古遗址公园的管理，有效发挥其在经济社会发展中的作用，国家文物局先后颁布实施了《国家考古遗址公园管理办法（试行）》和《国家考古遗址公园评定细则（试行）》，并在2010年6月下发了《国家文物局关于开展国家考古遗址公园评定工作的通知》。经过近四个月的申报、考察、评定，于2010年10月10日公布圆明园考古遗址公园等12个项目为第一批国家考古遗址公园，晋阳古城考古遗址公园等23个项目获得国家考古遗址公园立项。这标志着我国文化遗产保护利用事业取得了一项新的突破，开创了一条保护与利用之间的新途径。2011年6月，国家文物局发布《国家文物博物馆事业发展"十二五"规划》，确定"十二五"（2011~2015年）期间规划大遗址数量增至150处，并计划建成30个国家考古遗址公园，基本形成以西安、洛阳、荆州、成都、曲阜、郑州6个大遗址片区，长城、大运河、丝绸之路、茶马古道4条文化线路，环国境线分布的重要大遗址为重点，150处大遗址为支撑的大遗址保护格局。

在国家主导推进的过程中，学界也从大遗址的概念、大遗址保护法律法规建设、制度建设、管理体制建设、保护与利用的原则、保护中存在的问题、城市发展与遗址保护、大遗址的经营管理及保护中高新技术的应用等角度展开了研究，初步形成了大遗址保护管理的方法体系，为我国大遗址保护实践提供了一定的理论与方法指导。

五、大遗址保护与利用发展的新趋势

大遗址保护是经济社会与文化遗产保护事业发展的产物，其随着经济社会与文化遗产保护事业的不断深入而动态发展，不断丰富与完善。回顾我国大遗址保护的历程，可以看到其是不断发展、不断深化、不断充实与完善的一个过程，在不同的时期表现出不同的形式与内容。

1. 保护观念的转变

（1）从概念发展来看。大遗址是我国文化遗产保护事业发展的产物，其随着文化遗产的发展而最终提出并不断丰富完善。从我国古代传统的"纪念物""文物"，经历"古物"的认识，伴随着西方文化遗产保护理念与考古学的传入，开始提出"遗址""遗迹"的概念，并在中华人民共和国成立后经济社会发展过程中，针对大型遗址保护所面临的复杂问题，开创性地提出"大遗址"的概念，并将其从专有名词深化为概念体系，对概念的认识也从相对类型的概括开始结合保护需求向理论深度衍化。

（2）从大遗址保护对象来看。从古代只重视保护"尊祖敬宗"的祭祀性、纪念性遗存，在近代以来开始向过去杰出的、在历史上、文化上占有重要地位的墓葬、都城遗址演变；中华人民共和国成立以后，随着考古学的发展和认识的不断深入，在只注重保护价值高、意义大的都城、陵墓等基础上，开始向因历史发展而获得历史文化意义的一般遗址演变，包括了传统的古人类居址、聚落遗址、工程遗址等；甚至包括了近现代以来一些具有代表性和象征意义的遗址。

（3）从保护范围上看，不再局限于传统的只针对"大遗址"区域内"单体"遗址或遗迹的保护，开始向"群体"发展；同时开始注重单体或群体周边环境的保护，对环境的认识也从人文环境或自然环境的保护开始向人文与自然环境共同保护发展，不仅包括过去的环境保护，还包括了遗址区现已形成的能够反映演变传承的现代环境，最终形成对大遗址的"整体"保护。

（4）从保护深度上看，开始由过去传统的只保护遗址或遗迹本体等能看得见的物质文化遗产，开始向保护与遗址区历史文化相关的传统文化遗产方向发展，将"物质"与"非物质"文化遗产同时并重，并最终向综合性的文化景观层面发展。

（5）从保护与利用看，从过去单纯地强调"限制性保护"向"科学展示"与"合理利用"发展，并在认识中将"利用"作为"保护"的一种手段和方式。

2. 保护理论、方法的不断探索

大遗址保护研究工作与对大遗址的认识是相辅相成，互为辩证的。实践推进理论发展，理论反过来深化实践。我国大遗址保护研究工作是随着大遗址保护实践而发展起来的，对大遗址的研究与大遗址保护观念的演变息息相关。从研究的对象与范围看，也经历了一个从重视单体保护研究，最终向注重环境与整体研究的转变过程；从保护的深度看，从最开始的对具体遗址具体问题对策的分析，开始向宏观层面的价值评价、保护方法、保护模式、管理体制、经营体制、展示利用方法模式及规划、社区发展等方向深化，并在单一研究基础上，展开综合性的理论探讨；从保护研究学科看，从最初的考古学、历史学视角或领域，开始向哲学、经济学、地理学、建筑学、旅游学、规划学、土地学、管理学、艺术学、民俗学等学科发展，各学科专家学者都开始从自身学科背景展开对大遗址保护的研究与探索，极大地推进了学科体系的建设；从保护方法及手段上看，亦由过去单纯的文物考古与建筑修复，演变为多学科共同参与的综合性行为，采用的技术手段，更具有多学科、多样化和综合性的特点[1]。

总之，我国大遗址保护从过去的"单点式"保护向"点、线、面"全方位保护发展；保护观念由单纯注重遗址本体保护，延伸至与遗址有关的生态环境、人文环境的整体保护；保护与利用不断深化，从单纯的大遗址保护向遗址保护、遗址利用与区域经济社会综合协调发展；研究对象、内容、深度随着实践的推进和多学科的参与，更加深入。并最终在"十二五"期间形成以"六片、四线、一圈"为核心、150处大遗址为支撑、覆盖全国、全面实现中华民族多元一体发展历程的大遗址保护新格局。

第二节　大遗址保护存在的问题及原因分析

一、大遗址保护存在的问题

我国大遗址保护在进入21世纪后，虽然取得了显著的成绩，但是在现行经济社会快速发展阶段，特别是城镇化建设加快、国土资源紧张、保护与利用理论不足以及价值和利益主体多元化的背景下，大遗址保护与区域经济社会发展的矛盾更显突出，而且不断有新情况出现。而大遗址价值传播不足导致的保护意识不强、保护管理工作不完善、利用不当所造成的人为破坏事件更是层出不穷，远超出自然破坏。与中华人民共和国成立后出现的几次破坏浪潮不同的是，进入21世纪以来的新一轮破坏是行政手段、市场机制双重作用的结果，而后者在破坏中的作用尤其明显，且许多都是基于市场背景下出于发展利益需求的"明知""故意"破坏，这种破坏性的力量更大，许多都是毁灭性的。归纳起来，主要表现在以下三个方面。

---

[1] 阮仪三、王景慧、王林：《历史文化名城保护理论与规划》，同济大学出版社，1999年，第107页。

1. 建设性破坏

建设性破坏主要表现在三方面，一是经济社会和城镇进程的加快，我国掀起了新一轮建设、发展高潮，基础设施、厂矿企业的建设，加剧了对大遗址的破坏；二是在发展中，对新时期"新与旧"的关系缺乏充分认知，认为"新"的就是好的，就是社会进步的象征或代表，在这些错误观念的指导下造成的无序建设，在导致区域性自然生态系统和人文生态系统整体破坏的同时，也造成了一些重要遗址或遗迹的丧失；三是遗址区居民在生产生活中的一些行为如建房、耕种、取土、植树、建墓等对遗址造成的破坏。

2. 开发性破坏

主要表现在三方面：一是盲目性的开发破坏，一些地方出于发展需求考虑，看到各地都在做大遗址保护与利用的文章，也紧随潮流，在缺乏对当地大遗址保护与利用科学论证、认真规划的背景下，将大遗址作为项目盲目上马，大拆大建，结果由于缺乏科学论证，花费大量人力物力，开发后游人寥寥，导致遗址区荒废，如我国近几年"大跃进"式的遗址公园建设；二是以利用为主导的开发破坏，许多地区在大遗址开发中对大遗址保护问题考虑较少，只重视对大遗址利用的关注，在未对大遗址区内遗存采取科学、合理、有效的保护基础上，单纯以旅游学或景观园林学的规划开发理念为依据，开展对大遗址的开发利用，造成对大遗址资源的破坏；三是超负荷利用破坏，在利用大遗址资源作为旅游开发对象，进行旅游发展中，不科学、不合理的计算或控制，甚至不顾忌遗址区游客环境容量，使大遗址区遗存超负荷利用，对大遗址造成破坏。

3. 保护性破坏

主要表现在三方面：一是非科学性修复破坏，保护者在保护过程中，不严格遵守已有的一些遗址保护和修复原则及修复设计施工审批程序，在保护中操作不当或方法错误，导致对遗址本体的破坏；二是保护观念错误导致的保护性破坏，许多文物工作者在保护过程中，受传统思维影响，面对濒临破坏的遗址没有采取适当的保护措施，依然以"原封不动"的"封存"理念为主导，在危害发生时，不及时加固保护，最终导致遗址消亡；三是错误的保护模式导致的保护性破坏，近年来，在借鉴西方国家的基础上，我国创新理念思维，引入了

"遗址公园"这一保护模式，在此过程中，许多地方不能结合自身遗址现状和实际探索符合适合该地区该类型大遗址的保护模式，盲目地将"遗址公园"作为大遗址保护的有效模式，以其为宗旨，开展"遗址公园"建设，但建成后却发现，花费大量资金建成的遗址公园并不是一把"万能钥匙"，反而导致对许多遗址及遗址区环境风貌的破坏。

二、存在问题原因分析

通过对我国大遗址保护过程中出现问题的总结与反思，我国大遗址保护中存在问题出现的主要症结可以归纳为以下几个层面。

1. 科学的保护理念还未形成

（1）大遗址概念不清。概念是认识事物和对事物展开研究的基础，如果对大遗址缺乏科学理性的界定，必将导致大遗址内涵与外延不明，保护认识出现偏差，保护对象、保护措施等偏颇，不能形成科学、合理、系统的大遗址保护理论与方法体系并有效保护大遗址。我国从"大遗址"提出到概念化过程，经过了漫长的发展时期。但目前在"大遗址是什么"和"什么是大遗址"这个问题上还存在争议，认识还不够深入。许多人对大遗址的认识还停留在"相对遗址"而言的面积与价值"大"的层次上，没有能够结合我国文化遗产保护与理论体系发展的趋势，从动态发展与理论发展的角度界定大遗址的概念。

（2）保护思想不明确，观念滞后。尽管我国大遗址保护过程中出现的问题表现形式各异，但分析后可以发现当前我国大遗址保护过程中对"保护什么、为什么保护和如何保护"这一关键问题仍然认识不足，社会各界对此核心问题仍存在很大的争议，没有一个明确和科学合理的定位。反映出我国社会各阶层人群保护思想不明确，保护观念整体滞后。

在大遗址保护对象上，没有真正结合国外国内对文化遗产和大遗址理论探索过程中所取得的一些先进成果，从"整体性"角度去保护大遗址，具体操作中还停留在传统的只针对"点性"遗址的保护。对保护目的还停留在传统的"保存"和"就保护而保护"的阶段，没有将保护与利用、大遗址价值弘扬传承结合起来。在保护意识上，对遗产价值传播的不足，没有形成全民保护意识，保护更多的只是一种精英意识和行为。在保护认知上，一些地方官员对保护缺乏认知，存在急功近利、盲目崇外攀比、单纯追求政绩、认为遗址妨碍社会发展等思想，在建设中做出一些错误决定，加剧了大遗址破坏。在保护方法模式上，还停留在"点性"、小范围的静态博物馆保护方式上，缺乏动态保护理念。

（3）保护与利用不能有机协调发展。大遗址保护与利用的关系是大遗址保护理念中讨论最多、梳理的似乎最清楚的一个问题。但在现实中，却又是最混乱、争议最大的一个问题。政府管理者、保护专家、遗址管理者和运营者、社区居民及其他社会成员在面对此问题时，在对其关系阐释清楚的背景下又往往各执一词。出现这一观念差异的原因主要是我国虽然在学界对"保护与利用"关系展开了深入讨论，并形成了相对清晰的"保护与利用协调发展"的理念，但是所做的讨论主要是对保护与利用关系简单的表层关系讨论，却没有深入分析为什么保护与利用要协调发展，影响它协调发展的根源和如何实现协调发展这些根本问题。现有的保护与利用模式要么只强调保护，限制利用；要么只注重利用，忽视保护。缺乏从区域综合协调发展角度使大遗址保护、利用与区域经济社会发展、社区居民生活质量改善、景观建设、新农村建设、城镇化建设结合起来协调发展的联动机制。没有形成融贯的大遗址保护与利用模式，各利益主体间互动存在障碍。大遗址保护与利用观念差异的实质主要是保护过程中不同利益主体所持利益和价值观的冲突，导致利益被一方均占，其他群体无法有效实现大遗址保护利益，大遗址保护利益失调。

大遗址保护与利用观念差异的实质主要是保护过程中不同利益主体所持利益和价值观的冲突，而更为深刻的是缺乏在对其认识基础上提出科学的保护理论方法指导解决这一问题。张丹认为大遗址保护过程中的利益主体包括政治利益群体（属地政府和管理机构）、经济利益群体（周边企业和开发企业）、公众利益群体（当地居民和参观游客）三个群体；政治利益群体掌握着资源分配的权利，位于利益金字塔顶部；经济利益群体是大遗址保护与利用中的主要出资方，位于利益金字塔中间；公众利益群体是大遗址保护与利用中的弱势一方，利益诉求最强烈，却往往得不到满足，位于利益金字塔底部[①]。其实结合我国大遗址保护与利用的争论，还应加入一个学术利益群体或者学术舆论群体，他们貌似处于三者之外一个公平的位置，均不沾任何利益，事实上，却是利益影响最大的一方，也牵涉在利益体制中。他们基于自身利益需求，运用自身的学术地位或学术舆论影响力，发表的对大遗址保护与利用的观点，直接影响着政治利益群体的决断，而政治利益群体的决断又对经济利益群体和公众利益群

---

① 张丹：《我国大遗址保护与利用中利益冲突问题研究——以安阳殷墟为例》，郑州大学硕士学位论文，2012年，第30页。

体产生重要影响。因此，在大遗址保护中，需要在对各方利益认真分析的基础上，考虑各方利益需求，提出融贯的综合性的保护与利用模式体系，以有机协调大遗址保护过程中各方利益需求。

（4）价值认知的偏差。价值观是我们选择"保护什么、为什么保护和如何保护"的指导理念之一。只有对价值全面认知，才能形成科学、合理的价值观，进而形成科学的保护理念，以指导大遗址的保护。我国在漫长的发展历程中，对于遗产的价值，尤其是对于已经"死去"的大遗址的价值在认识过程中，往往只谈及它的历史、科学和艺术价值，对它的利用也主要从这些价值出发，"没有从人的角度、文化的角度以及社会、经济等外部环境对价值取向的影响角度探讨文化遗产的价值"[①]。这导致我们在运用价值判断以形成大遗址保护理念，制定大遗址保护方针政策，选择大遗址保护与利用的方法模式，决策保护行为，平衡保护方法措施的"度"的时候，往往出现基于价值认知理解错误的价值取向偏差，不能有效地实现大遗址的保护。例如，在探讨经济社会和城镇化发展对大遗址保护的冲击问题上，既缺乏从大遗址传承弘扬以及遗址区可持续发展角度去理解大遗址保护与利用问题的战略眼光，忽略了大遗址保护对促进区域经济社会协调发展的重要作用；又对一些急功近利的做法缺乏批驳的价值理论基础，使得一些看似理由充分的保护开发方案出台后损害了大遗址的内在价值。

2. 没有构建起科学合理的大遗址保护理论与方法体系

我国大遗址保护经过几十年的实践发展和近十几年的科学研究，在保护理论方法层面取得了一定的成绩，但是总体来看我国大遗址保护研究仍停留在专题式、局部性研究阶段，缺乏全面系统的研究，没有构建起科学、合理的大遗址保护理论方法体系。这使得文化遗产保护、管理人员在面对复杂多样的实际问题时，无法获得完整的理论指导，某些时候甚至对于基本概念的理解都有失偏颇[②]。出现上述问题的根源主要表现在以下几个方面。

（1）传统保护观念的阻碍。20世纪早中期，受国外国内环境局限，在缺乏保护资金的背景下，在国内形成了文物工作就是"保护文物"的基本观点。随着改革开放以及近年来我国文化遗产保护事业的稳步推进，大遗址保护事业取得了一定的成绩。但在这过程中，在我国文物、考古、保护界仍然存在着以传

---

① 陈蔚：《我国建筑遗产保护理论和方法研究》，重庆大学博士学位论文，2006年，第4页。
② 陈蔚：《我国建筑遗产保护理论和方法研究》，重庆大学博士学位论文，2006年，第5页。

统的"死保"理念为主导的现象，强调原封不动的"保存"式保护，认为这是最好的保护方式，遗址受到的干扰最小。在这种思维或理念影响下，严重阻碍了大遗址保护理论与方法的多学科、多层面、系统化探究。

（2）自身研究薄弱。在传统保护理念及学科背景束缚下，不能解放思想，多学科难以融会贯通，导致研究中多重视个案或具体问题的探讨，研究成果系统性不足。首先，表现在研究面狭窄。分析国内大遗址研究情况，可以发现我国大遗址保护研究主要集中在大遗址价值研究、大遗址保护与利用现状及问题对策研究、大遗址保护利用的个案研究、大遗址宏观保护管理研究，对大遗址概念、保护原则、展示方法体系、保护与利用模式创新、大遗址土地管理问题、大遗址规划、法律规章制度建设等问题还未展开全面、深层次的探讨。其次，研究方法单一，对焦点问题阐述不明。通过中国知网统计，涉及大遗址的文章在短短的十几年内已经有1000多篇，但多是从城镇发展、旅游发展、管理制度、文化遗产保护等角度对大遗址保护问题的探讨，从类型上分析主要以针对具体问题的个案研究为主，而且许多是浅层次的分析和论述，对焦点问题阐述不明，没有深入分析问题产生的根源，没有提出科学的指导性对策。研究方法和学科背景也比较单一，没有真正从多学科角度展开对大遗址保护的综合性探讨，形成具有普遍意义的行为规范和理论方法体系。

（3）对西方理论引进不足，没有做到"中西结合"。我国大遗址保护理论研究起步较晚，现阶段主要以西方的文化遗产保护理论方法为指导，但是在引进西方文化遗产保护理论过程中，存在着理论引入不足与针对性差、唯西方学说论、以"洋标准"证明"传统保护"方法的合理性和缺乏"中西结合"等问题。理论方面，在文化遗产领域，目前官方最为系统的理论引入，主要以国家文物局法制处1993年编译的《国际保护文化遗产法律文件选编》、1995年的《外国保护文化遗产法律文件选编》和国际古迹遗址理事会中国委员会针对中国文物古迹保护实际在2000年开始编撰的《中国文物古迹保护准则》为主，系统性的理论引进还不够丰富；学界整理翻译引进的文化遗产保护理论主要以建筑遗产、城市遗产和宏观的文化遗产保护理论为主。除了国际宪章中一些与遗址有关的宪章、宣言外，几乎没有对国外遗址保护理论文献的介绍，导致在大遗址保护中理论指导性不强。许多人"人云亦云"地将西方对砖石结构建筑遗产的保护理论强加在中国这种土木结构建筑体系遗存的保护上，出现保护理论性的指导偏差，不能真正起到保护大遗址的作用。在理论引进后，许多学者对我国大遗址保护原有的合理的一些理念方法不深入研究、剖析，一味否定。照搬西方以砖石结构为主体而形成的一些保护理论方法，混淆东方木结构建筑与西方砖石结构建筑体系的差异，漠视国人的审美标准与要求，甚至出现以"洋标准"佐证传统"保护"理念方法合理性与正确性的局限。没有认识到中西文化不同、建筑体系不同，导致的传统价值观念不同和对对待保护的理念、原则方式方法不同的差异需求。在"洋为中用"的过程中没有做到"移植"性的"中西结合"。

（4）人才培养不足。由于我国大遗址保护工作量相当大，大遗址保护工作需要培养大量的专业技术人员，如考古工作者、文物技术保护者、规划管理者、工程师和修复建筑师。而我国在大遗址保护专业教育与专门修复人才培养方面存在严重滞后的问题。大遗址作为一类特殊的遗产类型，与建筑遗产、工业遗产、可移动文物、历史文化名城的保护理念、思维、具体的方式方法等在文化遗产这个大概念下具有相通性的同时，基于自身的特征也有特殊的保护理念、思维、方式方法，有自己的一套理论体系。但我国由于大遗址保护工作开始的较晚，现在的大遗址保护工作者，几乎都是"半道出家"，从考古、建筑、旅游、规划、历史等领域转过来。虽然在结合学科特性角度容易与大遗址保护融会贯通，将自己学科的理论方法运用到大遗址保护中，但受自身学科的局限，缺乏对考古、遗址等的全面、深入认识，最终还是成为自身学科的一种研究表述形式，不能真正发现并有效地解决大遗址保护中出现的问题。大遗址保护需要跨学科的人才，以丰富大遗址保护理论建设与实践，但更需要专业的基于考古学背景下的融会贯通的综合型大遗址保护人才。只有专兼结合，才能真正实现我国大遗址保护。

3. 大遗址保护机制不健全

大遗址保护管理机制是大遗址实现有效保护、落实保护措施的保障机制和协调机制，决定了大遗址保护管理的功效，是大遗址实现保护目的和目标的保障。我国文化遗产保护事业经过几十年的发展，已经建立起了一套卓有成效的保护机制，如文物保护管理所、遗址博物馆等管理体制和文物保护单位制度、文物保护经费保障制度、分级保护区划制度和重点文物保护单位保护规划制度等，这些被引入我国大遗址保护中，对我国大遗址保护产生了重要的影响。但是随着大遗址保护运动的发展，我国大遗址保护管理工作中暴露出来许多问题，管理体制上存在"多头管理、权责不明"等现象，导致保护管理体制运行不畅；在管理制度上，大遗址保护法律体系还未建立、大遗址保护管理的执法和监管能力不足、大遗址保护规划制度还不完善、大遗址土地管理制度缺失、社会参与机制不健全，不能有效保障大遗址保护工作的开展，导致管理效力偏低。而大遗址保护管理机制是大遗址实现有效保护、落实保护措施的保障机制和协调机制,因此有必要理顺体制、健全管理制度,保障各项措施的落实,以实现大遗址的有效保护。

三、构建具有中国特色的大遗址保护理论体系

通过对我国大遗址保护发展历程回顾与总结及我国大遗址保护中存在问题与原因的分析可发现,尽管我国大遗址保护在近十年来取得了突出的成绩,但仍存在着突出的问题。而这些问题的根源是我国在大遗址保护中,早期经济社会发展与对外交流沟通不足等原因,致使我国现有大遗址保护理念、方法等主要以西方砖石结构遗址或建筑的保护理论为主,没有结合本国大遗址实际,构建起符合自身国情实际的大遗址保护理论方法体系。在21世纪,随着我国文化遗产保护事业的深入和理论体系的发展以及我国大遗址保护实践与理论探索的不断推进,结合本国实际与西方先进理论构建具有中国特色的大遗址保护理论体系成为我国大遗址和文化遗产保护事业发展的迫切要求。它既是对过去成果的总结与提炼,也会起到开拓思路,统一认识,明确方向的作用[①]。

我国大遗址保护理论体系的建设,首先应结合现代社会和文化遗产保护发展进程,在对概念认识的基础上,通过对中西方价值观对比分析,以我国传统价值观为基础,吸收西方的普世性价值,深化当代价值需求,构建起具有中国特色的价值体系;在此基础上,以价值体系为指导,构建起具有中国特色的大遗址保护理论与方法体系。

---

① 陈蔚:《我国建筑遗产保护理论和方法研究》,重庆大学博士学位论文,2006年,第109-113页。

第四章 大遗址概念探讨与大遗址景观论

第一节 大遗址概念辨析

大遗址是我国在文化遗产保护中形成的特有遗产类型，经过中华人民共和国成立后几十年的保护实践和对文化遗产保护认识的不断深入，大遗址保护实践与研究取得了一定成绩。"大遗址"在20世纪50年代被提出，在20世纪80年代被学者运用到论述中，并在20世纪90年代末和21世纪初正式以官方文件提出并进行保护实践探索，许多学者也做了实践性和研究性探讨，但对于大遗址的概念至今尚未得到清晰的界定，其内涵和外延更未得到合理的阐释，整个概念的内涵与外延还未深入全体国民之心，真正的"大遗址"意识并未在国民意识领域形成，目前只是局限于行业内部和相关组织、群体等有限的范围。概念是反映对象本质属性的思维形式，是逻辑思维的基本元素和表现形式，准确地理解和把握事物或现象的概念，是进一步认识、判断、推理事物或现象的基础。如果对一个问题概念界定不清，内涵与外延不明，那么对这个问题的理解与解决也容易产生偏差，并进一步影响相关问题的分析、探讨。这十分不利于大遗址保护和文化遗产事业的健康发展。所以，全面研究中国大遗址保护理论与方法问题，形成正确的逻辑思维观，对大遗址概念的理论探讨就实属必要了。大遗址保护理论与方法探索，首先必须明确什么是大遗址，只有厘清大遗址的概念，才能基于对其的认识，展开逻辑性的理论探讨，建立起具有科学性和逻辑性的大遗址保护理论与方法体系，以指导具体实践。

一、大遗址概念综述

1. 遗址概念回顾与总结

大遗址概念的提出是基于我国当时文化遗产保护所面临的突出问题，尤其是在经济社会发展中一些大型遗址面临的保护与生产生活的矛盾而在遗址的基础上提出来的一个相对概念范畴。因此，对大遗址的认识和界定，有必要从对

"遗址"这个原始概念进行分析探讨开始。遗址作为考古学专有名词使用后，国内外相关组织和专家学者结合专业特性和需求分别从法理学、研究实践等角度对其进行了界定与阐释。

在漫长的历史发展中，以欧洲为代表的国际社会对遗址概念与类型的认识随着社会经济文化及保护运动的发展不断发生变化，从最初的"纪念物""文物古迹"到19世纪"遗址"概念的提出，不管是从外延、内涵都越来越宽广和深刻。国际上对"遗址"界定较权威应用较广的是联合国教科文组织与国际古迹遗址理事会在相关公约和章程中的界定。例如，1972年通过的《保护世界文化和自然遗产公约》认为，"遗址是指从历史、审美、人类学或人种学角度看具有突出普遍价值的人类工程或自然与人工联合工程以及考古地址等地方"；1972年通过的《关于在国家一级保护文化和自然遗产的建议》中提出，"遗址是指因风景秀丽或在考古、历史、人种或人类学方面的重要性而具有特殊价值的地区，该地区是人类与自然的共同产物"；1978年通过的《国际古迹遗址理事会章程》中认为，"遗址应包括一切地貌的风景和地区，人工制品或自然与人工的合制品，包括在历史、考古、美学、人种学或人类学方面具有价值的历史公园与园林"；1982年通过的《佛罗伦萨宪章》提出"历史遗址"这一概念，并认为"历史遗址是与一值得纪念的历史事件相联系的特定风景区，例如：一主要历史事件、一著名神话、一场具有历史意义的战斗或一幅名画的背景"；2005年通过的《会安草案》中对"考古遗址"进行了界定，认为"考古遗址由在一个经过文化变更的土壤机制内的所有结构遗存、人工制品和生态制品相结合而构成"。国外一些学者也对遗址进行了不同的定义。阿兰·马里诺斯认为遗址是人类在建设发展、艺术和景观等方面产生巨大影响的遗迹，是历史的杰作[1]；皮特（Peter Howard）和戴文（David Pinder）认为遗址是指在一定区域范围，建筑等物质形体几乎破坏殆尽而形成的具有较高文化内涵的遗迹[2]；温迪·安西莫和罗伯特·夏尔在对文化遗物、遗迹和生态遗物阐释基础上，认为遗址是文化遗物、遗迹和生态遗物的空间集合[3]。分析国际机构和学者对"遗址"概念的界定可以发现，这些概念经历了一个从特殊认识向一般认识发展的

---

[1] Alain Marinos. Practice in reappearance of the value of urban cultural heritage in France. *Journal of Time Architecture*, 2000 (3): 14-16.

[2] Peter Howard, David Pinder. Cultural heritage and sustainability in the coastal zone: experiences in southwest England. *Journal of Cultural*, 2003 (4): 57-68.

[3] 〔美〕温迪·安西莫、罗伯特·夏尔：《发现我们的过去——简明考古学导论》（第四版），沈梦蝶译，上海社会科学院出版社，2007年，第133页。

过程，在这过程中，既有基于认识从个体向总体的总结；又有在宏观概念上基于保护需求的不断概念细化，这种细化不是保护的倒退，而是更进一步反映出保护科学的发展。

我国一些专业辞书及考古学者也对"遗址"概念做了界定。《中国大百科全书·考古学》认为遗址指古代人类活动遗留下来的城堡、村落、住室、作坊和寺庙等基址[1]；《中国文物考古辞典》定义遗址是古代人类居住过的，或曾经从事过生产活动和战斗过的地方，如城址、宫殿址、洞穴址、村落址、工场作坊址、矿山冶炼址、道路桥梁址以及古代战场址等[2]。台湾学者刘益昌认为遗址是堆积在地层里面或者是留在地层表面，过去人类的生活所遗留下来的东西或相关现象，这些物质遗留或遗迹所存在的地区，就是遗址[3]；张宏彦教授认为遗址指古代某一社群居民日常居住、生活范围内遗留的连续分布的遗迹、遗物集合体[4]；李宏松认为遗址属于不可移动的遗产，从保护出发，目前主体的存在已基本丧失其功能性，更多的是作为一段历史的标志或消亡的文化现象而存在[5]。通过分析国内对遗址的界定可以发现，更多的是偏向于考古专业领域的技术界定。

遗址概念的界定可以根据各人对其特征的理解用多种方式来描述和归类总结。国内外机构和专家学者对遗址概念的界定分析，普遍强调了遗址是一种特殊的文化遗产形式，属不可移动文化遗产的范畴；遗址具有时间深度、空间范围、残缺性、实体性、文化性和综合性（是以遗址为核心的包括遗址环境风貌及其他时空构成体）等特性；遗址是在一定时空下人类留存于一定区域范围内已基本丧失功能，但却蕴含着丰富的本体价值和衍伸价值的历史文化遗存。遗址包括了遗址区域范围内的遗迹遗物、自然环境和文化景观（自然与人工的合制品）等，在要素上包括遗迹、遗物、自然地貌、地貌的风景等；时间上是古代或前人留下的；空间上指一定的地点、地方、地区、载体。总之，上述概念界定与演变反映出遗址保护已从单体向整体，由点、线向面，由有形、无形向综合性发展。反映出文化遗产保护发展的整体性、系统性和综合性[6]，有助于加深对大遗址的认识，提出更科学、更合理、更准确的大遗址概念体系。

---

[1] 中国大百科全书总编辑委员会《考古学》编辑委员会、中国大百科全书出版社编辑部：《中国大百科全书·考古学》，中国大百科全书出版社，1986年，第608页。

[2] 何贤武、王秋华：《中国文物考古辞典》，辽宁科技出版社，1993年，第7页。

[3] 刘益昌：《台湾的考古学与史前时代的遗址》，台湾省文献委员会，1996年。

[4] 张宏彦：《中国史前考古学导论》，高等教育出版社，2003年，第3页。

[5] 李宏松：《关于大遗址保护的几点思考》，《中国文物报》2004年7月23日第5版。

[6] 单霁翔：《文化遗产保护与城市文化建设》，中国建筑工业出版社，2009年，第28页。

2. 大遗址概念回顾与总结

大遗址的概念是随着我国文化遗产保护事业的发展，在文化遗产保护实践探索、经验总结与对文化遗产保护认识深化的基础上提出来的一个重要概念。早期主要从与遗址的相对大小角度探讨，进入20世纪90年代末期和21世纪后，随着文化遗产保护理论与理念的发展，对大遗址的认识不断深入，概念也从相对的外延式定义，开始向内涵式发展；从政策制定角度的范畴定义开始向理论探索的科学定义转变。

（1）基于法规政策的大遗址概念探索。一个新词被收录进词典标志着对一个其所指的物质或精神上的实体的正式承认。然而，这一正式认可相对于其最初的应用和突然或经过长期酝酿而出现的援引，表现出一种时间上根据不同个例或多或少的延滞[①]。20世纪90年代之前，尽管在不同的场合不管是个人还是文物保护文件与会议上，多次提到"大遗址或大型遗址"，但这一时期其作为一个固定词组尚未在正式文件中使用，也没有开展理论化探讨，只是作为针对面积较大的遗址的一种简称。进入20世纪90年代后，在文化遗产保护实践过程中，国家机构和学者越来越认识到大遗址这一类遗产保护的重要性。为此，国家文物局于20世纪90年代初期在河北南戴河召开了首次关于大遗址的会议。1997年3月国务院在《关于加强和改善文物工作的通知》中首次在正式文件中采用了"大遗址"的提法，并指出"它专指我国文化遗产中规模特别大、文物价值突出的大型文化遗址、遗存和古墓葬"。2002年11月国家文物局在调查研究的基础上向国务院提交了《"大遗址"保护"十五"计划》。但是"大遗址"作为我国文化遗产保护领域公认的一个术语，却一直没有一个明确的科学概念。

进入21世纪后，为了进一步推进大遗址保护工作，国家相关部委在与大遗址保护相关的法规文件中开始对大遗址进行概念界定和阐释。2005年8月发布的《大遗址保护专项经费管理办法》规定，"本办法中所指的大遗址主要包括反映中国古代历史各个发展阶段涉及政治、宗教、军事、科技、工业、农业、建筑、交通、水利等方面历史文化信息，具有规模宏大、价值重大、影响深远特点的大型聚落、城址、宫室、陵寝墓葬等遗址、遗址群及文化景观"。这是政府部门首次在法规中对大遗址进行界定，这一规定性的提法，也是讨论大遗址

---

① 〔法〕弗朗索瓦丝·萧伊：《建筑遗产的寓意》，寇庆民译，清华大学出版社，2013年，第16页。

这一富有中国特色保护概念的新起点。这一概念在2006年发布的《"十一五"期间大遗址保护总体规划》中进一步得到应用和确认。分析可以发现，从政策法规角度的探讨多基于实践需求，主要是从大遗址与遗址的相对性和范畴角度进行技术界定，以便于相关政府部门和工作人员实际操作，还没有提升到学理层次。

（2）基于学理的大遗址概念探索。在国家和地方政府机构从政策法规角度对大遗址和大遗址保护的制度、措施等进行探索的同时，国内的一些专家学者也对大遗址这一专业术语进行了探讨。孟宪民较早地从范畴和特性角度对大遗址概念进行了界定，认为大遗址包括在考古学和我国古代政治、经济、文化历史上占有重要地位的、规模大的原始聚落、古代城市、宫殿、陵园、军事、交通、手工业、水利等建筑与设施的遗存及其相关环境，特别是在我国文明起源和发展历史上具有突出地位的、规模较大的遗址；是包括与地理环境相关联的遗址及包含有文物、建筑群的遗址群体综合系统[①]；陈同滨在保护、规划实践基础上认为大遗址的概念主要运用于文化遗产保护领域，指文化遗产中规模特大、文物价值突出的大型文化遗址、遗存和古墓葬[②]；李宏松认为大遗址就是人类历史遗留下来的，已经丧失了其原有功能性的，代表了一种消失文明的，具规模化的不可移动的人类遗迹[③]；陆建松认为大遗址是指大型古文化遗址，由遗存及其相关环境组成，一般是指在我国考古学文化上具有重大意义或在我国历史上占有政治、经济、文化、军事重要地位的原始聚落、古代都城、宫殿、陵墓和墓葬群、宗教遗址、水利设施遗址、交通设施遗址、军事设施遗址、手工业遗址、其他建筑遗迹[④]；它们的面积有几十万平方米、几百万平方米，甚至几十平方千米、几百平方千米。鉴于大遗址的重要性和大遗址概念的不明晰，中国考古学会在2007年7月专门召开了"中国大遗址保护研讨会"，并将大遗址的概念列为首要议题。考古学家张忠培先生认为所谓大遗址，首先是各个考古学文化、各个王朝或皇朝和各个历史民族政权遗留下来的代表性遗址、城址、手工业作坊、采矿及冶炼遗址、墓地及陵墓、宗教性地面及地下遗存和水陆交通遗址等；其次，包括历史上据某种信仰或传说而能保存某种记忆而仅具有纪念

---

① 孟宪民：《梦想辉煌：建设我们的大遗址保护展示体系和园区——关于我国大遗址保护思路的探讨》，《东南文化》2001年第1期。
② 陈同滨：《中国大遗址保护规划的多学科研究》，《文化遗产的保护与经营——中国实践与理论进展》，社会科学文献出版社，2003，第186-203页。
③ 李宏松：《关于大遗址保护的几点思考》，《中国文物报》2004年7月23日第5版。
④ 陆建松：《中国大遗址保护的现状、问题及政策思考》，《复旦大学学报》2005年第6期。

性的某些故址或陵墓[①]。傅清远先生认为大遗址是遗存本体和与其相关联的环境载体共同构成的综合体；它具有遗存丰富、历史信息含量大、不可再生、不可替代的价值和地位[②]。随着大遗址保护实践的深入和文化遗产保护理念的不断发展，2012年，孟宪民等在原有概念认识基础上提出大遗址是在历史上对于今天及未来发展都万分重要的以考古学及多学科研究为认知的遗址、遗址群及其他文化景观所组成的地区[③]。通过总结与分析可以发现，我国学界对大遗址的界定也经历了一个随着认识的拓展，由技术界定向科学界定发展的历程，但依然以技术性界定为主，且缺乏对大遗址概念内涵与外延的分析（表4-1）。

表4-1 国内对大遗址概念的界定

类型	文件/学者	基本观点	年
法理层面	《关于加强和改善文物工作的通知》	大遗址专指我国文化遗产中规模特别大、文物价值突出的大型文化遗址、遗存和古墓葬	1997
	《大遗址保护专项经费管理办法》	大遗址主要包括反映中国古代历史各个发展阶段涉及政治、宗教、军事、科技、工业、农业、建筑、交通、水利等方面历史文化信息，具有规模宏大、价值重大、影响深远特点的大型聚落、城址、宫室、陵寝墓葬等遗址、遗址群及文化景观	2005
	《"十一五"期间大遗址保护总体规划》	大遗址主要包括反映中国古代历史各个发展阶段涉及政治、宗教、军事、科技、工业、农业、建筑、交通、水利等方面历史文化信息，具有规模宏大、价值重大、影响深远的大型聚落、城址、宫室、陵寝、墓葬等遗址、遗址群	2006
学理层面	孟宪民	大遗址是指在考古学和我国古代政治、经济、文化历史上占有重要地位的、规模大的……建筑与设施的遗存及其相关环境，特别是在我国文明起源和发展历史上具有突出地位的、规模较大的遗址；是包括与地理环境相关联的遗址及包含有文物、建筑群的遗址群体综合系统	2001
	喻学才	大遗址是依据文化遗产分布地域广的特征命名的，专指相对于一般遗址而言范围大、占地广、价值高的大型古文化遗址	2001
	田林	大遗址是指具有一定规模的、保留原有的部分使用功能和结构作用以及建筑材料于原地的人类文化活动的场所	2004
	李宏松	大遗址就是人类历史遗留下来的，已经丧失了其原有功能性的，代表了一种消失文明的，具规模化的不可移动的人类遗迹	2004

---

① 张忠培：《中国大遗址保护的问题》，《考古》2008年第1期。
② 傅清远：《大遗址考古发掘与保护的几个问题》，《考古》2008年第1期。
③ 孟宪民等：《大遗址保护理论与实践》，科学出版社，2012年，第53页。

续表

类型	文件/学者	基本观点	年
学理层面	陆建松	大遗址是指大型古文化遗址,由遗存及其相关环境组成,一般是指在我国考古学文化上具有重大意义或在我国历史上占有政治、经济、文化、军事重要地位的原始聚落、古代都城、宫殿、陵墓和墓葬群、宗教遗址、水利设施遗址、交通设施遗址、军事设施遗址、手工业遗址、其他建筑遗迹	2005
	张忠培	大遗址是遗留下来的代表性遗址、城址、手工业作坊、采矿及冶炼遗址、墓地及陵墓、宗教性地面及地下遗存和水陆交通遗址等;包括历史上据某种信仰或传说而能保存某种记忆而仅具有纪念性的某些故址或陵墓	2008
	傅清远	大遗址是遗存本体和与其相关联的环境载体共同构成的综合体	2008
	孟宪民等	大遗址是在历史上对于今天及未来发展都万分重要的以考古学及多学科研究为认知的遗址、遗址群及其他文化景观所组成的地区	2012

二、大遗址概念辨析

通过对大遗址概念的总结分析可见,在近十几年的发展演变中,大遗址的概念更为宽广、综合和深刻,一方面反映了大遗址在我国文化遗产保护体系中占有的核心地位和作用;另一方面也反映了我国文化遗产学术研究和保护管理理念的进步。但在此过程中,对"大遗址"概念的认识仍存在着许多问题,没有结合大遗址保护实践及文化遗产保护发展形成科学的概念体系,主要表现在以下几方面。

1. 现有大遗址定义过窄

我国大遗址概念存在"定义过窄"现象,定义概念小于被定义概念。大遗址概念在定义过程中简单地以"大"作为大遗址概念的核心,认为其是在"遗址"基础上,针对"文化遗产中规模特大、文物价值突出的大型文化遗址、遗存和古墓葬"提出的一种保护类型和概念。单一地强调了"大",而且对大的理解也主要停留在"规模、价值、复杂度等范畴",认为"大遗址的'大'主要体现在:综合价值'大',相对规模'大',面临问题'大',保护难度'大'"[①]。而没有从基于大遗址保护对象范畴基础上的整体性及区域空间性角度界定。

---

① 崔明:《江苏省大遗址保护规划与利用模式研究》,东南大学硕士学位论文,2006年,第2页。

2. 现有概念主要是基于类型范畴的相对界定

大遗址是祖先以大量人力营造并长期从事各种活动的遗存，是大规模的文化及环境遗产。由于对大遗址内涵、外延认识不足，许多人往往认为大遗址的大小是随着范围和分类的变化相对而言的，将遗址之大，从总体上看作相对概念。并在此基础上，认为"大遗址"只是一类相关遗产的综合统称，因此从类型综合角度定义大遗址，认为"大遗址"是某些价值表现下的各类型遗址。没有看到它不是一类事物特性的归纳性概念，而应该是一个独有的概念体系。

3. 现有定义过程中存在着"同语反复"或"循环定义"

现有定义过程中存在着"同语反复"或"循环定义"。定义概念中不应直接或间接包含被定义概念，这样就会出现"同语反复"或"循环定义"的逻辑错误。而大遗址概念定义过程中，存在着"大遗址是指相对于一般遗址而言范围大、占地广、价值高的大型古文化遗址"；"大遗址是指某某类型的遗址"等基于类型的同语反复现象，没有真正从"大遗址"的本质属性角度去深入阐释。

4. 现有概念未能体现出概念限制的特殊性

大遗址概念基于"遗址"概念而来，属于"遗址"概念的限制。概念的限制就是通过增加概念的内涵以缩小概念的外延，由一个外延较大的概念过渡到另一个外延较小的概念的逻辑方法。但在现有的"大遗址"概念体系中，几乎所有的"遗址"再加上"大"，对遗址进行概念限制后，并未出现"遗址"这个外延相对较大的概念向较小外延的过渡，"大遗址"的外延甚至远远超过了"遗址"，还包括了遗址、遗址群、遗存（遗存包含了遗址、遗迹、遗物，外延更大）、墓葬等。对概念进行限制，有助于人们的认识从一般过渡到特殊，以便认识具体化从而使人们的行为范围明确化[1]。而现有的概念定义中极少能真实地反映出这种"特殊"，不利于人们对大遗址保护行为的明确。

5. 以技术性定义作为真定义

目前学术界还存在一种以政府视角为前提，反过来用政府视角衡量文化遗

---

[1] 蔡贤浩：《形式逻辑》，华中师范大学出版社，2008年，第34页。

产理论的标尺。例如，大遗址概念的定义，目前理论界竟然出现被官方定义所左右和引导的现象，而没有注意到官方法理学层面因追求可操作性而选择技术性定义这一做法的权宜性。而这种权宜性界定，不可避免地存在欠缺之处，甚至有时候可能在根本上也是错误的。

总之，大遗址不能简单地认为是"遗址"中规模较大、价值较高的"相对"遗址，也不是一类遗址的综合性统称。遗址和大遗址从属和种而言，外延愈大，则内涵愈少，外延愈小，则内涵愈多。遗址的外延大，则内涵少；大遗址的外延小，则内涵大，不仅具有遗址的特性，还具有自身的特性。对大遗址概念的认识偏颇，必然导致基于概念认识的大遗址保护与利用方针、理念、政策和措施的偏颇，不能使大遗址得到有效的保护与利用。

三、大遗址概念及其内涵与外延分析

随着世界文化遗产保护理论体系的发展和我国文化遗产保护事业及大遗址保护与利用的不断发展与推进，应结合国外国内文化遗产保护先进理念和发展趋势及我国大遗址自身的属性，构建科学、合理的概念，以指导我国大遗址保护理论与方法体系建设。在对国内外遗址和大遗址保护发展趋势及已有概念等总结、分析的基础上，结合我国大遗址实际，本书认为大遗址是指遗址或遗迹等遗存本体与其相关联的环境载体共同构成的有明确地域范围的综合性景观场所。即其首先是一个有一定地域范围的区域，这一区域以一定的文化遗存为中心，包括了其附着于互相影响、依存的环境，且具有一定的景观性。

1. 大遗址的内涵

概念的内涵是指概念所反映的对象的本质属性，内涵是概念的"质"的方面的规定性，它表明概念所反映的对象是什么[①]。结合对国内外遗址和国内大遗址概念界定成果的总结，大遗址概念除体现出价值"大"、规模"大"等表象特征外，还表征出大遗址具有以下内涵。

（1）时间的延续性。大遗址是早期人类实践的产物，又在后代人类生产生活的实践过程中被人类不断认识和改造中得到延续和发展，是"活"的人类历史传承的载体。在它时间的延续性中反映了历史和文化的延续性。因此，它不仅有灿烂辉煌的过去，还应该有灿烂辉煌的现在和将来，否则就会失去保护的

---

① 蔡贤浩：《形式逻辑》，华中师范大学出版社，2008年，第19页。

意义。这要求在大遗址保护中不仅仅保护最悠久的或价值最高的某一阶段或时期的遗存，还包括了历史发展演变中在遗址区生产生活、繁衍的后代居民及其留下的遗存和产生的文化现象；保护不是"封存式"的原封不动，陷入静止，应是以发展的眼光，将当代人的科学技术成果和先进的理念反映在大遗址的保护与利用中，作为当代人的历史和文化延续给后人，不能因为当代人的"封存"，导致延续的中断。

（2）空间的区域性。大遗址是一个以遗址本体为核心，包括其相关环境的地域单元，这一地域空间一般依据原有文化属性和地域空间及现有"遗存"的分布而存在明确的边界。这要求在保护与利用中，需从空间视角综合考虑大遗址保护与区域经济社会发展、居民生活质量提高与改善之间的关系。

（3）遗存的真实性。遗存的真实性是大遗址保护的基础。大遗址保护的遗存必须是真实的，不仅包括遗址本体，还包括其附着的全部或部分历史文化信息。这要求在保护中禁止任何不基于史实的修复、重建。因为只有真实的遗存才能客观地反映大遗址的历史面貌、自然环境及其传统文化真谛。

（4）价值的传承性。大遗址以其历史悠久、类型多样、珍贵而丰富的遗存及其延续性的文化传统，"展现了我国古代先民的创造力和民族精神，成了作为世界文明古国文明发展的珍贵物证"①。通过对大遗址的保护、利用，一方面让当代人认知我们祖先的珍贵遗产；另一方面，在当代人保护、利用，基础上传承给后代人，让他们了解基于他们的"当代"对包括我们这个时期在内的文化遗产的了解。这要求结合延续性，在大遗址保护中创造、展现出这个时代的文化。

（5）景观的可赏性。景观是指土地及土地上的空间和物质所构成的综合体，它是复杂的自然过程和人类活动在大地上的烙印。大遗址是人类在实践过程中的延续性的文化载体，是人类对自然环境认识和改造后的"天—地—人"景观综合表现体。大遗址以遗存本体为核心，结合自然与人文环境，形成了具有一定观赏性的综合区域，引起公众的好奇心，促使公众前来参观，游览欣赏，愉悦身心。景观的可赏性体现的是一种大遗址价值延续与传承中优美"环境"的吸引性。

（6）文化的叠加性。不同的族群或民族在不同的地理区域环境中，逐渐形成具有自身文化特性的生产生活方式和思想、文化价值观。大遗址的时代延续性使得大遗址在时间上存在先后顺序，大遗址不同时期的不同景观表现都是在不同时期人们价值观指导下人地关系相互作用的产物，直接反映着所处时代的

---

① 傅清远：《大遗址考古发掘与保护的几个问题》，《考古》2008年第1期。

价值观。它不仅反映了之前时代人们的价值观，也反映出此后时代人们对该大遗址的态度，通过对大遗址的研究，可以发现不同阶段人们的历史文化特性或其发展演变规律及特性。

（7）功能的利用性。大遗址具有历史悠久、遗存丰富、文化信息含量大、不可再生、不可替代的价值和地位，是中华历史文明最重要的史迹主体。对它的保护、延续主要目的就是通过科学研究、展示、参观游览，让公众认识古代社会的政治、经济、文化、军事、科技、艺术、社会结构等重要价值，以实现大遗址价值传承弘扬。

（8）利用的服务性。大遗址利用主要是为了实现其历史、科学、艺术、社会价值，达到教育和服务大众的目的。这要求在保护中除考虑专业研究等利用方式外；还应以公益性为主，注意考虑公众权益的维护和实现，提供相应的旅游设施和服务管理以满足公众参观游览接受教育的需求。

2. 大遗址概念的外延

概念的外延是指具有概念所反映的本质属性的对象[①]。大遗址概念的外延也即大遗址保护的对象或内容。我国大遗址具有深厚而独特的文化意义，它的构成不仅仅是城址、陵墓、作坊、考古遗址等各类遗址，还包括了遗址的承载体——土地及其地形地貌、水体、植被等自然景观，与遗址有关的历史性事件、活动、人物以及现代聚落和传说、故事、民俗等文化景观和精神文化。根据大遗址内涵、特性分析，大遗址的外延包括四个层面：第一个层面是大遗址的直接遗存表现形式——各类型的大遗址表现体，如城址、作坊、陵墓、窑址、聚落等遗址或遗迹本体；第二个层面是大遗址的承载体——土地及其之上的自然环境与地文景观，包括大遗址区所在的地形地貌、水体、植被、历史环境风貌等；第三个层面是除遗址或遗迹本体以外的物质文化景观，包括了大遗址区内的聚落、道路、田野、历史建筑、城乡风光等"人类在自然景观上叠加人类活动的结果而形成的景观"[②]；第四个层面是大遗址所承载与传承的重大的历史文化、历史事件、历史活动、历史人物、场所精神、民风民俗和原居民的生产生活等精神文化和非物质文化的展示，即非物质文化景观（图4-1）。这四个层面，第一个层面——遗址或遗迹本体是大遗址的根脉，是大遗址的核心；

---

① 蔡贤浩：《形式逻辑》，华中师范大学出版社，2008年，第19页。
② 汤茂林、汪涛、金其铭：《文化景观的研究内容》，《南京师范大学学报》（自然科学版）2000年第1期。

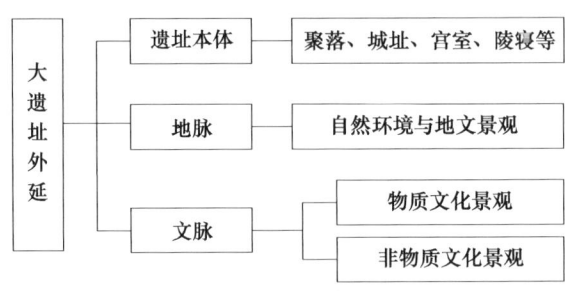

图4-1 大遗址的外延

第二个层面属于地脉范畴，是大遗址的地理背景与自然地理脉络，是大遗址的后台和背景；第三个层面和第四个层面属于文脉范畴，是大遗址活的文化载体[①]。因此，对大遗址的保护与利用研究与实践，不能只针对遗址或遗迹本体展开，还应结合大遗址外延综合考量。

大遗址保护是经济社会与文化遗产保护事业发展的产物，其随着经济社会与文化遗产保护事业的不断深入而动态发展，不断丰富与完善。因此，大遗址的概念在时间和空间上也不是凝固不变的，其随着实践与认知的增强，可以看到其内涵与外延是不断发展、不断深化、不断充实与完善的一个过程，在不同的时期表现出不同的形式与内容。而一个词语自身词意所经历的变换意味着这一事物的深度发生变化。大遗址从提出到概念化和全面实践保护的展开，其概念的内涵和外延都发生了重要变化，大遗址工作的领域得到拓展，大遗址保护的要素、类型、空间尺度、时间尺度、性质和形态等呈现新的发展趋势。这些理论上的创新带来大遗址保护对象拓展、保护措施的创新，而实践创新必将推进理论创新。

第二节 大遗址保护的概念及保护目标

我国对于大遗址保护的概念、保护的目的和目标目前还存在一定的争议。在对大遗址概念界定的同时，有必要对大遗址保护的概念进行确定，明晰大遗址保护的目的和目标，以指导大遗址保护工作。

一、大遗址保护的概念

"保护"的概念是文化遗产保护理论术语和概念体系中最为重要的一个基本概

---

① 刘卫红：《大遗址展示理念方法问题的探讨》，《地域研究与开发》2013年第2期。

念。对大遗址保护的概念界定有必要先厘清什么是"保护"。伴随着文化遗产保护运动,国内外的保护宪章、宣言、法规文件和研究学者都曾对"保护"做过界定。

国际文化遗产保护领域对"保护"(conservation)概念的理解和定义随着文化遗产保护运动的发展而不断调整和深化。保护最普遍的定义是泛指对有价值的人工制品(无论是可移动的还是不可移动的)的保管和修缮[1]。《威尼斯宪章》是第一部比较权威和全面的古迹遗址保护与修复宪章,但其未对"保护"进行概念性定义,只提出了物质层面的"维护和修复"保护措施。《内罗毕建议》中规定,"保护是指对历史或传统地区及其环境的鉴定、保护、修复、修缮、维修和复原"。这是第二次世界大战后国际性文件第一次对"保护"概念的规范,对文化遗产保护具有重要的指导性意义。《奈良真实性文件》指出,保护是指用于认识遗产,了解它的历史和含义,确保遗产的物质安全,如果需要,确保其修复和加固的所有行动。从价值认知、保存和保护措施等角度对保护进行了界定。《巴拉宪章》提出,保护意指为保留一个地点的文化意义而采取的所有照管行动。加拿大联邦公园部指出,保护包括旨在维护一项文化资源,以保持其历史价值并延长其自然寿命的所有措施;并认为保护的概念范围很广,包括可以从最小到最大程度(也就是从维护到改造)对文化资源进行连续介入的一个或多个战略。这些定义在2005年通过的《会安草案》中得到体现。1999年国际古迹遗址理事会通过的《国际文化旅游宪章》规定,保护活动描述照顾一个古迹地点、文化景观、遗产收藏或无形遗产的所有过程,以保持它的文化的、本土的或自然的遗产重要性。这一概念拓展了保护的内涵与外延,将有形与无形的文化遗产等全部纳入保护范畴,并阐述了保护的目的意义。2003年联合国教科文组织通过的《保护非物质文化遗产公约》规定,"保护"指采取措施,确保非物质文化遗产的生命力,包括这种遗产各个方面的确认、立档、研究、保存、保护、宣传、弘扬、传承(主要通过正规和非正规教育)和振兴。这个概念扩大了保护的内涵与外延,将宣传、弘扬与传承也纳入保护的范畴。由国际古迹遗址理事会和加拿大魁北克古迹遗址理事会共同制定的《魁北克遗产保护宪章》认为,遗产的保护可以看作是研究、专业技术和物质干预的组合,包括了维护、加固、维修、保护、修复和发展等活动。它的目的在于保护这个遗产的每个部分处于可能的最好状况[2]。这一概念的视野更为

---

[1] 〔芬〕尤嘎·尤基莱托:《建筑保护史》,郭旃译,中华书局,2011年,第5页。
[2] 〔美〕J.柯克·欧文:《西方古建古迹保护理念与实践》,秦丽译,中国电力出版社,2005年,第215、216页。

开阔，将发展作为前提去制定保护措施、实施保护，而保护的目的就是使遗产具有可利用性、能融入人民的生活。费尔登·贝纳德等在2008年深化了这一概念，认为"保护"是指采取必要的行动，为保存遗迹、遗址或具有历史价值的地区提供条件；这一概念还包括对历史遗迹采取实物保护，以确保这些遗迹免遭盗窃或故意破坏，或者避免由于环境变迁和视觉侵扰对遗迹造成的破坏；并认为缓冲区也能为历史遗迹提供保护①。从西方对"保护"概念的定义可以发现，其从保护对象、保护方式、方法或措施、意义等方面对保护展开了深入探讨，为开展具体的保护实践提供了指导。

我国文化遗产保护领域对"保护"概念的定义和阐释相对不足，早期由于受传统的"历史价值观"影响（早期将历史价值的认知多局限于对"时间"价值的认知，而没有认识到历史价值的时空性、规模性和岁月性），长期以来将保护仅限定于"保存"的范畴，较少做专业探讨。在我国现有的保护法规文件中，作为文化遗产保护的基本法《中华人民共和国文物保护法》对"保护"也是直接应用，从未在概念上进行过定义，根据内容理解，主要指"修缮""保养"等工程技术行为。2000年国际古迹遗址理事会中国国家委员会制定的《中国文物古迹保护准则》对"保护"做出了明确定义，规定"保护是指为保存文物古迹实物遗存及其历史环境进行的全部活动"；"保护"的具体措施主要是修缮（包括日常保养、防护加固、现状修整、重点修复）和环境整治。把"保护"的对象从遗产本体扩大到了与遗产相关的周围环境。国际古迹遗址理事会中国国家委员会在2005年的《中国文物古迹保护准则·案例阐释》中对"保护"的概念进行了补充完善，认为"保护"不仅包括工程技术干预，还包括宣传、教育、管理等一切为保存文物古迹所进行的活动。将"保护"从单一的工程技术行为拓展为综合了保护工程技术、宣传、教育、管理的社会行为。在此认识基础上，林源对"保护"的概念进行了总结，认为"保护是指理解建筑遗产本体及其相关历史环境并使它们保持安全、良好状态的一切行为活动，具体包括研究、工程技术干预、展示、利用、改善及发展、环境修整、教育、管理等几方面的内容"②。国家文物局在2008年出版的《中国文物事业改革开放三十年》中对"保护"的定义做了进一步拓展，认为文物保护是指针对文化遗产价值的调查、认定、研究、展示、利用和传承，对文物本体的保存、保全和

---

① 〔英〕费尔登·贝纳德、朱卡·朱可托：《世界文化遗产地管理指南》，刘永孜、刘迪等译，同济大学出版社，2008年，第22-26、75页。

② 林源：《中国古建筑保护遗产理论研究》，西安建筑科技大学博士学位论文，2007年，第130页。

修复，以及对相关环境的控制与整治等[①]。清华大学博士肖金亮提出保护是指挽救、保护和传承遗产价值所采用的理念、思想、手段和措施，依据前面所加定语的不同而限定其含义，比如"历史建筑保护"指专门针对历史建筑的保护行为，"遗产保护"指对一切自然遗产、物质和非物质遗产的保护[②]。将对"保护"的定义提升到形而上的范畴，并针对具体对象阐释保护的限定。孟宪民等认为保护分为广义与狭义，狭义的理解，保护主要是抵制来自自然力和人为的威胁与破坏的直接行为；广义的理解，包括了发现、研究、评估、展示、宣传、使用遗产及交流、交易活动，同时包括解决这些活动所存在的影响遗产保存、传承的问题[③]。

通过对国际和我国文化遗产保护文件及研究中对"保护"的界定，可以发现，近年来，随着文化遗产保护运动的发展和价值认知的拓展与深化，我国也开始认识到保护不仅仅是"保存"，还包括了展示、利用及管理。但在此过程中，现有对"保护"概念的定义无论是从外延还是内涵的认识仍然存在不足，一是没有认识到概念的广义性与狭义性和系统工程性；二是没有认识到保护、展示与利用之间的关系，在保护中将展示、利用排除在保护的行为活动之外；三是虽然认识到环境的重要性，但也主要强调的是静态的，而未将动态的人文环境考虑在内。

基于此，结合大遗址内涵与外延，在现有"保护"概念补充与完善基础上，从广义和狭义角度对大遗址保护进行界定。广义的"大遗址保护"是指运用科学的理念、方法对大遗址进行调查、评价、保护、展示、解说、利用及对整个过程的系统管理。狭义的"大遗址保护"是指运用科学的技术方法对大遗址本体的维护、保存和修复，以及对相关环境的控制与整治等。科学的技术方法包括了自然科学、人文社会科学、工程与技术科学等一切与大遗址保护相关的科学和技术。

二、大遗址保护的目的与目标

1. 大遗址保护的目的

目的通常是指行为主体根据自身的需要，借助意识、观念的中介作用，

[①] 国家文物局：《文物保护科技改革开放30年》，《中国文物事业改革开放三十年》，文物出版社，2008年。

[②] 肖金亮：《中国历史建筑保护科学体系的建立与方法论研究》，清华大学博士学位论文，2009年，第2页。

[③] 孟宪民等：《大遗址保护理论与实践》，科学出版社，2012年，第71页。

预先设想的普遍性的、统一性的、终极性的宗旨或方针。大遗址保护首先要明确大遗址保护的目的，《威尼斯宪章》提出保护遗址的目的在于把它们既作为历史见证，又作为艺术品予以保护；《关于在国家一级保护文化和自然遗产的建议》认为，保护、保存和展示文化和自然遗产的最终目的是为了人类的发展；《国际文化旅游宪章》认为开展任何形式保护的一个主要原因是希望通过良好的管理方式让来访者和东道主社区对文化遗产所在地的重要性有所了解。根据对我国大遗址和大遗址保护的界定，结合我国大遗址保护实际分析，我国大遗址保护的目的可分解为两个方面，一是保护大遗址遗存及环境，二是保护大遗址的价值，即其"文化意义"。而保护的根本目的是在保护大遗址遗存及环境的基础上，保护大遗址固有的价值，实现大遗址价值的弘扬与传承。大遗址固有的价值主要包括大遗址建设时的传统价值及其建成后所承载、反映的价值。

2. 大遗址保护的目标

目标是个人、部门或整个组织所期望的成果，某一行为活动目的的最终实现有赖于具体行为活动目标的实现。目的指导目标，而目标达成目的。我国大遗址保护的目标是在大遗址保护的基础上，实现大遗址保护与区域经济、社会、环境的协同发展，最终推动大遗址社会、经济、环境效益的实现和大遗址价值的弘扬传承。大遗址保护的目标主要表现为大遗址保护的可持续发展，大遗址本体及其环境得到有效的维护、保存、修缮、控制和整治，大遗址得到有效的展示、解说与利用；大遗址社会效益主要指大遗址保护对当地居民的自豪感和归属感及对社会的和谐、稳定做出的贡献，对全体国民的启迪、教育作用，对传统文化的认同及其在当今社会的借鉴、运用和发展；大遗址的经济效益主要指大遗址保护过程中的展示、利用对于当地区域经济结构的调整、就业容量的扩充、经济发展的推动、当地居民生活质量的改善等；大遗址保护的环境效益主要指大遗址保护对当地环境的治理与维护，促使大遗址区域自然生态环境得到改善、提高，形成历史人文景观和自然生态景观交相辉映的特色区域，成为社区的休闲绿地和当地居民便利的休闲场所。

3. 大遗址保护的时空观

大遗址是历史发展的景观性场所，对其的外延认识除了基本的类型外，还包括了对其时空的认识，这牵涉到具体的保护内容（对象）和理念、模式、方法与措施。

（1）时间观。大遗址是时间的产物，具有时间属性，这是它的一个基本属性。对其时间性的认识了解，是确定大遗址保护对象、开展大遗址调查、价值评价、保护、展示和利用及管理的基础。大遗址保护的时间观不同，其建设、发展演变过程中每个阶段的社会背景、社会条件、表现形式不同，保护的内容、方法措施等也不尽相同。所以有必要确定大遗址保护的时间指标。结合对大遗址的认知，大遗址时间性可以度量的主要包括三个阶段，"原来的创作时间"、"建成后经历的历史时间"和"对于当代人而言的现在时间"。对大遗址保护，如果按照第一个时间进行，那结果只能是想象式的；按照第二个时间，就会抹掉部分历史；如果按照第三个时间，就意味着保存大遗址一直携带到今天的全部真实的意义，包括现代人对它的干预。因此，为了更为全面、客观、有效地保护大遗址的价值，在大遗址保护中应树立起整体性的时间观，包括它的过去、现在，甚至考虑到它的未来需求。而对于当代人的大遗址保护最重要的是要以第三个阶段的时间观"对于当代人而言的现在时间"为保护的时间节点，同时要能在保护中考虑到现在保护对未来的需求和未来的影响。

（2）空间观。大遗址以面积大、规模大而著称，具有空间属性。它的空间性主要包括大遗址的空间位置和空间分布与布局。大遗址是综合性的景观场所。其空间位置主要是相对于其他城镇所处的区位，区位决定了大遗址保护的现状、存在的问题和保护的难易度等。而这种区位一种是按照与城镇的关系，如位于城镇建成区的、位于城镇郊区的、位于村镇的、位于荒野的，所处位置不同，保护的理念、方法、措施不尽相同；还有一种是按照区域经济划分的，如位于经济发达地区、经济欠发达地区和经济不发达地区，这也直接影响到大遗址保护措施的制定。但区位主要属于外因的范畴。大遗址的空间分布与布局属于大遗址保护的内因范畴，对大遗址保护具有直接的影响作用。传统的认识主要针对大遗址区域的遗址或遗迹等构件本体，随着保护认识的扩展，也包括了其自然与人文环境，而自然环境的认识不仅包括地表的还包括了空间的风貌；在平面上，大遗址遗存有其集中分布区、外围零散区等，范畴不同，保护对象不同。因此，大遗址的空间观方面，应在保护过程中首先考虑到大遗址地上、地表和空间三个层面，同时在平面上，还应考虑到大遗址保护的核心区、缓冲区和景观协调区，不同的空间区域，保护的措施方法不尽相同。同样，外因也对内因产生影响，在保护中，还应考虑到具体的区位空间要素。

第三节　大遗址景观论

一、文化景观

1. 文化景观的提出与研究

"景观"普遍的含义即指景色、景物之意，实质上是指人类与其居住的空间/土地（即其人文与自然环境）的形式、结构、外观与可视现象[①]。19世纪被引入地理学，成为地理学的一个研究主题[②]。根据有无人的干扰，景观可以分为自然景观和人文景观。自然景观主要是指完全未受到人类直接活动影响或影响较小的自然环境综合体；人文景观主要是指经过人类改造的自然风光、田野、建筑、村落、厂矿、城市、交通工具和道路以及人物和服饰等所构成的文化现象的复合体[③]。伴随着工业文明的发展，真正的自然景观所剩无几，"在任何地方只能有一个景观，如果那里没有人，就不可能是人文景观；如果人已经进入了舞台，自然景观就一去不复返，而成为彻底的人文景观"[④]。文化景观作为人类文明的产物，是一定历史时期社会、经济、文化发展的结晶。直观地反映着地理区域的各种文化特征，也反映着不同时期的文化影响。因此，文化景观也是人类活动过程不同时期的历史见证，如果对一地方现在仍保存或仍遗存的文化景观进行深入的研究，就会了解该地一幕幕的文化演变过程与人类活动的历史[⑤]。

如同文化逐渐向原先被古典传统忽视了的多种多样的其他部分敞开大门，从最初的罗马风和中世纪的哥特风，特别是在民族层面的感悟然后逐渐走向巴洛克的世界，最后到达非欧洲文化。20世纪后半叶，人们的兴趣迅速扩展到历史群落，扩展到乡土或大众的作品，最终扩散到历史与自然相结合的领域，景观学也由此获得了历史的位置[⑥]。文化景观作为地理学在景观认识基础上的专有

[①] 〔英〕阿兰·R.H.贝克：《地理学与历史学——跨越楚河汉界》，阙维民译，商务印书馆，2008年，第79页。
[②] 王恩涌：《王恩涌文化地理随笔》，商务印书馆，2010年，第25页。
[③] 单霁翔：《走进文化景观遗产的世界》，天津大学出版社，2010年，第12页。
[④] 〔美〕R.哈特向：《地理学性质的透视》，黎樵译，商务印书馆，1963年，第2页。
[⑤] 王恩涌：《王恩涌文化地理随笔》，商务印书馆，2010年，第27页。
[⑥] 〔芬〕尤嘎·尤基莱托：《建筑保护史》，郭旃译，中华书局，2011年，第2页。

名词，伴随着20世纪初卡尔·索尔创建的文化景观学派的发展，开始得到普遍的使用和深入研究，并逐渐成为一门系统的科学体系。索尔认为，文化景观是特定时间内形成、具有区域基本特征、在自然与人文因素综合作用下形成的复合体①。他主张用实地考察地形地貌等方法研究地理特征，通过文化景观来研究文化地理，并认为对文化景观的认识需要从时间和空间关系考虑，因为它处于不断的发展、消亡与替换的过程中。其后，著名景观学家贝尔格、特罗尔、斯宾塞、霍华斯、乔丹、德伯里、沃姆斯利和刘易斯等人从不同角度和层面对文化景观理论进行了完善和充实。在这过程中，文化景观理论也传入我国，国内学界也开展了积极的探讨和实践。

文化景观是在人类活动干预下所形成的景观，在一定程度上反映了干预者及其所处群体和区域的文化体系特征和地理特征。它是地球表面各种文化现象所组成的统一体，既包括景观赖以存在的物质基础，如聚落的形态与格局、土地利用划分的现状与配置、建筑物的式样风格、人类活动的形式等；又包括景观构成的主体，即人文因素②。文化景观具有空间、时代、功能等特性，这得到普遍的认可。但同时其还具有要素复杂性、类型多样性、动态与相变性③。

2. 文化景观的遗产化

随着文化景观研究的深入和文化遗产保护运动的推进，人们开始关注古迹遗址和环境的保护，并认为环境是古迹遗址必不可少的一部分。文化和自然遗产构成一个和谐的整体，其组成部分不可分割；每一历史地区及其周围环境应从整体上视为一个相互联系的统一体，是过去的生动见证，反映了区域生活、文化和社会的多样化。因此，在具有几个不同时期特征的历史地区，保护应考虑到所有这些时期的表现形式。这一观点在其后的文化遗产保护的国际保护宪章、公约和宣言中得到深化，并引起各国政府和学者的关注，开始越来越重视区域历史文化与环境的保护，并将文化景观保护逐步纳入文化遗产保护的范畴。在1984年世界遗产委员会第8届大会上，委员们认为：在现代社会中，完全未受人类影响、纯粹的自然区域是极其稀少的。而在人类与土地共存的前提下，有突出的普遍价值的自然地域却大量存在。在此认识基础上，国际自然保护联盟和国际古迹遗址理事会联合向世界遗产委员会提出了与自然遗产和文化

---

① Carl O. Sauer. The personality of Mexico. *Journal of Geographical Review*, 1941 (7): 353-364.
② 汤茂林、金其铭：《文化景观研究的历史和发展趋向》，《人文地理》1998年第2期。
③ 赵荣、李同升：《陕西文化景观研究》，西北大学出版社，1999年。

遗产两者相关的优异景观类别及其登录标准的提案。这一提案在1992年联合国教科文组织世界遗产委员会第16届大会上获得通过，使"文化景观"正式成为世界遗产的一个特殊类型而被世界各国普遍认可。它代表了《保护世界文化和自然遗产公约》第一条所表述的"自然与人类的共同作品"[①]。

其后的《实施〈世界遗产公约〉操作指南》规定，"文化景观属于文化财产，代表着'自然与人联合的工程'，它们反映了因物质条件的限制和/或自然环境带来的机遇；在一系列社会、经济和文化因素的内外作用下，人类社会和定居地的历史沿革"[②]。定义强调了文化景观是人类与自然相互作用的作品和人类具有历史演进过程的居住区域的特性。此定义将文化景观的范畴限定在还在延续的人类居住场所，即城镇、村落或遗址区[③]。2005年通过的《会安草案》中认为"文化景观是指与历史事件、活动、人物相关或展示出了其他的文化或美学价值的地理区域，包括其中的文化和自然资源以及野生动物或家禽家畜"。并将文化景观分为三种类型，进一步拓展和细化了文化景观类型遗产的外延，将包括古迹遗址在内的人类活动景观地都纳入文化景观的范畴。同年5月世界遗产与当代建筑国际会议在维也纳通过的《维也纳保护具有历史意义的城市景观备忘录》和10月联合国家教科文组织在巴黎通过的《保护具有历史意义的城市景观宣言》进一步充实完善了文化景观的认识和范畴体系，对保护文化遗产和文化多样性及生物多样性有着积极的推进作用。

二、大遗址景观论

大遗址是指遗址或遗迹等遗存本体与其相关联的环境载体共同构成的有明确地域范围的综合性景观场所。随着文化遗产保护和大遗址保护的发展，对大遗址保护的内涵与外延的认识不断深化拓展。从具体的遗址或遗迹本体保护，开始向周边环境的保护拓展，从对周边自然环境的保护，进一步拓展到文化环境的保护；从对历史的重要遗存的保护也向历史发展延续的展现现代景观风貌的大遗址区域构成体如城镇、村庄、沟渠、道路、现代设施和景观等综合体保护发展；并将文化遗产保护中的新类型如无形文化遗产、乡土遗产、线路遗

---

① 蔡晴：《基于地域的文化景观保护》，东南大学博士学位论文，2006年，第26页。

② World Heritage Centre. Operational Guidelines for the Implementation of the World Heritage Convention. 1994, http://whc.unesco.org/archive/opguide94.pdf.

③ World Heritage Centre. Operational Guidelines for the Implementation of the World Heritage Convention. 2008, http://whc.unesco.org/archive/opguide08-en.pdf.

产、文化景观的认识深化到大遗址保护中,不断拓展大遗址保护的对象。而大遗址时空观的重新认识,使大遗址保护不仅仅停留在传统的单体的遗址综合体范畴,而是一个以古迹遗址为主体的,"包括人类对自然景观的所有可辨别的改变和对地球表面及生物圈的种种改变"[①]的综合性景观场所。

经岁月洗礼、具有成熟魅力的遗址往往拥有双重的美,一种是自然赋予的,另一种是人类创造的。费尔南·布罗代尔认为历史过程不仅发生在不同的时间尺度中,而且发生在不同的空间尺度内。大遗址是人类在一定区域对自然景观改造后随着历史发展而不断演变、叠加的产物,文化景观也是人类在历史发展演变中对地球表层的文化地理创造物。历史学关注时期,地理学关注地点,地脉强调地形地貌及周边的自然环境等地理学特征,文脉则强调历史沿革、历史遗存与历史事件、历史人物等历史学特征。而大遗址和文化景观具有完全相同的时空观和历史观与地理观。随着文化遗产的发展和对环境保护的重视,景观以及文化景观成为大遗址的重要构成要素。

美国国家公园管理局将其所管辖的文化景观分为历史场所、历史景观、历史乡土景观、文化人类学景观四个类型。历史场所是指联系着历史的事件、人物、活动的遗存环境,如历史街区、历史遗址;历史景观一般指经过设计的园林景观,或代表了特定艺术风格的作品的四周环境,如历史园林;历史乡土景观指被场所的使用者通过他们的行为塑造而成的景观,它反映了所属社区的文化和社会特征,功能在这种景观中扮演了重要角色,如历史村落;文化人类学景观指人类与其生存的自然和文化资源共同构成的景观结构,如宗教圣地[②]。而这四类历史场所直接属于大遗址范畴,历史景观、历史乡土建筑和文化人类景观则是大遗址重要的构成或是在一定规模区域内直接属于大遗址的一种类型。《实施〈世界遗产公约〉操作指南》和《会安草案》中都将文化景观划分为设计的景观、有机进化的景观和关联性景观三类,直接包括大遗址的是第二类有机进化的景观,但大遗址也属于设计的景观和关联性景观范畴。其分类型"历史性城市景观"概念中则明确指出,历史性城市景观指自然和生态环境内任何建筑群、结构和开放空间的整体组合,其中包括考古遗址和古生物遗址,在经过一段时期之后,这些景观构成了人类城市居住环境的一部分[③]。我国许多学

---

① [美] H. J. 德伯里:《人文地理:文化、社会与空间》,王民等译,北京师范大学出版社,1988年,第142页。
② 吴祥艳、付军:《美国历史景观保护理论和实践浅析》,《中国园林》2004年第3期。
③ 国家文物局:《国际文化遗产保护文件选编》,文物出版社,2007年,第327页。

者在文化景观研究中也将大遗址包含在文化景观的类型中,并提出遗址景观类型,如李和平、肖竞将我国的文化景观分为设计景观、遗址景观、场所景观、聚落景观和区域景观(包括名胜区、文化线路、遗产区域)五种类型;其中设计景观包括了古代园林、陵寝、建筑群等如苏州园林、明十三陵;遗址景观包括圆明园遗址、合川钓鱼城遗址;其他三类也牵涉到大遗址保护的内容或对象①。单霁翔基于空间形态将文化景观分为八类,其中包括"揭示人类文明成就的遗址类文化景观"②。大遗址是人类文化与自然景观相互影响、相互作用的结果,是自然和人文因素的综合体。大遗址包括了文化景观的特性,文化景观也包含了大遗址。所有的大遗址都属于文化景观的范畴,文化景观并不一定包含大遗址。这是由其地理属性和文化属性决定的。

地理特性主要指区域独特或典型的地理环境风貌特征。例如,华山的险、青城的幽、峨眉的秀;成都的"天府之国"、西安或关中的"沃野千里";乾陵头枕梁山,脚踏渭河,所在的梁山以一尊睡美人的柔美情态而别具一格,成为帝王陵墓史上的一道胜景。文化特性是指区域所特有的历史文化,其与地理特性一样,是随着时间而增加的一种东西,是印记在一个地区或一个国家人民映像中的标记。例如,一提到汉长城遗址马上想到汉文化、刘邦、文景之治、未央宫等;一提到乾陵,马上想到"二皇一陵""因山为陵""无字碑"等。

每一个地区都具有与众不同的特性,大遗址作为一种文化景观场所,具有地理特性和文化特性的双重性,但在某种程度上更多的是历史的产物。作为一个场所区域,地理特性是固有的,但文化特性是随着社会的发展而形成的,在这过程中,对地理特性做出一定的改造,以使地理特性与文化特性相结合、相适应,形成独特的地域性文化景观场所。在一个大遗址区域,历史文化发展悠久,文化特性则可能成为最重要的凸显物,在一定程度上压制住地理特性。但总的来说,二者互为依存,早期可能以地理特性为主,随着当地经济社会的发展,则文化特性可能占据主导。反过来,地理特性烘托文化特性,以乾陵为例,早期以地理特性为主,但随着作为李治和武则天的陵墓,尤其是"二皇一陵"形象的确立,则文化特性占据主导,地理特性则成为文化特性的一部分。

总之,"地球上人类的每一个物质成就,不论是一间房屋、一个农庄或一个城镇,都代表着自然和人文因素的综合"③。每一个地方"区域"的独特景观

---

① 李和平、肖竞:《我国文化景观的类型及其构成要素分析》,《中国园林》2009年第2期。
② 单霁翔:《走进文化景观遗产的世界》,天津大学出版社,2010年,第116-128页。
③ C.李特尔:《地学通论》,转引自潘玉君、武友德:《地理科学导论》,科学出版社,2009年。

与生活方式都是人类与其自然环境在每个历史时期中相互作用的结果[①]。在组成地区的复合统一体中，自然和人文是不能分开的[②]。大遗址是在某一主体文化特性发展基础上，经过漫长的历史发展演变，在不同时期，由不同人群、不同文化叠加而成文化景观综合体，是现代社会文化遗产保护的核心和文化多样性与生态多样性的重要保护场所。因此，它应被看作是人类发展的一个根本方面，也是保护与修复的关键范畴。同时，对大遗址的景观化认识扩大了传统的大遗址认知范畴，在这一新情形中，需要重新评估大遗址本身的意义和保护理论方法及方针政策。大遗址景观使我们认识到大遗址自身随着时代的变迁，变化也是必然的，保护是在变化和持续之间寻求平衡。这要求我们在未来的价值认知和大遗址保护中树立起保护传统人地关系的观念、保护与利用协调发展的观念，最终践行大遗址保护的可持续发展观。

[①] 〔英〕阿兰·R. H. 贝克：《地理学与历史学——跨越楚河汉界》，阙维民译，商务印书馆，2008年，第157页。

[②] 李旭旦：《人文地理学概说》，科学出版社，1985年。

第五章 中国大遗址价值（评价）体系的构建

价值是一个综合性的效用概念，保护运动的发展是基于对遗产价值的认知。大遗址的价值是大遗址保护的基础，其是一种关系范畴，表示客体对主体的意义，客体满足主体需要的关系，包含了本性、情感、意义、效用、态度等属性范畴。大遗址的价值认知决定价值观，价值观决定公众对其的态度，决定了国家和政府对其的价值取向和所采取的措施。世界文化遗产保护运动是伴随着以欧洲为代表的西方世界文化遗址保护的发展而发展的，并在这过程中随着价值的不断发展和完善及其价值与评价体系的建立而推进世界文化遗产保护运动的不断向前发展。以价值评价为基础的保护理念是西方文化遗产保护观念和方法不断发展的基础。因此，从剖析西方国家遗址价值的理解入手，探讨保护观念的发展与变化，对于我国大遗址保护事业的可持续发展十分必要。

第一节 国外对遗址价值的认知

遗址保护的历程是随着对价值认知的历程发展的，价值决定了保护的方式方法。国外对遗址或文化遗产的保护和它们对于遗产价值的认识密不可分。保护的观念与保护的方法是伴随着对遗产价值的深入认识而不断拓展的。

一、国外遗址价值认知体系的演变

结合以欧洲为代表的国外遗址保护发展历程可以发现，国外遗址价值体系演变主要包括四个阶段。

1. 文艺复兴之前

早期对遗址[①]价值的认识是随着对"遗产"或"纪念物"价值的认识而发

---

① 启蒙运动之前的遗址主要指的是以纪念物、遗产、文物古迹为专有名词的"废墟"，同时遗址是建筑的历史延伸，也属于遗产范畴，因此西方提到的建筑或遗产的价值有许多也是对遗址价值的认定。

展的。"遗产"的价值在早期主要表现为"有用的实物"或物质财富、精神财富、"美的享受"和纪念价值。遗产（heritage）一词源于拉丁语，指"父辈留下的财产"，指代的是"有用的实物"或物质财富。在传统世界，人们的目的是保护有用的东西，并在必要时运用传统工艺对其调整以满足新的需要。同时，古人出于原始宗教信仰、祖先崇拜或对皇权地位等的尊崇，开始有意识地维护承载这些精神内涵的有形物体，以避免其被破坏。在此过程中，更多保护动因的产生是基于"精神价值"需求，即对事物的崇敬、虔诚以及由此延伸的纪念性等。这从许多宗教典籍中即可发现，如《圣经》中提到对圣地和乐土的修缮和维护，并强调这应是犹太人的一个重要传统，目的在于传承传统和保存其宗教精神；《古兰经》把古人类的遗存视为符号，认为如果给予这些符号更多关注，它们将成为引导人类的重要工具。

对事物"美的享受"也是推动早期保护的一个重要因素，如前1世纪左右对雅典伊瑞克提翁神庙的修缮与重建中，建筑物的许多部分如山形墙或天花板均被拆除并依照原样重建，据记载主要就是基于"美学"考虑[①]；而5世纪末6世纪初的狄奥多里克大帝命令修复了奥利安墙、导水渠、罗马大角斗场和圣天使堡，目的是要恢复古代遗迹的光彩，不让倒下的柱子和无用的残片丑化城市。拜占庭著名的历史学家普洛克庇乌斯（Procopius）描述查士丁尼皇帝在6世纪对建筑物的"修复"时，明确提出了修复的总体目的是要提高建筑功能和使其外观具有美感，同时铭记建筑物的最初名称和意义[②]。纪念性价值已经在对原始宗教信仰、祖先神灵的崇拜中体现，但作为对历史发展时期的认同纪念，则要稍晚，前479年雅典卫城被毁后雅典人提出不重建被毁坏的避难所，而是要把它们作为"野蛮人不敬行为的见证"[③]；希腊2世纪最著名的历史学家保桑尼亚斯（Pausanias）在其《希腊史》中描述了各地历史和遗迹的重要性，书中还提到奥若玛奥斯宫殿（Oenomaus）残存的木柱被作为纪念物保护并保存起来，并用青铜标识来说明它们的意义。这一时期，对遗址的"保护"在"美学"欣赏的需求下，还有纪念性意义的存在，同时包含了对使用价值和精神价值的认知。

---

① M. Korres. *Restoration and reconstruction work on monuments in Antiquity*. La reintegrazione nel restauro dell'antico. Rome, 1997: 197.

② 〔芬〕尤嘎·尤基莱托：《建筑保护史》，郭旃译，中华书局，2011年，第6页。

③ W. B. Dinsmoor. *The Architecture of Ancient Greece: An Account of Its Historic Development*. New York: R. S. Means Company, 1975: 150.

2. 文艺复兴至启蒙运动时期

文艺复兴时期保护意识和保护运动的出现与当时对价值的认识息息相关，并随着价值认知的发展而发展。1453年东罗马拜占庭帝国的灭亡，使帝国收藏的一些古希腊、古罗马的典籍、雕像、手抄本等艺术成果开始流散整个欧洲，这使得经过漫长中世纪的人在古代典籍、古代文化遗产中找到了享受人生的依据，并在经济大发展背景下，结合当时文化发展形成了新的艺术精神与艺术理想。随着文艺复兴的发展，遗址价值从"美的享受"、纪念价值等开始向艺术价值和历史价值、文化价值演变，并开始重视遗址的教育价值。

在对"美的享受"认知过程中，随着文艺复兴时期收藏兴趣的增长和美术、哲学、建筑等学派的发展，遗产隐含的"艺术品"的概念在其美学层面被呈现出来，对遗产的认识逐渐提升到"艺术价值"的高度。约在中世纪时期，古典理想被有意识的复兴，并在艺术和文学中寻求表达[1]。尤其是进入文艺复兴后，以拉斐尔·桑亚为代表的一批艺术家和学者，开始注重对"自然"的观察，被称为艺术的"具象派的"理念，新柏拉图学派后来在其基础上将艺术定义为"摹拟"，认为艺术"模仿"或"再现"现实。这一理念提出后一直到18世纪甚至更晚都影响着当时的修复实践。受这一理念影响，在历史发展中，古希腊和古罗马时期的经典遗址不但没有消失，反而保持着一种持续的存在状态，并成为罗马式建筑、哥特式建筑的建筑方法演变的参考例证[2]。

在文艺复兴重视艺术价值的同时，遗址的价值由"纪念价值"开始向"政治价值"、"文化价值"和"科学价值"发展。随着古希腊、古罗马艺术成果的不断流传，对罗马时期辉煌的追忆一直未曾停止，即使是在已经废弃、破坏并移做他用的废墟中。古代遗址被视为古希腊、古罗马和帝国辉煌历史的纪念物，因此它们获得了重要的政治意义。遗址成为汲取经验和教训的主要场所，基于政治、文化和科学价值的遗产保护得到重视，拉斐尔在这一时期成为首位受命保护古迹的人。

对史实性的感知，是保护运动发起的基本因素之一。随着文艺复兴的发展和经济社会的进步，古希腊、古罗马和中世纪时期的许多遗产在发展中遭到了严重的破坏，引起了当时社会文化精英群体的关注。他们开始注意到这些"文物古迹"是重要的"纪念物"，是古代事物信息的载体，是对人类过去的理

---

[1] 〔芬〕尤嘎·尤基莱托：《建筑保护史》，郭旃译，中华书局，2011年，第18页。
[2] 〔芬〕尤嘎·尤基莱托：《建筑保护史》，郭旃译，中华书局，2011年，第18页。

解，具有很强的"历史性"。历史不是死的，它是一个鲜活的要素，对它的认识学习可以获取知识和力量，可以帮助我们构建未来。通过这个途径，过去、现在和未来相联系，创造出一个永恒的氛围，而我们的生命在那里不过是转瞬即逝的[①]。"历史价值"这一认知，使遗产具有了特定文化身份背景，成为传承演变中不可或缺的价值要素，因此值得保护。并有学者结合对"历史价值"的认知，开始将遗址当作恢复过去的证据。

这一时期已经开始出现对纪念物价值进行探讨的学者。文艺复兴时期著名的建筑学家阿尔伯蒂认为，由于历史建筑固有的建筑质量、坚固性、美观、教育价值以及历史价值，它们值得受到保护。建筑质量特别坚固、历经几个世纪也可以抵抗劣化；美观价值包括了美感的外观和建筑的美观；对于教育价值和历史价值，他认为古代遗迹和遗址地，如特洛伊或者古代战场，都可以唤起参观者对古代或难忘的事情的回忆，并让他们惊奇不已[②]。另一位建筑学家安东尼奥·阿韦利诺认为，正是对罗马万神庙这样的教堂建筑"出于对宗教的尊敬，给予了它养护"，所以能够更完整地保存下来[③]。

3. 启蒙运动至 20 世纪初期

启蒙运动以后至20世纪初期，随着对遗址历史价值、文化价值、艺术价值、科学价值等的不断认知，在这一时期，西方盛行到遗产地游学。许多年轻人为了增加对历史文化的认知，到古希腊、古罗马遗产丰富的希腊、埃及、罗马等地游学，使遗产的教育价值脱离其他价值而单独表现。同时，随着经济社会以及近代旅游业的发展，重要的遗产地也成为重要的旅游场所，吸引了大批的人去参观游览，遗产的经济社会价值在这过程中被认知；而遗产地在工业革命后城市化浪潮中所独有的优美的环境、景观价值也越来越凸显，社会环境景观价值也被逐渐认知。

启蒙运动时期，美学等的发展，促进了哲学的完善，为遗址价值认知提供了重要的理论基础。英国在对美学认识的基础上，以约翰·范布勒和威廉·肯特为代表的英国建筑师对画意价值的认识，在19世纪中叶使许多建筑遗址得到

[①] M. Hodjat. *Cultural Heritage in Iran: policies for an Islamic country*. Ph. D. dissertation, University of York, 1995: 25.

[②] 〔意〕莱昂·巴蒂斯塔·阿尔伯蒂：《建筑论：阿尔伯蒂建筑十书》，王贵祥译，中国建筑工业出版社，2010年。

[③] Filarete, A. M. Finoli and L. Grassi. Trattato di architettura. Edizioni il Polifilo, Milan, 1972: 34.

较好的保护,并形成了英国的"画意风格"。这一时期,英国保护运动的先驱之一约翰·罗斯金从民族性、历史性和情感价值角度对为什么保护做了阐述。他认为建筑应当成为历史,并且作为历史加以保护,因为它们是那些逝去的时代留给人们的宝贵遗产;在强调历史价值的同时,也强调了"情感价值",认为"一个好的人类居所"是其所有者的化身,记录了他的生活、爱、悲痛以及所有的情感回忆;作为一个纪念物,它所包含的回忆远胜过教堂所能给予的,我们的子孙有义务去保存并维护好这些居住建筑[①]。进入20世纪后,随着认识的深化,英国在19世纪对美学价值、艺术价值认识的基础上,将遗址的"美学"价值扩大化,认为经岁月洗礼、具有成熟魅力的遗址往往拥有双重的美,一种是自然赋予的,另一种是人类创造的。19世纪30年代,当法国为拯救历史建筑进行最初的努力时,主要关注建筑物的艺术价值和文献档案价值;随着修复活动的增加,修复也服务于实用的目的。法国大革命时期著名的神父格雷古瓦强调所有时期历史性古迹的文献价值,并注意到文化遗产的教育意义,认为文物古迹就像勋章,往往以其所记载的事实补充档案文献,它们确立了历史时期[②]。法国的哲学家、美学家丹尼斯·狄德罗发现了废墟的诗意,他认为废墟就是那些不复存在的事物的象征,他相信"伟大的废墟"比保存完整的建筑更引人注目;废墟代表着爱和历史的真实,也代表了隐居之所;废墟的概念和重要纪念性建筑的遗存相联系;美丽的建筑造就了美丽的废墟[③],凸显了遗址的艺术价值和象征价值。奥地利《帝国建筑官员指南》认为,正因为古迹承载着显著的历史记忆或具有艺术价值等值得我们保护。在这一时期随着考古学的发展,遗址的考古学价值被提出并得到认可。

19世纪末20世纪初,随着笛卡尔、康德、黑格尔、尼采等人哲学理论的发展和传播,重大的变化之一就是从绝对神圣到相对文化价值的转变,这意味着超凡价值观、绝对和普世事物的消失,在哲学思辨中,当时的学者主张有必要重新建立新的价值观。这使得价值认知越来越宽广,不仅只重视神圣的、辉煌的,人们甚至也开始关注那些作为文化遗产不可替代部分的微小细节和片断,以及普遍的、一般的具有历史性的实物。在逐渐发展过程中,历史价值演变为岁月价值,这使得起源于19世纪晚期的岁月价值成为最现代的价值。为了对所产生的价值进行总结,奥地利学者阿洛依斯·里格尔将它们分为纪念价值和现世价值两大类

[①] 〔英〕约翰·罗斯金:《建筑的七盏明灯》,谷意译,山东画报出版社,2012年,第159-174页。
[②] 户思社、王长明:《法国文化遗产保护》,世界图书出版公司,2010年。
[③] 〔法〕丹尼斯·狄德罗:《狄德罗文集》,陈基发译,中国社会出版社,1997年。

（表5-1）。纪念价值包括岁月价值、历史价值和有意义的纪念价值；现世价值包括使用价值、艺术价值、附加价值和相关艺术价值。阿洛依斯·里格尔认为，"历史价值"指的是古迹代表的特殊和个体的阶段，"岁月价值"指的是由侵蚀风化和长期使用而引起的变化，包括古旧外观、完整性的减少以及样式和色彩的衰退趋势；岁月价值更具有综合性。除纪念价值之外，多数古迹还代表了与现世生活相关的价值，特别是"使用价值"；同时强调因为每个古迹遗址表现的价值都不一样，有的以美学价值为主，有的以历史价值为主，而有的以使用价值为主，价值的运用中必须结合评价进行选择，找到一个合适的平衡点，如使用价值和历史价值发生矛盾时，首先应考虑岁月价值，因为历史价值比使用价值更有弹性[1]。1938年比利时鲁汶大学的雷蒙德·勒迈尔教授出版了《古迹的修复》，他认为古建筑有四种价值：使用价值、艺术价值、历史考古学价值和如画般的景观价值，而修复旨在尽可能地保留或提升所有这些价值[2]。

表5-1 奥地利学者阿洛依斯·里格尔对古迹遗址价值的阐述

构成		内容
纪念价值	岁月价值	指的是由侵蚀风化和长期使用而引起的变化，包括古旧外观、完整性的减少以及样式和色彩的衰退趋势。岁月价值更具有综合性
	历史价值	指的是古迹代表的特殊和个体的阶段
	有意义的纪念价值	建造时已经赋予的纪念性意义
现世价值	使用价值	指的是与现世生活相关的价值，具有功利目的
	艺术价值	指古迹的美及美的构成，包括愉悦
	附加价值	在特殊的环境背景下所具有的其他价值
	相关艺术价值	与周围环境、细部个体之间的美与艺术构成

4. 20世纪中期以后的科学探索与总结

经过第二次世界大战重创后的西方，基于"情感"需求在战后经过一段时间的恢复重建调整后，迅速进入一个高速发展时期。由于战后格局的变迁及生产力水平的迅速提高，西方社会的政治基础、社会结构、思想状况相比以前发生了巨大的变化，更加复杂和丰富。同时，受第二次世界大战后生产力水平发展和战后重建的影响，新的建筑与城市形态开始侵蚀传统建筑与城镇的格局。在此背景下，人们对于

---

[1] Linda Van Santvoort, Jan De Maeyer. *Sources of Regionalism in the 19 Century: Architecture, Art and Literature*. Leuven: Leuven University Press, 2008: 124-128.

[2] Linda Van Santvoort, Jan De Maeyer. *Sources of Regionalism in the 19 Century: Architecture, Art and Literature*. Leuven: Leuven University Press, 2008: 124-128.

历史、文化内涵的理解更趋丰富，情感的需要、社会的需要，甚至经济的需要都成为保护的新动力。遗址的情感价值、社会价值、资源价值、景观价值获得进一步肯定。同时由于文化遗产保护的国际化发展以及研究学科的丰富和研究的深入，各国学者和国际组织对遗址价值在这一时期开展了深入探索与总结。

第二次世界大战后，西方国家在漫长历史发展过程中所形成的遗址价值，随着遗产保护事业和保护科学的发展，在各种著作和文献中得到的总结，成为遗址保护学科的理论基础。罗马保护和修复国际研究中心前主任，英国学者伯纳德·费尔顿在其《历史建筑保护》一书中，将遗产价值分为"情感价值、文化价值与使用价值三类"（表5-2）[①]。莱普认为遗址包括信息价值、美学价值、经济价值和联想/象征价值[②]。俄罗斯修复科学院院长、苏联古建筑保护协会主席О. И. 普鲁金教授在其著作《建筑与历史环境》中将历史建筑的价值分为内在价值和外在价值两类，其认为内在价值属于其自身的纪念意义，如历史的、建筑美学的成果、结构的特点等；外在价值主要指城市规划的环境，这些古建筑在其周围环境中所受的支持，如建筑的历史环境、城市规划的价值、自然植被的或环境景观的价值等[③]。美国学者兰德尔·梅森在其关于文化遗产研究的论述中将遗产价值分为社会文化与经济价值两大类，社会文化价值包括历史价值、社会价值、美学价值、文俗象征价值、精神/宗教价值，经济价值包括使用价值、非使用价值、选择价值、存在价值、遗赠价值[④]。

表5-2 纳德·费尔顿对历史建筑价值构成的描述

构成	内容
情感价值	奇观、认同性、延续性、精神的和象征的作用
文化价值	文献价值、历史价值、考古价值、美学和象征的价值、建筑学价值、市容、风景和生态学方面的价值、科学价值
使用价值	功能价值、经济价值、社会价值、政治价值

在专家学者对以遗址为代表的遗产价值进行探索总结的同时，国际组织也通过公约、宪章、宣言等对遗址价值进行了总结。1972年的《保护世界文化和自

---

① B. M. Feilden. *Conversation of History Buildings*. Oxford: Butter worth Scientific, 1982.

② W. D. Lipe. Value and meaning in cultural resources. *Approaches to the Archaeological Heritage: A Comparative Study of World Cultural Resource Management Systems*. Cambridge: Cambridge University Press, 1984: 1-11.

③ 〔俄〕О. И. 普鲁金：《建筑与历史环境》，韩林飞译，社会科学文献出版社，2011年，第134-137页。

④ 〔美〕兰德尔·梅森等：《在全球化社会中遗产的保存和价值》，《世界文化报告：文化的多样性、冲突与多元共存》，北京大学出版社，2002年，第154-157页。

然遗产公约》中提出了"普遍的价值",这一价值在其后的《实施保护世界文化与自然遗产公约操作指南》中得到进一步阐述,在2007年的《实施〈世界遗产公约〉操作指南》中提出"突出的普遍价值指文化和/或自然价值是如此罕见,超越了国家界限,对全人类的现在和未来均具有普遍的重要意义。因此,该项遗产的永久性保护对整个国际社会都具有至高的重要性"。同时,列出了"突出的普遍价值"的六条评价标准,从这套价值判断体系中可以看到,其认为文化遗产的价值主要体现在历史、艺术、科学三个方面。1987年6月,联合国教科文组织起草的《世界文化遗产公约》关于遗产价值的阐述是对遗产价值的一次概括和总结,其认为价值主要由四部分组成:历史真实性价值,情感价值,科学、美学及文化价值,利用价值(表5-3);其中前三项为遗产的内在价值,在内在价值的基础上,会产生遗产的利用价值①。本土化释义的《巴拉宪章》将遗址价值界定为美学价值、历史价值、科学价值、社会价值,而社会价值包含了政治、精神、国家和其他文化价值。1993年国际文化遗产保护与修复研究中心制定的《世界文化遗产地管理指南》,从文化价值、当代社会经济价值角度对遗产保护处理方式的影响进行了分析(表5-4)②。

表5-3 《世界文化遗产公约》中对文化遗产价值的阐述

组成	内容
历史真实性价值	地点、设计、背景环境、材料、工艺、技术、感受及联想
情感价值	珍奇的、认同的、延续的、精神的、象征的、崇拜的
科学、美学及文化价值	艺术美学的、文献的、历史的、考古的、建筑的、城市规划的、生态的、古人类学的、文化人类学的
利用价值	功能的、经济的(包括旅游的)、教育的、社会的、政治的

表5-4 《世界文化遗产地管理指南》中对世界文化遗产地价值的阐释

组成		价值	影响
文化价值	认同价值	涉及社会与特定物体或遗址的情感关系。包括以下方面:年龄、传统、延续性、纪念物、传奇故事、奇观、情感、精神、宗教和象征、政治性、爱国主义和民族主义	通常由情感认识组成,对保护、保存和修复资源具有重要的影响。可以加强对资源的处理,但也可能导致过度修复;缺乏这种认同感就可能导致忽视和毁坏。可以通过培训和教育来提升这些价值

---

① 陈蔚、侯博慧:《后现代性与当代中国城市文化遗产保护》,《重庆大学学报》(社会科学版)2014年第1期。

② 〔英〕费尔登·贝纳德、朱卡·朱可托:《世界文化遗产地管理指南》,刘永孜、刘迪等译,同济大学出版社,2008年,第23-26页。

续表

组成		价值	影响
文化价值	相关艺术技术价值	基于对遗产资源设计的重要性、遗产资源技术、结构和功能理念及工艺的意义进行的科学和批判性的历史评估	目的是展示资源与其所处时代、其他时期和当今时代的相关意义；为分类、列表及处理战略提供了依据
	稀有价值	将一种资源与在类型、风格、建造者、时期、地区或在其中几项上相同的建筑物联系起来，确定资源的稀有性、代表性或独特性	极高的稀有价值可以加强具有突出普遍价值的特性的意义，影响对该资源的保护水平
当代社会经济价值	经济价值	经济促使资源达到最佳配置以满足需求，文化遗产的经济价值可被理解为由遗产资源或保护行动而产生的价值	经济价值有旅游、商业、使用和相关设施四项潜在的收入来源。对任何一种来源的管理不善都可能导致遗产资源出现不良发展情况甚至毁坏；尤其是错误地衡量利润价值而不是采用更适当的成本效益相结合的方法时
	功能价值	与经济价值相关，它涉及某建筑物或地区原始功能类型的延续性或兼容性用途的重新使用。毁坏的建筑，原始功能价值已丧失，但在满足资源解释的方案要求或作为视觉和表演艺术活动地点时具有新的功能价值	传统功能的延续可以以一种说明性展示无法实现的方式增强遗产的意义。适当的用途将会有助于保护；不适当使用或构想拙劣的改用可能会导致恶化、不受欢迎的变化或毁坏
	教育价值	文化旅游的潜力以及对历史和文化的认知	将遗产地适当整合到教育方案中是必要的。过度强调旅游可能会导致不合理的重建或原始构造的破坏，导致不可再生的考古证据的丧失
	社会价值	与传统社会活动和兼容性的现今使用有关；涉及在社区中与当代社会的互动，在建立社会和文化认同感中发挥作用	可能引发对当地环境的担忧，促成对遗产资源结构的维护和修缮；反之则可能会妨碍保护。是便民福利活动的驱动力
	政治价值	与遗产资源历史中涉及地区或国家的特定事件相关，当事件与当今政治目标相一致，就会影响资源的现今意义	政治意义有助于筹集资金，并吸引大众对维护和保护工作的关注；不明智的行动可能导致不想有的发展和真实性受损

我国学者也多有从古建筑角度对西方文化遗产价值的总结与介绍，但一般限定在历史价值、科学价值和艺术价值方面，并未做过多阐述。例如，刘临安在20世纪末的文章中对欧洲文物建筑的价值总结中将其划分为历史价值、科学价值、文化价值和情感价值（表5-5），并对其做了简要界定[①]。

---

① 刘临安：《当前欧洲对文物建筑保护的新观念》，《时代建筑》1997年第4期。

表5-5 刘临安对欧洲文物建筑的价值总结

组成	内容
历史价值	文明史的、考古的、人类学的、文献学的、政治学的、社会学的等
科学价值	科学的、技术学的、材料学的、城规学的、建筑学的、景观与生态学方面的等
文化价值	艺术的、审美的、民俗的、宗教的、民族与种族的等
情感价值	认同作用、历史延续感、国家责任感、精神象征感、意识凝聚、宗教崇拜等

二、国外遗址价值的总结

在漫长的历史发展中,西方社会逐渐形成并完善了他们对于遗产的价值认识,认识方法已从早期的"遗产"本体论深入社会文化的系统论方面。从学科领域看,遗产价值体系的讨论已经由哲学、美学、艺术学的讨论向考古学、建筑学、保护学发展,并随着经济社会发展拓展到社会学、经济学、旅游学范畴。

价值的认知随着社会发展在类型上不断扩展,认知程度上不断深化和完善。从早期的对"父辈遗产"的价值认知到纪念性、尊崇性价值的认知,并随着社会的不断发展和对"美"需求的增强及认识等,开始有了"审美价值"和"历史价值"的认知,但这一时期对价值的认识还停留在意识层面。历史价值的认知导致传统观念从历史本体论去认识遗址价值,视遗址为历史的产品,而年代是其最重要的标志。进入文艺复兴时期以后,随着启蒙运动、浪漫主义、工业革命等的发展及哲学、美学、历史学、建筑学、考古学、保护修复科学的发展,对遗址价值的认知也在纪念价值、审美价值、历史价值的基础上,开始向艺术价值、岁月价值、文化价值演变,并开始重视遗址的经济价值(使用价值)、景观价值和教育价值等。同时在发展过程中,对价值高低、重要性的认识也不断发展。从早期有"价值"的"遗产",到具有纪念意义的、宏伟的、辉煌的宫殿、城堡、陵墓等的认知中,随着社会的发展逐渐从"神圣的"走向普遍性和普世性(表5-6)。

表5-6 国外遗产价值认知的演变[①]

时间	主要价值认知
14世纪之前	"有用的实物"或物质财富、精神财富、"美的享受"和纪念价值
14~18世纪初	艺术价值、历史价值、文化价值、教育价值
18世纪初~20世纪初	经济价值、社会价值、环境价值、景观价值、教育价值、岁月价值、历史价值
20世纪中期~	历史价值、科学价值、艺术价值、情感价值、经济价值、社会价值、认同价值、资源价值、环境价值、景观价值、岁月价值、利用价值、功能价值、稀有价值

① 为表明不同阶段价值发展演化,在不同阶段只列入新认知的价值,同一价值在不同时期价值认知深度、广度也不尽相同。

西方文化遗产保护运动的过程也是价值认知的过程，在漫长的发展过程中，其认识方法已经从早期的本体论深入社会文化的系统论方面，大大突破了传统的范围。形成了以"基于历史价值的真实性价值、情感价值、文化价值和使用价值"为核心，包括科学价值、艺术价值、政治价值等在内的价值体系范畴。而在这些价值认知中，其开始越来越多地从对历史价值的认知开始转向对岁月价值和文化价值的认知，强调历史发展过程中对遗址所造成的岁月痕迹和变化，这促使对遗址保护理念方法的转变，从保护到风格式修复，再到基于岁月价值的最小干预性科学修复，以最大化地保存遗址的信息。

回顾西方文化遗产价值观的发展演变可以发现，"许多价值可能与遗产资源相关联，并且通常并非是资源所固有的东西"[①]；而且遗产的价值不是固定的、一成不变的，价值判断也会随时间而发生变化，在不同的时间表现出不同的价值特性。随着社会、经济、文化的发展以及需求的变化，原来没有价值的物体可能成为价值丰富的遗产；原来具有某一单一价值的遗产，可能表现出多方面的价值。价值发展变化中被视为具有重要意义价值的发现将为资源的保护和维护提供正当的理由，这也必然影响着不同时期遗产保护理念、方式方法的变化。在此过程中，随着普世价值和普适价值的发展，在社会发展进程中各国政府和学者开始越来越倾向于从"价值相对性"角度来认识和评价古迹遗址，不仅仅是评估它们的单独价值，而是将其作为民族遗产整体的代表来评估。例如，对遗址等文化遗产的认识即经历了从"家族遗产""过去的历史和艺术作品"，到"积淀了文化意义的普通历史作品"，再到联合国教科文组织的"全世界人类的共同遗产"的认知。

第二节 我国对大遗址价值的认知

大遗址价值认知是大遗址保护的基础，随着大遗址保护运动的发展，我国大遗址保护意识不断增强，对大遗址的认识不断深化，保护的范围、对象、理念、方法与模式不断扩展，这要求我们不断地探索大遗址价值构成，修正价值标准体系与指标，增强大遗址保护在文化遗产保护和我国现代化建设中的作用。

大遗址是建筑的历史发展演变体，我国古代没有形成科学的建筑保护科学

---

① 〔英〕费尔登·贝纳德、朱卡·朱可托：《世界文化遗产地管理指南》，刘永孜、刘迪等译，同济大学出版社，2008年，第23页。

和遗址保护科学，但在漫长的历史发展演变中，对古建筑及其演变体"遗址"有着自己独特的处理体系。近代以来随着西方文化遗产保护理念的传入，我国的保护理念也由过去传统的文物保护或文物古迹保护发展到文化遗产保护，并在此过程中对包括大遗址的价值问题进行了探讨，促进了我国文化遗产保护科学的发展。价值认知是开展科学化、系统化研究的基础，是制定科学合理的保护方案的关键。因此，对大遗址价值体系的探讨，不仅要关注当前对大遗址价值体系的认知，还应统筹分析我国古代对建筑价值的认知、近现代以来对遗址和文化遗产的价值认知，在此基础上，结合时代发展需求，系统、全面地认识大遗址价值，促进大遗址保护利用的科学、可持续发展，充分发挥大遗址在满足人民群众日益增长的美好生活需求及实现社会主义现代化和中华民族伟大复兴中的作用。

一、传统文化影响下我国对建筑价值的认知

大遗址是遗址的特殊类型，是自然和人文环境的综合体。对中国大遗址价值的认识，首先要对其传统价值观念进行认知。因为大遗址的价值首先来源于其原有形态——建筑建造者的建筑表述，而后才有历史的积淀和现代人基于传统相互的认识理解。建筑表述主要指的是大遗址在当时建造过程中的建筑观或建筑规划、设计、营建思想，它是中国大遗址价值的根本所在，也是我们保护传承与弘扬的核心所在。因此，保护中国的大遗址，首先应认识中国大遗址"在建造时所要表述的营造特征，以及社会所赋予该建筑的文化象征意义，才可以界定其主要的价值所在，并针对这些价值如何有效保存和延续问题，在技术层面上对它采取合理的保护干预的措施"[①]。这就必须对中国传统建筑观、保护观以及在这种观念下所形成的建筑实体特征有一个清楚的认知。

1. "重道抑器"的哲学观

中国传统哲学体系中，道家认为"物无贵贱"，世间万物都具有相对普遍的价值；但同时又认为"形而上者谓之道，形而下者谓之器（《易·系辞》）"，只有绝对的"道"才有超越一切的价值。道是隐含于经史子集中的指导思想，

---

① 曹永康：《我国文物古建筑保护的理论分析与实践控制研究》，浙江大学博士学位论文，2008年，第72页。

器是道的外在表现形式①。与道相对的是"器",指各种派生的、有形的或具体的事物②。在中国传统文化中,建筑一直被认为是"雕虫小技"的产物,属于"器"的范畴。中国的建筑实践,无论是群体建筑、单体设计,还是城市营建、宫室制度、坛庙布局、园林经营等,都隐含着"道"的深刻哲理,体现着对"道"的追求,这是与西方不同的中国式的建筑理论。

"重道抑器"的文化表现就是"重人文轻技术",反映在建筑学上,就是重视建筑所体现的等级制度、风俗习惯、审美情趣等精神层面,而忽视技术层面③。就古代两部官修的建筑专著而言,宋《营造法式》在《宋史·艺文志》中归入"史部仪注类",清《工部工程做法》在《清会典》中列入"史部政书类",都是偏重于立法制度而略于工艺技术,因为工艺技术在很大程度上依靠国家的工官制度、民间的工匠制度之间的传授来延续传播④。古代与建筑相关的史料,也多数表现为诗词歌赋、轶闻趣事的记载和传颂,而少有技术层面的记载。建筑物更多承载的是一种思想和文化,而不是技术本身。

2. "天人合一"的时空观

"天人合一"是指天人一致或天人相应,一切人事均应顺乎自然规律,达到人与自然的和谐。中国建筑文化强调人与自然亲和的"天人合一"的时空观。中国古代典籍中对"天人合一"的时空观多有表述,并使其成为中国建筑文化的精髓之一。老子强调"人法地,地法天,天法道,道法自然"。庄子认为"天地者,万物之父母也"(《庄子·达生》)。《易经》中强调三才之道,认为天道曰阴阳,地道曰柔刚,人道曰仁义。儒家对此也多有论述,《礼记·中庸》说:"诚者天之道也,诚之者,人之道也"。认为人只要发扬"诚"的德行,即可与天一致。董仲舒则明确提出:"天人之际,合而为一。"(《春秋繁露·深察名号》)因而,中国建筑文化体现出"宇宙即是建筑,建筑即是宇宙"的恢宏、深邃的时空意识⑤。这使得中国建筑重视与自然环境的和谐搭配,强调人居与环境的统一,讲究风水、五行学说,崇尚自然。这

---

① 曹春平:《中国建筑理论钩沉》,湖北教育出版社,2004年,第1页。
② 陈蔚:《我国建筑遗产保护理论和方法研究》,重庆大学博士学位论义,2006年,第113页。
③ 钟行明:《中国传统建筑工艺技术的保护与传承》,《华中建筑》2009年第3期。
④ 曹春平:《中国建筑理论钩沉》,湖北教育出版社,2004年,第1页。
⑤ 王振复:《东方独特的大地文化与大地哲学》,《中国建筑文化大观》,北京大学出版社,2001年,第9页。

也使得我国大遗址环境优美，对于整体性保护具有重要的指导意义。

3. "象天法地"的规划观

中国的"天人合一"的时空观表现在建筑学上主要就是"象天法地"的规划观。认为建筑如果按照某种自然法则建立起来，就会给住者带来平安吉祥。它要求人在建筑活动当中，主动去发现和维护有利于人生产、生活的环境，从选址到建筑群体的布局安排都讲求对环境的选择、修补、协调和维护，讲求人的建筑行为要和自然界的运动规律相符合，否则就是"不吉"，会招致天灾人祸。这种观念影响了传统建筑的布局形式，形成了中国建筑特有的群体构图组合形式[①]。

象征主义是中华民族特殊思维方式的重要特点和标志。在"象天法地"思想指导下，我国传统建筑特别重视建筑的意象与象征意义。中国古建筑，从立意构思到平面布局、规划、建筑造型、装饰装修，处处都闪耀着象征主义的神奇色彩，洋溢着象征主义浓郁的情趣[②]。传统建筑文化中用象征主义表达五大观念系统：追求与宇宙和谐合一的哲学观念系统；向往神仙胜境、佛国世界的思想观念系统；宣扬儒家文化的礼制思想；生殖崇拜和生命崇拜观念；祈福纳吉的思想观念[③]。这使得中国建筑特别重视建筑的完整性，一旦建筑毁损，则象征意义无法体现。

4. "借物咏志"的抒情观

中国传统文化重和谐、包容，强调曲线与含蓄美，尚悟性，表现内向。建筑受礼制、等级等制度的影响，多简单朴素。在此背景下，受传统哲学思维和自身品行影响，中国人喜欢"以物言志"，这使得建筑不单单是"适用"和"实用"，而有很强的"借物咏志"，寄情托志的内涵。在传统内向"模式化"的建筑环境中，包含着深刻的个人"志向"使得建筑与个人修养、人生意境相融合，从而达到儒家的"真、善、美"。这和西方以"真实"为美的基本价值观差异较大，可以说，西方社会崇尚通过实证获得对象知性认识的"真"，而中国社会追求"道德、修养、心性"和谐的"真"。

---

① 曹永康：《我国文物古建筑保护的理论分析与实践控制研究》，浙江大学博士学位论文，2008年，第74页。
② 吴庆洲：《建筑哲理、意匠与文化》，中国建筑工业出版社，2005年，第10页。
③ 吴庆洲：《中国民居建筑艺术的象征主义》，《华中建筑》1994年第4期。

5."尊宗敬祖"的文化延续观

古代中华有着独特的"恋祖情结",这种文化情结最根本的一点就是人对血缘关系与血缘亲情的执着[①]。在这种"尊宗敬祖"思想的影响下,人们特别重视文化的传承性。表现在中国古代建筑文化上,首先是建筑文化价值的稳定性,使中国成为世界上唯一一个建筑体系"一体化"发展并从未中断的国家;在建筑的形态上表现出一贯性,形成了以土木为主材、框架结构、平面组群布局、单体建筑标准化、空间灵活布局的特征。单体主要以传统的土木结构"框架式"建筑结构为主,只是由于地域环境的影响,分化出"抬梁式""穿斗式""井干式"等不同的表现形式。在此过程中,由于中国土木结构建筑的易损性,为了传承其承载的文化,对建筑物表现出"喜新厌旧"或"革故鼎新"的思想,喜欢在传承中"废旧建新",而新建的建筑物是在"尊宗敬祖"思想导致的文化传承性下依"原样"重建的。传统建筑是一个积淀型的文化载体,在建筑意义的形成过程中,人们所做的工作往往是不断地对已有的建筑及其相应的意义进行重新修订或者编排,而不是现代建筑中带有创造性背景的意义赋予的过程[②]。这使得建筑物不断随着时间的推移而更换,传统建筑技术及其建筑体系和其所承载的社会宗法礼仪制度,则通过经验和技巧的传递而传承下来。

总之,中国古代哲学以天、地、人为一个宇宙大系统,追求"天、地、人"三才合一和宇宙万物的和谐统一,并以此为最高理想,以指导建筑规划与设计。而在此过程中,中国建筑规划中的"象天法地"思想和"阴阳五行"学说的运用,使中国古代建筑独具特色。并且在"尊宗敬祖"的传统观念下,使得建筑随时间推陈出新的同时,传统建筑技术及其建筑体系和所承载的社会宗法礼仪制度,通过经验和技巧的传递而传承下来,强烈地表现出"重人文轻技术"的价值传统。大遗址保护的目的是要实现大遗址价值的传承与弘扬,而大遗址的价值主要是其建造时所承载和反映的中国传统建筑文化的价值。因此,对中国传统建筑价值观的认识对于中国大遗址价值的认知和保护理念与方法的构建具有重要的指导意义。

二、西方文化遗产保护理念下我国对文化遗产价值的认知

近代以来,许多学者对文物、古建筑或遗址等文化遗产价值的积极探索,为

[①] 王振复:《亘古起源》,《中国建筑文化大观》,北京大学出版社,2001年,第23页。
[②] 王鲁民:《中国古代建筑思想史纲》,湖北教育出版社,2002年,第3页。

大遗址价值认知体系的构建提供了指导。《中华人民共和国文物保护法》中认为包含大遗址在内的文化遗产具有历史价值、科学价值和艺术价值。这三种价值认知在国内得到了较多的认同，并在几十年的文化遗产保护工作中起到了积极的指导作用。但关于这三种价值的内容和评价标准仍存在争议，尤其是近代以来中国文化遗产保护主要受到西方价值理念的影响，基于西方主体价值理念和现代社会认知的不断发展，许多学者认为文化遗产不仅仅只具有历史、艺术和科学三种价值，并结合文化遗产保护实践和国外理论发展以及中国传统文化认知对中国文化遗产的价值进行重新审视，开展了多层面、多角度的研究探讨。

中国较早从学术角度对文物古迹价值及其评价体系进行探索的是谢庚龙。他认为文物古迹的内在价值应包含历史价值和艺术价值的综合因素，历史价值由文物古迹所处的朝代、性质、历史背景三部分组成，艺术价值可从文物古迹的艺术造型、结构状况、与环境（历史的环境）的适应性、损坏情况以及在建筑史上的地位来进行认知，并在量化的基础上，根据价值等级提出具体的保护措施与评定保护等级[1]。但谢庚龙仅将价值类型分为历史价值与艺术价值两类，从价值体系上分析不够全面，且次级价值的界定和赋值合理性有待商榷，同时没有将定性与定量结合。吕舟认为文物建筑除了历史、艺术与科学价值，还具有文化价值及情感价值。文化价值指文物或文物建筑与某一特定的地方文化之间的联系，或在文化的发展或延续过程中所具有的作用；情感价值指文物或文物建筑由于与地方文化、历史、环境所特有的密切关系而成为该地的标志物，并与特定人群产生怀古联系[2]。蔡达峰提出文物具有物质价值与信息载播价值的双重性，且其价值并不是恒定的，反映着时代精神和人们观念的变化；他将我国文物保护法列出的历史价值、科学价值和艺术价值归类为信息价值，同时考虑到历史概念与艺术、科技概念的不对称性和我国当时文物价值认知中社会人文价值的缺失，将历史价值改称为社会人文价值；并认为文物的价值判断涉及标准度（即指标）和标准体系的问题，价值的判断应将文物的内容与参照系构成多种判断坐标；文物价值的确立是社会性的过程，包含法规确认、专业确认和市场确认三个层次[3]。顾伊引用美国学者莱普（Lipe）的文化资源价值体系，在传统的三大价值基础上，从经济价值、象征价值、审美价值和信息价值对我国的文物价值进行了分析，较清晰地梳

---

[1] 谢庚龙：《定性定量估计文物古迹的内在价值》，《城市规划》1990年第6期。
[2] 吕舟：《文物建筑的价值及其保护》，《科学决策》1997年第4期。
[3] 蔡达峰：《文物学基础》，《文化遗产研究集刊》（第一辑），复旦大学出版社，2000年，第4-7页。

理、拓展深化了我国遗产保护工作中的文物价值观[①]。章建刚认为应当用符号学的方式来理解文物、遗址的价值结构，并强调"真实性"是价值评价的基础[②]。王世仁认为价值评估与取向是一切保护工作的依据，应基于价值取向原则开展保护工作；他认为文物保护法规中关于价值评价的界定不够全面，文物保护法规中规定的三大价值是文物的自身价值，属于历史价值范畴，没有考虑到文物在当代社会具有的价值，即社会价值或使用价值；考虑了历史价值与使用价值的关系，认为两种价值的统一是保护文物的最高目的；提出在保护规划中评估使用价值必须有"底线"，以免过于强调遗产的经济资源价值；针对国内的价值评价工作中尚未把多种信息来源、多种价值取向作为一种评估判断标准，强调应重视不同民族的文化背景形成的不同价值取向[③]。李晓东在前述学者认识基础上，认为文物价值是人类智慧的结晶和历史进步的标志，具有明显的双重特性，即有形价值和隐形价值，文物的历史、科学、艺术价值都属于隐形价值的范畴，对它们的认识需要随着时代发展不断深化[④]。随着社会的发展及认识的深化，李晓东指出，结合国际对文化遗产价值的认知，文化遗产最本质的属性是文化资源和知识资源，其价值主要体现在社会教育、历史借鉴和供人研究、鉴赏上，经济价值是其历史、艺术、科学价值的衍生物[⑤]。吴美萍基于对文化遗产价值构成的分类，分析了价值评估体系的构成要素，初步建立了文化遗产价值评估的矩阵，通过图表和案例阐释了文化遗产价值评估的一般程序和具体操作过程[⑥]。这是国内较早系统地探讨文化遗产价值评估体系的文章，对于我国文化遗产价值评价体系建设具有启示意义。对文化遗产价值认知方面具有创新性探索的是孙刚，他认为文化遗产具有多重价值，人们可以从多个不同的角度去认识和挖掘，但最基本的价值应当是文化价值和经济价值；文化价值包括历史、艺术和科学价值，具有研究、观赏和教育的价值，文化价值决定了作为人类不同遗产类型的特质性内容及必须实行保护第一的原则；经济价值与文化价值密不可分，并认为从文化价值开发利用的

[①] 顾伊：《论文物的价值观》，《文化遗产研究集刊》（第二辑），复旦大学出版社，2002年，第121-147页。
[②] 章建刚：《文化遗产的真确性价值与遗产产业的可持续发展》，《文化遗产的保护与经营——中国实践与理论进展》，社会科学文献出版社，2003年，第6-18页。
[③] 王世仁：《创造历史与现代谐调共存的环境——对大栅栏地区保护、整治与发展规划的基本认识》，《北京规划建设》2004年第1期。
[④] 李晓东：《文物学》，学苑出版社，2005年，第108-115页。
[⑤] 李晓东：《略论文物核心价值体系》，《中国文物报》2008年6月2日第3版。
[⑥] 吴美萍：《文化遗产的价值评估研究》，东南大学硕士学位论文，2006年。

角度，经济价值要依附于文化价值，从文化遗产最初的产生根源上看，文化遗产的经济价值却是其他一切价值（包括文化价值）的基础；文化遗产的文化价值以及其他派生的政治、历史、宗教、艺术等价值都将服务于它的经济价值。因此，其强调要重视文化遗产的经济价值，并将文化遗产部门作为生产力部门来看待和支持①。这一认识对于当前我国文化遗产保护、文化产业发展和文化强国战略的实施具有重要的指导意义。蔡靖泉教授认为文化遗产的三大价值虽然早已为人们确认并成了从事文化遗产保护与利用事业的根据，但其价值的具体体现却尚未得到细致探讨，文化遗产所具有的其他价值如思想和经济方面的价值，也未能予以详加阐明。他从历史价值、艺术（审美）价值、科技价值、思想价值和经济价值五个方面对文化遗产价值构成进行了分析（表5-7）②。

表5-7　蔡靖泉教授对文化遗产价值构成的分析

组成	内容
历史价值	包括反映历史、证实历史、补全历史、传承历史的历史价值
艺术（审美）价值	主要体现为审美感知、审美体验和审美理想
科技价值	包括科学价值和技术价值两方面
思想价值	人类发展至今所形成的各方面的重要思想，主要体现在政治、军事和哲学三大方面
经济价值	明显地体现在收藏增值、投资交易和旅游资源价值三个方面

通过众多学者的不断探索，基本构建起了以历史价值、科学价值、艺术价值为基础，以社会文化价值、经济价值、审美价值、信息价值等为外延的文化遗产价值认知体系。文化遗产包括了物质的和非物质的，大遗址属于文化遗产的范畴，是文化遗产的综合体。因此，文化遗产价值认知体系的建立与完善，为构建中国大遗址价值认知体系提供了重要的理论指导。

三、西方文化遗产保护理念下对我国大遗址价值的认知

随着大遗址保护的提出和实践，在众多学者对文物、文物古迹、建筑和文化遗产价值研究与探讨的基础上，我国许多学者也对大遗址价值展开了探讨。孟宪民对大遗址的社会价值做了肯定，认为大遗址的社会价值主要表现在四个

---

① 孙刚：《文化遗产价值论》，《中国文化遗产》2009年第1期。
② 蔡靖泉：《文化遗产价值论析》，《三峡大学学报》（人文社会科学版）2010年第1期，第76—86页。

方面：促进人们对历史的了解，增强民族的凝聚力；有助于恢复昔日的繁荣和生态环境；促进当代旅游业的可持续发展；大规模抢救的综合投入将有效拉动经济增长[①]。张祖群、赵荣在历史价值、科学价值和艺术价值认定的基础上，认为大遗址还具有重要的"社会文化价值"[②]；同时张祖群认为大遗址价值可分为文化价值和经济价值，文化价值包括社会、文化、经济影响作用，经济价值包括经济价值的投入、产出和优化利用；并认为经济价值源自它的文化价值，大遗址的文化价值通过旅游、观赏、娱乐、体验、游憩等形成消费意义上的经济价值[③]。李海燕将大遗址的价值总结为历史文化价值、科研价值、艺术价值和社会价值四个方面，并归纳了大遗址的七种功能：精神家园、旅游、文化生态、文化产业、证史补史、宣传教育、借鉴功能[④]。金田明子在总结前人基础上，将大遗址分为自身价值和衍生价值、非经济价值和经济价值，其中认为历史价值、艺术价值、科学价值是自身价值的范畴，其他都是衍生价值[⑤]。郑育林[⑥]、刘卫红[⑦]认为大遗址具有文化遗产资源价值与土地资源价值并存的二重性，并认为大遗址价值的二重性，导致大遗址保护与区域发展之间的矛盾。刘卫红还结合大遗址保护规划价值评价编制过程中存在的问题，系统性地构建了以文物价值为主的本体价值评价体系（历史、科学、艺术价值）和对遗址实践改造后成果与意义认知为主的衍伸价值评价体系（社会、文化、经济、环境价值），并从类型、价值指标、评价要素和主要评价内容等四个层级构建起了四级评价体系架构，对于指导大遗址保护规划价值评价的编制具有重要的意义[⑧]。

---

① 孟宪民：《梦想辉煌：建设我们的大遗址保护展示体系和园区——关于我国大遗址保护思路的探讨》，《东南文化》2001年第1期。

② 张祖群、赵荣：《重新认识大遗址保护中的社会文化价值》，《中国文物报》2005年8月26日第8版。

③ 张祖群：《大遗址的文化价值、经济价值分异探讨——汉长安城案例》，《北京理工大学学报》（社会科学版）2006年第1期。

④ 李海燕：《大遗址价值评价体系与保护利用模式研究》，西北大学硕士学位论文，2005年，第38-43页。

⑤ 金田明子、权东计：《论遗址价值与遗址保护规划的关系》，《西北工业大学学报》（社会科学版）2008年第2期。

⑥ 郑育林：《我国大遗址保护与利用相关问题的研究》，《西北大学学报》（哲学社会科学版）2010年第3期。

⑦ 刘卫红：《大遗址土地用途分区管制研究》，西北大学硕士学位论文，2010年，第1-3页。

⑧ 刘卫红：《大遗址保护规划中价值定性评价体系的构建》，《西北大学学报》（自然科学版）2011年第5期。

因为我国文物或文物古迹研究传统较深，文化遗产理念也先于大遗址理念深入人心，所以，我国大遗址保护的理念近年来有一个与传统的文物、文物古迹、历史建筑、遗址及文化遗产保护理念嫁接的过程。因此，对大遗址价值的探讨，除了上述类型外，随着国内文化遗产保护思潮的提升及其产业潜力的出现，在历史文化名城、城市规划、旅游管理等领域也纷纷出现了相关论述[①]。这些研究与探讨，也为我国大遗址保护价值认知体系建设提供了重要的指导，并在我国大遗址价值认知研究中得到体现。

综述分析可见，随着文化遗产保护运动的发展和大遗址保护的深入，进入21世纪后，人们对大遗址价值的认知更加完善。伴随着文化遗产、乡土遗产、考古遗产、非物质文化遗产、文化景观、文化线路等新类型遗产的出现，通过对文化遗产、物质与非物质文化遗产、遗产环境、遗产地精神等概念地进一步讨论与理解，对大遗址传统的历史价值、科学价值和艺术价值等的理解更为全面、深入。同时随着经济社会的发展、文化遗产价值讨论的深化和人类进入21世纪以来多元化需求的不断提出，在传统三大价值认知基础上，对大遗址的经济价值、使用价值、社会价值的重要性认识不断增强，并被提出和探讨，促使从基于历史、科学、艺术价值的保护开始向以经济价值或使用价值、社会价值为导向的利用方向发展。在此过程中，由于对大遗址概念认识的不足以及受传统思维的影响，虽然有的针对大遗址不同类别的具体保护实践分析了大遗址价值，并在实践中归纳涉及的次级价值类别，有了较具体可行性的操作模式，但多数只是对传统三大价值的引用或基于三大价值而进行的延伸讨论；有的由于学科背景原因，对大遗址价值的讨论属于无体系的泛论，或是在价值分类的概念上混淆不清，没有科学、全面、系统地认识大遗址价值，没有构建起大遗址价值及其评价体系。

第三节 我国大遗址价值认知存在的问题及对策

一、我国大遗址价值认知存在的问题

大遗址价值认知是大遗址保护的基础，只有对大遗址价值做出全面、客观、准确的界定评价，才能制定科学、合理、行之有效的保护目标与思路、保护区划与措施、对大遗址进行有效展示和开展其他专项规划及分期与估算等工作，真正实现大遗址保护与大遗址可持续发展，发挥大遗址保护的真正价值和

---

① 黄明玉：《文化遗产的价值评估及记录建档》，复旦大学博士学位论文，2009年，第62页。

意义。我国在大遗址价值认知方面也做了许多研究工作，但到目前为止，对于大遗址价值及其评价内容、标准还没有形成明确的价值体系，同时因实践者专业背景、知识能力和价值取向限制，导致我国大遗址价值认知存在诸多问题。

1. 大遗址价值（评价）体系不健全

回顾已有的研究可发现，我国大遗址价值认知在移植、嫁接文物、文物古迹、历史建筑和文化遗产价值认知的过程中，虽然将大遗址价值认知已经从传统的三大价值认知拓展到社会价值、经济价值、文化价值认知的范畴，但对这些价值的认知还都属于个别专家学者的见解，还相对比较零散。同时，在大类上还未认识到生态价值的重要性。在大类讨论过程中，我国在大遗址价值认知方面，还缺乏系统、深入地对次级价值的认知与讨论，包括对其评价标准还未进行深入的理论与实践探讨，构建起横向与纵向、宏观价值与微观标准相结合的完善的大遗址价值体系。同时，在目前的大遗址价值评价方面，理论与实践探讨较少，评价过程中还未引入跨学科的合作模式，许多针对具体案例的评价也未能提炼出对理论有贡献的原则。

2. 大遗址价值实践不足

目前我国学界在理论上对价值体系的探讨，尚未很好地与实践工作衔接。尽管已经有学者基于价值认知开始探讨大遗址的价值评价问题，但多属于理论层面，且这种探讨多属于批评、反省与检讨，尚未能厘清与价值体系相关的诸多实践层面工作。尽管近年来随着大遗址保护规划工作的展开，开展了大量的关于价值评价的实践讨论，但专业背景、规划价值取向及价值体系不完善等问题，使大遗址保护规划中的价值评价流于形式，主要表现在以下几方面。

（1）价值评价目标不明显。评价目标"表达的是一定的价值观念或效用观念"[①]，是价值评价的出发点和宏观指导标准，是确定具体遗址评价范畴和评价要素及评价体系的指导思想。对遗址认识不足，导致评价目标模糊，进而导致价值评价体系不完善，针对性不强。

（2）价值评价特征性不强。在评价过程中，因对大遗址考古发现、文献资料研究不足，不能深入解读、审视遗址。许多规划者对于价值评价评价什么，

---

① 刘翔：《文化遗产的价值及其评估体系——以工业遗产为例》，吉林大学硕士学位论文，2009年，第22、23页。

依据怎样的标准、具体怎样评价都是模棱两可，似是而非，自己都搞不清楚。在大遗址保护规划时生搬硬套文物保护法规或研究者提出的历史、艺术、科学三大价值或社会价值，缺少对保护规划对象具体、深入的价值评价，导致大遗址保护规划价值评价流于形式，不能表现出大遗址真正的价值特性。

（3）重复评价现象严重。对遗址及评价体系的构建和认识不足，制定的评价体系内部各指标要素之间关联性较强，涵盖面较广，使评价的信息重复性出现，导致评价内容过多过滥，遗址价值差别性、独立性较差。

3. 缺乏大遗址价值评价指标体系

我国大遗址价值认知目前存在的问题之一就是没有构建起可供参考的价值评价指标体系。从国际公约和我国文物保护法规对遗址价值的界定看，普遍认为遗址具有历史价值、科学价值和艺术价值三种基本的价值。随着社会发展，遗产界对遗产价值认识的扩展，国内外许多学者提出大遗址还具有衍生的社会或经济等价值。并对其进行了理论或实践性讨论，丰富了大遗址价值评价的内容与范畴体系，但像法规规范一样多只是提出了价值的类型及范畴，做了方向性的界定或要求，对于每一类价值指标怎样界定阐释，每类价值指标应评价哪些要素，却没有过多的探讨。这导致在大遗址保护实践中，尤其是大遗址保护规划编制过程中，没有相应的规范和研究标准或实践标准做参考。规划者因认识不足，在价值评价时，评价形式和体系不完整，评价要素不完善，存在遗漏遗址价值或评价偏颇的现象，评价体系系统性较差，不能全面、客观反映被评价对象。

同时，在评价过程中，对遗址总体认识把握不足，制定的评价体系各指标之间协调统一性不足，指标的层次和结构不合理，导致价值评价指标要素缺乏准确性和一致性，使评价内容前后矛盾或前后包容，降低评价的科学性。

价值认识与评价是大遗址保护规划与管理的核心，保护措施和相关制度规划建设有赖于对大遗址价值的全面、准确、科学的评价。反之将导致后续遗址保护实践目标、原则、思路制定及遗址保护、遗址展示、遗址管理措施等的偏失，使大遗址保护效果及实施效果降低。因此，基于国内外大遗址和文化遗产价值的回顾总结以及现有大遗址价值认知及存在不足，需要重新界定大遗址价值评价，细化《全国重点文物保护单位保护规划编制要求》中价值评价的内容，构建并完善其评价标准和评价体系。虽然遗址不同、时代不同、文化背景及需求不同，具体的价值评价内容就不同，但随着对大遗址价值认识的扩展及对所有文化的尊重，我们必须在相关文化背景及社会需求下来对大遗址价值加以考虑和评判。

二、建构我国大遗址价值评价体系的对策

当代社会随着文化消亡及全球化的加速，在开放兼容的过程中，文化和价值表现越来越呈现出多元化的特点。人类的共同遗产文化在不同的时代和不同的地方具有各种不同的独特的表现形式，呈现出文化的多样性[①]。《保护世界文化和自然遗产公约》及其《申报指南》也不断强调价值的普适性和普世性，以求实现文化在多样性基础上的多元化发展。发展、构建不是照抄照搬，但也不是全盘否定。这要求我们在构建中国大遗址价值及评价体系的过程中，既不能"排斥西方唯中国论"，也不能"全盘接收否定中国传统"，而应在学习、借鉴西方科学、先进的普适性价值体系基础上，保持我国传统遗产价值认识中的文化多样性特点以及现代社会发展的普遍需求，以海纳百川、兼容并蓄的精神，在科学发展观的指导下构建起具有中国文化普适性的多元化大遗址价值及评价体系。

第四节　构建我国大遗址价值及价值评价体系

一、大遗址价值评价范畴界定

要明确界定大遗址价值评价的范畴、评价应涉及的要素，构建并完善其价值评价体系，首先应明确什么是大遗址价值评价。

价值属于事物的本体范畴，是事物本身所有的。而价值评价是在对事物了解认识的基础上，对事物附着的价值（不是其具体结构、形态，甚或属性，而是相较于现在所留存的客体自身所体现出来的）、实践改造客体后的意义、成果等进行的评价。大遗址是人类智慧的结晶和历史进步的标志之一，是人类在劳动实践中创造的，它的价值是客观的、本身所固有的，是大遗址价值评价的基础，需要通过科学研究去认识。从现代社会需求出发，在一定的科学方法、理念指导下，对遗址本体价值、实践改造遗址后其意义、成果满足人类需要及满足程度的认识就是对大遗址价值的评价。其实质是在科学的考古发掘与文献资料以及实践调查的基础上，对其进行深入剖析和研究。大遗址价值评价是大

---

① 联合国教科文组织第三十一届会议于2001年11月2日在巴黎通过的《世界文化多样性宣言》。

遗址保护、规划、利用的前提和依据，评价结果对大遗址保护、利用及大遗址保护规划的编制产生重要影响。

通过对大遗址价值评价概念的分析界定可以发现，大遗址价值评价主要包含三个方面，一是对遗址本体价值的认识，即文物价值的认识；二是对遗址实践、改造后意义的认识；三是对遗址实践改造后成果的认识。这三方面中遗址本体价值是根本，后两个方面是以遗址本体价值为基础的衍生价值。因此，在大遗址价值评价体系构建中，应主要从大遗址本体价值及衍生价值进行评价。

二、大遗址价值评价应遵循的原则

1. 客观性原则

对大遗址价值的评价，应依据考古发现、文献记载及历史研究，从实际出发，公正客观地对遗址本体及外延价值做出评价。避免个人主观价值取向对评价过程和结果的影响，保证遗址价值评价过程和结果的客观性和公正性。在评价过程中，尽量在现有考古及文献资料基础上全面、准确地对大遗址价值评价做出界定，避免出现以偏概全、从局部或个体进行评价整体的非理性评价。尤其要注意对大遗址的规模、关联性、重要性、完整性、代表性、感染力等要素与因素的客观评价。

2. 真实性原则

价值评价是一项科学性很强的工作，在评价过程中，要充分运用科学合理的评价体系、评价知识和评价理论对大遗址各方面内容，做出科学、严谨的评价，而真实性是科学性的核心。大遗址是历史的产物，在它的建设与传承中必然地打上了历史的烙印，如何真实地记录和反映历史文化的真实形态与价值，正是价值评价工作的重要任务。因此，在评价过程中，必须尊重大遗址既有的历史性遗存与特征，不得过分夸大。

3. 独特性原则

时代不同，所处地域及发生的历史事件等不同，从而形成或表现出不同的特征，即使同类型的遗址之间都具有明显的差异性。在大遗址价值评价过程中应深刻认识并准确地将大遗址最典型、最有代表性、最富特色、价值最高的要素、特征等界定出来，以提升大遗址的内在价值，这些是大遗址价值的核心所在，是大遗址的价值所在，也是在整体保护基础上，展示、利用的重点。在内在价值基础上，以大遗址保护、利用价值取向为指导，阐释最独特的衍生价值，将其效用最佳化。一般来说，大遗址差异越大、独特性越强，产生的衍生价值、发挥的效用也就越大。可以说独特性是大遗址保护与利用的灵魂，独特性原则是大遗址价值评价的中心原则。

4. 动态性原则

大遗址价值评价以遗址本体为基础，遗址本体自身的完整度、考古工作的完善度等决定了对遗址本体价值的认识。衍生价值不能脱离本体价值而存在，其是对遗址本体价值的衍生和延伸，是人们在现代社会背景下，依托对本体价值的认识，而发现大遗址满足了人们某种需求进而认识到的某种价值。这种认识是以社会发展背景、社会需求、人的意志、人的需求来判断的。社会发展背景不同，人的需求及意志表现形式不同，对其评价就不同。大遗址是人类智慧的结晶和历史进步的标志，其面积广大，对它的认识需要通过几代人，甚至十几代人、上百代人的努力，因此，大遗址本体价值评价随着考古工作及研究工作的发展需要不断修正、深化。衡量和评价大遗址价值的尺度，也随着社会的进步而不断变化。

5. 系统性原则

大遗址价值评价应形成一定的价值体系，将大遗址本体价值评价与现代社会条件不同价值取向下的衍生价值评价相结合，从历史、科学、艺术、社会、经济、文化、教育等各个方面进行系统评价，使大遗址的价值得到科学、准确、全面的反映。总之，系统性的评价是大遗址保护实践获得成效，价值得到实现的重要保障。

三、大遗址价值评价体系的构建

价值评价既是明确价值的过程，又是在科学化、可操作层面上确定评价对象在系统中的相对地位的过程，包括了能对照和衡量各个不同的、具体的评价对象的统一尺度的"评价指标体系"[①]。在前述分析基础上，对大遗址价值及其

---

① 陈蔚：《我国建筑遗产保护理论和方法研究》，重庆大学博士学位论文，2006年，第200页。

评价体系的构建主要从本体价值和衍生价值两个方面进行界定，同时包括了整体与个体价值的认知。

1. 本体价值评价体系

本体价值即遗址的内在文物价值，是遗址本体自身所特有的价值。主要包括了历史价值、科学价值和艺术价值，其是对遗址基础的、独立的、客观的、不受外界所影响的内在价值的评价，是对遗址历史事件、事物、人物及对现今和未来影响的客观评价（表5-8）。

表5-8　大遗址本体价值评价体系

类型	价值指标	评价要素	主要评价内容
本体价值评价体系	历史价值	岁月价值	
		历史沿革	大遗址及其所在地主要的历史沿革与发展演变
		遗址时代	大遗址在同类型或特定时期相对年代的久远性
		历史地位	大遗址在同时期遗址或特定时期、特定地域或特定文化系统中的地位或作用
		遗址规模	大遗址在同时期、同类型遗址中或特定时期中遗址规模的大小
		遗址级别	大遗址在同时期或特定时期、特定地域的等级级别及唯一性等
		遗址完整性	大遗址现存价值的真实性和保存的完整性程度
		与历史事件或人物的关联性	对大遗址产生重大性、决定性的历史事件或人物或说明是相关事件的发生或某个重要历史人物的历经地
		历史背景	是否代表了社会、经济、文化、政治、军事、科学、工业发展的阶段性成果
		独特遗存体系的历史价值	对遗址内具有典型性、代表性或独特性价值的遗存进行评价。评价包括该类遗存的时代性、地位、规模、级别等。一般主要介绍年代最早、规模最大、级别最高或知名度最大的遗存。同时包括非物质文化遗产范畴
	科学价值	大遗址的选址	从自然地理、政治、经济、军事等角度评价大遗址选址的科学性
		大遗址规划思想	遗址规划思想的先进性、科学性
		规划布局	遗址建设规划与功能布局的合理性、科学性，包括遗址内具体系统的介绍如功能分布、宫殿衙署布局、道路交通、给排水、城防体系等要素
		技术价值　具体技术	遗址各种工艺操作方法和技能的创新性、有效性、科学性

续表

类型	价值指标	评价要素		主要评价内容
本体价值评价体系	科学价值	独特遗存的科学价值		某些典型的、独特的单体遗迹或遗物本身就是某种科学实验及生产的设施或场所或者在其中记录和保存着重要的科学技术资料
	艺术价值	审美价值	审美感知	遗址规划、设计、布局、风格、建筑技术在整体、单体上所体现的象征、表现价值。例如，遗址的功能布局构思、巧妙设计所体现的对称、和谐、有序及文化内涵与美学意境
			审美体验	
			审美理想	
		观赏价值		遗址本体总体布局、巧妙的构思、严整的布局、奇特的造型、精湛的工艺对人精神的愉悦及陶冶
		美术史料价值		大遗址区发现的独特的、精美的在某一时期、对于某一工艺艺术具有重大价值或意义的实物资料

（1）历史价值。历史价值是指大遗址本身的历史沿革、发展演变及在此过程中发生、形成的事件、行动或物体所具有的客观存在，具有"反映历史、证实历史、补全历史和传承历史的作用"①。大遗址是在一定历史条件下产生的产物，是过去客体本身、某一重要发展阶段、某一重要事件与重要人物密切相关的线索与物证，其本身必然打上时代的印记，反映当时的自然生态状况和社会、政治、经济、军事、文化等状况，具有历史价值。历史价值是大遗址的核心价值，也是其他价值的基础，其他本体价值以及衍生价值不能离开它而单独存在。在历史价值评价时主要从遗址历史沿革、遗址历史地位、遗址时代、遗址规模、遗址级别、历史事件、历史人物、蕴含信息、独特的遗迹或遗物的历史价值等对于其所在地而言，在历史发展上的代表性、关键性与影响性等几方面去界定阐释。

（2）科学价值。科学价值是指一定条件下对大遗址自身的创新性、合理性或优化性等特性所反映出的知识性、技术性、方法性及实践的描述。大遗址是当时先民们智慧的结晶，是当时社会条件下生产力发展水平、科学技术水平和人们的创造能力的反映，能够给人类提供重要的、有价值的知识与信息，为科学技术或科学史的研究提供实物资料，还可以为现代科技的发展提供参考和可借鉴的资料，为今天的科学技术发展做出贡献。科学价值评价主要从大遗址的选址、大遗址当时的规划思想、规划布局、遗址建造技术、独特遗存自身的科学性等角度去阐释。

---

① 蔡靖泉：《文化遗产价值论析》，《三峡大学学报》（人文社会科学版）2010年第1期。

（3）艺术价值。艺术价值是指大遗址能够体现或表现出来的给人带来想象、思考、感受的手法、技艺、文化气韵等，是反映大遗址内在与外在精神意蕴的意识形态，艺术价值的认识包含了审美过程。大遗址本身的规模气势、设计构造、总体布局、建筑情调、整体和谐等以及今日表现出来的历史感、沧桑感、残缺感等带给人们精神上或情绪上的感染即属此类范畴。大遗址的艺术价值包括物质载体的艺术类型、风格、创作手法的同时还包括了作为非艺术品创造出来的各个部分以及当地传统的手工艺及民俗文化等。因此，大遗址艺术价值评价主要从大遗址所象征或表现的特殊美学成就或特殊技艺的审美价值、观赏价值、美术史料价值等几方面去界定阐释。其中审美价值可细化为审美感知、审美体验与审美理想三个层面，但具体评价操作中主要以审美价值体现。审美感知指人在观赏客观对象时因其形态、色彩、声音、质地等内在和外在各种表现所引起的美的感受和知觉；审美体验指审美主体认识审美客体后，也就是在对其有了审美感知的基础上，进一步结合自己的审美经验而做的情感心理体悟和验证；审美理想指审美主体对审美客体的外在形态美和内在本质美的综合性认识和理想化追求，具体表现为审美趣味，是审美意识的核心[①]。

2. 衍生价值评价体系

大遗址的本体价值在不同的时期可以满足社会或公众某方面的需求，这些价值都是依托遗址本体价值而衍生的。大遗址保护的目的，一是要将其完好地保存下来传承给后人，二是要实现这一宝贵资源在当代的全民共享。我国也强调大遗址保护应服务公众并有利于社会发展。因此，在大遗址价值评价时，应对大遗址可产生的衍生价值进行评价，促进大遗址的保护与展示利用（表5-9）。

表5-9 大遗址衍生价值评价体系

类型	价值指标	评价要素	主要评价内容
衍生价值评价体系	社会价值	社会借鉴	大遗址本体价值对现代社会发展具有重要的借鉴、参考价值或意义
		情感价值	大遗址所表征、体现的文化或精神价值对于大众的文化认同或在情感上的归宿认同，主要是文化认同感、国家与民族的认同和象征、历史的传承感、精神象征性、记忆载体、宗教信仰及延伸的爱国主义教育载体或民族自信心回归
		科普教育价值	大遗址的历史传承、文化知识传播对公众社会素质及文化的影响

---

① 蔡靖泉：《文化遗产价值论析》，《三峡大学学报》（人文社会科学版）2010年第1期。

续表

类型	价值指标	评价要素	主要评价内容
衍生价值评价体系	社会价值	政治价值	大遗址历史、科学、艺术价值中涉及地区或国家的特定相关事件，事件与当今政治目标相一致，促进资源的现今意义，如文化强国战略、国家统一需求等
		旅游观赏	大遗址是否具有休闲观光、体验娱乐价值及对大众、社会产生的意义
		社区发展	遗址保护、传承及利用对于社区或社会的意义
	文化价值		遗址本体所蕴含的价值特性和属性对现代文化的充实、完善、借鉴及对现代文化思潮的社会影响等评价
	经济价值		经济效益包括直接和间接的及因经济效益带来的社会发展、社区发展和社区居民收入增加、生活质量改善等价值。主要包括大遗址保护与利用过程中的旅游价值、商业价值、使用价值和相关设施带来的潜在的收入
	环境价值		遗址本体及所在区域生态环境的保护、恢复、改造等体现出来的环境改善、景观美化等价值

（1）社会价值。社会价值是指大遗址在现代社会背景下满足现代社会或个体物质与精神需求及在此过程中所体现出的社会作用或意义。大遗址是重要的文化遗产，是民族精神在一定时期的载体和象征，体现着遗址所承载的前人的精神品格和精神力量，通过有形的遗址表达了无形的精神。大遗址的保护、传承为现代社会发展提供精神文化借鉴，为民族进步、文化认同提供精神支持，为公众了解历史、丰富知识、增加阅历、愉悦身心、提高修养提供途径或场所。因此，大遗址的社会价值评价应主要从大遗址的社会借鉴、情感价值（文化认同或情感认同）、科普教育价值、政治价值、旅游观赏（休闲娱乐）、社区发展等方面去评价。

（2）文化价值。文化价值是指大遗址所具有的在特定社会背景需求下能够满足一定社会群体文化需要的特殊性质或者能够反映一定文化形态属性，是社会的产物。大遗址是某一历史时期人类社会活动的真实反映，从不同侧面反映了当时社会的生产力、生产关系、经济基础、上层建筑以及社会生活和自然环境状况，是民族文化的象征之一，反映了人类社会的历史背景、社会关系、文化传统、生活习俗等，能够告诉我们人类历史、一个群体的文化史或一个地区的发展史的相关方面。文化的多样性决定了文化价值的多样性。时代不同，社会共同体不同，对同一客体文化价值评价就会不同。大遗址文化价值评价主要从遗址本体所蕴含的价值特性和属性对现代文化的充实、完善、借鉴及对现代文化思潮的社会影响等角度去界定阐释。

（3）经济价值。经济价值是指大遗址以内在价值如历史价值、科学价值、艺术价值为核心在特定时期和特定需求下派生出来的一种通过货币化外在度量遗址价值的间接表现形式，脱离历史、科学、艺术等价值将不存在。经济促使资源达到最佳配置以满足需求，大遗址的经济价值可被理解为由遗产资源或保护行动而产生的价值。这一价值受社会制度和经济体制的影响，当社会发展到一个高级阶段或经济比较发达时，其将完全转变为社会价值。我国现阶段大遗址的经济价值是与现在我国社会发展阶段及社会需求相适应的一种价值派生。现阶段大遗址经济价值评价主要包括大遗址带来的经济效益包括直接和间接的及因经济效益带来的社会发展、社区发展和社区居民收入增加、生活质量改善等。主要包括大遗址保护与利用过程中的旅游价值、商业价值、使用价值和相关设施带来的潜在的收入。

（4）环境价值。环境价值是指大遗址所处的周边环境以及对周边环境有目的地改造后所体现出来满足社会及公众景观美化、自然环境改善、人文环境改善的需求或意义。大遗址是依附于其所处的自然和人文环境而存在的，如果周边环境被破坏，其内在价值和社会价值等都将大打折扣。保护、恢复、改造大遗址周边的环境，有利于塑造生态景观、美化遗址环境、提升遗址形象、改善人居环境等。大遗址环境价值评价主要从对遗址本体及遗址所在区域生态环境的保护、恢复、改造等体现出来的环境改善、景观美化等角度展开。

大遗址价值是多层面的综合体，认识的角度不同，价值体现不同。同样，大遗址不同，价值构成及其评价内容的各个方面表现得也并不一致，有的可能在某一方面或若干方面的价值表现得比较突出、显著，重要性高于其他价值，也可能各个方面的价值都十分突出，都很重要。以历史价值、科学价值和艺术价值为代表的本体价值是大遗址本身所固有的，是价值体系的基础。在本体价值基础上，随着历史的发展演变，后来的不同时期的人类基于现当代价值观和自身的需求，对大遗址本体价值的重新认识和利用等所产生的效益，属于大遗址的衍生价值，这包括了社会、文化、经济和环境等价值。

现代社会背景下人们之所以对大遗址感兴趣，并主动地去保护它，主要的动机就是基于它的价值，并在漫长的历史与自然的交流融入社会与文化过程中，以批判的术语表达出来。社会发展中，不同社会背景下有不同的文化差异并形成不同的价值需求，在此过程中，大遗址价值观逐渐形成。从对大遗址历史、科学和艺术价值的提出到笼统、抽象与明晰具体的认知，再到大遗址社会、文化、经济等价值的认知及整个价值体系的构建，反映出人类对大遗址及其所表征的文化遗产价值认知的不断拓展和深化。

大遗址考古发掘与认识的长期性，社会的动态发展性及价值理念与价值取向的多元性，要求避免孤立静止地对待大遗址的现实状态，应该以发展的观点进行评价工作。大遗址价值在不同的文化背景及社会需求下存在差异，其价值需要不断去发掘、认识。随着社会、经济的快速发展，大遗址价值内涵的不断拓展，利益相关者的介入，大遗址必将形成多元化的价值脉络。多元化的价值脉络，必然需求多元化的价值评价体系。在大遗址保护中，只有结合社会实际及多元化社会需求，全面、科学、准确地对大遗址价值做出评价，才能使大遗址保护关注焦点，解决实际问题，使大遗址真正得到保护。

总之，大遗址价值的科学、全面认知是大遗址价值体系的思想与理论的基础，大遗址的有效保存是大遗址价值体系的物质基础，大遗址价值的实现是大遗址价值体系的目标，三者有机构成大遗址价值体系。大遗址价值评价是一个不断深化发展的过程，只有全面深刻地认识到大遗址价值的多元性和具体性，才能针对具体大遗址做出科学的价值评价，对其开展科学、有效的保护和充分、合理的利用。

第六章　大遗址保护技术措施体系研究

　　大遗址保护的概念分为广义和狭义，本章的大遗址保护主要指狭义的技术保护，是指运用科学的技术方法对大遗址本体的维护、保存和修复，以及对相关环境的控制与整治等。保护的目的是通过技术和管理措施，真实、完整地保存其历史信息及价值[①]。大遗址保护是一个系统性的工程，它既需要观念的支持，还需要技术的维护。作为一种不可再生资源，大遗址的保护原则、措施等是保护中长期探讨的问题。不同时代由于价值认知不同、社会需求和技术条件差异等原因，所遵循的具体保护原则和保护措施也存在很大的差异。同时，各国的国情、价值观、大遗址的类型、审美观等不同，在大遗址保护的原则与措施上也不尽相同。

　　通过对我国大遗址价值体系的剖析可发现，人们的价值取向在对待我国传统古迹遗址保护与修缮的技术与方法方面影响十分鲜明。同时，当代中国大遗址保护原则与技术手段措施方面的混乱如同在面对其他一些观念问题时一样，反映的是人们对大遗址保护行为价值取向的不确定与疑惑。尤其是随着西方以砖石结构为代表的文化遗产保护理念与我国传统的以土木结构为主体的大遗址保护实践的交融，这种冲突愈发激烈。因此，我国大遗址保护应在坚持"最大限度保存历史信息"这个狭义保护的根本目的的基础上，根据我国大遗址特征和各类型大遗址具体实际，结合国际先进理念、我国传统价值观和时代特点及要求，在对大遗址价值进行综合评价基础上，来选择具体的最为合适的保护原则和手段。

第一节　大遗址保护原则探讨

　　大遗址有不同于其他文物古迹的独特特点，在保护措施制定与运用时，不

[①] 国际古迹遗址理事会中国国家委员会：《中国文物古迹保护准则》，文物出版社，2015年，第2页。

遵循大遗址特性及保护规律和原则的保护措施手段，按照传统的保护技术和工作原则，即使严格按照合理的流程、运用了现代先进的保护技术手段，同样无法取得令人满意的保护效果，甚至可能造成对大遗址信息和价值的破坏。因此，结合我国大遗址特性，构建科学、合理、全面的大遗址保护原则对于保护方案的制定与实践具有重要的指导意义。

一、国内外保护原则的探讨及存在问题分析

保护修复的原则是随着保护运动的发展和对实践认识的深化而逐渐形成的。大遗址保护衍生于对历史建筑和遗址或遗迹的保护，国内外目前还没有制定专门针对大遗址的保护原则，大遗址保护实践中，主要以对历史建筑等古迹遗址保护修复的原则为指导。在建筑保护修复实践中，以欧洲为代表的国际社会早期主要是在"完满"思想指导下对历史建筑在"原址""整体性"重建修复，后来随着英国以约翰·罗斯金为主的"反修复"运动的发展，才开始要求"原状保护"，并基于浪漫主义"残缺美"而要求修复的"可识别"；同时，随着保护认知的深入，开始注重修复材料的可逆性，并强调当代人应最小干预古迹遗址，以真正实现"原状"保护。在对历史建筑及其废墟的保护修复认知中，随着考古学的发展，这些保护理念、方法逐渐引入对考古遗址的保护中，并成为遗址保护修复的主要原则和措施手段，以指导遗址保护。自18世纪以来，这些理念和原则也为世界其他地区所接受和采纳，渐渐成为世界各国共同遗产观的一部分。进入20世纪以后，随着国际保护运动的蓬勃发展，国际组织对这些具有总括性指导意义的理念、方法进行总结、发展，形成了文化遗产保护修复的完整性原则、真实性原则、可逆性原则、最小干预原则等，并将这些保护原则写入各种保护宪章、宣言、公约，成为国际性的保护修复指导原则，并为各国所接受。

我国对历史建筑保护的原则在传统的"器以载道"、功利实用、符号象征等思想指导下，早期主要以整体性的"重建"保护为指导；20世纪30年代，随着梁思成、刘敦桢等建筑学先驱的探索，结合中国传统建筑思想和重建理念，开始形成"修旧如旧"的保护指导原则，并成为指导我国古迹遗址保护修复的一项重要原则；中华人民共和国成立后，尤其是随着改革开放，西方的保护修复原则逐渐传入我国，并开始指导我国古迹遗址的保护修复，而后随着大遗址保护的提出，这些原则也成为我国大遗址保护修复的重要指导原则，并取得一定成效。但在此过程中，由于保护原则产生的背景与实践对象的不同，这些保护原则被引入我国后，无论是对保护原则的理解，还是对保护措施的认知，国外国内始终存在着一

些分歧，导致保护效果评价及具体的实践等方面的众多差异，甚至在保护工作中出现了"保护性破坏"的现象。而出现这种现象的主要原因如同前文所述，我国在对古迹遗址保护修复原则引进与实践过程中，由于语言、文化差异等，存在着认识不全、不准确和绝对化的缺陷。尤其是一些学者坚持认为外国的就是好的，陷入了"洋教条"的桎梏中，强调保护中应坚持这些基本的原则，而没有深刻地认识到实践对象不同、价值观不同背景下的变通性。

保护本身并不是因循和教条，它意味着历史和文化的自觉过程，它同样是人类创造精神的反映[①]。我国许多学者在大遗址保护中完全以外国纲要为标准，不结合本国实际，陷入教条，没有看到文献阐述中所表述的应结合本国实际这一前提。西方许多学者从不同角度对遗址保护原则的多元性和变通性做出过阐释，认为不应在对文物保护原则理解过程中"教条化"，而应结合本国实际和遗址实际，采取最优化的原则和措施。尤嘎·尤基莱托强调必须意识到"保护原则"和"保护道德"不能代替现代修复所需的批判性方式；保护理论被理解为对所需批判性过程的系统描述，而不是"工作前提或假定"[②]。彻萨尔·布兰迪提出，对遗址的修复，与修复任何一件完整的艺术作品一样，都需要一个批判性过程，每一个案例都应根据其自身的特性具体考虑，不必拘泥于原则问题。而且不同地区文化遗产保护意识、文化和社会发展过程都不尽相同，体现着文化的多样性。因此，在大遗址保护中，我们不应将宪章、宣言或公约中的理念、原则或措施看作是固定模式的解决方案，而应在结合各国具体实际进行具体认知基础上，针对具体的文化背景等对每个大遗址进行具体的调查、分析，认知其价值和特殊性并做出科学的判断，选取最合理的保护原则和保护措施，切实实现大遗址的保护。

二、完整性原则

完整性（integrity）原则也被称为整体性原则或全面保护原则，是文化遗产保护中出现最早的原则。完整性表示尚未被人扰动过的原初状态[③]。包括我国在

[①] 吕舟：《世界建筑修复与保护历史的理论巨著——读尤嘎·尤基莱托〈建筑保护史〉》，《中国文物报》2012年4月15日第4版。

[②] 〔芬〕尤嘎·尤基莱托：《建筑保护史》，郭旃译，中华书局，2011年，第426页。

[③] Kanefusa Masuda. The notion of authenticity in relation to the world heritage convention. *Report of the Global Strategy Natural and Cultural Heritage Expert Meeting*. Amsterdam: UNESCO World Heritage Center, 1998: 39-42.

内的许多国家一般都认为完整性原则主要用于"评价自然遗产,如原始森林或野生生物区等"①,其后随着保护运动的发展,逐渐扩展到整个文化遗产领域,成为文化遗产保护和世界文化遗产认定的主要原则标准。一般认为完整性原则是在《威尼斯宪章》中提出,主要包括遗产本身的完好程度和信息的完全程度。

1. 完整性原则形成的背景与理念发展

(1)早期完整性原则的提出与发展。"完整性"是以欧洲为代表的西方国家早期在历史建筑物修复中最初的价值理念之一,在对待损坏的历史建筑或废墟的"保护"时,出于对传统社会建筑形态"完整性"的认知,多以"重建"或"复原"为主。在此过程中,"完整性"理念得到加强,并成为指导早期历史建筑和废墟"保护"的主要价值观念和原则,如对破坏后残缺的雅典卫城的重建、居鲁士陵墓的原样修整、万神庙的重建等。而后,随着文艺复兴时期对待艺术品态度的发展和"修复"理念的出现,在完整性价值观影响下,成为"修复"运动中主要的指导原则之一。在文艺复兴时期修复运动发展过程中,意大利著名建筑师乔治·瓦萨里深受修复理念的影响,并发表声明支持该浪潮。其在1550年出版的《著名画家、雕塑家、建筑家传记》中强调,比起那些艺术品残缺的躯干,没有头的四肢或因其他任何方式残缺或不完整的塑像,被修复的古代遗物必定呈现出更多的优雅②。认为对艺术品而言,不修复永远看不到真实、完整的美。随着修复理念由对传统的雕塑等艺术品延伸到对待历史建筑,法国的亨利·格雷古瓦神父认为,文物古迹就像勋章,必须将它作为整体加以保护,因为其上的铭刻等往往以其所记载的事实补充档案文献,成为历史时期确认的有效证据③。法国考古学家考特梅尔·德昆西强调整体综合性保护,他认为罗马是一个博物馆,组成包括了碑碣石刻、建筑、遗址以及与所有事物相关的记忆、地方传统、仍然存在的习俗,以及只能在本国内进行的平行和交互的各种内在联系等④。这应该是整体性保护最全面的早期阐述,认为保护对象"遗址"是一个场所,包括所有可见的与不可见的历史存在。而法国景观建筑

---

① 张成渝、谢凝高:《"真实性"和"完整性"原则与世界遗产公约保护》,《北京大学学报》(哲学社会科学版)2003年第2期。
② 〔意〕乔治·瓦萨里:《著名画家、雕塑家、建筑家传记》,刘明毅译,中国人民大学出版社,2004年。
③ 户思社、王长明:《法国文化遗产保护》,世界图书出版公司,2010年。
④ 〔芬〕尤嘎·尤基莱托:《建筑保护史》,郭旃译,中华书局,2011年,第134页。

师路易斯-马丁·柏绍特深化了对考特梅尔·德昆西整体性保护的认识,在1813年对罗马散步场所的保护工作中,认为以前进行的工作过于注重个别古迹,认为人们一直在试图为每一幅画制作画框,而不是把这些古迹联系在更广泛的综合计划中[①];结合保护实践深化了整体性和系统性的保护和利用理念。而法国著名作家维克多·雨果,不仅仅是一个作家,也是一位保护运动的先驱,其经典著作《巴黎圣母院》也可以看作是一部带有史实的历史性小说,对于了解20世纪之前的巴黎具有重要的史实价值。他在《巴黎圣母院》中没有将教堂作为一个孤立的纪念物看待,而是将其视为巴黎古城最重要的部分,他认为,巴黎是几个不同时期建筑样本的收藏馆,保护教堂更应保护整个巴黎,这为现代保护评估奠定了一个基础。奥地利著名建筑保护师马克思·德沃拉克认为,保护不应仅仅延伸至古代所有的样式,还应关注地区和历史特征;并认为人类无权以任何方式对这些特征进行更改,因为这些改动通常都会破坏那些赋予庄严的古迹不可替代价值的要素[②]。通过对早期完整性认识的回顾可以发现,早期对完整性的认识主要是相对于单一对象而强调对"对象"整体的保护,并随着认识的扩展,将保护对象放入场所等空间范畴,强调综合性的整体保护。考特梅尔·德昆西、路易斯-马丁·柏绍特强调了空间场所保护的完整性和综合性,包括有形与无形的;而维克多·雨果强调了空间与时间上的完整性与延续性;马克思·德沃拉克从空间、时间、对象本身特征及修复原则等角度阐述了保护的完整性,进一步拓展了对完整性的认识。

(2)国际文件中对完整性原则的发展。进入20世纪随着国际组织的成立,完整性保护观念在国际组织通过的宪章、宣言中得到体现和阐释。1931年通过的《关于历史性纪念物修复的雅典宪章》强调"应注意对历史古迹周边地区的保护",这是上述学者研究与实践认识在国际性文件中的第一次体现。1964年通过的《威尼斯宪章》第14条规定,古迹遗址必须成为专门照管对象,以保护其完整性,确保用恰当的方式进行清理和开放;并强调开展的保护与修复工作应得到上述条款所规定之原则的鼓励。这是"完整性"一词第一次作为保护与修复原则在国际性文件中出现,同时延伸性地强调"完整性"包括不得随意地添加或减少,缺失部分的修补必须与整体保持和谐。1976年通过的《内罗毕建议》第34条规定,在农村地区,所有引起干扰的工程和经济、社会结构的所有变化应严加控制,以使具有历史意义的农村社区保持其在自然环境中的完整

---

① 〔芬〕尤嘎·尤基莱托:《建筑保护史》,郭旃译,中华书局,2011年,第113页。
② 〔芬〕尤嘎·尤基莱托:《建筑保护史》,郭旃译,中华书局,2011年,第306页。

性。在这里，完整性已不仅包括物质环境的安全，还考虑到经济、社会等方面的影响。1972年《保护世界文化和自然遗产公约》颁行，其和其后颁布的各版本《实施〈世界遗产公约〉操作指南》（以下简称《操作指南》）均将完整性作为文化遗产保护与遴选的主要原则，并不断予以补充。1988年通过的《操作指南》首次提出了文化遗产地的完整性；1997年版的《操作指南》第44条规定，一项自然遗产在被提名列入《世界遗产名录》时，委员会将认定其是否至少符合自然遗产的4条标准之一并检验其完整性，在该指南中，将完整性局限于自然遗产；2005年版的《操作指南》将原来文化遗产与自然遗产的认定标准合并为10条标准，并在第87条规定，文化遗产和自然遗产的认定都需要满足完整性原则，这是对完整性原则认识的回归；同时《操作指南》第88条规定，完整性是评判自然遗产和文化遗产及其品质是否处于完整无缺和健康无损状态的标准。包括提名地包含了所有体现其突出普遍价值的必要载体；提名地的价值载体均保持了足够的规模，使得体现遗产突出普遍价值的特征和过程得以充分表达；发展压力及管理不到位所带来的负面影响均已得到良好控制。《西安宣言》结合中国文化遗产保护实际，从有形和无形、文化与自然等方面，阐述了环境背景对于遗产整体性保护的重要性。《北京文件》提出，完整性可以解释为文物古迹及其特征的整体性和完好性，包括体现文物古迹重要性和价值所必需的所有因素；保留文物古迹的历史完整性必须保证体现其全部价值所需因素的相当一部分得到良好的保存，包括意义重要的建筑物历史层次（沿革与积淀），以及"环境（setting）"。即"完整性不一定意味着整体历史结构全部完整，而只意味着可以验证、标识大部分历史信息"。

除上述文献外，其他的国际性文件如《关于在国家一级保护文化和自然遗产的建议》《建筑遗产欧洲宪章》《关于文化旅游的国际宪章》《关于乡土建筑遗产的宪章》《保护木结构历史建筑物的原则》《保护无形文化遗产公约》和《文化线路宪章》等也对完整性保护原则进行了阐述，使得保护对象的整体性从古迹与历史环境的整体性扩展到遗产地（历史地区）整体性的保护，无形与有形文化遗产相融合的整体保护和变化着的遗产地环境的整体性保护，从显著的自然特征到整个文化景观的保护；方法上从保护物质环境发展到控制经济社会发展变化，进而发展为引导当代建设行为与社会功能改变，区域协同发展的整体性。

2. 完整性原则在大遗址保护中的应用

通过对完整性原则产生背景及其理念发展的回顾总结可以发现，其内涵与外延在人类价值认知水平提高以及社会经济发展的推动下,伴随着保护运动的深入、文化遗产保护对象和经济社会发展需求的扩张而不断扩展。最初人们为了保护古迹遗址的纪念价值、历史价值、岁月价值和艺术价值以满足精神和审美需求;之后为了保护古迹遗址的科学价值的安全而保护其周边环境;进而发展为保护历史地段和历史城镇以保存更多的历史信息,并扩展到整个遗址地或场所,在此过程中,将无形的文化遗产也纳入保护范畴,开始保护历史地区文化景观综合体。这也促使文化遗产保护类型的增多和规模的扩大,保护态度和保护方法的不断调整和充实完善。完整性原则理念的发展对于我国大遗址保护具有重要的指导意义,其要求在对大遗址保护时不仅停留在传统的以遗址或遗迹本体为主的保护对象的完整性,还应关注空间、时间、价值和保护方法等的完整性。

(1) 大遗址物质遗存的完整性。大遗址物质遗存主要是指大遗址本体和外部环境的整体性,大遗址不仅仅只有遗址或遗迹本体等物质要素,还包括了与其伴生的环境、传统文化及其承载体——土地和自然、人文景观等,其作为人类创造性的见证,体现了地区建设发展的延续性和地区环境的完整性。因此,在保护中应注意"尽可能保持自身组成和结构的完整,及其与所在环境的和谐、完整性;文化概念上的完整性(无形的)"[①]。

(2) 空间上的完整性。空间完整性是在物质遗存完整性基础上的延伸,大遗址规模与范围比较大,有的跨越多个区县(如汉长安城遗址、中山国遗址等),甚至省市(如长城、大运河等)或国家(如丝绸之路),这要求我们在保护中,不应因地域空间局限,而只保护某一区域范畴内的。应从完整性原则出发,积极合作,对于跨地区或国家的大遗址创建联合协调保护机制,以实现空间范畴保护的完整性。

(3) 时间上的完整性。大遗址一般延续的时间比较长,在其某一典型时期建造前或建造后,一般都有人类生产生活,在现在的保护中,多只注重对典型时期遗存的保护,而忽略了其他时期的。这就要求我们在保护中不仅仅只保护某个典型时期的遗存,还包括在其之前和之后历史发展演变中形成的遗存,甚至包括近现代以来依托大遗址形成的乡村环境。

(4) 文化景观综合体。大遗址是一个综合性的文化景观综合体,这要求我们在保护中注重视觉景观整体性的保护,不仅包括地形、建筑、绿化等自然和人工要素,同时包括人类活动的内容及影响,以实现物质形态和场所精神氛围

---

① 阮仪三:《保护世界遗产的要义》,《同济大学学报》(社会科学版)2002年第3期。

的综合保护。

（5）价值完整性。价值存在是大遗址保护的动力所在，大遗址保护就是为了实现大遗址价值的弘扬与传承。这要求在保护中，在对价值承载体——遗存保存、延续寿命的同时，应积极地运用各种方法措施，开展大遗址的展示、解说与利用，充分展现大遗址的各项价值，以发挥其功能效用。同时，大遗址不仅仅作为历史见证，还被作为延续社会、文化和经济功能的载体。在大遗址本体价值保护与实现的同时，还应采取措施，积极实现大遗址的社会、文化、经济、环境价值，实现大遗址保护与大遗址利用、区域经济社会发展、人民生活质量提高、环境改善等的协同发展。

总之，大遗址保护的完整性原则不仅是安全保护大遗址遗存的客观要求，也是大遗址区域整体协调发展，满足当代人需求和安全，完整地将大遗址遗存及其价值传承给后代，使每一代人都能够通过对大遗址的诠释获得灵感，实现社会更好的发展的必然要求。

三、真实性原则

真实性（authenticity或authentic）原则也被翻译为原真性原则，其自从提出以来，由于各国文化遗产实际和文化差异，在具体实践应用中，是争议最大的一个保护原则，国际组织和各国结合本国实际都对其进行过阐释，以实现原则在本国遗产保护中的普适性。但是，各国遗产类型不同，在强调普适性的过程中，针对具体遗产类型往往又陷入普适性不适的困境中。以我国为例，我国学者对真实性评判标准的认识多来自于国际性宪章、宣言，而真实性原则最早是在保护西方砖石结构为主的建筑时提出，这使得在我国以土木结构为主的古迹遗址和大遗址保护过程中，真实性原则陷入了"绝对化"的困境。是原封不动的封存式保护？还是在保护措施基础上参照某一标准开展展示与利用？怎样做是真实的，怎样做不是真实的，到底如何保护，成为限制大遗址保护、展示与利用的主要因素之一。基于此，有必要厘清"真实性"原则本源及其扩展，以指导我国大遗址保护实践。

1. 真实性原则形成的背景与理念发展

（1）早期真实性原则的提出与发展。真实性原则相对于完整性原则的认识和提出要晚。真实性一词起源于中世纪的欧洲，是希腊语中的"authentikòs"（自己、相同）和拉丁语中的"auctor"（创作者或起源、权威）一词的衍生。

在英文辞典的释义中，"authenticity"有"original"（原初的）、"real"（真实的）、"trustworthy"（可信的）三层含义①。中世纪时期，真实性与法律的认证文书相关；18世纪受在英格兰被系统阐述的美学理论和对历史价值及岁月价值的认知影响，从伦理学、语言学、文学艺术等领域逐渐扩展到对物品的鉴定，并在启蒙运动时期随着对艺术品的认知在保护中提出；随后与有着古遗址废墟的英格兰景观园林的发展相联系，并在实践中被引入"修复"理念，成为指导壁画、艺术品和建筑、遗址保护修复的主要原则。

启蒙运动早期意大利历史文物学家乔瓦尼·彼得罗·贝洛里在新柏拉图学派对"事物的理念"②的理解之上，提出"尽管抽象的'理念'保持了事物起初被赋予的美好，但是物质实体会改变，不完美源于物质的不均衡；虽然观察者能够感知到最初美好的'理念'，但整个人类远远不够完美"③。因此，人类不可能一次性地认识或再现其"理想美"。该理念为"真实性"认知奠定了理论基础。随着理念的传播，18世纪对待艺术作品的态度逐渐从17世纪许多国家的艺术家按照与原作相同的方式来在帆布画上添加或者去除画面向更加忠实地尊重艺术作品原作方向转变，开始重新认识艺术作品的历史价值和岁月价值。这一理念或原则随后在壁画修复中得到体现，并在修复中形成了"古旧色泽"的保护理念。这一理念与实践的创始人是意大利的彼得罗·爱德华兹，他认为时间只是绘画作品破坏和保存活动的方式之一，艺术作品的劣化是由多种原因构成的，并在实践中区分艺术作品表层灰尘和绘画材料自身的变化，并要求如果复原画面的话，必须要尊重原作④。这可以说是真实性理念在具体指导艺术作品保护与修复实践中的具体体现。而同一时期稍早的路易吉·克雷斯皮则不愿意"复原绘画"作品，尤其是壁画，他认为复原就是造假。但二者对于什么是真、什么是假都没有分析阐述，只是强调了对"真实"的尊重。在继承乔瓦尼·彼得罗·贝洛里思想基础上，18世纪著名的普鲁士文物专家约翰·约阿希姆·温克尔曼确立了现代文化遗产保护中确认"真实性"的方法，他通过对古代艺术作品、文物和古迹的批判性研究，区别了哪些是原有的、真实的，

---

① *Webster's Ninth New Collegiate Dictionary*. Merriam-Webster Inc, 1983.
② 新柏拉图学派认为，作为自然世界中物质实体被创造的基础，事物的理念包含在"至高和永恒的智慧"之中。
③ Giovanni Pietro Bellori. *Le vite de'pittori: scultorie architetti modern i* (1672). Turin: Kissinger Legacy Reprints, 1976.
④ Elizabeth Jane Darrow. *Pietro Edwards and the Restoration of the Public Pictures of Venice, 1778-1819: Necessity Introduced These Arts*. Ph. D. dissertation, University of Washington, 2000.

哪些是后来修复的，即区分"真实"和"虚假"，这成为后来修复方针的基础；在实践中，他不反对修复文物，但坚持在修复中，不能伪造艺术作品原作的艺术理念，或用现代添加部分误导观众[①]。同时期著名的文物修复专家巴托洛梅奥·卡瓦萨皮赞同约翰·约阿希姆·温克尔曼的方针，强调在修复残缺的雕像之前，必须明确定义原始文物并理解其意义，任何修复措施都必须尊重现存的原始材料，遵循原作者的意图；另外，指出原始艺术品的欣赏应该是首要考虑的方面，一件艺术作品及随后的修复和新加的部分不能导致观众或者艺术家对该文物的学习研究；在文物修复程度方面，他坚持修复的总量必须参照现存原始作品的体量进行[②]。

在对艺术品"真实性"的认知中，随着英国遗址保护"画意风格"理念的提出，针对建筑遗址，形成了"废墟式景观园林"，这一风尚在18世纪70年代传到法国。法国的雷内·路易·德吉哈丹侯爵像英国人一样接受景观园林中的人造遗址。但法国评论家丹尼斯·狄德罗认为废墟就是那些不复存在的事物的象征，他相信"伟大的废墟"比保存完整的建筑更引人注目。同时期的一些著名人物也谴责所有人造景观，强调真实的表达和真实性的重要，并认为只有古代建筑的"真正废墟"才能散发一种与遗址相关联的理念，修复应"全面忠实于原作品"。

通过对早期真实性原则提出的背景和发展的认识可以发现，真实性主要脱胎于对艺术品的认知，随后，应用到古迹遗址的保护修复中，以指导古迹遗址保护。在此过程中，对于"真实性"主要有两种态度，一种是不赞成修复，认为复原就是造假，必须保持原状；一种是允许复原，但必须忠于或尊重真实性。而在这两种原则中，绝大多数学者支持后者，并在实践中指导保护与修复。

（2）国际文件中对真实性的阐述。进入20世纪后，关于重建或修复过程中的"真实性"问题一直争论不断，尤其是第二次世界大战后，以欧洲为代表的世界各国开展了大规模的重建运动，许多学者认为对世界文化遗产造成了巨大的损失。在此背景下，1964年通过的《威尼斯宪章》，呼吁人们将所继承的文化遗产"真实地、完整地"传递给后代子孙；并在宪章第9条规定，"修复必须以尊重原始材料和确凿文献为依据，一旦出现臆测，必须立即予以停止"。这

[①] Johann Joachim Winckelmann. *History of the Art of Antiquity*. Los Angeles: Getty Research Institute, 2006.

[②] Mark Jones. *Fake: The Art of Deception*. California: University of California Press, 1990: 134-139.

是首次将"真实性"作为国际文化遗产界的一个重要术语写进国际性文件中，对其的认识也"随着现代社会的演化和对遗产的认识而发展，时至今日已远远超出了它的正统含义"①。而国际文件中对真实性较早定义和阐释的是1972年通过的《保护世界文化和自然遗产公约》和1977年通过的《操作指南》，其将真实性作为文化遗产保护的核心理念和评判标准，并在其后18个版本的《操作指南》中不断予以补充。1977年的《操作指南》提出"设计、材料、工艺或环境"是真实性检验的四个方面；1980年的《操作指南》接受了一定条件下的重建的原则；而在1988年的《操作指南》中增加了文化遗产地的"整体性"，1994年《操作指南》将文化景观纳入真实性检验的范畴。

20世纪70年代和80年代，各国文化背景和遗产类型的不同，在以"真实性"为指导的具体实践中，出现了基于文化背景的多种解读和误解，导致各国对"真实性"的科学性的怀疑。尽管这一时期《佛罗伦萨宪章》和《考古遗产保护与管理宪章》对历史园林和景观保护的真实性及考古遗产整体保护、勘察、发掘、维护与保护、展示、重建方面的真实性进行了探讨，但在真实性的"普适性"与"科学性"方面还是存在严重的理解冲突。急需在更广泛的国际背景，尤其是西方以砖石结构为主体的"真实性"文化背景下与传统社会的关系中，阐明"真实性"理念的含义。基于此种需求，1994年在日本奈良对文化遗产的真实性问题进行了专题讨论，形成了《奈良真实性文件》；与会专家注意到原始材料的可信度与可靠性及世界文化的多样性于表达方式的多元化，提出"文化遗产多样性存在于时间和空间中，它要求尊重其他文化和其信仰体系的所有层面"。要求在真实性具体的阐释与应用中，必须根植于特定的文化环境和独特的遗产类型来考虑。在《奈良真实性文件》之后，世界遗产委员会鼓励就文化遗产的多样性及与之相关的真实性概念在世界不同地区和各保护团体之间展开广泛的对话。1996年国际古迹遗址理事会美洲委员会通过《圣安东尼奥宣言》从真实性与文化身份、历史、材料、社会价值、管理服务权、经济以及活态/静态遗产的关系角度，讨论了适用于美洲国家的真实性含义；国际古迹遗址理事会中国委员会通过《中国文物古迹保护准则》《准则若干重要问题的阐述》及《准则案例阐释》等文件，规定不允许为了追求完整、华丽而改变文物原状，破坏文物古迹的历史真实性；2005年联合国教科文组织通过《会安草案》，强调了在亚洲背景下展示和评估的真实性，并对真实性的要素进行了细分，讨论了文化遗产真实性与信息来源、非物质遗产的关系及其面临的威胁等

---

① 阮仪三、林林：《文化遗产保护的原真性原则》，《同济大学学报》（社会科学版）2003年第2期。

问题；2007年中国主导的"东亚地区文物建筑保护理念与实践国际研讨会"，围绕文物建筑保护和修复理念与实践，讨论了特定文化背景对文化遗产保护的影响；会议通过的《北京文件》对真实性的概念做了进一步阐释，认为"真实性即文物古迹本身的真实性体现在诸如形式与设计、材料与实体、应用与功能、位置与环境（综合内外、物质与非物质的），以及传统知识体系、口头传说与技艺、精神与情感等因素中"；特别强调"修缮与修复的目的应当是不改变这些信息来源的真实性"和"在可行的条件下，对延续不断的传统做法予以应有的尊重"。因此，"真实性"是个复合性多元理念。一般情况下，文化遗产的真实性，应当是它在被作为文化遗产认定时的历史和客观属性的综合状况（个别极端案例，可另做具体分析）。对于大遗址而言，其就是在被认定为属于遗址或遗迹时的形态，尽管对其重建，在若干年后也可称为文化遗产，但已经并非原来的物体形态。但是，这座重建或复原的建筑仍然传承了遗址当时所承载的历史文化信息，并在岁月演变中具有了新的价值和意义。

在对真实性进行不同文化背景解读的同时，在早期历史景观园林和考古遗址保护真实性讨论基础上，针对不同的文化遗产类型也对真实性问题进行了探讨。《关于乡土建筑遗产的宪章》传递了通过建筑、构筑物和空间实体构成形态、使用和理解方法、传统等有形和无形方面，实现乡土建筑遗产的真实性保护的原则和指导方针；《木结构遗产保护准则》则规定了干预措施、修缮和替代、当代材料运用等，对于木构遗产真实性的实现；《建筑遗产分析、保护和结构修复原则》提出了建筑遗产保护与修复的基本概念和总原则；《西安宣言》总结了遗产背景环境真实性保护的重要性。此外，许多宪章、宣言也对城市遗产、文化景观、文化线路的真实性进行了探讨，丰富了世界各国对文化遗产真实性的认识，这在我国对真实性认识的总结中也得到体现，为指导我国文化遗产保护理论建设及实践提供了指导。

（3）中国学者对真实性的探讨。我国早期主要是从对古代建筑的保护角度探讨"真实性"，如罗哲文等对古代建筑的"历史真实性"展开论述[1]；刘临安在对意大利历史建筑保护的理论与流派的介绍中，对其"历史建筑存在的真实性"进行了阐述[2]；并在其后关于"文物建筑的真实性"的讨论中将"真实性"与"authenticity"对照起来对真实性的发展演变及实践进行了介绍[3]；吕舟也较

---

[1] 罗哲文等：《中国古代建筑》，上海古籍出版社，1990年，第447-449页。
[2] 刘临安：《近百年意大利历史建筑保护的理论与流派》，《建筑师》1995年第6期。
[3] 刘临安：《当前欧洲对文物建筑保护的新观念》，《时代建筑》1997年第4期。

早地对文物建筑真实性的概念及其材料、工艺、环境的真实性进行了介绍①。

进入20世纪后，随着文化遗产类型的不断扩充和我国对文化遗产保护的重视，针对我国实践中对"真实性"的争论，许多学者对真实性问题进行了探讨，以期厘清其内涵、外延，指导我国文化遗产保护实践。阮仪三、林林在对真实性概念分析的同时，阐释了其对中国文化遗产保护的意义和重要性，并剖析当前文物古迹的修缮、重建和新建仿古建筑中存在的片面认识和问题②。张成渝指出《操作指南》中关于真实性、完整性的论述，已经不尽适用于大量遗产实践的问题，尤其是不能很好地贴近中国的遗产特点和保护传统③；并认为真实性是遗产价值、保护、利用的核心，对真实性的理解决定着对于不同遗产保护原则的理解，决定着保护工程的具体实施④。徐嵩龄对真实性的概念进行了辨析和当代理解，分析了中国遗产的真实性及其逻辑构架、遗产保护技术、遗产管理等保护问题，其认为我国遗产保护传统包含着符合"原真性"的观念，如重视遗产的精神和文化价值、重视遗产的社会功能、重视遗产的重修与重建等⑤。其后，常青、田林、郭璇、相睿、史晨暄等学者针对不同类型的遗产从不同角度对真实性问题的理论及实践等进行了探讨，进一步明晰了我国文化遗产保护中对"真实性"问题的理解。

通过回顾总结可发现，在普遍强调"保存建造之初真实性"和多元化理解的同时，我国的许多研究者对于真实性的认识还有一种追求完美的理想主义色彩。尤其是在对遗址保护方面，在学习国际理念的过程中，不深入理解，完全照搬宪章、宣言，将国际准则奉为"圣旨"，要求严格遵循"真实性"，原封不动地保护遗址。而没有认识到真实性提出的背景及其认识和国际社会对真实性理解的多元化诉求。尽管这种"原封不动"的"真实性"可以在现有认识水平上最大限度地保护文化遗产及其价值，但这种观念相应地也会带来一系列问题，在苛刻的"真实性"原则下，必然影响到文化价值的判断、遗产的保护、展示与利用等，使文化遗产价值的弘扬与传承无法有效实现，失去保护意义。因为，对真实性要求越全面、越高，对保护工作的要求就越高，对展示、利用

---

① 吕舟：《文物建筑的价值及其保护》，《科学决策》1997年第4期。
② 阮仪三、林林：《文化遗产保护的原真性原则》，《同济大学学报》（社会科学版）2003年第2期。
③ 张成渝、谢凝高：《"真实性"和"完整性"原则与世界遗产公约保护》，《北京大学学报》（哲学社会科学版）2003年第2期。
④ 张成渝：《〈世界遗产公约〉中两个重要概念的解析与引申——论世界遗产的"真实性"和"完整性"》，《北京大学学报》（自然科学版）2004年第1期。
⑤ 徐嵩龄：《第三国策：论中国文化与自然遗产保护》，科学出版社，2005年，第103-124页。

方式的限制就越严格,价值的实现也就越难。这也和我国文化遗产的实际不符,尤其是在面对多种文化存在的,具有综合性需求的大遗址保护工作中,在真实性原则下如何实现大遗址保护已成为亟待解决的问题。

2. 真实性原则在大遗址保护中的应用

(1)对真实性的重新解读。英国人文地理学家大卫·罗温索认为,"真实性"表示与"虚伪"(false)相对应的"真正"(true),与"伪造"(fake)相对应的"真实"(real),与"复制"(copy)相对应的"原作"(original),与"欺骗"(corrupt)相对应的"诚实"(honest),与"世俗"(profane)相对应的"神圣"(sacred)[1];而芬兰著名文化遗产学家马蒂宁认为真实性是建筑物中一些不变的特征,建筑物的原始氛围最能体现其真实性[2]。二者对真实性的陈述似乎与乔瓦尼·彼得罗·贝洛里、约翰·约阿希姆·温克尔曼等保护先驱对于真实性的理解相似,都强调一种真实与准确,认识到真实性是对创造过程的内在统一性及其"真理"的一致性。时间不是造成真实性缺失的必然,只是保护方式和手段而已。

不管是西方的阐述还是中国的解读,在真实性的理解中,其实有一个最重要的共同点,即强调真实性的根本在于保存其建造之初的文献证据,晚期的改造与添加只要在"原初或原状"再现其形态的背景下并不十分重要。而东西方包括各类遗产对"真实性"争议的根源也在于对"建造之初的文献证据"的理解差异。由于东西方传统文化和建筑材料等的不同,在对待"建造之初的文献证据"方面,二者有一定的差异。东方基于"器以载道"、重礼轻物的思想文化观,形成了不对原建筑和重建建筑进行本质区别的传统保护观,常常会更换建筑物的构件、材料和色彩,甚至经常性的拆毁重建,以保持整体性和传统工艺的延续不断。而这种模式在于其更注重"器物"所承载的"道",即无形价值。而西方由于以砖石结构为主的建筑方式决定了其从产生之初就重视对有形的物质特征的保存,即"有形价值"和其附着的无形价值,而有形的是其最重要的表现。对于中国以土木结构为主的大遗址,其建成后,经过漫长的历史演变,除夯土基址外,一般都已无存。在此背景下,最重要的是保护附着于其承

---

[1] D. Lowenthal. Changing Criteria of Authenticity. *Nara Conference on Authenticity in Relation to the World Heritage Convention*. Nara, Japan, 1994 (11): 2.

[2] M. Mattinen. V altion rakennusperin nön vaaliminen. 1556. *Le antichitá de la cittá di roma*. Venice, 1997: 20.

载体——土地之上的遗存的无形价值。只有有相对"有形的"表现形式或承载体，其价值才能够存在。因此，对于大遗址而言，其"真实性"的定义应与大遗址的历史真实性相关，只有如此，才真正具备现代保护中的意义，也才符合"真实性"的本源和文化多样性及表达多元化的诉求。

（2）真实性原则在大遗址保护中的应用。目前国际社会检验真实性的标准主要参照美国的历史性场所的国家登录标准和操作办法执行，并在《操作指南》各版本中不断深化。大遗址相关联的要素如结构、布局、形式、材料、环境、精神、地理相关性等都可以看成是真实性的构成要素。结合真实性的产生、理念的发展，真实性在大遗址保护实践中的指导意义可以分为三种处理方式。

1）保护现状。即根据大遗址中遗址或遗迹本体及环境现状，对价值比较高、规模比较大、保护相对较好（结构布局相对完整、明晰的）和不适合复原性展示、利用的遗址或遗迹，在技术保护不改变原有形态的基础上，保存现在的毁损形态。对于此类情况，一般主要针对遗址或遗迹而言，对于整个大遗址，则主要指无人居住、发展变化不大的大遗址。这符合传统的对"真实性"绝对化的理解。

2）保持原有属性。大遗址中的一些遗址或遗迹在其形成与发展过程中，可能存在不断地被改造与利用及破坏，其形态布局等处于不断的发展变化中，"哪一个时间切片都无法代表真实的完整的历史，只能说其动态发展性恰是其真实性的价值所在"[①]。针对此种情况，保存其历史文献价值的最好方式，是将其置于历史发展的进程中，保持其动态发展的属性，以实现其岁月价值。事实是在许多有人居住的大遗址区，对于整个大遗址从整体性和发展可持续性及长期性而言主要是以保持其原有属性及历史文化内涵为主。因为，只要有人居住，必然在原有大遗址格局中进行重新布局，尽管原有的按照最初形态还存在，但穿插了新的建筑物，形成了新的布局结构。甚或有的功能已经发生变化。这种方式不仅肯定了大遗址的"现状形态特征"等，还肯定了大遗址现状中所表达出来的所有历史信息、历史的氛围，有利于避免不必要的大规模搬迁，因为大遗址区现有的村民和结构也是历史发展演变的产物，也是大遗址重要的构成部分。

3）修复。对于毁损严重的，可以采取修复，以实现其营造模式、营造工艺、方法、营造思想和承载价值的直观弘扬与传承。这种方式包括了一定程度

---

① 徐震、顾大治：《"历史纪念物"与"原真性"——从〈威尼斯宪章〉的两个关键词看城市建筑遗产保护的发展》，《规划师》2010年第4期。

的复原和重建。但在此过程中，一定要注意尊重原物，即其承载的文献价值。这要求在修复中必须把握真实性评判标准，如在形态设计、材料和物质实体、使用和功能、传统和技术、位置和布置、精神和感观，以及其他内外部因素，包括多样化的文化及其信仰体系等方面进行严格要求。必须在认真、严格研究、收集资料的基础上，保证尽可能在原来的位置、以原有的布局和结构、使用原初的材料（主要指是木材，还有石材、土材等，但现代的新材料在不破坏遗址或遗迹真实性与整体和谐的背景下，也可以使用）来修复，不得随意改变或臆测遗址或遗迹的原有形态。

在上述三种方式中，第一种更强调物质形态层面上的真实，在此过程中，要坚持尊重原物、最小干预、使用原材料，以延长其"寿命"或直观表现其形式等原则；第二种和第三种更强调知识层面上的真实，一种是强调其动态延续性中知识的积累和传承，另一种是强调针对毁损严重的在研究基础上的修复再现，以直观表现价值。总之，大遗址真实性不是仅指绝对的"原初（建设时期的形态或现存的形态）"，因而不等于彻底的"原真"，而是包括了大遗址在不同时期演变中"真实"的叠加和基于"建造之初的文献证据"保存与传承弘扬基础上的发展演变。在满足保护措施的前提下，将物体按"原状"修复到可以展现的状态，以在实现价值的"真"的同时，实现价值的传承。当然，大遗址类型、区位等不同，对待真实性的处理方式也不尽相同。

四、可识别性原则

可识别性原则是指保持文化遗产的历史纯洁性，为修缮和加固所添加的构建需要整体和谐，但又需要与原有部分明显区别，让人可以识别并区分真假。可识别性原则对于文化遗产保护真实性具有重要的意义。但该原则在我国应用过程中，许多学者认为在保护中一定要将后来添加的与原有的部分明显区别开来，这与我国传统价值观及审美观产生冲突。尤其是在只剩下残垣断壁甚至基址的大遗址保护中是否可行值得商榷。基于此，在回顾可识别性原则形成背景及理念发展的基础上，结合大遗址保护实践进行重新解读和探讨。

1. 可识别性原则形成的背景与理念发展

可识别性原则是伴随着对真实性原则的认识而在18世纪初期提出。在17世纪，保护修复意味着重新制作因时间或意外而破裂或缺失的部分。而随着乔瓦尼·彼得罗·贝洛里思想被约翰·约阿希姆·温克尔曼、巴托洛梅奥·卡瓦萨皮等的继承发扬，从中提出了修复"真实性"的探索。约翰·约阿希姆·温克尔曼在"理念"认识基础上，有意识地区分哪些是原有的，哪些是后来添加的，并基于"真实性"希望在艺术品或古迹遗址的修复中能将后来添加的与原有的区别开来；在实践中，他不反对修复，但强调不能用现代添加部分误导认真的观众，而应有所区别，这可以说是在真实性理念下对可识别性原则的总结与阐述。约翰·约阿希姆·温克尔曼的这一理念被巴托洛梅奥·卡瓦萨皮认同，其在作品中经常指出哪些是文物的原始部分，哪些是修复过的（可识别性）。而他们对"新加部分和原有部分明显区分"的理念，在18世纪以后罗马的新修复政策中凸现出来，一些修复师在小型遗址的修复中进行了尝试，但使这一理念具有普遍指导意义的是19世纪初期对提图斯凯旋门的修复和19世纪中期对大角斗场的修复。

19世纪初，罗马的提图斯凯旋门此时已近乎坍塌，且位于新广场的起点，法国人对它的修复极为重视，希望创造一个古迹修复的样板。为此先后派遣当时著名的文物建筑专家盖·德吉索尔、拉斐尔·斯特恩和朱塞佩·瓦拉迪尔赴意大利指导该项工作。在修复工作中，法国人采用灵活的保护理念，在加固的同时以简约的方式修补缺失的部分。瓦拉迪尔在标记并将提图斯凯旋门拆解后，在一个新建的砖制内核上，重新组合归位了拱门，并与凝灰石贴面，这与原始大理石构件保持了相对协调；新建的部分虽复原了大致体量，但省略了复杂的装饰——浅浮雕或柱上的凹槽，朴素无华，由此区分了新旧关系，不会误导观众。尽管人们对重新修复褒贬不一，但接受了这种区别对待的办法[①]。19世纪出于对大斗兽场的保护，以路易吉·卡尼那为代表的法国和意大利建筑师在大角斗场南段重建了八个拱门，到1852年西侧正对中心广场的入口也采用了类似的干预活动。新建的部分都使用黄砖，只在一些结构上的重要部位使用凝灰石。卡尼那用砖来建造新建部分，这样就区分了新建部分与原有的石结构建筑。上述两种方式符合了"真实性"需求，特别能使某些纯粹主义者满意，这些人特别关注修复后的建筑与原始建筑在说教上的意义。直到20世纪，这可能是被应用的最多的方法。但事实上，在同一时期，还有反对进行可识别处理的，而支持这一理念的人占了绝大多数。

19世纪著名的保护专家阿洛依斯·里格尔在修复中坚持实际，愿意接受对"真实性"的妥协，认为单纯的保护在现实中是不可能的。他认为即使"最激进的保护（最小的干预）"也应接受对破损的墙体或石膏涂料进行修复，但决

---

① 〔芬〕尤嘎·尤基莱托：《建筑保护史》，郭旃译，中华书局，2011年，第118页。

不允许对遗存本身采取任何的干预措施。这是对可识别性的强调。针对不提倡可识别性原则的群体主张不展示原始与修复部分的差异的做法，阿洛依斯·里格尔认为，即使在遗存本身不加区分，也应以图片和报告的形式清楚地表明那些是添加的部分，以免误导公众。

进入20世纪后，可识别性原则被写入了《威尼斯宪章》，第9条规定，修复中任何不可避免的添加都必须与该建筑的构成有所区别，并且必须要有现代标记；同时第12条规定，缺失部分的修补必须与整体保持和谐，但同时须区别于原作，以使修复不歪曲其艺术或历史见证；而第19条直接陈明，所用黏结材料应永远可以辨别。其后的一些国际性文件继承了这一理念，并被我国学者引入我国文化遗产保护领域。但是，在引入后，我国学者由于缺乏对其早期产生背景的认识和了解，而简单地认为可识别性原则就是指后期的添加必须与早期的或原有的相区别。并结合中国传统的"修旧如旧"原则，提出了"新旧对比"理念，强调修复的时代痕迹，要求修复的部位可以明显地区别于原有部分。并将这一针对艺术品和砖石结构建筑修复的理念推而广之，运用于我国所有的文化遗产保护中。尽管也有学者对可识别性原则的普适性产生过质疑，但多数学者仍将其视为"真实性"原则具体化指导原则。

2. 可识别性原则在大遗址保护中的重新解读

通过对可识别性原则的回顾与总结可以发现，可识别性原则衍生于真实性原则，是真实性原则的具体化。其产生之初主要是指导修复实现"真实性"，并不反对对遗存的修复，也并不是完全强调必须将原有的与添加的相区别，其指出只要能凸显整体和谐即可，而且也可采用图片等解说手段指出差异性，使大众识别亦可。而且，在20世纪中期以前支持这一理念或原则的只是少数。而造成对可识别性绝对化认识的是对《威尼斯宪章》中规定的误读，同时也没有结合本国实际进行阐释，只是简单地"为引用而引用"。我国一些学者如陆寿麟等曾对可识别性原则在中国的应用进行质疑，认为该原则对于东亚传统建筑观念不适用，会造成视觉、氛围和感情上的不协调。尤其是在我国追求"完满"和"圆满"的审美价值观下，这一绝对化的认识与土木结构建筑的保护显得格格不入，更何况以基址为主体的大遗址，即使按照该原则进行了修复、加固，在传统文化影响下，多认为是败笔或"疤痕"，破坏了中国传统理念下的整体和谐观。过度强调视觉上的"可识别"原则，很难把握尺度，甚至无所适从，只能"仁者见仁，智者见智"，这不利于文物价值的完整体现，不利于体现艺术品的艺术完整性和艺术美感，更不利于体现文物价值完整性的内涵[①]。而实际中，《威尼斯宪章》对于可识别性的阐述并不是机械的、绝对的，其在第9条的基础上，在第12条规定，"补足缺失的部分，必须保持整体的和谐一致，但在同时，又必须使补足的部分跟原来部分明显地区别，防止补足部分使原有的艺术和历史见证失去真实性"。即可识别是在整体和谐一致的基础上的[②]。

从文化背景和文化遗产材料构成来看可识别原则，中国人喜欢藏而不露，主张和谐而含蓄的可识别；西方人基于砖石结构建筑保护的需求，在保护中喜欢泾渭分明，明显的可识别，但这也不是绝对化的，其也强调借助其他手段进行可识别标识。因此，可识别原则在大遗址保护实践中，应遵循这样几个要求：一是根据遗址保护需求，选择在修复中是否以可识别原则作为指导，如果可识别不利于遗址的保护和展示、解读，则尽量不用；二是在以可识别原则指导保护修复时，不一定要严格相区别，只要符合完整和谐性即可；三是为了实现其完整性，可采用"修旧如旧"的原则，但应借助图片、视频、人员等解说手段予以说明，以使添加与原有部分相区别。例如，按照约翰·约阿希姆·温克尔曼在壁画修复中对可识别理念的阐释，在大遗址保护中对遗址本体用可逆性材料覆盖基础上，在其上部基址复原展示遗址的完整建筑基址形态即属于可识别原则的运用。原遗址埋藏在地下，但并不妨碍对原物基址形态进行观察，而且运用了可识别的材料。总之，在我国大遗址保护中，对于可识别原则应灵活对待，必须根据实际需求，确定可识别的方式。

五、可逆性原则

可逆性原则是在真实性原则和可识别原则发展过程中被提出的一项文化遗产保护原则。该原则目前是国际上争议较少、普适性较强的原则之一，被世界各国普遍接受，并成为文化遗产保护中必须遵循的原则。

1. 可逆性原则形成的背景与理念发展

可逆性原则最早是在对绘画作品和壁画保护的过程中提出，其后被引入对

[①] 陆寿麟：《东方文物保护的理念与方法》，《中国文物保护技术协会第六次学术年会论文集》，科学出版社，2009年，第V页。

[②] 肖金亮：《中国历史建筑保护科学体系的建立与方法论研究》，清华大学博士学位论文，2009年，第228页。

古建筑的保护中,并随着遗址保护的提出和发展而引入遗址保护中。18世纪意大利著名的文物保护专家彼得罗·爱德华兹在威尼斯对绘画作品的保护过程中提出了著名的"古旧色泽"理念,对于绘画缺失的部分,他允许复原画面,但是必须要尊重原作;但他同时强调,任何以前的修复在以后都应该可以清除,而且不会破坏原画,并且不应该使用对任何艺术作品有害的材料[①]。这是文化遗产界对可逆性原则最早的阐述。其后,这一理念被意大利同行所接受,随着意大利修复运动的发展,受到各国关注,并体现在《威尼斯宪章》等国际文件中,成为文化遗产保护中的主要原则。而该原则被引入指导遗址保护则是在2003年国际工业遗产保护联合会于2003年7月在下塔吉尔通过的《关于工业遗产的下塔吉尔宪章》中,其中第5条第7款规定,改造应具有可逆性,并且其影响应保持在最小限度内。我国对可逆性的认识主要停留在建筑保护领域,并将其停留在对保护"材料"的可逆上。近年来随着大遗址保护的发展,这一原则也被引入大遗址保护中,成为遗址保护修复的指导原则。

2. 可逆性原则在大遗址保护中的解读

可逆性原则主要是指在大遗址保护修复中对遗址本体的一项干预,指保护工程即使经过了很长时间也应能在所需之时被清除,并使遗址返回到被清除时的状态、并不造成保护对象的真实性丢失。根据其概念定义,包含了可再处理原则。通过回顾可逆性原则的产生背景和发展可以发现,对可逆性原则的限定并不意味着不能动,也不仅仅是材料上的可逆,还包括了技术方法上的可逆和材料的无妨碍性,而材料的可逆是最直接的。这要求在大遗址保护中,第一,应在保护干预实施前认真地研究材料和技术的可行性,并在实验室做好模拟实验,检验其是否有损于遗址整体性、真实性;第二,要在实施中和实施后注意监测,针对发生变化,不利于遗址保护的可逆性材料和技术手段应及时清除纠正;第三,对于清除不掉的材料也不会对后续的处理造成妨碍;第四,要认识到文物保护、修复工作,绝不能追求一劳永逸,一次处理解决一切问题,应当相信,随着对文物本身认识的深化,随着整个社会科学技术水平的发展和提高,后人会比我们做得更好。这要求应为未来更加有效地保护技术、材料和理念预留空间,当有了新的技术、材料和理念的突破,就可以更好地保护对象真实性,能够清除之前的干预部分,进行新的保护;当保护对象再利用的功能需

---

① Elizabeth Jane Darrow. *Pietro Edwards and the Restoration of the Public Pictures of Venice, 1778-1819: Necessity Introduced These Arts*. Ph. D. dissertation, University of Washington, 2000.

要改变时，能够清除相应的附加措施，而价值真实性没有改变[1]。

总之，可逆性原则承认了保护修复技术的不完美性，这与乔瓦尼·彼得罗·贝洛里、约翰·约阿希姆·温克尔曼及彼得罗·爱德华兹在真实性认知中对"理念"的美好与人类的不完美认识完全相同。因为时代在发展，技术也在不断更新变化，不同的时代，有可能提出更好的保护理念或开发出更好的保护技术及材料。在以往的保护中，人们往往将可逆性认为是材料的可逆，而在早期保护中还包括了可再处理的含义和材料兼容性的问题。这些都需要在大遗址保护实践中引起注意。

六、原址保护原则

1. 原址保护原则形成的背景与理念发展

原址保护原则是随着18世纪晚期博物馆作为可移动文物保护场所政策的实施而被提出。原址进行修复和重建古迹遗址一直是欧洲社会在18世纪之前"处理"文化遗产的主要方式。在18世纪中期佛朗切斯科·拉·维加在发掘庞贝遗址过程中已经开始了原址保护遗址的实践，他对外科医生房间的壁画进行原址保存和保护，使其保持刚发现时的状态满足公众的审美与认知需求，他认为这些画作的价值包含在整个环境的效果中，如果把它们从环境中移走，价值就丢失了。而针对18世纪晚期将各地的收藏品集中到某一博物馆收藏、展陈的做法，许多人表示了批评。最典型的是法国著名的古典考古学家考特梅尔·德昆西，他强调艺术品应该放在原始的位置，认为博物馆是艺术的终结；并认为将文物古迹搬移、收集它们的碎片并把它们进行系统的分类，这些都意味着建立了一个死亡的国度；这样的做法是活着参加自己的葬礼，是把历史抽离出来抹杀艺术；这实际不是在创造历史，而是制作墓志铭[2]。亨利·格雷古瓦神父也认为文物应该保存在它们原始的位置上，只能因保护目的而移动。这种观点得到英国著名建筑师乔治·埃德蒙·斯特里特的认同，他认为每一座建筑物都有历史价值，如果真实性遭到破坏，这些价值也会随之消失。因此，任何有价值的

---

[1] 肖金亮：《中国历史建筑保护科学体系的建立与方法论研究》，清华大学博士学位论文，2009年，第228页。

[2] 〔芬〕尤嘎·尤基莱托：《建筑保护史》，郭旃译，中华书局，2011年，第103页。

部分，都应原址保存①。

这一理念在20世纪30年代颁布的《雅典宪章》中得到体现，其第4条规定，已发掘的遗址若不是立即修复的话应回填以用于保护。这其实是基于原址的一种回填保护。而在其后的《关于保护景观和遗址的风貌与特性的建议》也从景观与遗址风貌的完整性和真实性强调了遗址原址保护的必要性。这一原则也在《威尼斯宪章》《考古遗产保护宪章》《关于工业遗产的下塔吉尔宪章》等国际性文件中进行强调。例如，《威尼斯宪章》第7条和第8条分别从古迹与环境，古迹与其构成部分的整体性角度阐述了原址保护的重要性及可以迁移保护的特殊要求；《关于保护受公共或私人工程危害的文化财产的建议》规定，为保持历史的联系和延续性，各成员国应对受到公共和私人工程危害的文化遗产"就地保护"所需的措施给予适当的优先考虑；《考古遗产保护宪章》第6条规定，将遗产的任何组成部分转移至新的地点的任何行为即构成违反就地保护遗产的原则；《关于工业遗产的下塔吉尔宪章》则规定，文物古迹和历史建筑应当尽可能实施原址保护，不得擅自拆除、迁移；而《会安草案》在要求原址保护的同时，提出了原址保护的措施，包括遮盖暴露部分和必要时的监测。

我国历来重视对遗址的原址保护，并在《中华人民共和国文物保护法》和《中国文物古迹保护准则》等法规文件中有所体现。例如，《中国文物古迹保护准则》保护原则的第1条就是原址保护原则；2013年国务院发布的《国务院关于进一步做好旅游等开发建设活动中文物保护工作的意见》第1条即规定，原址保护应当始终是优先考虑的方式。

2. 原址保护原则在大遗址保护中的解读

通过对原址保护原则产生的背景及发展可以发现，原址保护是以欧洲为代表的国际社会在文化遗产保护中的重要原则，主要指各类文化遗产都应在原来的发现地保存、保护，以使其与原有的环境形成统一体，进而保证其真实性的一项指导原则。原址保护首先强调原地性，其次是与周边环境及其构成部分的整体性。一旦离开原地，则其完整性与真实性即受到影响。因此，在大遗址保护中，原址保护原则包括两层含义，一种含义是对大遗址的遗址或遗迹本体及其环境要在原址保护；另一种含义还表示要在考古现场保护。前一种在理论与实践中经常提到，而后一种则在原址保护原则中往往被忽略。考古现场保护是

---

① George Edmund Street. *Brick and Marble in the Middle Ages: Notes of Tours in the North of Italy*. Caroline: Nabu Press, 2010.

近年来随着对遗址保护认识的深化和科学技术的发展而提出来的一项保护措施。主要是指在考古发掘过程中，在遗址发掘现场针对遗址本体以及出土器物进行的抢救性、临时性的妥善保护或维护。因为遗址及其遗存在地下与其所处的环境逐步构成一个新的相对稳定的状态，但当人们突然将其挖掘出来的那一刻，其整体就会处于一个新的环境，所形成的物理、化学及生物平衡被破坏，可能导致遗存遭受损坏。因此，在考古发掘现场对遗存进行及时干预成为当今大遗址保护一个新的方向。大遗址考古现场保护的内容主要包括以有机质文物为主体的遗物（纸张字画、甲骨、彩绘陶器和陶俑、金属器等）和遗迹（壁画、车马坑、窖穴、窖藏、建筑基址等）的保护。

七、最小干预原则

最小干预原则也是文化遗产保护中普适性和接受性较普遍的原则之一，世界各国几乎都无可争议地接受了对文化遗产最小干预的建议。主要是指在文化遗产保护中对遗存的工作应被控制在不得不做的最小需求限度内，有时也被称为最有必要原则。这一原则也是在真实性原则的发展中18世纪针对艺术品的保护中被提出，当时著名的壁画和建筑修复师安东尼奥·卡诺瓦在作品中明确提出保护修复中应以最小干预、不加修复、保存为主。而这一原则在罗马大角斗场和奥朗日凯旋门等遗址的保护中得到实践，如在罗马大角斗场，保护工作的主要目的不是修复，而是对真实的历史性古迹的所有古代碎片的保护[1]；而19世纪在对奥朗日凯旋门修复中，即在充分尊重原有构建基础上，对所有缺失的部分都由素面石构建补全，都不试图重建。进入20世纪后，这一理念在《威尼斯宪章》等国际性文件中得到体现。

中国历来重视最小干预原则在文化遗产保护中的指导作用，并将其写入法规文件。如我国文物保护基本方针中的"保护为主、抢救第一"指的就是在一般情况下，尽量不要对文物本体进行干预，因为对本体的任何干预措施都有可能对文物及其价值产生不同程度的伤害[2]。这要求我们在大遗址保护中只有当遗址面临重要威胁也即可能处于濒危的情况下，在遗址本体如不采取干预将无法正常保存的情况下才采取抢救性保护、修复的干预手段。即在干预的次数、干预的程度等方面进行严格控制，把握住最少的、最小的处理就是最好的处理。但这并不意味着是将遗址陷于"完全"的险境，这个濒危状态主要是在调查、

---

[1] 〔芬〕尤嘎·尤基莱托：《建筑保护史》，郭旃译，中华书局，2011年，第106页。
[2] 陆寿麟：《我国文物保护理念的探索》，《东南文化》2012年第2期。

发掘或保护、监测中发现其如果不干预处理可能将处于危险状态。而且这种"干预"，是在结合当前先进技术措施，认真论证与实验基础上认为是当前可能最有利于遗存长久保存和减少价值真实性损害的最为可靠与有效的方法。

八、修旧如旧原则

1. 修旧如旧原则形成的背景与理念发展

修旧如旧原则主要是指修复行为必须以最大限度保存历史信息、历史氛围的真实性为目的，保持遗产的"历史沧桑感"。许多人认为，修旧如旧原则是中国在土木结构建筑保护中所提出的一项特有的保护原则。事实上，修旧如旧原则在18世纪西方艺术品的保护与修复中已经提出，其后被引入古迹遗址的保护与修复中，主要是对遗产现状保护结果的形象描述。18世纪著名的建筑师彼得罗·爱德华兹提出的"古旧色泽"即西方国家修旧如旧原则的最早体现，其在艺术品修复中有意识地区分表层灰尘和绘画材料自身的变化，认为绘画作品的改变不能归咎为时间，建议在修复过程中应将对象物恢复到"原状（初始状态）"。其后，巴托洛梅奥·卡瓦萨皮在对雕塑及历史建筑修复总结的基础上提出，修复师必须使用与原来同类的大理石材料，去制作需要添加的新部分，而且需要充分尊重原作者的艺术意图；当添加部分完成后，必须根据原始雕塑表面的破损程度做旧；在任何情况下都不能让原始雕塑去适应新加的部分[①]。其强调了新修复部分从整体性角度对真实性的服从。这一理念在18世纪20年代瓦拉迪尔主持的罗马大角斗场西区的修复中得到体现，他在修复中对底部出于稳固考虑使用凝灰石，其他地方出于经济考虑，使用砖并仔细地模仿古代的生态，但在表面覆盖了有着古旧色泽的壁画，以使其看上去仿佛全部是用凝灰石制作的。

我国以土木结构为主体的历史建筑在维修工程中，经常按照传统观念重修（落架大修）或重建（按照原初形态完全新建）历史建筑，在这过程中形成了"修旧如新"的传统模式。这里的"旧"主要是遵循原有的建筑结构和形态等；"新"主要是指用新的材料来替换原有的构件和材料或完全重建，并对表面进行重新粉饰装修，使其"焕然一新"。但是，这种"修旧如新"的做法对历史建筑的历史信息的损失是显而易见的，而"焕然一新"的最后结果也的确大大影响了我们对历史沧桑感的体验，随着20世纪初西方现代历史古迹修复思

---

① Elizabeth Jane Darrow. *Pietro Edwards and the Restoration of the Public Pictures of Venice, 1778-1819: Necessity Introduced These Arts.* Ph. D. dissertation, University of Washington, 2000.

想的引进，尤其是"真实性"理念的传播，越来越多的专家对传统做法提出了异议[①]。基于这种争议，在"真实性"原则指导下，许多专家学者结合我国木构建筑和中国传统文化实际，对历史建筑的保护与修缮进行了积极的探索与实践，并形成了"修旧如旧"的保护理念与原则。即在替换或重修、重建的过程中，针对新材料进行做旧处理，以使其显示出"历史沧桑感"。而这一原则随着我国大遗址保护的发展，也被引入大遗址保护中，但由于对其产生背景认识不足，将其作为我国传统历史建筑处理的手段，在大遗址保护实践中不能有效指导大遗址保护。因此，有必要在厘清修旧如旧原则产生背景及其主要理念内容的基础上，结合大遗址实际，指导其保护实践。

2. 修旧如旧原则在大遗址保护中的解读

通过对西方与我国修旧如旧原则的回顾与分析，可以发现，修旧如旧包括了两层含义、三种形式。第一层含义是新旧的"旧"，即修复中应从整体性出发，新修复的材料应做做旧处理，保持与原有材料一致的色彩；第二层含义是指修复到旧有的状态，即"原状"。而这个旧有的状态，包括了两种形式，一般包括发现时的形态和原初（即刚建成时期）的形态。

修旧如旧的第一层含义与巴托洛梅奥·卡瓦萨皮提出的，并被国际社会普遍接受的，基于真实性需求对遗存外表干预，以使其凸显沧桑感的修复理念一致；这种理念在20世纪50年代以后被中国学者结合我国土木结构建筑实际进行了应用，形成了我国的"修旧如旧"原则。按照"修旧如旧"原则的第一层含义，即做旧的形式，要求在大遗址保护中应对修复部分在添加完成后，进行表层处理达到"随色做旧"与"修新如旧"，使其与遗址整体及其周边环境相一致。但在此过程中，应按照可识别原则对"修旧如旧"部分进行可识别处理，以免误导公众。第二层含义包含了彼得罗·爱德华兹的恢复"原状"理念，但又结合历史建筑和遗址保护等做了拓展，不简单地停留在"去除"后的恢复"原状"，包括了"修复"添加后的恢复"原状"。其中，发现时的形态即大遗址考古发掘后所展现出的残存状态，在大遗址保护中一般主要实施"原状保护"，包括露天原状保护、围栏原状保护等；原初的形态即遗址刚建成时期的结构形态或某一典型时期的形态，在大遗址保护中表现为"原状复原或重建保护"。

总之，这些保护原则中，完整性原则提出最早，并在实践中分离出对真实

---

① 陈蔚：《我国建筑遗产保护理论和方法研究》，重庆大学博士学位论文，2006年，第162页。

性原则的讨论，使完整性原则与真实性原则成为文化遗产保护的两大核心原则。在这两大原则的指导下，为实现保护的完整性与真实性，形成了可识别原则、可逆性原则、原址保护原则、最小干预原则和具有中国特色的修旧如旧原则。随着我国大遗址保护运动的发展，这些原则也成为我国大遗址保护的重要原则，对我国大遗址保护与价值弘扬具有重要的意义。

第二节　大遗址保护技术措施探讨

大遗址经过漫长的历史发展演变，多剩下残垣断壁或深埋地下，同时随着经济社会的发展，人为和自然的破坏不断加剧，导致其本体的形态和大遗址所反映的历史文化价值等出现缺失。为了有效保护大遗址本体，实现内容与形式的统一，有必要根据大遗址遗存本体及其环境实际的状况，在保护原则指导下，采用相应的保护手段，消除或减缓引起大遗址破坏的隐患，维持其实体的绝对存在并保持其价值和文化意义。大遗址遗存类型、技术措施特点不同，根据遗存现状所采取的技术措施也就不同，一般主要包括维护、修复、迁建、重建和环境整治等。

一、保存保护

1. 国内外对保存的阐释

保存是伴随着历史建筑保护而提出并被其他各类遗产普遍运用的一种保护技术措施。其从17世纪作为保护的一项措施提出后，得到各国文化遗产保护者的普遍接受，并在20世纪的各种保护公约、宪章、宣言中不断被强调和发展。《雅典宪章》第6条提出，考古遗址将实行严格的"监护式"保护，即强调对其的保存。《威尼斯宪章》第6条提出，凡传统环境存在的地方必须予以保存，决不允许任何导致改变主体和颜色关系的新建、拆除或改动；第15条提出遗址必须予以保存，并且必须采取必要措施，永久地保存和保护建筑风貌及其所发现的物品。《关于保护景观和遗址的风貌与特性的建议》《关于在国家一级保护文化和自然遗产的建议》等国际性保护文件则将"保护、保存和展示"并用，强调保存的重要性。《内罗毕建议》《保护非物质遗产宣言》等文件将保存作为保护的一项重要措施，《内罗毕建议》指出，"保护"（conservation）的意识是鉴定、防护（protection）、保存（preservation）、修缮复生、维持历史的或传统的建筑群及其环境并且使它们重新获得活力。同时，一些文件中对保存的概念及其内容等进行了界定与阐释。《巴拉宪章》认为，"保存"是指维护某遗址地的现存构造状态并延缓其退化；加拿大联邦公园部发布的《文化遗产保存指南》认为，保存包括加固和维护某一资源的现存形式、材质和完整性的所有保护行为；保存既包括短期的保护性措施，也包括旨在延缓退化或防止损坏的长期行动；保存旨在为遗产资源提供一个安全稳定的环境，以此延长其寿命；加拿大内政部颁布的《历史性项目保护标准》则认为，保存的标准要求最大限度地保留遗产地的历史构造，包括随着时间而演变的历史状态、特征和细节。而《佛罗伦萨宪章》开宗明义地指出，作为古迹，历史园林必须根据《威尼斯宪章》的精神予以保存；既然它是一个"活"的古迹，其保存亦必须遵循规则进行；并指出保存的重要性及针对不同类型的独特性。2002年通过的《布达佩斯世界遗产宣言》直接将保存作为文化遗产能力建设的关键战略目标[①]，以促使世界各国积极保存本国的文化遗产。中国的法规中也将保存作为保护的一项重要措施而提出，《中华人民共和国非物质文化遗产法》为了避免消极影响，甚至将"保护（狭义的保护）"与"保存"区别开来，对不同的非物质文化遗产采取不同的措施，并规定国家对非物质文化遗产采取认定、记录、建档等措施予以保存。

通过回顾与总结，保存主要是指保持遗产或遗产构成要素在现有状态下的现状，延缓恶化的技术措施。其适用于各种类型的遗产保护，是文化遗产保护的基本措施，是最小干预原则的体现。一般主要包括日常维护和加固等措施，且由于遗产类型、现状不同，采取的保存措施在方式及干预时间（短期的临时性措施或长期行动）的长短上也不尽相同。

2. 保存在大遗址保护中的应用

大遗址保护中的保存主要是指保持整个大遗址或大遗址构成要素在现有状态下，延缓恶化的技术措施，包括日常维护、加固、防护等技术措施。

（1）日常维护保护。日常维护是大遗址保护经常性的保养维护工作，是大遗址保护工作最基本、干预最小的保护技术措施。维奥莱·勒·杜克和普洛斯波·梅里美认为，无论修复技术多么精湛，也总会有令人遗憾的地方，明智的维护会防止这样的事情发生。《北京文件》指出，保存的目的是保证古迹遗址保持

---

① 该宣言的基础是被称为"4C"的四个关键战略目标，即可信度、保存、能力建设及沟通；2007年，人们又添加了一个"C"进来，即社区，以此强调本地社区参与保护世界遗产的重要性。

良好的状况。大遗址保护日常维护指对大遗址及其构成要素有破坏隐患的部分、可能出现的破坏情况或对大遗址保护、展示、利用、管理后的状态进行检测、维护的措施。包括对大遗址区域日常的巡查、重点遗址的监护、隐患或破坏情况的提前预防和监测、调查、登录等。因为大遗址面积广大、遗存丰富、类型多样，不可能对所有的遗址及其构成要素都进行修复、重建、展示、利用，只有对大遗址现存状况做好日常维护，以最小的干预，防止破坏或延缓恶化，就可能使大遗址及其构成要素保持在相对良好的状态，所以在各类保护技术干预中这应该是最重要的。日常维护不是大规模的修复，只是"简单性"的维护与防护，以最小的干预，获得最大的保护效果，以使大遗址的完整性与真实性得到保存。这种方式因为干预小，有时甚至对本体不进行直接干预，也被称为露天保护或田野保护。

（2）加固保护。加固保护是用现代工程技术手段对遗址本体中损伤的部位或存在安全隐患需要采取一定保护措施的部位进行加固、稳定、支撑、补强的保护方法。加固保护的各项措施一般都属于物理措施，不会改变保护对象的物质构成材料的性质。但在加固或补强措施中有可能为了对缺失的关键部位进行补全，即可能需要添加一定的新构件或新材料。在此过程中，第一，应以可识别原则、可逆性原则、最小干预原则、修旧如旧原则等为指导，结合保护对象现状及加固保护时间的有效性，判断其是短期性的还是长期性的，来选择最合适的加固保护材料和措施，并在科学论证、试验的基础上，进行干预保护；第二，加固材料和结构的替换或更新应保持在合理的最小的程度，除非特别需要，一般不用添加物加固，只采用外部的防护加固即可，以便最大限度地保存历史材料；第三，加固保护应尽量不要改变保护对象的外观面貌，所使用的现代构件、现代材料要尽可能用在保护对象的较隐蔽的部位，以免破坏保护对象的外观和特征[①]；第四，所有的保护工程都应做好档案记录，以便于查询。

（3）防护保护。防护保护是指对处于危险状态的遗址等，为了给其创造一个较为稳定的、少受外界因素干扰破坏的环境，对保护对象进行物理性防护或构建遮蔽性构筑物、建筑物等进行保护的措施。

防护保护对象主要是针对价值比较高、保存相对较差，容易受到外界干扰破坏的一些遗址，如窖穴、建筑基址、残墙、碑碣石刻等，有的甚至可以是相对面积较大的遗址或整个大遗址及其环境构成体。一般主要包括围栏、覆盖、回填等方式，从整体性来说，还包括遗址博物馆或遗址本体保护陈列大厅等。而三维立体性质的覆盖保护相对来说，是目前防护保护最好的选择。但具体问

---

① 林源：《中国古建筑保护遗产理论研究》，西安建筑科技大学博士学位论文，2007年，第133页。

题需具体对待，不同的遗址以及保护现状，采取的防护措施不尽相同。

二、修复保护

保护与修复这两种态度一开始就很分明，这也反映在对以历史建筑和遗址为代表的文化遗产的处理方式上。保护（conservation）泛指对文化遗产的保管和修缮，主要是指把环境对遗产和其材料的破坏减少到最小，或采取积极措施阻止劣化，并对可能继续损坏的地方实施加固、维护等。修复（restoration）是保护的一种措施，是最后一过程的延续，主要指在保护措施不能满足需要时，在不伪造的前提下，将物体按原状恢复到可以展现的状态①。

1. 国内外对修复的阐释

"修复"的概念来源于拉丁语，意为"寻找"原来的一部分，以恢复某种功能性或创作思维的动态性。修复作为文化遗产保护理念的出现是长期历史发展进程的结果，它伴随着西方史学思想的发展形成于18世纪，是启蒙运动的理性思潮、前浪漫主义和浪漫主义情感相互较量的成果。以欧洲为代表的西方文化遗产保护史其实就是一部文化遗产修复史，在对文化遗产修复理念认知的进程中促进了现代文化遗产保护事业的发展。最初的发展正如在国际遗址保护发展历程中的介绍，修复理念是随着15世纪初期对器物修复过程中形成的理念和原则发展演变而来的。并在漫长的发展中形成了以法国为代表的风格式修复、英国的反风格修复和意大利的文献式修复三种主要类型。而随着19世纪和20世纪对修复的辩论，以意大利为主的文献式修复为各种国际性组织及其会议通过的宪章、宣言、公约等文件肯定，并随着这些国际性文件的传播被许多国家所接受。但这并不意味着在修复中以意大利的文献式修复一家独尊，法国和英国的传统修复理念依然在使用，其中的一些优秀成分也被各国所接受，而各国在这些修复理念的指导下，结合本国实际也进行了相关阐述，以使其符合或满足本国文化遗产保护实际需求。

西方修复理念的发展主要是在对修复对象修复"原状"，即修复程度的争议或辩论中发展的。在早期主要是对古迹遗址进行"原初"（最开始建设时期）状态的修复，这一理念在18世纪之前的意大利、西班牙和法国等得到普遍实践。为了使修复对象回到"原初"状态，人们用与原作相同的建筑方式或材

---

① 〔芬〕尤嘎·尤基莱托：《建筑保护史》，郭旃译，中华书局，2011年，第5页。

料来添加、重建或去除部分构件，以使其达到"原状复原"。这一理念被法国所完善，形成了以其为代表的"风格修复"，建议将古迹遗址修复到"原初"或"原始"状态。例如，基于一致性和"简单美"的原则，以詹姆斯·艾塞克斯为代表的古典建筑师在对中世纪建筑考察基础上，提出对建筑的修复要"恢复到符合建筑者初衷的状况"。詹姆斯·艾塞克斯认为，建筑物的简单美来源于各部分相辅相成的结合，从而形成一个均匀和谐的整体，因而可以使人一览无余，且建筑物的各部分保持形式上的整齐[①]。此观点与中国传统土木结构建筑对"美"的追求基本一致。中国土木结构建筑物只有表现出整体性，使人看到其基本形态，才显得整齐有美感。其他哪怕是去掉一个角，在中国人传统的审美观念里也不美了。在此过程中，随着对真实性认识的不断深入，许多学者也对"原始"状态的修复产生怀疑，认为完全恢复、重建到原始状态破坏了真实性和岁月价值。于是在修复中，出现了不赞成重建的观点；同时，还有一种基于尊重对原始材料纯粹的保护，即不动，按照现有的原状保护，但这种原状保护不是彻底不动，而是基于原有材料，进行归位复原，这符合砖石结构建筑的特点。而与此同时，以伽特赫梅赫·德·甘西为代表的一些学者指出，修复首先意味着整修一个历史性建筑，将佚失部分整合为一个整体，在此过程中，（修复部分的）细部可不考虑，以使古代部分和为了体现其整体而修复的部分相混淆。这是一种基于整体性轮廓再现的修复理念。这些理念在后来的修复实践中都得到体现，尽管后来以意大利为代表的文献式修复成为国际的主流，但对"原始"状态的修复、完整性原则下的轮廓性修复和局部风格修复依然存在，在实践中对"修复程度"问题没有形成统一的严格的要求。主要是在真实性与完整性原则指导下，各国结合本国实际，进行解读实践，以达到最佳状态。

2. 修复在大遗址保护中的应用

大遗址有其自身的独特性，在整体大环境和外界干扰较小的状态下，可能有着自身相对平衡的、稳定的安全状态，施加不必要的保护技术干预，反而会破坏这种平衡状态。尤其是修复极可能面临着对大遗址真实性的破坏。因此，在大遗址保护中需谨慎对待，除非是确认存在严重的结构问题及不修复就会影响保护对象的存在或无法传递、表达其价值的情况下，经过全面分析，选择合适的修复方式并进行严格的试验论证和监测基础上，才可以应用。但我国大遗

---

① 〔芬〕尤嘎·尤基莱托：《建筑保护史》，郭旃译，中华书局，2011年，第141页。

址经过漫长的发展历史，多为断壁残垣，甚至只剩下建筑基址，几乎都面临着整体结构缺失、保存状况差、无法解读等现实问题，因此，这使得对保护对象可能干预最大的修复成为大遗址保护中必不可少的保护技术措施。

大遗址保护中的修复方式主要包括局部的现状修整、局部复原和重建，而在此过程中，除前述原则外，还必须坚持一个最基本的原则——原状保护原则。现状修整是在不扰动现有结构的背景下，对坍塌、毁损的部位进行添加修复；对后代添加的价值、意义很小，与保护对象未形成整体关系的构件及建筑物、构筑物进行清理修复；对遗址等进行清理等措施。局部复原是指对大遗址中重要的遗址或遗迹等进行的部分轮廓或整体轮廓进行复原或示意，以展现其原初形态，增强可读性与观赏性。重建是针对大遗址中价值特别高的、特别重要的遗址在保护基础上恢复其"原状"。在具体的修复中，应在保护原则指导下，具体问题，具体分析，制定最佳的修复方案。修复方案必须在对遗址等构成要素及保存现状调查成果、价值评估结果和研究成果基础上来制定，以保证修复的可靠性和科学性。同时，所有修复都应充分记录与存档并避免结构与形态的篡改和矫饰。

3. 大遗址修复中"原状"的形式

修复是使遭到毁损的遗址恢复"原状"的技术保护措施。根据对西方修复中主要方式的回顾和我国传统对"原状"的理解，一般来说，在大遗址保护中，对待修复的"原状"问题主要包括三个层面。针对"原状"理解层面的不同，采取的修复处理手段、方法不尽相同。

（1）"原状"即为初建状态。遗址初次建造的形态，即为原初的态。原初状态是遗存最完整的、最真实的状态。按照此原状进行修复一般主要是指进行局部性的复原或整体轮廓的示意以及重建，如在大遗址保护中为实现对发现时遗存的完全保护，并增强其可读性、观赏性，则可在对遗址本体回填保护处理的基础上，在其上部进行基址复原或整体轮廓架构示意。其次就是按照原初的形态，进行完全的整体修复，即重建。但在此过程中，前提条件必须是清楚地了解遗址"原初"的真正形态结构。如果不能完全真正地了解，则不建议使用。尤其是对于重建，除非完全有必要，否则应慎之又慎。

（2）视"原状"为"原真"。即将"原状"理解为在对大遗址构成要素实施保护技术干预之前的状态，是一种现状保存，不仅承认其历史价值，也承认其岁月价值。在该"原状"下，主要是针对保存情况，进行局部修整以体现完整性。如果大遗址及其构成要素整体保存较好，则可"原状"保护其现状；如果大遗址及其构成要素保存较差，完整性被破坏，但破坏的部分可以按照自身基本遗存现状凸显的完整性来修复，则可以依据自身完整性进行"添加性或减少性"修复到原状；如果完整性保存较差，破坏严重，但通过考古发掘及文献资料研究能了解其原状形态，则可进行局部的修整以实现；如果整体性保存较差，遗存自身及文献资料无法提供充分、可靠的修复依据，只能以掌握、了解的大遗址遗存某一个时间段（点）的状态作为"原状"。

（3）以该遗存某个历史时期的建筑形态为"原状"。如上述所言，在对现状下的"原状"保护时，如果整体性保存较差，遗存自身及文献资料无法提供充分、可靠的修复依据，只能以掌握、了解的大遗址遗存某一个时间段（点）的状态作为"原状"。因为中国木构建筑的易损性特性和"重建"传统，重要的遗址在历史上某一个时间段或时间点的状态有多个。遗址越重要、价值越高、延续时间越长，则历史上这样的状态越多。因此，在选择以"某个历史时期的建筑形态"为原状的时候，必须对其整个过程中各个阶段的状态都应有大致的认识、了解，基于此，选择仅次于初次建造时期的，在历史上某个阶段最重要、价值最高、意义最大的状态，进行修整或局部修复及整体修复重建。但是，将这个最佳状态"作为遗产修复要达到的最终状态，必然会损失一部分在这个'盛世'之后产生、形成的价值内容，这与现在已普遍接受的要保存历史上不同时期遗留在遗产上的印记的原则相违背"[①]。因此，一般不是十分必要，也不建议使用。

三、迁移保护

迁移保护是指在大遗址保护中针对可能出现的重大自然灾害或国家重大建设工程以及展示利用的需要，对遗址及相关构成要素进行原状迁移、易地保护的一项措施。该措施是历史建筑保护中的一种措施，近年来随着大遗址保护需求的发展，而被引入。但在实施过程中，引起了一些学者的质疑，认为其不利于大遗址真实性的实现，与原址保护原则相冲突。基于此，在对国内外迁移保护阐释回顾、总结的基础上，结合大遗址实际探讨迁移保护的必要性及具体措施。

1. 迁移保护在国内外的阐释

随着文化遗产价值认知和真实性理念的发展，在保护古迹遗址本体的同

---

① 林源：《中国古建筑保护遗产理论研究》，西安建筑科技大学博士学位论文，2007年，第136页。

时，人们越来越重视古迹遗址与其周边环境的整体保护。认为古迹遗址离开其原有的环境范畴，真实性将受到损害。早期西方古迹遗址保护理论探讨与实践中都强调原址保护的重要性，这一理念在现代保护运动发展中得到国际文献的认同。但是在强调原址保护的同时，并不意味着就不允许对古迹遗址进行迁移保护。早在1956年联合国教科文组织第九届大会上通过的《关于适用于考古发掘的国际原则的建议》中，即提出"迁移任何应该在原地保存之纪念物须事先经主管当局批准"。这可以说是国际性文件中在强调原址保护重要性的同时，对迁移的限制性许可，但并不具体。这在其后的《威尼斯宪章》中得到再次强调，古迹不能与其所见证的历史和其产生的环境分离；除非出于保护古迹之需要，或因国家或国际之极为重要利益而证明有其必要，否则不得全部或局部搬迁古迹（第7条）；在对可移动文物规定的同时，还强调了其构成要素的迁移保护，作为构成古迹整体一部分的雕塑、绘画或装饰品，只有在非移动而不能确保其保存的唯一办法时方可进行移动（第8条）。明确地提出了迁移的条件，即在上述情况下，可以进行古迹遗址的迁移保护。这一理念在《关于在国家一级保护文化和自然遗产的建议》和《内罗毕建议》中都得到体现，如《关于在国家一级保护文化和自然遗产的建议》规定"古迹与其周围环境之间由时间和人类所建立起来的和谐极为重要，通常不应受到干扰和毁坏，不应允许通过破坏其周围环境而孤立该古迹；也不应试图将古迹迁移，除非作为处理问题的一个例外方法，并证明这么做的理由是出于紧迫的考虑"。在指出迁移条件的同时，还将其作为处理问题的一个例外方法。《考古遗产保护与管理宪章》则在强调原址保护的同时，指出"将遗产的任何组成部分转移至新的地点的任何行为即构成违反就地保存遗产的原则"。但它并非不允许迁移保护遗址。而《关于工业遗产的下塔吉尔宪章》在维护与保护条款中明确提出原址保护优先性的同时，提出了可能出现的特殊情况，并规定"只有当经济和社会有迫切需要时，工业遗址才考虑拆除或者搬迁"。

这一理念在国外也得到普遍实践，最典型的案例就是20世纪中期对阿布辛拜勒-努比亚遗址的迁移保护。该遗址的迁移保护是首次对大型遗址进行搬迁保护，为大型遗址的保护提供了重要的方法借鉴。阿布辛拜勒-努比亚遗址位于埃及东南部，遗址包括兴建于不同历史时期的、艺术风格各异的多处寺庙建筑群、陵墓以及祭台等，集中体现了数千年来的古代建筑艺术。20世纪中期埃及阿斯旺大坝的修建将导致尼罗河岸边的阿布辛拜勒-努比亚遗址永远沉入水底，这使得遗址的价值受到全世界的瞩目，联合国教科文组织发起了拯救阿布辛拜勒-努比亚遗址的呼吁，在20年间，由24个国家的考古学者组成的考察团勘察了受湖水威胁的区域，先后经过40多次大规模的拯救工程，将22座庙宇切割、拆装后转移到高坝附近经过严格方位测定和计算的高地上，并严格按照原状进行了重建，最大限度地保存了该遗址及其历史文化信息。

纵观国外对迁移的态度，并没有完全绝对的要求原址保护。其在强调原址保护的同时，针对古迹遗址原址保护可能出现的特殊情况，提出了迁移保护的措施，并规定了迁移保护的条件。在符合这些条件的情况下，出于保护的需求，是允许迁移保护的。这一理念被我国在建筑保护中所接受，并结合实践，不断得到完善。例如，为修建三门峡水库、三峡水库等对山西芮城永乐宫和湖北云阳张飞庙就进行了异地迁建，使这些优秀的文化遗产得到了有效的保护。随着大遗址保护的发展，这一方法也在大遗址保护中得到运用，如安阳殷墟遗址在保护中就对陪葬墓进行集中迁移保护、展示，以在实现有效保护的同时，弥补大遗址可读性、观赏性差的局限，为我国大遗址保护提供了重要的技术措施借鉴。但为了规范迁移保护，我国也对迁移保护提出严格的条件限制。例如，2013年发布的《国务院关于进一步做好旅游等开发建设活动中文物保护工作的意见》中即明确提出，"文物古迹和历史建筑应当尽可能实施原址保护，不得擅自拆除、迁移"。

2. 迁移保护在大遗址保护中的应用

大遗址迁移保护是对大遗址构成体进行异地保护的一种技术措施，即将迁移保护对象进行整体或拆分切割，然后移至他处保护、展陈，或组装、拼合，恢复为整体原貌进行保护、展陈。迁建在所有保护措施里可能是仅次于重建对大遗址保护真实性及其完整性破坏最大的措施。因此，在实践中，应对这种措施进行严格的限制，只有当迁移保护是必需的情况下才可以进行。一般而言，大遗址保护中需进行迁移保护时必须满足下列条件之一方可考虑：第一，出现自然灾害等不可抗拒的原因，使得遗址无法实行原址保护的，如地震、泥石流、洪水等；第二，遇到特别重大的国家建设工程等人为的不可抗拒原因而无法实现原址保护的，如因修建水库而处于淹没区、重要的干道、重要的农田水利设施等；第三，为有效保护与展示大遗址的需求，如分布较零散的、不便于监管或可读性与观赏性较差的小型遗址等，可在严格论证下，进行集中保护与展示；第四，为有效展示大遗址中特别重要的、价值特别高的遗址本体，可进行迁建保护。在符合上述条件同时，还应进行申报以获得相关部门的批准，并充分考虑"迁移环境的选择和不安全因素的排除和防止借题发挥增建仿古建筑"①。将遗址或遗迹等从原来的大遗址位置迁移的做法，仅在出于确保本体安全和最有效监管或展示的特殊情况下方可考虑，即必须符合"唯一""最有效"两个原则。

大遗址迁移保护的方式主要包括整体或部分迁移保护、集中保护与展示、异地迁建三种。整体或部分迁移保护主要是基于第一或第二种原因，首先在于保证其安全，这种方式是原状的迁移，只做位置的变化；集中保护与展示是相对于第三种原因的一种措施；异地迁建是针对第四种原因，一般在原址对遗存保护加固的基础上展示遗址或遗迹本体的同时，为增强公众对遗址或遗迹的认知，在原遗址或遗迹的附近选择合适的位置，按照考古发掘及历史文献资料的研究，对遗址或遗迹进行原状复原或原状局部复原，以展示其可能完整状态。

迁移保护地点的选择是迁移保护的一个关键性内容，必须寻找与遗址等原址的自然环境与社会环境都非常近似的地点或有利于大遗址保护、展示及进行对比欣赏的地点，以减少因原初空间位置的改变给遗址价值造成的损害或不能实现有效保护与展示的目的。

四、环境整治

环境整治是对大遗址区的自然与人文社会环境进行整理、塑造、维护的综合性保护技术措施，既包括对现状环境的保存和清理改善，也包括对已经消失环境在可能范围内的恢复及整治后环境景观的展示。

1. 环境整治保护在国内外的阐释

古迹遗址与其环境构成有效的整体。在18世纪保护运动的发展中，修复师们已经注意到古迹遗址与环境的关系，在英国形成了古迹遗址著名的"画意风格"式遗址园林保护模式。进入20世纪后，以《关于保护景观和遗址的风貌与特性的建议》《威尼斯宪章》《世界遗产公约》《西安宣言》等为代表的国际性文件都对环境与古迹遗址的整体性及保护的"真实性"问题进行了阐述，认为环境是古迹遗址不可分割的一部分。这一理念在传播中被世界各国普遍接受，《西安宣言》就是我国结合国际理念和我国传统风水文化及文化遗产实际进行的本土化国际释义。而大遗址是以遗址或遗迹本体为核心，包括自然与人

---

① 付清远：《〈中国文物古迹保护准则〉在文物建筑保护工程中的应用》，《东南文化》2009年第4期。

文环境的景观综合体，环境是大遗址的重要构成要素。因此，大遗址保护中必须重视对大遗址环境的保护，以实现大遗址景观的完整性和真实性。

2. 环境整治保护在大遗址保护中的应用

随着国际理念的发展，作为文化遗产重要构成的环境保护在我国受到了重视。但是我国目前在环境保护的思路、方法等方面并未有实质性发展。例如，在大遗址环境保护中，整治主要以拆除、清理影响大遗址景观的建筑物、构筑物及设施（线路、广告牌等）和绿化、美化大遗址区域环境为主，没有从大遗址文化景观角度，进行综合性的环境整治，以实现大遗址保护、价值实现与大遗址景观的和谐以及区域经济、社会、文化及居民生活的协同发展。而出现这种问题的原因主要表现在以下几个方面。

第一，对大遗址认识不够深刻。我国长期以来只是将大遗址看作遗址的一种延伸类型，未能从概念、理论方面深入探讨其独立性，导致对大遗址认识不足，认为大遗址就是面积比较大、价值比较高的遗址。这必然导致对其构成要素的认识不足，同时不能深入、透彻地研究、分析遗产环境的特征及组成要素。

第二，没有真正理解环境与大遗址的关系。自《西安宣言》以后，许多人都认识到了环境是大遗址必不可少的构成要素，彼此相互依存而成为整体。但在具体大遗址保护实践中，却依然唯遗址论，将环境视为大遗址的背景元素，不能真正将二者统一。

第三，忽视大遗址、环境与人生活的关联。只是将自然环境作为遗产保护的环境之一，而没有将大遗址区活态的村庄、民俗传统等文化景观纳入，同时，没有看到三者的和谐共生，互相促进关系。

第四，环境保护的视野过于狭窄。传统的大遗址保护只限定于保护范围和建设控制地带，而没有从其宏观的大空间和地理景观系统这个层次入手去探讨保护问题，没有看到大遗址的二元性。大遗址景观论需要我们应用地理和生态学理论研究大遗址所在地区的自然系统和土地的自然状况以及其与大遗址之间的关系，把自然资源的保护、土地的利用与发展规划同大遗址的保护和大遗址的环境整治相结合。

而最关键的是缺乏对大遗址文化景观的认识，在缺乏这种整体的、宏观的大遗址文化景观理念下，必然导致各种要素相互割裂，不能成为一个整体。在保护中也将缺乏整体观念，导致所谓的环境整治成为对大遗址环境真实性的破坏，大遗址丢失经历漫长时间形成的综合性岁月价值和历史文化传统的延续，使得大遗址区域成为在"遗址或遗迹"及千篇一律的"新"环境"伪装"下的普遍文化场所，缺失了自身独特的地域文化特征。

基于上述原因分析和我国大遗址环境整治的目标，大遗址环境整治保护主要包括以下几项内容。

第一，对有害的自然与人文环境的整治。主要是对大遗址区域环境中存在的各种自然与人文破坏因素进行整治，包括对固体垃圾、环境污染、生物侵害、自然灾害等进行整治、防护，以消除对大遗址自然环境的破坏与影响。

第二，自然景观改造与提升。对构成大遗址自然景观的地形地貌、水体、植被等进行恢复、维护；同时，结合大遗址保护、展示需求，进行区域景观的改造与提升。

第三，文化景观的改造与提升。对构成大遗址文化景观的村落、民俗传统、礼仪习俗等进行维护、修整、弘扬和传承，并辟建专门的文化场所，进行保护和展示。

在上述三种模式基础上，我们还可结合大遗址实际，从整体保护角度，以生态博物馆或乡村大舞台模式对大遗址区进行综合保护，以实现大遗址区域环境整治与大遗址保护、大遗址利用及大遗址区域经济、社会、文化的协同发展。

五、重　　建

重建是指对已经毁损的古迹遗址进行原状恢复的一种保护技术措施，是国内外古迹遗址保护的重要方式之一。我国自古以来就有"器以载道"、存废利用的重建传统，并得到公众的认可和鼓励。但随着20世纪80年代西方保护理念大规模传入，在我国理论界出现了"反重建"的呼吁，尤其是进入21世纪后，针对大遗址保护中是否可以重建，引起了新一轮对重建问题的争论。许多专家学者以国际性文件，如《威尼斯宪章》[1]《保护世界文化和自然遗产公约》[2]等为理论纲要，提出禁止在大遗址保护中对遗址进行重建。而近年来对"真实性"问题的讨论，则更使许多学者在保护中言必谈真实性，对重建进行强烈谴责。而现实是，在保护运动和宪章的起源地，对古迹遗址的重建则从来就未曾

---

[1]　《威尼斯宪章》第15条规定，遗址必须予以保存，并且必须采取必要措施，永久地保存和保护建筑风貌及其所发现的物品。对任何重建都应事先予以制止，只允许重修，也就是说，把现存但已解体的部分重新组合。但事实是《威尼斯宪章》提出该规定有其独特的背景，而我国许多学者在不了解的情况下，将其教条化。

[2]　受《保护世界文化和自然遗产公约》及《操作指南》对"真实性"的规定。

中断过，即使在《威尼斯宪章》之后，国际上各国在保护实践中的重建现象不减反而增加，并对重建的理解更加多元化。因此，有必要在对国内外对待重建问题态度回顾基础上，结合我国古迹遗址实际，进行理性、认真、全面的思考，建立起科学规范的理念体系，以指导大遗址保护中遗址等重建问题的分析与实践。

1. 国内外对重建的阐释

（1）国际社会对重建问题的理论与实践探讨。以欧洲为代表的西方国家，在传统的习惯下，如同中国传统社会对待毁损建筑及其遗址的态度，绝大多数情况下，一般都是重建被毁的建筑。即使在15世纪保护运动出现以后直至现代，在西方仍然存在着以社会审美需求为指导，以恢复文物完整性和美感为目的的修复认知。而对为什么需要重建或者说重建的科学理论化探索则是伴随着15世纪保护运动的发展而展开的。其理论化的基础与修复运动一样，都是基于美学思想对"器物"或"雕塑"等艺术品的原状修复，但由于科学发展的局限，最初的原状修复都是建立在对艺术品可能的原始状态大概想象的基础上，缺乏严格的、科学的推理。

17世纪后，随着理性主义的萌芽与保护理念的进一步发展，在真实性认知中，人们开始思考重建与历史价值的关系、与真实性之间的关系。例如，盖德吉索尔认为不要用遮蔽棚、支撑体系或者用铁箍包住的方法，应该重建历史建筑所有坍塌部分，至少要让人们知道建筑的原始形式及比例的确切概念[①]。在对局部修复与完全重建的争议中，一般形成两大派别，一种是追求完全的真实，建议原封不动地保存；而另一种则是建议在对同时期建筑的可能形态认真推测的基础上，忠实地复原重建或复原缺失部位，以完整再现遗址的"最初"形态。例如，著名的建筑修复师阿尔伯特·巴特尔·托瓦尔森、卡尔·佛雷德里希·申克尔等西方早期文物保护者几乎并非总是支持单纯的保护，对于毁损严重的或已经成为遗址的建筑遗存，一般倾向于按照原有形式重建。他们普遍认为，修复就是"重建"复原，对于因时间原因已经失去欣赏趣味的无法辨认的或无人知晓的遗址及其残存，应该冒着破坏这些古迹本身价值的风险，由国家重建复原，使它们尽可能恢复往昔的灿烂辉煌[②]。

18世纪和19世纪早期开始，以赫库兰尼姆和庞贝古城遗址为代表，在考古

---

① 〔芬〕尤嘎·尤基莱托：《建筑保护史》，郭旃译，中华书局，2011年，第114、115页。
② 〔芬〕尤嘎·尤基莱托：《建筑保护史》，郭旃译，中华书局，2011年，第160-162页。

发掘基础上，以原有遗存进行"复原归位"或推测性修复重建，但一般不多。而此时，以法国为代表的"风格修复"运动迅速发展，成为欧洲的主流保护思想。以阿道夫·拿破仑·迪德伦、普洛斯波·梅里美、维奥莱·勒·杜克为代表的法国派认识到修复的破坏性，强调最小干预的保护。但认为对于毁损的或不存在的遗址的重建也是必需的。他们认为"应避免任何意义上的创新，并忠实地复制那些尚存原型的样式；如果原物已消失得无影无踪，那么，艺术家则应致力于探索研究同时期、同风格、同地域的那些遗址，并以同样的比例、在相同的情况下再造出同样风格的作品[①]"。

与此同时，许多学者也认为衰朽是古迹遗址的必然，也是历史价值的体现，修复使得古迹遗址失去了沧桑感。这使得法国派的许多人成为破坏性修复的象征。这种对"风格修复"的质疑使得19世纪40年代在英国出现了关于保护与修复古迹遗址的辩论[②]。尤其是以约翰·罗斯金为代表的批评浪潮，直指当时所谓的"风格式"修复[③]，认为即使是用某一特定历史时期的方法，甚至可以说是"忠实地"修复一座历史建筑或者一件艺术品，也意味着用新材料复制古老的架构，这必然会破坏由古代艺术家造就的创举的独特性和真实性，同时也抹去了岁月和历史的印痕[④]。这一观点其后在英国占得上风，并使得保护理念与实践更为保守。而同时期英国著名的建筑师乔治·吉尔伯特·斯科特认为，历史建筑就像复原骨架一样，可以在保留建筑原有的精确样式、真实材料和原始细节基础上，经过科学推理予以重建或展开修复[⑤]。包括约翰·罗斯金在内，他们的理论与修复实践活动经常自相矛盾。这些专家提出的理论，在自己的实践中往往被自己推翻，在实践中没有忠实的修复者和保护者，不管是出于保守还是破坏，最终都在现实实践操作中走向折中。例如，维奥莱·勒·杜克或乔治·吉尔伯特·斯科特都强调修复要"保守、保守、再保守"，但在实践中他所主张的和反对的原则之间并没有很大差异；而约翰·罗斯金在实践中也并非

---

① 〔芬〕尤嘎·尤基莱托：《建筑保护史》，郭旃译，中华书局，2011年，第191页。

② 主要分为主张修复者和反对修复者，二者存在着许多共同点，主要的不同意见是在对"客观实体"上。修复者主要关注的是忠实地"恢复"，如果必要，还应重建早期的建筑风格；同时，他们还强调实际和功用的方面。反对修复者对"历史时间"甚为关注，并坚持认为每个客观实体或建筑物都有属于其自身的特定历史和文化背景。所以，在另一时间背景下重新创造出具有同等重要意义的建筑物是不可能的；而唯一可能的任务就是保护和保存原有客观实体的真实材料，因为这些终究是文化遗产的组成实质。这场辩论的结果逐渐为公众所了解，并为修复实践所应用，它引导实践走向一种更为保守的方式。

③ 罗斯金等认为，"风格式"修复是按照一定风格对古迹遗址进行武断修复和重建。

④ 〔英〕约翰·罗斯金：《建筑的七盏明灯》，谷意译，山东画报出版社，2012年，第159-174页。

⑤ David Cole. *The Work of Gilbert Scott*. London: Architectural Press, 1980.

绝对的保护，其在实践中修复了一批古迹遗址，而这些古迹遗址成为现在的世界文化遗产或著名的旅游胜地。

19世纪中后期，在对法国"风格式"和英国"反修复"保护理念学习的同时，以提托·韦斯帕夏诺·帕拉维西尼、卡米洛·博伊托等为代表的意大利学者，既不赞成绝对的保护，也不赞成彻底的重建，而是在学习二者优点的基础上，结合本国实际，提出了具体问题具体分析的"文献式"修复理念。他们不反对修复，但是要根据每座纪念物的具体情况建立干预标准，认为"在有确凿证据能够清晰地证明曾经存在的'原有状态'的条件下，或出于维持建筑结构稳定的需要，修复和再现缺失或遭到破坏的特征的做法基本上是可以接受的"。而科学修复主义的奠基人古斯塔沃·乔万诺尼在强调真实性保护的同时，认为在保护加固等措施基础上，如确实需要则可在科学方法指导下采用现代技术；他对重建的认识主要基于砖石结构建筑，停留在"重组复原"。

20世纪初期，理论界对保护的态度在第一次世界大战后随着"恢复既往"的重建潮得到了彻底的颠覆，面对现实需求，战后各国进行了包括古迹遗址在内的大规模重建，保护建筑师几乎都参与其中。第二次世界大战后的20世纪50~60年代是另一个重建时期，以欧洲为代表的西方各国进行了战后的大规模重建，最典型的如波兰华沙、德国柏林与德累斯顿、法国巴黎、英国伦敦等的重建。这些重建主要是基于民族的、历史的认知。例如，波兰认为华沙重建对于波兰人民的民族认同感具有重要的意义，通过重建华沙及古建筑可以保护原建筑物承载的历史与岁月，增强民族认同感。华沙重建的基础也是因为其保存有真实的测绘图纸等文献，但在现实中除单体的遗址外，整个城市出于生活需求，进行了完善改变。同样，《威尼斯宪章》的颁发地意大利，在面对毁坏严重的古迹遗址时，许多人的第一反应是重建和修复，即使这样做违反既定准则；同样在20世纪90年代对威尼斯凤凰歌剧院的保护中，尽管许多保护专家都强调"尊重历史，表达现今"的重要性，支持绝对保护，但有关当局和威尼斯的普通民众却多支持复原重建，最终以后者为主[①]。

20世纪60年代以后，除上述国家外，许多国家也进行了重建。例如，西班牙基于艺术完整性对毁损的古迹遗址和部分城市、乡村进行重建；匈牙利的布达佩斯的布达城堡在第二次世界大战中受到严重毁损，在接下来的重建中，为满足真实性需求，要求在重建的古迹遗址内，将原来的建筑碎片作为历史证据予以展示；耶普路斯则在保护与重建争议中，最终按照毁坏前的面貌进行了重

---

① Fire in Venice: La Fenice Theater, http://www.veniceonline.it/LaFenice/LaFenice.asp.

建①；美国对威廉斯堡修复，则提倡将该城镇恢复到18世纪殖民地时期的风貌，以使该城恢复成殖民时期弗吉尼亚"原汁原味"的首府；苏联在战后将《威尼斯宪章》定为官方文件，但实际上还是出现了各种各样的方法，尤其是20世纪90年代以后，特别注重对遗址的重建，将其作为文化的一种再展示，在利用过程中都会引入现代用途（博物馆、旅游或其他公共用途），如莫斯科的喀山圣母大教堂于20世纪90年代重建，而古城镇的重建在20世纪末和21世纪初期一直持续；乌兹别克斯坦在苏联时期修复活动基本反映了《威尼斯宪章》的原则，但1992年独立以后，政府重建了14～17世纪的撒马尔罕清真寺和神庙（19世纪的时候就已经是废墟），重建工作是以钢筋混凝土结构，外部覆以传统砖瓦的做法为基础的；而波斯的波斯波利斯遗址旨在重建和展示现存的门道和柱子，保护修复工程一直持续到21世纪初期；在地中海和美洲地区的考古遗址中这种重建从未停止，如希腊的雅典卫城、伊拉克的巴比伦遗址、墨西哥的玛雅遗址和印加的马丘比丘遗址等。亚洲的东亚、东南亚地区的遗址主要以土木结构为主，在传统文化影响下，遗产重建现象相当普遍，有的甚至不必等到毁损而是周期性地重建，如日本式重建和泰国式重建。

（2）国际文件中对重建的阐释。"重建"在《威尼斯宪章》之前包含于"修复"概念之中②，修复在早期代表着重建，而随着保护运动的发展，重建成为修复理念在特殊情况下的一种保护措施。1931年关于古迹遗址保护的雅典会议没有反对修复和重建，对于遗址，只是强调可以通过"原物归位法"将原来的建筑碎片复归原位，使用的所有新材料都应该能被辨认出。《威尼斯宪章》认为，对任何重建都应事先予以制止，只允许重修。也就是说，把现存但已解体的部分重新组合，这符合砖石结构建筑的特性。并在文件中提出禁止重建，但该理念的提出主要是针对第二次世界大战后包括意大利在内的大规模重建运动，要求谨慎地使用"重建"这一修复措施；同时，会议明确关注建筑物的完整性，但是考虑到自第二次世界大战以来曾过分侧重对风格的重建，会议强调了对历史真实性和完整性的尊重。《佛罗伦萨宪章》针对历史园林的完整性需

---

① 耶普路斯重建问题的争论朝三个方向发展：有人想要保留废墟，以此作为战争所造成毁坏的纪念物；有人想从城镇规则的最新发展中获利，因此准备了关于一个花园城市规划的提议；也有人关心中世纪城市的象征意义价值，因此坚持主张应严格按照毁坏前的面貌重建。耶普路斯重建问题的争论最终采用了第三种方案。

② 徐嵩龄：《第三国策：论中国文化与自然遗产保护》，科学出版社，2005年，第128页。

求，提出只有在特殊情况下，必须根据确凿的文献证据才能重建①。《德累斯顿宣言》则讨论了战争中被毁古迹遗址的修复与重建的意义、可行性、技术准则等。《考古遗产保护与管理宪章》则讨论了遗址重建的作用和重建的位置等问题②。《巴拉宪章》则对重建进行了界定，是指将某遗产地恢复到已知的某一历史状态；重建和修复的区别在于它在遗产地的构造中应用了新的材料（《巴拉宪章》第1.8条）。在立陶宛召开的"与文化遗产有关的原真性和历史重建"国际研讨会，通过"历史铁路"修复的《里加宪章》，这一宪章实质仍是关于重建的讨论。国际古迹遗址理事会波兰委员会通过的《克拉科夫宪章》，讨论了"小部分重建"与"整体重建"的不同情况和实施条件。《中国文物古迹保护准则》对不复存在的建筑与遗址中的遗址重建问题进行了指导性规定，一般不建议重建，但在特殊情况下的重建是允许的③。《关于工业遗产的下塔吉尔宪章》规定，重建或者修复到先前的状态是一种特殊的改变；只有有助于保持遗址的整体性或者能够防止对遗址主体的破坏，这种改变才是适当的（第5条第7款）。《会安草案》认为，修复或重建纪念物，将其恢复到过去某一特定历史时期只应在解释和恢复遗产价值所需的特殊情况下进行，并强调这一工作应建立在认真研究，而不是推测的基础之上。而《北京文件》提出可以重建，但从真实性角度考虑，在原址按原样恢复的建筑，可能在若干年后也会成为文物，但显然不应被视作它被重建时所依据的时代的文物。

（3）国内对重建的态度。我国在传统文化影响下自古就有对古迹遗址的重建传统，20世纪80年代随着国际文献解读的不足，使得我国出现了对古迹遗址重建问题的争论，在国际文献指导下，重建得到了理论上的禁止。但是我国学者并不都是认为古迹遗址不可重建，不少学者从《威尼斯宪章》形成的理论与实践基础对宪章的普适性问题对禁止重建提出质疑，认为它不适用于以土

---

① 《佛罗伦萨宪章》第16条规定，修复必须尊重有关园林发展演变的各个相继阶段。原则上说，对任何时期均不应厚此薄彼，除非在例外情况下，由于损毁或破坏的程度影响到园林的其他部分，以致决定根据尚存的遗迹或根据确凿的文献证据对其进行重建。

② 《考古遗产保护与管理宪章》第7条规定，重建起到两方面的作用：试验性的研究和解释。然而，重建应该非常细心谨慎，以免影响任何幸存的考古证据，并且，为了达到真实可靠，应该考虑所有来源的证据。在可能和适当的情况下，重建不应直接建在考古遗址之上，并应能够辨别出为重建物。

③ 《中国文物古迹保护准则》第25条规定，已不存在的建筑不应重建。文物保护单位中已不存在的少量建筑，经特殊批准，可以在原址重建的，应具备确实依据，经过充分论证，依法按程序报批，在获得批准后方可实施。重建的建筑应有醒目的标志说明。第33条规定，原址重建是保护工程中极特殊的个别措施。核准在原址重建时，首先应保护现存遗址不受损伤。重建应有直接的证据，不允许违背原形式和原格局的主观设计。

木结构建筑为主的东亚和东南亚国家。甚至有学者认为，对于已经毁损无存的历史建筑，只要是在原来的位置，按原来的形制、设计和风格，用原来的材料（或应称作"与原来建筑材质相同的材料"），按原来的工艺技术重建起来的建筑，也就是被恢复了的"文物"。徐嵩龄、罗哲文等则结合我国土木结构建筑实际，在对国内外重建问题分析的基础上，提出重建也是保护的重要措施，在亚洲甚至是一种保护哲学[①]。我国领导人也结合国际文件要求和我国古迹遗址现状，提出对某高端遗产地，由于其独特的价值，其保护原则不应与其他文物保护单位相同，起码对外观的保护原则不应相同。不同之处在于它重修后应当"辉煌"。而我国文物保护的基本法《中华人民共和国文物保护法》规定，一般不允许在原址重建，但特殊情况下可以重建。不可移动文物已经全部毁坏的，应当实施遗址保护，不得在原址重建，必须遵守不改变文物原状的原则。

通过回顾与总结可以发现，重建是古迹遗址保护的重要措施之一，世界各国和国际文件中并未禁止对古迹遗址的重建。只是针对不同的古迹遗址实际和不同国家的文化传统提出了重建中应遵循的普遍原则。

保护、修复与重建是互为延伸的三层概念体系，从保护学科发展来看，是在重建认识基础上，开始修复并最终形成保护，但三者又互相彼此交叉。可以说保护的深化是随着对修复"度"和重建问题过程中价值观的认识不断发展而发展的。19世纪之前的重建，多是延续传统的惯例，对古迹遗址进行推测性的重建，以实现其美学和结构完整性；进入19世纪后，古迹遗址的保护基本上立足于风格的独创性（其历史价值）和风格的统一性（其附加价值），在保护策略上的目的是消除自然退化的痕迹，在重建的基础上，恢复原貌，重建与作品原始意图相符合的完整性；同时，随着浪漫主义和历史主义的终结，艺术史观的发展，使得"保护艺术作品意味着通过了解社会对艺术作品'精神世界'的看法而重建对艺术作品真实性和真正意义的感知"[②]的认识得到传播，并推动着保护修复中重建理论的发展。尽管以约翰·罗斯金、普洛斯波·梅里美等为代表的学者在保护理论上要求保存遗存现状，但这只是一种美好的意愿而已，随着科学技术的发展和知识的积累以及价值需求的多元，人们从20世纪末开始又强调全面重建，以期恢复那些已经消失的特色文化或文化特色。尽管许多专家在理论上是一套彻底的"保护"，但在实践中却转向彻底的"修复"（重

---

① 徐嵩龄：《第三国策：论中国文化与自然遗产保护》，科学出版社，2005年，第130页。
② 〔德〕马丁·海德格尔：《海德格尔——演讲与论文集》，孙周兴译，生活·读书·新知三联书店，2005年。

建)。而随着社会需求的多元化,"现今大量重建的遗产资源将成为当前时代的产物"①,并推动着全球文化遗产保护事业的不断发展。

2. 西方砖石结构的考量——雅典卫城遗址

雅典卫城遗址位于今雅典城西南的阿克罗波利斯山上,是希腊乃至世界上最杰出的古建筑群遗址,是希腊的宗教、政治中心,也是城市防卫的要塞,更被希腊人视为国家的象征。

前13世纪出于防卫目的,当时的统治者在卫城山顶修建了官邸和护城墙,使其成为军事要塞。前8世纪,在山顶修建了雅典娜女神庙,以祭祀雅典守护神雅典娜,作为军事要塞的雅典卫城又成为宗教崇拜的圣地,雅典城市和卫城因故得名。前6世纪中期,波斯入侵希腊,在联合作战下,希腊人以高昂的英雄主义精神打败了波斯,雅典也成为希腊城邦的盟主。作为全希腊的盟主,雅典进行了大规模的建设,卫城被作为建设的重点,这使得卫城成为古希腊圣地建筑群、庙宇、柱式和雕刻的最高典范。

前480年,波斯攻占雅典并摧毁卫城的建筑。随后,希腊各邦共同努力战胜波斯,这促使希腊各邦联系更加紧密,并产生共同文化趋向下的国家意识。随着经济实力的增强,前5世纪中叶(约前447年),在著名雕刻家菲狄亚斯负责下开始对雅典卫城的重建,雅典人花费了40年的时间用白色的大理石重建卫城的全部建筑。今日所见的大多数重要建筑如帕提农神庙、山门、伊瑞克提翁神庙、雅典娜胜利女神庙等形态都是在这个时期重建或建成的。至此之后,一直到5世纪,雅典卫城一直是希腊人的宗教圣殿。也使得雅典成为世界经济、文化、政治、宗教的中心,雅典卫城也成为古典主义的纪念碑和时代的象征。这是历史上雅典卫城的第一次"大破坏",也是最为全面的重建和建设,奠定了雅典卫城后期的规模、布局、建筑形态和结构。这次集中重建之后,历代对局部的修复或重建不断,以使其恢复往昔辉煌,如前1世纪左右,对雅典伊瑞克提翁神庙的修缮与重建中,建筑物的许多部分如山形墙、天花板均被拆除并依照原样重建。

6世纪,随着基督教的发展,帕提农神庙、伊瑞克提翁神庙、卫城山门西南侧建筑先后被改为基督教堂,在这过程中,表现古雅典风俗和祭祀活动的浮雕被大量破坏,卫城的局部面貌发生显著变化。13世纪至15世纪卡丁人统治希

---

① 〔英〕费尔登·贝纳德、朱卡·朱可托:《世界文化遗产地管理指南》,刘永孜、刘迪等译,同济大学出版社,2008年,第75页。

腊，其将雅典卫城营建成一座城堡，为了加强防御能力而大量兴建防御工事，卫城山门也被改造为供统治者居住的城堡。1458年奥斯曼土耳其人占领了雅典卫城，帕提农神庙被改为清真寺，不过建筑主体相对保存完好。1687年，土耳其人将帕提农神庙作为军火库，后在战争中被炮火引爆，将神庙炸为废墟。19世纪初期，包括伊瑞克提翁神庙、山门、雅典娜女神庙在内的建筑几乎都成为废墟，形体轮廓几乎不复存在。而许多精美的雕塑和建筑构件则被运往他处，作为新建筑的构成或收藏品，如19世纪初，英国人埃尔金勋爵在驻扎雅典期间，将帕提农神庙的许多雕塑和浮雕掠走，使得神庙遭受人为劫难。

但随着15世纪开始出现的保护运动的发展，尤其是19世纪保护运动的理论化和系统化建设及传播，人们越来越重视对雅典卫城的保护。19世纪初期，法国考古学家埃内斯特·伯莱发掘并重建了所谓的伯莱门（罗马时期的门殿），该建筑现为雅典卫城入口前的一道门，其认为这有助于从整体认识雅典卫城。1833年，在城堡和胜利女神庙基部西侧入口处出现了明显可见的裂痕，西面也出现了向外倾斜的迹象，神庙内部南侧也存在不规则的沉降，这些危害促使公众呼吁政府加强对卫城遗址的保护。基于树立新政权形象和加强统治的需要，1834年，希腊王国通过一项保护历史古迹的法律以保护希腊的文物古迹，尤其是希腊的国家象征——雅典卫城。并在上述目的下，由奥·冯·克伦策指导开展了大规模的保护修复运动。其中最重要的就是建议展开对雅典卫城的发掘和修复工作，并强调帕提农神庙是雅典的重要标志，能给新兴的国家以尊严，所以要优先考虑它的保护。其随后提出了保护指导方针：第一，拆除没有考古、建筑或如画价值的防御工事，但古代原有的第一层连同露台、座席和低层结构都应保护；第二，修复从帕提农神庙北段开始，那里最显眼，接下来是内墙和南边的柱廊，之后是伊瑞克提翁神庙和山门，并在帕提农神庙西侧修建一个博物馆；第三，所有的柱子应被竖起，如果一两根找不到，可以用大理石制作新的构件；第四，构件等应加以保护，并收集到遗址的室内或周围以保存其如画的景观特质[①]。在奥·冯·克伦策指导下，先后由巴拉若斯·阿纳斯塔西奥斯·奥兰多斯等负责，开始对胜利女神庙等进行重建。但这种重建基于砖石结构，主要是一种添加、增补基础上的重新安装，这样重建工程从1835年春天开始并于5月完成。1843~1844年，开始对胜利女神庙西南角的修复，内殿门楣被建到足够高度，格子平顶被重建，西南面的柱子安装了大致轮廓的柱头，神庙内地面铺设了石灰石和砖，以防止雨水渗透对地基的损害，入口安装了金属

---

① 〔芬〕尤嘎·尤基莱托：《建筑保护史》，郭旃译，中华书局，2011年，第129页。

门①。整个19世纪中期的修复工作，包括了发掘和修复，如对圆柱和女神柱的修复，对门廊的修复等，在工程中使用了几乎所有的原始构件；为了加固，有些地方使用了在外部可以被看到的铁杆环，而内部连接则使用铁箍；有些新构件也被标记并注明日期；重视原始材料，并把修复限制在原始石材力所能及的范围；同时，强调整体性，缺失的部分在无法找到原始材料的情况下，用精确的复制品代替，进行重建修补。这次对胜利女神庙的首次重建，是雅典卫城修复史上的第一个重大成果，但修复无论是从技术还是美学需求都遭到了质疑。但是正是因为这次重建，才使我们现在可以继续看到它的形象。其后，对雅典卫城小规模的修复与重建不断。

随着20世纪保护运动的发展，在20世纪初对雅典卫城的修复中，开始禁止所有以现存碎片为基础的复原性修复；提倡通过恰当的方法，重新组装古迹遗址上脱落下来的碎片；对于缺失的部分，认为如果是力学所需关键部位则可以用新材料来代替，包括用新的大理石构件复原和加固柱廊楣梁。这促使雅典卫城遗址得到进一步修正和保护，使得其整体布局、结构等得以重新展现在世人面前。近代以来最大规模的修复运动是以1975年雅典卫城古迹保护委员会成立为标志，此次修复工程工作至今仍未结束，目前已经基本完成的包括雅典娜胜利女神庙、卫城山门、伊瑞克提翁神庙、帕提农神庙等②。

3. 东方土木结构的传承——奈良遗址

日本在引入欧洲的价值概念和古迹保存理论过程中，并不仅仅引进和模仿，而是结合本国实际，逐渐将其改进，以适应日本的文化条件和自然背景③。最终在本国传统的神社重建等传统保护哲学理念基础上，针对遗址形成了最大限度地保护真正的历史材料，以及尽量运用现代技术再现遗址原初形态，以实现包括非物质文化要素在内的价值弘扬与传承保护措施——重建。这种模式在大遗址保护中的典范是日本的奈良遗址或平城宫遗址。

奈良遗址是按照中国唐都长安修建的都城，也被称为平城京遗址。素有"东方的罗马"之誉，被日本人称为"精神故乡"和"丝绸之路的东方终点"。3~5世纪奈良是日本"大和国"的中心；6~7世纪日本几代天皇在此建都，使得奈良成为日本的政治中心和日本的佛教中心与文化发祥地，至今保存

---

① 〔芬〕尤嘎·尤基莱托：《建筑保护史》，郭旃译，中华书局，2011年，第129页。
② 伏生、于健鹰：《雅典卫城修复记》，《安家》2008年第7期。
③ K. E. Larsen. *Architectural Preservation in Japan*. ICOMOS, Tapir, Trondheim, 1994: 155.

着许多著名的寺庙、神社、佛阁、平城京遗址和众多的皇陵。

奈良遗址内的许多神社、寺庙在历史上多次重建，如与东大寺同在奈良公园的春日大社始建于768年，后被战火烧毁，现在的建筑都是江户时代重建的；星福寺、法隆寺、药师寺和唐招提寺等永恒的精神力量之源也不断通过重建和修复得到延续。而最典型的平城京遗址，也在20世纪80年代之后随着日本保护运动的发展，得到了有效的保护，许多遗址在考古发掘和文献考证的基础上，按照原初的可能形态用新材料被重建起来。针对奈良遗址，考古工作者和保护工作者制定了长期的发掘计划。在保护中该遗址采用了多种多样的展示系统，以增强遗址价值的弘扬与传承，如将原始残片保留在地下，向参观者展示人造模型，或在原址上搭建覆盖物以展示原始结构；重建一些有代表性的历史建筑物，包括宫殿、馆舍或大门，这样做主要是以旅游为目的，同时也是为了展现这些建筑原始的样子，在显得相对"平淡"的地面上建造更多的建筑物。而这种在遗址保护中的大规模重建也得到了国际社会的认可，并在《奈良真实性文件》中得到体现，认为其代表着文化的多样性和多元化。

总之，通过对以砖石结构为主的雅典卫城遗址和以土木结构为主的奈良遗址保护中的重建案例的对比可以发现。雅典卫城修复中，强调整体性和最终的美学结果，其重建主要是基于原有砖石结构建筑构件遗存，并在复制缺失构件的情况下，开展的"原物归位"式重建。奈良遗址在保护展示中，为展现其总体平衡和对传统木结构修建技术的传承要求，使得日本古迹遗址保护与展示兼顾物质和非物质文化遗产，而这需要古迹遗址保持其历史完整性，在此需求下，开展了"再现原初形态"的重建。中国与日本一样，都为土木结构建筑体系，而且在文化传统方面具有极强的相似性，甚至对古迹遗址的价值传承需求超过了日本的价值传承需求。因此，结合国内外对重建的态度和我国大遗址保护的实际及价值弘扬、传承的需求，应认可"重建"这一保护措施，以丰富、完善大遗址保护与展示体系。

4. 大遗址保护中重建问题的探讨

（1）为什么可以重建。大遗址保护中为什么可以允许一定的重建，主要原因包括以下几个方面。

1）国际性文件的误读。中国对国际保护文献存在误读，并没有认识到各国保护实际。纵观西方国家的遗址保护，从科学保护的萌芽开始，重建就没有停止过。尤其是在启蒙运动、第一次世界大战和第二次世界大战之后，普遍地经历了三次大的重建潮,即使现在强调的《威尼斯宪章》的起源地——意大利,在第一次世界大战和第二次世界大战后,也强调重建的重要性,严格保护在重建面前退居其次,而重建成为特殊时期的特殊保护方式。《威尼斯宪章》中关于禁止重建的提议也是基于第二次世界大战后意大利的重建高潮而提出的一项指导性意见,但在现实中并未完全遵循。西方各国20世纪70年代之前在对重要的遗址修复重建及国家重要价值得以展现的基础上,才开始进入现在的所谓"严格保护"阶段。但即使进入严格保护,各国也根据本国遗址保护需求,在可行的条件下,依然允许重建的存在。而中国文物保护发展较晚,在20世纪90年代后期才开始真正抢救保护,并不完全地引入了西方以砖石结构为主的保护理念和原则,这具有一定的不适应性,而且中国也因为经济和政治原因,没有经历对国家著名古迹遗址的重建时期。因此,在现今时期,应客观地对待重建问题。

2)价值实现的要求。许多人认为,重建尊重、再现了遗存的历史价值,但却可能破坏其岁月价值,并以此要求,应谨慎对待重建。但事实是在重建中,只要采取的方式科学合理,是可以避免对遗存的岁月价值的破坏,甚至可以使遗存的岁月价值得到加强和延续。在重建过程中,首先应加强对遗存原址的加固保护,将其在下部保存,在此基础上,在上部进行重建,使遗址和重建体同时存在,在感受真实性的同时,也对其完整性有所认识和了解。而且对于一些典型遗址的重建,除了其历史价值的实现外,其科学艺术价值、社会文化价值等通过重建体也能得到有效的实现。

3)对"美"的需求。公众对大遗址的认知,首先是对其可视性即"美"的认识。在对"美"的认识基础上,才可能去认识它的所有价值。而对"美"的需求,也是公众产生去游览、认知一处大遗址最基本的动因,它与对大遗址价值的认知需求或动机同在。西方社会对已经存在的砖石结构遗址形态,从保护之初就重视基于"美"的需求对其进行修复。中国以土木结构为主体的遗址,一般只剩下残垣断壁或夯土基址,甚至地表一无所存。对于毁损的遗址而言,部分的重建有利于形态的表现,纯粹的禁止重建是一种不切实际的"保护",只从自身考虑而未考虑公众的需求,有点"曲高和寡",则传承不可能实现。因此,在保护中要实现价值传承,必须先满足公众对于大遗址"美"的需求。美学认为物体能称得上"美"最少有四个要素或者体现四个原则:第一,内容与形式的统一;第二,完整或完美即有整体性;第三,有适当的比例或和谐;第四,具有鲜明性[①]。

---

① 朱光潜:《西方美学史》,商务印书馆,2006年,第59-295页。

第一，内容与形式的统一。美学认为，美的要义关键在于"内容与形式的统一"，只有二者结合，才能凸显出真正的美。黑格尔认为"美就是理念的感性显现"①，强调美是理性与感性的统一，也就是内容与形式的统一，内容或意蕴就是理性因素，形式就是感性形象。内容在美中具有决定性因素，但任何内容都必须通过形式表达出来，才能成为美的情感或思想所在。无内容的形式和无形式的内容都不可能存在②。而且中国传统文化强调"器以载道"，认为建筑不单单是一个空间物体，而且是精神文化的承载体和象征。建筑是其所承载的精神文化的外在形式，只有通过形式才能认识内容。形式一旦无存，内容也即缺失或受损。这要求在大遗址保护、展示中应将内容与形式有机统一起来。大遗址考古发掘的遗址或遗迹、周边的环境及文献上对大遗址历史、布局等的记载、体现的文化思想等是大遗址的内容，大遗址保护、展示必须以大遗址的考古实物及文献记载、历史文化为基础，并将这些要素表现出来，达到内容与形式的一致，增加大遗址的可读性与观赏性。

第二，完整或完美即有整体性。美学认为，美表现在结构方面必须是完整的有形体。从亚里士多德、贺拉斯到黑格尔无不重视这一理念。在此过程中，朗基努斯认为构成有机整体的关键在于布局，通过合理有效的布局，将分裂的个体来源组织成为整体。他用文章的结构对其做了比喻"文章要靠布局才能达到高度的雄伟，正如人体要靠四肢五官的配合才能显得美。整体中任何一部分如果割裂开来孤立地看，是没有引人注意的，但是把所有各个部分综合在一起，就构成一个完美的整体"③。美的表现形式在于结合内容所体现出来的完整、统一性。而"艺术作品是一个整体，它不仅仅是其中每个部分在几何学上的总和，而是根据艺术家或建筑师的理念将所有要素按照特殊的方式构建成一个整体"④。因此，一个建筑从建成的那一刻起，就已经具有完全的整体性。这种"整体"以一种不可分割的统一状态展现出来，即使原始的材料已经支离破碎或成为废墟，"整体"仍然有潜力继续存在于各个部分之中。这种完整性是我们认识残损的遗址的基础，但对于一般公众而言，其很难认知这种"整体性"，并通过完整性认知其蕴含的价值，如中国的遗址多只剩下一个夯土基址，甚至深埋于地下，地表一无所有，即使最专业的考古、历史或建筑学家，

---

① 〔德〕黑格尔：《美学》（第1卷），朱光潜译，商务印书馆，1982年，第138页。
② 〔苏联〕别林斯基：《别林斯基选集》（第五卷），辛未艾译，上海译文出版社，2005年，第306页。
③ 〔古罗马〕朗基努斯：《论崇高》，马文婷译，光明日报出版社，2009年，第38-45页。
④ 〔芬〕尤嘎·尤基莱托：《建筑保护史》，郭旃译，中华书局，2011年，第324、325页。

当他们站在这废墟或地上已经无存的遗址面前时，也不可能完全认知，更承想普通公众。因此，有必要基于遗址可能的潜在整体性与统一性，在兼顾其历史和美学层面需求的同时，进行一定的重建。

第三，有适当的比例或和谐。关于和谐对美的重要性，圣奥古斯丁认为丑是相对的，孤立地看是丑，但在整体中却由反衬而烘托出整体的美。在和谐的整体中，丑的部分有助于造成和谐或美；但从丑的局部看，就看不出美而只看出丑[①]。这说明整体与和谐密切相关，美不仅在于整体，还在于整体的和谐。和谐整体的美学要求内容表现在形式上时，必须整体风格一致，禁止把不协调的形象胡乱拼凑在一起。而遗址多为残垣断壁或夯土基址，比例已经失衡，因此，在大遗址保护中，应对部分遗址进行重建，以体现其比例与和谐。

第四，具有鲜明性。具有鲜明性，也就是具有典型性。从物体来说，包括形态、布局、价值、着色等要鲜明突出。从大遗址保护、展示来说，在总体布局及外在形式表现过程中，一定要展示具有鲜明特色性的典型遗址，因为这些遗址在过去可能是当时整个建筑群体中地位比较重要、突出或明显的物体，是形成当时建筑布局的重要支撑体。因此，在保护与展示中，对一些具有鲜明性和典型性的遗址的重建是必不可少的，只有这样，大遗址或遗址的"美"才能得以体现，价值才能得到实现，否则，主次不分，重点不明，整个大遗址区域布局也显得凌乱或不突出。

除了上述原因外，大遗址保护、展示、利用的需求和国家、民族文化弘扬及爱国教育等需求也要求对典型遗址进行重建。因为遗址劣化的一个重要原因是人们的漠不关心，科学、合理的重建能引起公众对大遗址的关注，能够吸引公众前去参观、游览，并激发其民族自豪感和自信心，从而增强爱国主义和文化遗产保护意识。

（2）遗址重建的对象和形式。大遗址区内遗址众多，因此，在重建前必须在调查、考古勘探基础上，选择具有代表性、典型性和突出价值和文化、纪念意义的遗址重建。尤其是那些曾经被作为国家、民族的文化标准和精神象征的遗址，其残迹无法表现、传达其价值和文化意义，为了使人们能够理解、感受它们的价值和意义，实现大遗址价值的弘扬和传承，并在新时期赋予它们新的政治或爱国教育意义，有必要进行重建，使遗址重新获得实体感。很多情况下，将特定的遗址整体赋予国家纪念意义对其进行修复或重建，成为国家历史上的重大事件，正是这种意识的反映。

---

① 朱光潜：《西方美学史》，商务印书馆，2006年，第59-295页。

我们对于重建对象选择，一般主要根据保护、展示等实际需求和是否在原址，可选择原址重建、非原址重建两种形式；同时考虑到重建的完整性，则可分为原状完全重建、原状不完全重建两种形式，而原址不完全重建包括部分重建和示意性重建（结构性重建）（表6-1）。

表6-1　遗址重建的形式

完整度和原址性		原址	非原址
完全		原址原状重建	非原址原状重建
不完全	部分	原址部分重建	非原址部分重建
	示意性	原址示意性重建	非原址示意性重建

1）原址重建。原址重建是最符合真实性原则的重建方式，但一般并不是大遗址保护中遗址最应该考虑的方式。原址重建主要是针对价值高，具有典型性和代表性、遗址破坏严重，基本形态无法直观展示的遗址采用的一种方法。在原址重建时，首先要采取防护、加固等基础保护措施加强对原址的保护，在此基础上，铺设可逆性的防护层如沙石、黄土等，一般厚度根据建筑的体量、规模、立柱的深度等决定，但不应少于50厘米；在保护基础上，方可进行重建。原址重建的形式包括原址原状重建、原址部分重建和原址示意性重建三种形式。

原址原状重建主要是指按照遗址的原状在遗址原址进行整体性复原重建。原状主要包括两种形式，遗址最初建成时的状态和发展过程中某一鼎盛时期的状态。

原址部分重建主要是指按照遗址的原状在遗址原址进行部分复原重建，如遗址的基址复原重建或建筑整体某一部分的重建。

原址示意性重建主要是指按照遗址的原状在遗址原址运用现代材料进行结构性示意重建的一种形式，示意性重建一般都为整体结构的示意重建。

2）非原址重建。非原址重建的真实性相对较差，一方面使得遗址不具有空间位置方面的真实性；另一方面，也使得遗址本体与周边环境的真实性受到损害。但这种方式有利于遗址本体保护真实性的实现。这种方式主要是针对价值高，具有代表性、典型性和基址破坏相对不严重或整体形态保存较好有极高的展示意义，但原址观赏性和价值表达传承性较差或原址也具有展示意义，或者有很多尚未揭示、研究清楚的问题，还需要进一步、持续性的现场研究而需要对遗址采用非原址重建的方式。非原址重建必须在原址保护的基础上，在原址附近选择合适用地进行重建，一般主要选择在视距可达的相对空间范围内，使原址和重建体都能够得到有效展示，同时还可以形成对比，增强公众的认知度。非原址重建必须进行严格的考古勘探，以确定地下没有遗存，同时还应考虑到与原址及周边的景观风貌关系问题。非原址重建的形式包括非原址原状重建、非原址部分重建和非原址示意性重建三种形式。

非原址原状重建主要是指按照遗址的原状在新选定空间范围内对遗址进行整体性复原重建。

非原址部分重建主要是指按照遗址的原状在新选定空间范围内对遗址进行部分复原重建，包括遗址的基址复原重建或建筑整体某一部分的重建。

非原址示意性重建主要是指按照遗址的原状在新选定空间范围内对遗址运用现代材料进行整体结构性示意重建的一种形式。

（3）遗址重建应遵循的原则。在大遗址保护中允许重建，但并不是指可以无限度地随意重建，这样的话也必然产生一系列问题。因此，大遗址重建中在坚持真实性、可逆性、修旧如旧等原则的同时，还应遵循这样一些原则和要求。

1）保护原址原则。任何形式的重建，首先必须遵循保护好遗址原址的原则。只有在对原址可能存在的破坏与威胁，运用科学、合理的保护技术措施处理，确定对原址真实性不造成损害或损害较小的基础上，方可实施重建工程。尤其是在原址重建过程中，保护原址的原则应贯穿整个重建过程始终，如果可能对原址造成不可恢复性或巨大的破坏，则不应原址重建。

2）不改变原状原则。《中华人民共和国文物保护法》规定，不可移动文物的修缮、保养、迁移，必须遵守不改变原状原则。科学技术不断进步，没有人能一次性的认知清楚某一事物的所有特性，而考古学家由于受时代特征、技术手段和个人学术水平等方面的局限，在某一特定的历史时期，不可能完全揭示出一处遗址所包含的各种信息，尤其是年代久远的遗址。因此，为了能为后人的进一步研究提供真实可靠的遗存，人们对遗址所施加的保护措施都不应改变遗址的原状，这是大遗址保护的基本原则，也是重建中应遵循的基本原则。不能因当代人的某一片断认识，片面地在重建中改变遗址原状。遗址重建遵循的原状一般主要指建设初期形成时的原初状态和某一鼎盛时期的状态，具体应根据遗址实际确定。

3）考古资料与历史文献相结合原则。遗址重建中，对其原状认识首先必须建立在科学、全面的考古发掘、认知基础上；其次，还应研究相关历史文献典籍中对遗址或该时期该类型建筑形式的记录，以获得可靠的历史文献证据；最后，参考、类比同时期、同地区、同类型建筑样式或其他建筑的样式以获得有用资料和信息，并与历史文献和考古遗址对比分析。在上述工作基础上，应综合考古发掘、历史文献研究、同类对比分析研究等成果，在科学、认真分析基础上，选择最可能的重建方案。

4）严格控制原则。重建并不是指所有的遗址都可以重建，也并不是指重建不加限制，不遵循《威尼斯宪章》的精神来保护古代遗址的历史真实性。在一个大遗址中，重建的遗址的数量必须严格限制，只能选择价值比较高、意义比较大、观赏性比较强、价值传承效果比较好的，具有典型性、代表性、纪念性的遗址进行重建。而且不能大面积地随意性重建，必须在科学规划、科学论证的基础上，选择个别遗址进行重建。

5）与大遗址整体环境相适应原则。在大遗址区对遗址的重建还必须考虑重建体与整个大遗址环境及景观的整体和谐性。如果重建物脱离遗址废墟的历史背景，不利于遗址诠释，存在可能扰乱单体遗址与其所处历史背景环境之间的关系，则不应重建。

6）必须征得同意原则。在现有的物理证据、与其他建筑物的相似性和历史研究的基础上重建遗址，必须在科学论证基础上，经过评审，取得专家同意后方可予以考虑，同时要得到主管部门的审批。

总之，重建的目标是重建遗址的潜在统一性，因此，不得为此而虚构遗址或历史内容，不得删减遗址本体现存的任何内容。同时，在重建中，对于材料的真实性问题，西方重建建议用原始材料，因为他们的都是石质的，原始材料可以长久保存，可重复利用。而中国为土木结构建筑，材料毁损，建筑才成为遗址；且木头易朽，即使可能有部分仍然留存，但亦不适合再作为建筑材料，因此，必须用新材料。而关于新材料，则可继续使用与原材料相同材质的木头，按照《会要草案》规定，也可使用其他新材料。但在使用新材料时，必须坚持可逆性原则，不能造成对遗址本体的损害。

第七章 大遗址展示与解说体系研究

大遗址的展示、解说是大遗址保护重要的环节,是实现大遗址价值弘扬与传承的重要方式和手段。只有通过对大遗址科学、合理、有效地展示、解说,公众才能认识、了解大遗址,才能参与到大遗址的保护中,促进全面保护运动的实现。

第一节 大遗址展示的方法体系

大遗址是构成我国古代文明史史迹的主体。遗址本体及其价值是大遗址的核心与灵魂,也是大遗址最重要的亮点。特别是历史悠久、文化底蕴深厚、科学艺术价值突出的大遗址,遗址本体及所承载文化的重要性是不言而喻的。但我国大遗址多为土遗址,经过上百或上千年的自然与人为破坏,多已残缺不全,基本的格局、建筑结构已遭破坏,有的地上只剩下夯土基址,有的全部深埋于地下,形式基本无存,缺乏直观的可读性与教育性,可供普通大众直接游览、观赏、认识或体验参与的不多,典型的"有说头,没看头",不能真正实现遗址价值传承的目的。而"展示是体现遗产价值和功能的最主要、最基本方式"[①],是增进公众理解、认识、欣赏和保护意识的手段。良好的大遗址展示可以有效地减少保护的压力,并促进大遗址的可持续利用发展。我国由于传统理念思维的影响,对大遗址展示还存在一定的争议,而这主要是在大遗址展示概念、理念、方式方法研究方面还存在许多不足,还没有构建起大遗址展示体系。基于此,在对展示问题回顾的基础上,探讨我国大遗址展示的方法体系,以期推动我国大遗址保护事业的可持续发展。

---

① 徐嵩龄:《第三国策:论中国文化与自然遗产保护》,科学出版社,2005年,第48页。

一、展示问题的回顾

1. 国际社会对展示问题的阐述

欧洲国家历来重视对古迹遗址的展示，展示、利用工作与保护工作几乎是同时进行。考古学和保护运动没有诞生之前，人们在传统的"遗产"传承观念下，已经注重对遗址的展示。例如，前1世纪左右对雅典伊瑞克提翁神庙的修缮与重建；1世纪左右，奥林匹亚奥若玛奥斯宫殿残存的木柱被作为纪念物保护并保存起来，并且用青铜标识来说明它们的意义；2世纪，哈德良皇帝（Hadrian）重建万神庙，并将一块碑铭置于神庙前，以作为建造、"修复"的见证。到了文艺复兴时期，随着人们对古希腊、罗马辉煌的追忆，越来越多的人出于研究或欣赏的目的，开始收藏这一时期的器物，并将破损的古代雕像和建筑碎片通常原样保留，陈列在宫殿的庭院或室内。随着保护运动的发展，罗马对大广场的环境进行整治，并对一些遗址构建进行归位，扶起了倾倒的柱子，遗址的形态得到展现，使许多游学者或观光者一看到破损的石柱和散落的大理石就"激动万分"。在这过程中，法国形成了对遗址的"风格式"修复展示；英国形成了代表性的"画意风格"——通过园林化来展示遗址，以使其得到美的体现；同时，包括原物归位、保持现状和重建等展示方式方法也得到运用，使公众更易理解遗址的内涵。

伴随着考古学的发展，展示得到了进一步发展，不再停留在地表遗址的展示，开始运用到考古遗址的保护中。著名考古学家佛朗切斯科·拉·维加在发掘庞贝遗址过程中，不是只着眼于出土文物，而是结合考古发掘对遗址区进行整体展示，如对外科医生房的壁画进行原址保存和保护；重建了角斗士营房的一部分，以示意展示其原始形态，也为守卫人员提供地方；他还提议为参观者建造临时住所让他们在此过夜，并认为这些建筑应该完全按照古代房屋的样子来建造，以用于教学[①]。通过佛朗切斯科·拉·维加在庞贝遗址发掘过程中的工作可以发现，其已经注意到完整性、保护展示、利用以及遗迹与整体环境关系的重要性，这些基本构成以后遗址保护展示的重要理念。在罗马斗兽场和雅典卫城的保护过程中，从古代到近现代在保护的同时，针对遗址的展示也从未停止，并在这过程中不断完善、丰富着遗址展示的方式方法。但总的来说，在第

---

① 〔英〕J. E. 西利：《庞贝城与赫库兰尼姆城：人文胜迹》，外语教学与研究出版社，2005年。

二次世界大战之前的展示问题上，主要基于保护运动不同理念的影响在展示方法的选择上主要以当时流行的保护方法为主，将保护与展示、利用相结合，且多以个人推动为主。

第二次世界大战以后，随着文化遗产保护运动的深入，各国越来越重视遗址的展示工作，并通过国际文献加以强调。《关于适用于考古发掘的国际原则的建议》第11条提出，在重要的考古遗址上，应建立具有教育性质之小型展览，如可能的话，建立博物馆，向观众宣传保护考古遗存之意义。这是国际文件中最早涉及的遗址展示与利用方式的建议。《威尼斯宪章》进一步指出，必须采取一切方法促进对古迹的理解，使它得以再现而不可歪曲。《关于在国家一级保护文化和自然遗产的建议》提出，应将保护、保存并有效地展示文化和自然遗产视为地区发展计划以及国家、地区和地方总体规划的重要方面之一（第8条）；公共当局应尽可能为保护和展示文化和自然遗产提供日益增长的财政资源（第10条）；并要求在不忽视文化和自然遗产的巨大经济和社会价值的情况下，应采取措施促进和增强该遗产的明显的文化和教育价值以服务于保护、保存和展示该遗产的基本目的（第62条）。1972年于巴黎举行的第十届会议上通过的《保护世界文化和自然遗产公约》第4条将遗产展示（presentation）同遗产认定（identification）、保护（protection）、保存（conservation）、传承（transmission）共同上升到国家责任的高度，并在具体操作层面上给予一定指导。《考古遗产保护与管理宪章》第7条提出，向民众展出考古遗产是促进其了解现代社会起源和发展的至关重要的方法；同时，它也是促进其了解对其进行保护需要的最重要的方法。并认为"展出和信息资料应被看作是对当前知识状况的通俗解释，因此，必须经常予以修改。它应考虑到了解过去的其他多种方法"。《国际文化旅游宪章》则指出，对文化发展和文化遗产合理良好的管理是人权也是特权；它使来访者承担起尊重的义务，在使文化遗产尽量可以为人们理解的过程中，讲解或展示扮演了重要角色。《巴拉宪章》指出，"许多地点的文化意义不是显而易见的，必须通过解释来说明；解释（interpretation）指展现一个地点文化意义的各种方式，可能是一种综合，包括对构件的处理（如维护、修复、重建），和该地点的使用与活动，以及引进的说明性材料的使用"。解释应当有助于增进理解、娱乐，并合乎文化。该宪章以"解释"来指代展示，纲领性地阐述了为什么展示、什么是展示和如何展示等问题。《中国文物古迹保护准则》指出展示是文化遗产保护与管理中创造社会效益的直接手段。《北京文件》指出，针对游客的展陈是保护过程必不可少的组成部分，它涉及对遗产地游客承载能力的分析，以及在讲述故事、展出物品和展现为保护做出努力时所用的方法和媒介。2008年通过的《文化遗产阐释与展示宪章》强调保护的本质是一种交流活动。其指出，展示指在文化遗产地通过对解说信息的安排、直接的接触，以及展示设施等有计划地传播解说内容；可通过信息板、博物馆展陈、游览路线、讲座和参观讲解、多媒体应用和网站等各种技术手段传达信息。该定义将展示指代为一切可提高公众意识、增强公众对文化遗产地理解的活动。

回顾总结可以发现，欧洲各国早期在保护、考古发掘遗址的过程中，已开始保护和展示遗址，以作为公众参观、利用的对象。随着国际保护运动的发展和保护对象、保护理念、方法的不断丰富完善，使遗址的展示对象、方式方法也不断得到发展。

2. 中国对遗址展示问题的研究

与国际社会对展示的重视不同，我国在早期遗址保护中，针对遗址的考古调查和发掘，"由于没有正确的指导思想，始终没有跳出'为考古而考古'、'为学术而学术'的小圈子，不能得到公众的理解支持和充分的发展"[①]。一般在发掘完成后，直接回填，很少考虑展示。即使涉及展示的，也主要从强调或弘扬民族性角度理解，开展一些简单的图片展览、器物展陈宣传等。

中华人民共和国成立以后到21世纪之前，这一阶段随着新中国考古事业的独立发展和许多重要遗址的发现，国家开始重视对遗址的保护，但在展示方面，还未展开对遗址展示理念、方法的研讨，还没有形成展示的理念与方法，展示内含在保护中，展示方法可以总结为保护性展示。中华人民共和国成立后对考古遗址展示最早的实例是1956年陈毅同志视察西安半坡发掘工地时，针对半坡遗址在中国文明史和社会发展史上的重要地位，建议建立半坡博物馆以原址展示半坡遗址，展示、保护工程亦在当年动工。半坡遗址博物馆的建立，标志着新中国对遗址展示与利用的开始。其后，在考古发掘的基础上，又展示了秦始皇兵马俑遗址、北京猿人遗址、圆明园遗址等。并在20世纪90年代随着国际保护理念的传入，结合国际保护性展示理念，针对已有的和正在保护展示的遗址进行了实践探索。但多仍以原址静态的保护性展示为主，包括围栏原状展示、露天原状展示、复原展示、馆场式展示（保护大棚或博物馆式）等方式。

---

① 史勇：《中国近代文物事业简史》，甘肃人民出版社，2009年，第18页。

进入21世纪以后，随着大遗址保护运动的开展和科学技术手段的提高，开始在介绍国际先进经验的同时，结合我国大遗址实际，展开大遗址展示理念、方法的探讨及实践。孟宪民是较早对我国大遗址展示方法进行探讨的学者，其认为我国大遗址展示的方法主要包括设施围护、现状加固、遗迹修复、模拟修复、保护厅棚、重建等[①]。梁乔、梁华指出，遗址博物馆是向人们展示遗址的好方法，并从展示空间意象角度对遗址博物馆与遗址展示问题进行了分析，强调遗址博物馆应表达遗址自身特定的主题文化[②]。田林在对展示问题回顾的基础上，探讨了大遗址展示的目的、原则、展示内容和方式，提出大遗址、遗迹展示的方式包括现状保护、回填保护、展示保护（原址保护展示、迁移保护展示）和内涵展示（有形展示和无形展示）等[③]。但由于对展示内容认识不足，展示方法依然停留在针对遗址、遗迹本体的静态保护性展示方面。杜久明结合2002年安阳殷墟申报世界文化遗产，对殷墟遗址展示的实践，指出殷墟主要有地下封存·地上抬高模拟展示、原址原貌原形复原展示、异地搬迁保护展示、殷墟发掘史展示、殷墟博物馆文物集中展示、考古学知识的科普展示等六种展示形式[④]。安阳殷墟遗址的展示方法为我国后续开展的大遗址保护、展示和申报世界文化遗产工作提供了重要的实践指导。陶亮通过研究我国土遗址的展示现状，提出了展示的概念、原则和方式，并结合具体实践案例进行了探讨；她认为针对遗迹主要有露天原状展示、馆场展示、标示展示、模拟展示、基址复原展示和原状复原展示等六种展示方式，土遗址类型及保存环境、保存状况不同，所采取的展示方式也会不同[⑤]。这是我国较早的系统地针对遗址本体展示方式进行探讨的文章，对于大遗址展示具有积极的实践指导意义，但文章局限于对遗址本体展示方式的静态保护性展示探索，略显不足。郑育林指出，遗址展示是一种信息表达方式，其表达的核心内容是古迹遗址所承载的历史信息。因此，他强调遗址的展示，关键在于深入地挖掘它的历史文化信息并借助先进的技术手段将其文化形象展示出来[⑥]。郭璇从文化遗产的总括性角度提出，文化遗

---

① 孟宪民：《梦想辉煌：建设我们的大遗址保护展示体系和园区——关于我国大遗址保护思路的探讨》，《东南文化》2001年第1期。
② 梁乔、梁华：《遗址博物馆——遗址展示空间意象创造》，《四川建筑》2002年第2期。
③ 田林：《大遗址遗迹保护问题研究》，天津大学博士学位论文，2004年，第90-103页。
④ 杜久明：《安阳殷墟——古遗址保护与展示的成功典范》，《中原文物》2007年第4期。
⑤ 陶亮：《土遗址展示方式的初步探讨》，西北大学硕士学位论文，2008年，第11-27页。
⑥ 郑育林：《古迹遗址的文化形象再现——对古迹遗址展示利用形式的思考》，《考古与文物》2009年第2期。

产展示的方法包括保护性展示（加固、修复与直接性展示，厅棚、地罩保护与展示，回填保护与复原性展示）、环境性展示（隐喻法、叙述法、点缀法）、利用性展示（历史功能的延续和恢复、历史功能的情景模拟、新功能的重置）、传播性展示[①]。王保平以汉阳陵遗址为例，探讨了土遗址的展示方式，认为汉阳陵遗址根据不同环境和条件运用了以下八种展示方式，包括在自然原始状态下保护，对已探明的建筑遗址采用低矮绿篱植被标识保护，发掘后的从葬坑进行回填标识保护，对高出地面的高台建筑遗址采用防风防雨防紫外式的保护与展示，对已发掘的建筑遗址采用覆土回填、地面复原遗址、玻璃罩防风防雨、小体积量木结构立体局部复原展示的方法，全地下、全封闭式的遗址保护与展示，园区不同区域出土文物标本的陈列展示，对贵族和帝、后封土展示[②]。针对具体遗址及遗址本体具体情况展开的展示实践探索总结。杜春兰、姚威丽在对遗址保护展示概念和现状分析的基础上，指出国内大遗址保护面临的问题，强调大遗址保护展示中的整体环境观理念；并针对洛阳隋唐城大遗址进行了保护展示规划的研究，探讨了可行的景观规划方法和措施，如功能调整、景观环境设计、游览策划、视听系统、重要节点控制等[③]。该研究为整体理念下的大遗址展示增添了新的方法。方芳则针对隋唐洛阳城应天门遗址探讨了具体遗址的展示方法，指出应天门遗址展示除了实体场外展示及陈列馆展示外，还利用了虚拟技术以复原展示应天门实景[④]。而朱晓渭在探讨国外经验对西安考古遗址公园的借鉴时，阐述了日本的再现展示方法、欧洲的原真性展示方法、美国的原地展示方法（现状展示）和文化展示方法；认为遗址展示的方式可以是多样的，而利用现代科技构建文化展示体系是正在推进的方向[⑤]。赵文斌、褚天骄从大遗址保护展示规划的理论和原则谈起，认为国家考古遗址公园规划建设中大遗址的保护展示大致分为：遗址本体保护展示、遗址周边环境保护展示、遗址博物馆保护展示、考古工作保护展示四类；重点探讨了大遗址本体保护与展示手法，包括露天保护展示、回填保护展示、覆盖保护展示、修复保护展示、

---

① 郭璇：《文化遗产展示的理念与方法初探》，《建筑学报》2009年第9期。
② 王保平：《汉阳陵：北方黄土地区大遗址的保护与展示样本》，《中国文化遗产》2010年第6期。
③ 杜春兰、姚威丽：《景观规划在大遗址保护展示中的运用——以洛阳隋唐城大遗址保护展示规划研究为例》，《中国园林》2010年第10期。
④ 方芳：《大遗址保护与展示设计——以洛阳"应天门"为例》，《四川建筑》2010年第5期。
⑤ 朱晓渭：《国际化视野下的西安大遗址保护初步研究》，西北大学博士学位论文，2011年，第35-40页。

遗址重建展示、遗址模型复原展示、异地搬迁保护展示等7种方式[①]。在这些理念、方法和实践的指导下，我国结合大遗址保护运动，进一步在杭州良渚遗址、无锡鸿山遗址、西安大明宫遗址、安阳殷墟遗址、集安高句丽王陵·王城遗址、隋唐洛阳城遗址等开展了积极的大遗址展示实践，并取得了突出成效，为我国大遗址展示理论、方法研究提供了实践指导。

与此同时，我国的政策法规和大遗址保护的指导性纲领文件也对大遗址展示的重要性和意义做了阐述。党和国家领导人也在多种场合强调"应尊重不同国家各自的历史文化传统和价值观，维护文明多样性，并借助现代手段加以展示，使不同国家的民众能够感知和体验多元文明的精彩历史"[②]；"要大力推进展示方法创新，注重介绍文化遗产发掘过程、历史背景、相关历史人物故事等信息，注重再现传统生产技术和工艺流程，注重运用声光电等现代科技手段提高震撼力和视觉效果，注重增强参与性、互动性、体验性和趣味性，帮助人们深入了解和亲身体验中华文明的丰富内涵和独特魅力"[③]。

总之，我国大遗址展示由于受西方砖石结构文化遗产展示方式方法和传统的限制性保护理念影响，以及对大遗址展示理解的偏差，在展示过程中更多地强调对遗址本体的静态展示。没有认识到大遗址展示不仅仅停留在对遗址本体物质形态静态的展示，更深层次地还包括了对遗址所承载、反映的社会文化与自然环境等的保护与展示；在方法上不仅是针对遗址本体的静态保护展示，还应根据不同的展示对象和内容，运用多种方法加强对遗址本体、遗址文化、环境与精神文化遗产的展示，以丰富遗址的展示内容，明晰遗址展示的脉络，增强遗址的可读性和观赏性。减少目前大遗址因缺乏理念方法指导导致的展示内容少、展示方式单一、观赏性差、吸引力不强，不能真正表达或表现遗址价值及实现保护目的的欠缺。

二、大遗址展示概念的界定

我国对大遗址展示理论、方法展开的研究相对较少，主要停留在对西方保护方法引进后的实践探讨上，对到底什么是大遗址展示、大遗址展示的范畴是

---

① 赵文斌、褚天骄：《大遗址保护与展示规划初探》，《2012国际风景园林师联合会（IFLA）亚太区会议暨中国风景园林学会2012年会论文集》（上册），上海，2012年，第151-155页。

② 冯朝晖：《2012年国际古迹遗址理事会顾问委员会会议开幕》，《中国文物报》2012年10月31日第1版。

③ 李长春：《保护发展文化遗产 建设共有精神家园》，《人民日报》2010年6月12日第1版。

什么，则关注较少。目前在大遗址展示概念使用上，主要有大遗址保护展示、大遗址展示和大遗址展示利用三种用法，但缺少相应的界定。使用"大遗址保护展示"这一词组的更多地是囿于文物界对保护的重视，在"展示"前加上"保护"二字，以获得业界认同；还有就是可能想强调对遗址的保护性展示，但前者意思居多，范畴相对较窄。大遗址展示利用这一词组则更多地出现于对遗址利用研究方面，想强调利用的途径是通过展示实现，但展示的目的就在于利用，而展示与利用既有联系又有一定的差异，连用则往往将二者混淆在一起。在这里，笔者更倾向于"大遗址展示"这个词组作为大遗址区域综合体展示的概念。

汉语词典对"展示"的界定是"对事物内在和外在的展现和显示"。其与保护、利用、再现等文化遗产保护中的专有名词有明显的区别（表7-1）。大遗址具有深厚而独特的文化意义，它的构成不仅是遗址本体还包括了遗址的承载体土地及其地形地貌、水体、植被等自然景观，与遗址有关的历史性事件、活动、人物以及现代聚落和传说、故事、民俗等文化景观和精神文化。而展示是能够揭示大遗址文化意义的最有效方式。因此，大遗址展示是指对大遗址区域以遗址本体为主的自然与人文环境的展现或显示，包括了内在价值或精神的表达和外在形态的展现或显示。既强调遗址展示的真实性和完整性，又强调遗址展示的重要性。

表7-1　与展示相关概念的比较

中文概念	英文概念	含义比较
保护	protection	采取措施避免人为和自然的破坏
展示	exhibition	对事物内在和外在的展现和显示
展现	exhibition	展示，明显地表现出
显示	display	显现，明显的表示
利用	utilization	寻求新的利用方式，包括功能的转换和价值的创新
整治	renovation	对外观、环境、基础设施等的治理、改善和美化等
再现	reproduced	再次出现；重现；对外在客观现实状况作具体刻画或模拟

三、大遗址展示的内容及意义

大遗址展示的目的是增强大遗址的可读性和观赏性，通过可读性和观赏性的增强，吸引大众来此参观、游览，实现大遗址价值的传播和传承。认真考察大众观赏古迹遗址的过程不难发现，观赏性不是一个孤立单独的问题，而是与古迹遗址本身所承载的信息量、信息的表达方式、观赏者接受古迹遗址所承载的历史文化信息的能力有关[①]。我国大遗址展示的对象受西方保护理念和传统思维的局限，目前还停留在对遗址本体的展示，即使延伸性地提到与遗址相关的非物质文化遗产，具体展示的时候也较少实施。但是，大遗址不单单是以遗址为中心，还包括了其承载体——土地和衍生的景观与文化体系；遗址本体只是当时文化的一个载体或留存到现在的一个符号，只是大遗址的一种外在具体表现形式，大遗址还包括了其附着的内涵、生成环境和历史文化行为与精神。因此，根据大遗址内涵、特性和对大遗址展示的界定，大遗址展示的内容包括了大遗址的承载体、土地之上的自然环境与地文景观的展示、除遗址以外的物质文化景观的展示和非物质文化景观四个层面。

大遗址形象地记载着中华民族形成和发展的历程，是认识、了解我国历史的证据，也是增强民族凝聚力和促进民族文化可持续发展的基础。大遗址展示是人类社会认识了解大遗址以及人类社会起源和发展的一个重要手段，也是有效唤起人们的大遗址保护意识的重要方式。同时，科学、全面的大遗址展示是实现大遗址保护与利用的协调发展，促进区域经济社会的进步和大遗址价值弘扬传承的重要途径和手段。

四、大遗址展示的理念

大遗址展示是实现大遗址保护与利用的有效途径之一，在大遗址展示中，应摆脱传统就保护而保护的限制性保护观念束缚，树立科学、合理的展示理念，以实现大遗址的有效展示。

1. 保护利用理念

保护利用理念是指在大遗址展示规划设计中，应树立起保护和利用并重的意识。我国在很长一段时间内对大遗址保护坚持一种"死保"的传统理念，认为一定要保护好遗址留给后人。于是将遗址作为一种类似神物的东西供奉起来，不敢碰，不敢动，甚至它的破碎都被视为无意而不敢修补。对遗址除少数专业人员外，一概不准进入，时间一长，公众对遗址不再有兴趣。遗址和文物

---

① 郑育林：《古迹遗址的文化形象再现——对古迹遗址展示利用形式的思考》，《考古与文物》2009年第2期。

一样，只是保存于库房，必然导致它与人的距离越来越远，保存成本越来越高[①]。这既不符合我国"保护为主，抢救第一，合理利用，加强管理"的文物保护工作方针，也不利于大遗址价值的实现和传承。大遗址保护不应狭隘地停留在简单的"保"这个基础上，应以文物法规和保护实践为指导，改变观念，正确处理保护与利用的关系，树立保护是基础，发掘是前提，研究是关键，利用是目的，展示是保护与利用的有效途径这一理念。认识到在坚持保护为主的同时，通过科学、合理的展示，进行有序的利用，反过来能推动促进大遗址的保护，实现大遗址保护的目的。

2. 价值导向理念

价值导向理念是指以遗址本体及其价值和文化内涵为依托，确定大遗址展示的主题、内容。价值是大遗址存在与保护的基础，大遗址是人类生产生活等形成的文化及环境遗产，具有高的历史、科学、艺术价值。因此，应以大遗址价值为导向，进行大遗址展示规划设计工作。价值导向理念要求在遗址展示前，一定要对遗址进行充分的考古勘探、调研、资料收集整理与研究，准确地掌握遗址的分布与保存、遗址环境和遗址的价值，结合遗址本体及价值和文化内涵，确定展示的主题、展示的对象、展示的方法并策划展示的内容。

3. 市场导向辅助理念

市场导向辅助理念是指大遗址展示在强调保护和以遗址价值为导向的同时，应考虑展示目标群体需求和资源竞争态势等。大遗址展示的目的是在遗址保护的基础上，使遗址为大众所用，能够发挥积极的社会效益及延伸的经济文化效益。通过遗址展示，增强大遗址的可视性、可读性、可赏性，让大众去认识了解我国璀璨的文化，接受教育，增强认同感。这就要求大遗址展示以价值为导向的同时，还应考虑大众的需求，在展示前，一定要进行市场调查和市场预测，准确掌握市场需求和竞争状况，结合遗址资源特色，采用多种展示设计方法展示符合大众需求的"产品"，而不能只从"文物"出发"闭门造车"，不考虑大遗址展示的终极对象需求。

---

① 周冰：《大明宫：灼热的大遗址》，人民出版社，2009年，第31页。

4. 独特性理念

独特性理念是指大遗址展示应突出大遗址独特的时代特色、地域特色、遗址类型特色、周边古环境特色及文化特性，在展示时要有创意，尽可能在保持遗址原始风貌的同时，运用多种技法，再现历史与环境。大遗址时代不同，所处地域及发生的历史事件等不同，形成或表现出不同的特征，即使同类型的遗址之间也具有明显的差异性，这种差异性也是大遗址自身独特性的所在。遗址差异越大，独特性越强，价值也就越高，保护、展示意义也就越大。独特性不是单一性，大遗址展示在突出核心价值和元素的基础上，还应具有多样化特点，以提升大遗址的内在价值，丰富大遗址外在表现形式，满足公众多样化的观赏、游憩需求。

5. 参与性与体验性理念

参与性与体验性理念是指大遗址展示应运用游憩化手法设置科普体验产品，将遗址文化展示及游乐设施和手段相融合、科普教育和主题教育相融合，强调人与遗址的近距离接触和深度体验。大遗址是开展历史文化宣传教育，宣扬爱国主义的精神基地。大遗址保护、展示的目的之一就是让大众认识了解我国悠久的历史文化，通过遗址展示获得科普教育，而这样的场所，最大的群体应该是大中专在校学生和中小学生。由于我国大遗址多为土遗址，保存较差，多已毁损，观赏性较差，吸引性不强。且从旅游学角度来看，现代旅游已经进入体验和休闲旅游时代，因此，在大遗址展示利用过程中，应重视大遗址资源参与性与体验性展示。而寓教于乐是更易于青少年群体和成人群体接受的方式。

6. 利益协调理念

大遗址展示的目的是实现遗址保护利用，主要表现为社会效益，但是在满足遗址保护、文化传承、教育等社会效益的同时也不能忽视生态环境效益和衍生的经济效益。因此，大遗址展示应对社会、生态环境、经济三大效益综合考虑，要将遗址保护、遗址展示、遗址利用、大众需求、社区发展、居民生产生活等统一考虑，注意各方利益关系协调，通过大遗址展示，实现遗址社会价值，满足公众精神追求和休闲生活的需求，带动遗址区所在区域社会经济发展，提高遗址区居民生活水平。

五、大遗址展示设计方法体系的构建

方法是人类认识客观世界和改造客观世界应遵循的某种方式、途径和程序的总和。做任何事情，只要掌握了理念方法，就能事半功倍，取得好的效果，并增强事件过程和结果的科学性、合理性、有序性、客观性以及理论性。大遗址展示应形成比较科学的展示设计方法，结合大遗址实际，创新思维，提出科学、合理、具有前瞻性和操作性的结论。根据大遗址展示的对象、内容、目的等，大遗址展示方法可细分为遗址本体展示、自然环境即地脉展示和以文化景观为主的文脉展示（图7-1）。

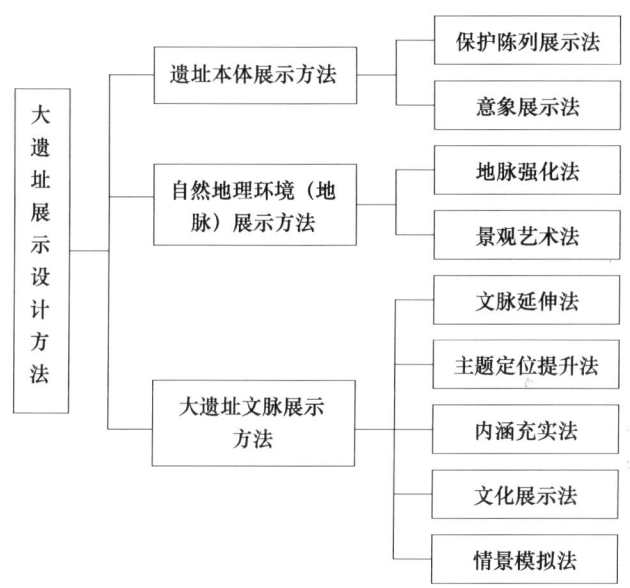

图7-1 大遗址展示设计方法体系图

1. 保护陈列展示法

保护陈列展示法是指以遗址、遗迹本体为载体，依据遗址现状、特定的文化内涵和价值体系，通过科学保护措施和艺术加工，使已经消失或局部破坏的遗迹本体及价值通过具体的形态展示出来的方法。大遗址经过漫长的历史变迁，大多只剩下残垣断壁或深埋地下的建筑基址，基本形式已不复存在。大遗址区的文化内涵主要体现在现存的遗址本体上，离开形式大遗址无所谓美，文化内涵也失去承载体。只有通过对遗址本体科学、合理的有效保护，展示出遗址本体的形式，才能反映体现出大遗址的真实性、可读性、完整性和历史文化价值，实现遗址的社会教育功能目标。保护陈列展示法是我国大遗址展示设计的主要方法，主要方式有露天原状展示、围护展示、覆盖展示、标示展示、模拟复原展示、考古发掘现场展示。

（1）露天原状展示。露天原状展示指针对地上的遗址本体及其环境在运用一定技术保护措施维修、加固后，在其原址进行展示的方式。这种方式主要是针对一些体量大、保存较好、遗址本体及其环境风貌观赏性强、不必做过多维护、修复即可长期保存的遗址。一般主要以夯土基址、墓葬封土、城墙及石质基址或墙体等为主。因为我国大遗址数量多、遗存丰富，加之资金、技术等有限，在最小干预原则影响下，露天原状展示是我国现阶段针对破坏相对较小的大遗址展示较为普遍的方式之一。

（2）围护展示。围护展示是指为避免人为与自然环境破坏，运用可逆性材料构成的围栏、墙体、篱笆等对一些价值较高、易损坏的地上地下遗址及其环境进行展示的方式。人为与自然破坏包括取土、攀爬、蹬踏及自然风雨侵蚀、水土流失对遗址构成的威胁。可逆性材料包括木材、钢铁、砖石和夯土等，对可逆性材料的选择一定要与遗址环境相适应，并具有景观性。

（3）覆盖展示。覆盖展示是指针对经考古发掘或正在发掘的，遗址保存状况较好、学术研究价值较高、观赏性较强的部分或全部地下遗迹，在运用可逆性材料进行覆盖保护的同时，展示这些重要的遗址本体及环境。可逆性材料包括有机玻璃、木材、钢铁等；覆盖的设施包括修建遗址博物馆、保护展示大厅或大棚、地罩等。保护和展示遗迹的覆盖设施，必须具备适于遗迹保护的温湿度条件，并对遗迹采取相应的保护技术措施，防止遗迹的风化、霉变及其他损害遗迹的现象出现。覆盖设施的建筑形式、风格和体量，应与遗址环境风貌相协调。通过覆盖，为遗址提供安全的保护条件，减少自然或人为对遗址的破坏，同时也为科研工作、游览观赏等提供必要的条件。

（4）标示展示。标示展示是指对经考古勘探或发掘、布局形式和结构基本清楚的地下遗迹，或破坏严重、地表已无存的地上遗迹，覆盖保护后，在不对遗迹本体造成破坏的情况下，在其上种植浅根系植被或用卵石等非植被材料，标示展示遗迹的平面布局和范围。植被标识和非植被标识的方式均可以清楚地展示遗迹的布局和结构，可以根据遗迹的具体情况决定采用何种标识展示方式。

（5）模拟复原展示。模拟复原展示是指运用可逆性、无损害材料，对大遗址具有代表性、典型性和价值比较高的遗址本体进行局部或全部模拟复原的展示方式，是一种再现历史、展示遗址可能原初形态、发掘其深刻内涵的有效方式。一般主要包括基址模拟复原展示和原状模拟复原展示两种形式。

1）基址模拟复原展示。基址模拟复原展示是对经过考古发掘、布局形制和结构基本清楚、价值较高、遗迹保存较好的建筑基址，在运用沙土等材料覆盖保护后，依据考古资料及文献资料，按照当时的建筑形式和材料，在遗迹之上对建筑基址实施复原展示的方式。覆盖保护的材料和厚度应结合具体遗址进行充分考虑，科学论证后实施。这种展示方式尊重遗址真实性，是一种科学严谨对待遗址保护工作的展示方式。

2）原状模拟复原展示。原状模拟复原展示即重建，指对经过考古发掘、布局形制和结构基本清楚、价值较高、遗迹保存较好的建筑基址，在运用沙土等材料覆盖保护后，依据考古资料及文献资料，按照当时的建筑形式和材料，在遗迹之上对建筑基址实施原状复原展示的方式。原状模拟复原展示意味着对遗址的重建，目的是将其恢复到遗址的初始状态，但这是不现实的，所谓的重建，只是基于考古资料和古代文献在有一定事实依据的基础上，对其的模拟复原。这种方式一般需谨慎使用。

（6）考古发掘现场展示。考古发掘现场展示是指在考古发掘中，应充分利用大遗址得天独厚的考古条件，根据大遗址的考古工作进程，选择部分地点进行考古发掘现场展示。这样不仅可以让公众直观感受、认识大遗址，提高大遗址的知名度，更能够激发民众对大遗址保护的支持和参与。为方便考古发掘现场展示并有效保护发掘现场的遗迹和遗物，应设计制作简洁方便、可重复利用的考古发掘现场保护展示大棚。

2. 意象标识法

意象标识法是指对已经消失或局部破坏的建筑遗迹本体在实施保护措施后，运用保护性环保、可逆材料将遗迹的整体轮廓表征出来通过公众对遗址外在物象的观赏引起主观情意融合，达到深化意境效果的展示方法。"意象"即"表意之象"，"意象"的本质在于"意"，立"象"的目的是尽"意"，即表达某种思想或理念[①]。中国的传统建筑是一种意象化的建筑，从立意构思到平面规划、建筑造型、装饰装修，处处都映射着象征主义的神奇光彩，洋溢着象征主义浓郁的情趣[②]。中国古建筑"不只是一种本身无足轻重的符号，而是一

---

① 曹桂生：《中国建筑艺术与审美意象》，《陕西师范大学学报》（哲学社会科学版）2010年第2期。
② 李仙：《中国传统建筑的文化意象》，江南大学硕士学位论文，2009年，第20-23页。

种在外表形象上就已可暗示要表达的那种思想内容的符号"。中国古建筑一旦无存，其承载的文化内涵、意境和精神境界等将不复存在。因此，对我国以土遗址为主体的大遗址的展示，要增强其"可读性"，就必须对其重建或通过轮廓复原表征意境，而后者更符合国际保护惯例要求。形状、颜色或是布局都有助于创造个性生动、结构鲜明、高度实用的意象表征，有助于事物象征意义感性观照于公众思维，增强大众对遗址的认同。例如，大明宫遗址在展示中对城楼、建筑屋顶、宫墙等采用了意象展示，丰富了展示内容，增强了观赏效果。

3. 地脉强化法

地脉强化法是指在大遗址区地理环境、遗址分布和文化内涵调研基础上，对与大遗址区遗址或遗迹联系紧密的地理环境和自然风貌的突出和强化，以再现大遗址天人合一的思想。大遗址的地形地貌等自然环境是大遗址的重要组成部分。《西安宣言》明确说明，遗址周边环境是大遗址区的重要构成，也是保护展示的对象。大遗址离开其承载体土地及周边环境，其真实性、完整性与价值必将受到破坏与影响，文化内涵也将缺失，并使大众的感知形象不一致，制约观赏、体验的效果。因此，大遗址展示需要通过各种手段突出、强化与大遗址密切关联的大遗址区地理环境特征，保护大遗址的整体性与文化内涵的连续性。例如，凤翔秦雍城在保护展示过程中，就充分考虑到北边的城，中间的国人墓地和南边的陵寝。在总体展示布局上，将其界定为"北城南陵中墓地"的地理格局，在分区上，形成以秦公一号大墓所在的宝鸡先秦陵园博物馆和马家庄宗庙朝寝建筑群遗址为核心的北城和南陵的双核心；依据遗迹的特征、功能、分布范围等将遗址分为六区，包括：寝庙市场展示区、西城垣遗址公园、南城河风貌游憩区、雍城苑囿展示区、秦公陵园展示区、考古教学科研基地。南城河风貌游憩区是考虑到古老的雍水河，而苑囿展示区则是对古雍城城北"饮凤池"的强化，也是对现在的东湖的凸显。

4. 景观艺术法

景观艺术法是指大遗址借鉴生态学、景观设计学和大地艺术设计等学科先进的理论方法，在考古勘探发掘、技术保护基础上，结合传统的标识展示，在大遗址展示设计中，对大遗址本体和周边自然环境景观进行艺术化创造，形成大地艺术作品，以恢复遗址区生态环境、塑造大遗址景观体系。景观是可欣赏、可识别、能带给人直观美感的事物对象。通过景观艺术化的设计，一方面增强了大遗址的可读性与观赏性，另一方面实现文化与自然的和谐共生，保存并改善了人类生存的环境，扩展了大遗址自然景观的美。

5. 文脉延伸法

文脉延伸法主要是在大遗址考古勘探、资料收集整理、遗址区文化资源调查和价值评价的基础上，按照时间、空间和其他线索，将遗址区内资源既有的文脉或价值进行延伸，以丰富遗址价值内涵、展示对象与游客体验的方法。文脉是大遗址区文化脉络的特征，是一个大遗址区及所在区域价值和文化的特色所在，是大遗址保护、展示的重要依据，包括了遗迹、遗物及其蕴涵或承载的历史文化、民族特色、区域文化、物质文化以及与遗址相关的历史事件和历史人物等。例如，山东淄博的中国古车博物馆，其以考古发现的后李春秋殉车马为基点，以中国古车的发展为历史轴线，集中再现了中国古车的演化发展，使其成为国内最丰富、最系统的古车展示博物馆；安阳殷墟因为发现了甲骨文，以此为基点，建设了甲骨文景观长廊和以文字为主题的文字博物馆。

6. 主题定位提升法

主题定位提升法是指在大遗址展示规划或设计时，在调研基础上，依据遗址本体、遗址布局、遗址价值及文化内涵提炼出遗址展示主题，以凸显大遗址展示内容和提升大遗址展示内涵。主题提升法既适用于对大遗址展示主题定位，也适用于展示分区的展示定位和内涵提升。在运用主题定位提升法时一定要对遗址区域资料进行详尽的掌握搜集整理，主题定位一定要能凸显遗址展示区的文化内涵、展示内容和功能等。但应当注意其不是区域展示内容的简单总结，而是一种理性层次的文化提升和拔高。在秦雍城遗址保护展示规划中，对各个展示区就设定了主题以提升遗址的文化内涵和展示主题。例如，寝庙市场展示区展示主题：前朝后市，左祖右社；西城垣遗址公园区展示主题：筑城以卫君，造园以娱民；南城河风貌游憩区展示主题：水天之际，秦都风情。

7. 内涵充实法

内涵充实法是指在对现有资源特征、文化信息和展示现状进行分析基础上，结合现有资源、未来展示方向等寻找与遗址展示相关资源信息，对大遗址展示内容和展示内涵进行充实提升和拓展的一种方法。主要是针对一些大遗址区遗址或遗迹本体文化价值较为突出，但由于考古勘探、发掘不充分，研究不足，对遗迹分布、类型、保存状况、遗址性质、遗址文化等不是十分清楚，展示内容和功能较为单一，内涵比较单薄的现状，需要通过其他与遗址相关文化体系和资源对其进行充实，以增加展示内容，丰富展示内涵，提升展示功能的展示设计方法。例如，山东省章丘市的城子崖遗址，是中国学术机构、中国学者自行调查发现和组织发掘的第一处史前遗址，是我国龙山文化的发现地与命名地，在考古学与中国文明史上具有重要的地位与意义。但目前遗址由于考古工作不充分，对遗址本体及遗址布局、结构等还不是很清楚，遗址现在展示出来的只有一处博物馆与一段城墙。展示内容较少，展示方式单一，遗址文化内涵和龙山文化发现地和命名地及在文明史上的价值没有体现出来。因此，在城子崖遗址保护展示中，依托遗址本体在主要展示龙山文化城墙城壕、出土的器物的同时，采用内涵充实法，将中国古代文明起源和考古学纪念地两个主题充实进城子崖遗址展示中，规划要求对城子崖遗址博物馆在整治后重新布展体现中国古代文明起源这一内涵，并将城子崖遗址的发现者与发掘者及1931年第一次所发掘的探沟等也列入展示对象，在博物馆专门设置吴金鼎、梁思永等先生的专题性展览，在遗址区将1931年发掘的探沟在保护加固的基础上展示出来，作为我国考古学发展的见证。

8. 文化展示法

文化展示法是指对大遗址的文化内涵、文化景观等的展示，包括历史文化、传说、故事、乡村聚落、乡村建筑和历史建筑等。文化是大遗址的灵魂。大遗址是某一特定群体在特定时期综合创造的承载体，是古代社会、政治和经济的缩影，体现着古代民族的历史发展脉络，是传统文化的重要代表。大遗址"只有通过对传统文化的展示才能够尽可能地揭示其蕴含的'传统文化信息'，传统文化只有通过考古遗址平台才能够进行'再现性'的展示"[①]。在保护好大遗址历史风貌和重点文物的前提下，努力使大遗址隐形文化显性化，使在地下的文化走出来、活起来，使之变成可读、可感、可消费的文化产品[②]。大遗址文化展示有利于将大遗址与其承载的文化内涵连接起来，通过具象的载体对大遗址的文化内涵加以展示，实现展示形式与内容的统一，实现大遗址旅游体验的要求，使人们在了解遗址的同时，认识、体验、参与其相关的历史文化。文化展示的方式包括静态与动态的，静态的包括展馆展示、聚落或民居或

---

① 朱晓渭：《考古遗址公园文化展示问题探讨》，《理论导刊》2011年第4期。
② 周冰：《大明宫：灼热的大遗址》，人民出版社，2009年，第31页。

传统历史建筑等的原场景展示、广场主题文化景观展示等；动态的包括乡村大舞台、景观嘉年华、民俗表演等形式。

9. 情景模拟法

情景指情形、景象，即事物呈现出来的样子、状况[①]；模拟是指用物质的或观念的形式对实际物体、系统、过程或情境的仿真。情景模拟主要是指借助科学技术手段，对事物或事件发生与发展的环境、过程的虚拟或模拟再现[②]。情景模拟法主要包括两种形式：一种是情景模拟展示，一种是情景虚拟展示，二者既有联系，又有区别。模拟展示是利用声光电技术或其他材料对真实事物或者过程的虚拟再建，包括声光电技术模拟、模型模拟、仿古景观（仿造古代景观建筑或场景）、景观雕塑（运用形象思维将传说故事通过景观建设项目静态表现出来）；虚拟展示是利用声光电技术，通过计算机模拟三维环境，对真实事物或者假想事物及其过程的再现，使参观者可身临其境，并操纵系统中的每一个对象，同时又具备听觉、触觉、嗅觉的多媒体功能，如幻影成像技术。情景模拟可在馆场内进行，也可在室外对遗迹或遗址的结构进行复原展示，如金沙遗址的4D电影、汉阳陵遗址博物馆内的3D电影等；考古遗址内的模拟考古和对遗迹进行室外三维立体虚拟展示等。

总之，大遗址展示不应仅仅停留在对遗址本体的静态展示，应根据大遗址的综合构成要素及历史文化沉淀，在保护、展示遗址本体的同时，将遗址承载的文化、环境等也运用多种方法展示出来，增强遗址的可读性、观赏性和宣传教育的效果，为普通大众所用，实现真正的文化传承。上述只是对大遗址展示理念、方法的宏观探讨，也可从具体的遗址类型或展示对象方面细分，针对不同的遗址类型或展示对象等，采取不同的展示方法。我国目前对大遗址展示研究相对较少，在具体的展示理念、展示方法研究与实践方面有待于更多的人加入进来，以促进我国大遗址的保护和利用。

第二节 大遗址解说系统的设计

通过解说我们才得以了解，通过了解我们才懂得欣赏，通过欣赏我们才能

---

① 王衍用、宋子千：《旅游景区项目策划》，中国旅游出版社，2007年，第147页。
② 李庆雷、明庆忠：《旅游规划：技术与方法》，南开大学出版社，2008年，第280页。

加以保护①。科学、全面、系统的大遗址解说和完善的大遗址解说系统是大遗址保护、展示、利用和管理诸要素中重要的组成部分，是大遗址教育功能、服务功能得以发挥的必要基础，是大遗址游客管理的重要手段之一。大遗址解说系统目的在于借助各种媒体，通过游客的亲身经历，在使用大遗址资源的过程中体现大遗址意义和其间的关系。科学、系统、全面的解说系统可以有效地传播、弘扬大遗址价值，使公众认识大遗址，增进公众大遗址保护意识，促进大遗址的可持续发展。我国大遗址由于多为土遗址，或深埋地下，或残缺不全，观赏性差；同时大遗址是古代经济社会文化的承载体，历经漫长的时光演变，一般公众无法认识、了解。因此，在展示的基础上，必须借助解说系统才能为公众所认知。

一、大遗址解说系统的概念

1. 解说系统的国内外研究概况

"解说"和"解说系统"是随着旅游业的发展而提出，并在旅游业的发展中不断充实完善的专有名词和系统。"解说"一词最早出现在美国国家公园的服务体系中，被称为环境解说，主要是针对国家公园的科普宣传教育。其后在美国、加拿大、英国、法国、日本等国家的专家学者和政府针对本国遗产或旅游地开展了大量的关于解说系统的研究工作，以期指导旅游目的地的旅游业发展和科普教育功能的实现。研究对象上，包括了区域解说、国家公园、历史遗产地、旅游景区、地质公园、自然保护区以及博物馆、展览馆等不同尺度空间的对象；研究内容上，包括对解说系统的概念、特征、功能、目标、构成要素、表现形式（材料、颜色、大小、高度）、解说受众、规划与设计等理论与实践的探讨，并构建起了一套科学的理论方法体系。以期通过使用现代传媒普及遗产知识，使民众对遗产有一定的认识，并激发民众的自豪感和参与遗产保护的强烈愿望。

我国国内对旅游解说系统的研究是随着旅游业的发展和20世纪90年代中后期对旅游景区发展的重视才开始涉及的，相对起步较晚，尚处于发展阶段。因此，在景区研究中主要关注与旅游景区的规划设计及管理有关的问题，对细部的旅游解说系统的研究、设计还未引起足够的重视，只有少数学者从概念、构成要素、

---

① Freeman Tilden. *Interpreting Our Heritage*. Raleigh: University of North Carolina Press, 1957.

方法体系等方面进行了探讨。吴承照相对较早地在实践基础上，总结了解说规划的内容框架，对规划目标、流程以及规划内容做了安排①。其后，吴必虎等较系统地探讨了解说系统的类型，将其分为自导式与向导式，并对北京与香港的旅游解说系统做了比较，将北京市的旅游解说系统分为交通网络导引解说系统、接待设施解说系统、观光度假地解说系统及可携性解说系统四种类型②。唐伽拉以浏阳道吾山引路松景区旅游解说系统规划为例，探讨了旅游解说系统规划的基本思路、规划方式和规划理念③。唐鸣镝在此基础上将解说系统理论化并运用到旅游景区规划的理论中，构建了景区旅游解说体系的大致轮廓④。张立明和胡道华提出了旅游景区解说系统的体系构建与系统框架，对旅游景区解说系统规划的内容、方法和不同的展示方式进行了系统的总结⑤。钟行明在总结国内外遗产解说现状的基础上，阐述了世界文化遗产地旅游解说系统等相关概念，提出并分析了世界文化遗产地旅游解说系统的 RPMR（旅游解说资源、旅游解说供给、旅游解说媒介及旅游解说受众）结构模式，探讨了世界文化遗产地旅游解说系统的构成机理⑥。李红翔详细地剖析了解说系统的构成要素，阐述了解说系统的功能及解说方式适用性研究的结论，预测分析了景区解说方式发展的趋势⑦。曹吟吟以旅游解说牌示等相关概念分析为前提，提出旅游解说牌示系统的含义，并从宏观上对旅游解说牌示系统规划以及微观上的具体设计方法与技术进行了探讨⑧。这两篇硕士学位论文从宏观与微观，从理论与实践等不同层面对我国景区旅游解说系统进行了总结研究，对我国旅游景区和大遗址解说系统的研究与实践具有重要的指导意义。在上述学者研究的同时，陶伟等学者也从理论方法、实践探索、解说效果等方面进行了探索，丰富完善了我国解说系统的理论体系。

文化遗产领域在旅游领域探索解说系统的同时，伴随着文化遗产的利用，也积极开展适用于文化遗产领域的解说系统研究与实践。其中较早涉及的主要是一些国际性的宪章、宣言，如《考古遗产保护与管理宪章》《巴拉宪章》

---

① 吴承照：《从风景园林到游憩规划设计》，《中国园林》1998年第5期。
② 吴必虎、金华、张丽：《旅游解说系统的规划和管理》，《旅游学刊》1999年第1期。
③ 唐伽拉：《旅游解说系统规划初探——以浏阳道吾山引路松景区为例》，《旅游学刊》2003年第3期。
④ 唐鸣镝：《景区旅游解说系统的构建》，《旅游学刊》2006年第1期。
⑤ 张立明、胡道华：《旅游景区解说系统规划与设计》，中国旅游出版社，2006年。
⑥ 钟行明：《世界文化遗产地旅游解说系统研究》，东南大学硕士学位论文，2006年。
⑦ 李红翔：《景区解说系统构建及解说方式适用性研究》，东北财经大学硕士学位论文，2007年。
⑧ 曹吟吟：《旅游解说牌示系统规划与设计——以张家港暨阳湖园区为例》，同济大学硕士学位论文，2008年。

《国际文化旅游宪章》《关于文化遗产地阐释与展示的宪章》和《文化线路宪章》等。2008年通过的《文化线路宪章》中指出文化线路要协调和整合基础设施、旅游活动、阐释（interpretation）和展示（presentation），并将遗产价值真实而完整地转达给游客。与《文化线路宪章》同时通过的《关于遗产地精神的魁北克宣言》中提出通过应用不同媒介、不同技术手段的解说（interpretation）和展示（presentation）活动，保护并传承遗产地精神。国外针对遗产地解说系统也多有研究论述，而我国关于文化遗产地解说系统研究相对较少，针对大遗址解说系统研究的文章几乎没有。我国在大遗址解说系统理论方面的缺乏直接影响到大遗址保护实践，一般的大遗址区解说系统形式单调、内容乏味、类型不全，缺乏针对性和目的性；旅游发展相对较好的大遗址景区虽然解说系统较全面，但主要按照传统的旅游景区组织解说系统规划与建设，不能很好地结合大遗址资源特性，使公众真正方便、快捷地了解、认识大遗址及其文化。同时，也导致大遗址保护规划中对解说系统不够重视，解说系统规划不能像国外其他专项规划一样独立存在，一般只是作为展示内容的一部分以总括性的条例形式出现，成为食之无味、弃之可惜的一块"鸡肋"。这种现状导致了大遗址展示、利用和管理水平的下降和管理效率的低下。大遗址解说是沟通公众与大遗址的通道，是大遗址保护、展示与利用、管理的重要手段。资源不同、景区类型不同，解说系统也有一定的差异性。

2. 解说的概念

"解说"一般指"解释说明"，是对事物现象、内涵的阐述、说明。解说系统的研究首先是从对解说定义的探索开始的。在研究文献中，不同时期的不同学者根据不同的学科背景对"解说"的定义展开了广泛讨论。

目前所知，对解说进行较早定义的是美国人费门·提尔顿，其在1957年撰写的《解说我们的遗产》中提出"解说是一种教育活动，目的在于通过直接的体验和媒介的介绍来揭示事物的内涵和相互关系，而不是简单的传递事实信息"[①]；夏普认为解说是以启发、解释及愉悦的方式来帮助人们了解自然和文化资源，是服务、教育与娱乐的升华[②]；其后的马克鲁斯克也认为解说是一种

---

① F. Tilden. *Interpreting our heritage*. Raleigh: University of North Carolina Press, 1957.
② G. W. Sharp. Reducing vandalism through interpretation. *Charting a New Course NAI National Interpreters Workshop*. Proceedings of the Annual Conference, Fort Collins, CO: National Association for Interpretation, 1988: 254-261.

娱乐性为主的教育事业[①]；马哈菲指出"解说是一种沟通人与其环境间的概念过程或活动，用以启发人对环境的认知与了解，以及在自然界所扮演的角色过程或活动"；奥尔德森认为对事物的理解是游客到目的地的计划性目标，而合理的解说有助于促进游客的理解[②]；1994年，美国的旅游解说学家约翰·A·维佛卡撰写并出版了《旅游解说总体规划》，成为首部详细介绍解说方法体系及规划策略的专著，书中引用了加拿大解说学会在1976年所提出的关于解说（interpretation）的定义，认为"解说是一个交流的过程，它通过公众（游客）对物体、人类创造物、景观、场地等的亲身体验，揭示文化遗产和自然遗产的内涵及其和我们的关系"[③]。吴忠宏认为"解说"是一种信息传递服务，目的在于告知及取悦游客并阐释现象背后所代表的含义，接着提供相关的资讯来满足每一个人的需求和好奇，同时又不偏离主题，以期能激励游客对所描述的事物产生新的见解和热诚[④]。

　　文化遗产领域关于"解说（interpretation）"也常被翻译为"阐释"。阐释在1990年洛桑召开的国际古迹遗址理事会第九届会议通过的《考古遗产保护与管理宪章》中被首次提出。《考古遗产保护与管理宪章》指出，"展示和资料信息应被看作是对当前知识状况的解说即通俗解释，因此，必须经常予以修改"。1999年澳大利亚古迹遗址理事会修订的《巴拉宪章》认为，"解说是指展示某个遗产地文化价值的各种方式，包括对构件的处理（如维护、修复、重建）、遗产地的使用和活动以及说明性材料的使用"。《巴拉宪章》关于"解说"的概念包含了展示的内容。在《巴拉宪章》基础上，2005年澳大利亚新南威尔士州遗产管理处发布的《遗产地和遗产解说指南》中指出，"解说指表现遗产价值的各种方式。解说需要综合遗产构造的处理、遗产的使用并需通过各种媒介，如活动、标志和印刷品等"。2005年，英国遗产教育服务局出版的《遗产解说》认为，"解说的工作定义是为一个场所的体验增加价值的过程；解说是促进其所管理遗址的教育潜力得到发挥的关键；解说是一种沟通过程，

[①] E. Maknlsk. A conceptual analysis of environmental interpretation. Ph. D. dissertation, Ohio State University, 1978.

[②] W. T. Alderson, S. P. Low. *Interpretation of historic sites (2nd ed.)*. Lanham: Rowman & Littlefield Pub Inc, 1986.

[③] 〔美〕约翰·A·维佛卡：《旅游解说总体规划》，郭毓洁、吴必虎译，中国旅游出版社，2008年。

[④] 吴忠宏：《环境解说》，《旅游解说系统的规划和管理》，《旅游学刊》1999年第1期。

它的目标不只是简单的提供信息，也是鼓励他人做出回应"[①]。2008年通过的《关于文化遗产地阐释与展示的宪章》指出，"解说指一切可能的、旨在提高公众意识、增进公众对文化遗产地理解的活动。这些可包含印刷品和电子出版物、公共讲座、现场及场外设施、教育项目、社区活动，以及对解说过程本身的持续研究、培训和评估"。这是目前国际组织针对遗址解说（interpretation）与展示的唯一官方文件，"它使得遗产解说与展示首次以国际文件形式得以清晰的确立，并进而引起了更为广泛的关注与讨论，它表明，当前及未来相当长时期的遗产工作中，解说与展示是沟通遗产与公众的两种途径"[②]。

综合上述学者与规范性文件对解说的定义，可以发现解说除了一般的信息传达外，更着重于思维的激发和启迪，通过对事物本身所做的客观性说明来引导公众全面、客观地理解、认识对象事物及其本质。有助于提高公众欣赏水平和游憩品质，加深人们对对象的环境、生态、文化方面的了解，进而影响他们对对象事物的态度与行为，从而达到沟通、交流与服务和教育的目的。

3. 大遗址解说系统的概念

通过对解说概念的认知，本人认为大遗址解说是指运用一定的媒介与表达方式，把大遗址的相关信息传达给包括潜在旅游者、旅游者以及其他相关群体在内的受众，使其在享受服务的同时，引导公众全面、客观地理解、认识大遗址形态布局及其文化内涵，增强公众的欣赏水平和游憩品质，达到教育、启迪与管理的效用。

大遗址解说系统是指针对大遗址资源，在解说组织的统筹安排和协调下，运用一定的媒介和表达方式，使其相关信息传达给包括潜在旅游者、旅游者以及其他相关群体在内的受众，帮助受众了解相关事物的性质和特点，以实现服务、教育、启迪、塑造形象与管理的系统。也就是说大遗址解说系统借助不同的传播媒体来进行多种方式的解说，将大遗址的构成要素包括遗址本体、自然地理资源、人文历史、风土人情、服务设施及道路交通等大遗址景观信息传播给受众，帮助受众了解大遗址景观构成要素的性质和特点，同时实现服务和教育等基本功能。

[①] 陈曦：《"阐释"与"展示"概念的溯源与辨析》，《中国文物报》2012年8月17日第7版。
[②] 张成渝：《遗产解说与展示：对〈艾兰姆宪章〉的释读》，《同济大学学报》（社会科学版）2012年第3期。

二、大遗址解说系统的功能

大遗址解说系统是公众在大遗址参观游览中理解、认知大遗址形态布局、环境风貌与文化内涵的重要手段，是大遗址服务功能、教育功能、使用功能得以发挥的必要基础。一个完整的大遗址解说系统通常具有服务、解说、引导、教育和管理等功能，其中服务和教育是较基本的两种功能，服务功能是一切功能的基础，主要体现为解说、引导等功能，最终促使教育功能和管理功能的实现。

1. 服务功能

解说的目的是向公众群体提供各种需求信息，这首先属于服务的范畴。大遗址解说系统的构建就是为公众在大遗址参观游览提供基本的信息服务、导向服务、咨询服等，以方便公众的参观游览，安全、顺利、愉悦地完成对整个大遗址的享受。这种服务贯穿于公众在大遗址的整个参观游览活动之中，包括了显性的如人员导游、咨询服务等；而绝大多数都是通过标牌、宣传资料等隐性的方式完成。

2. 解说功能

大遗址通过标牌、导览图、导游讲解人员、旅游指南、图书等资料向公众传递关于大遗址的信息，帮助公众了解、认识并欣赏大遗址的所有构成要素，如遗址本体形态布局、自然与人文景观等，进而在讲解基础上，使其深入地了解大遗址的价值内涵、承载的历史文化信息及其地位和意义等，使其对大遗址的认知从表象深化到内涵，增强公众的大遗址认知度和审美度。

3. 引导功能

旅游是一种异地体验，其本质是给游客提供一种时空异化、时空强化的异地新鲜经历，是一种以一定物质条件为依托的服务。首先，公众到达大遗址区域后，通过大遗址解说系统可以快速地提供遗址区内关于售票点、大遗址区资源分布、游览线路等基本信息，在时空顺序上引导公众对大遗址的游览活动。其次，展示和解说为公众创造了理解、欣赏和享受大遗址的机遇，公众如果对大遗址的基本历史文化信息不懂或误解，可能会导致对大遗址的不尊重或破坏，而大遗址解说系统通过动态和静态的，显性和隐性的解说可以正确引导公众，纠正公众对大遗址的误解或偏见，使他们在正确认知的基础上，增强对大遗址的感情。

4. 教育功能

教育功能是大遗址解说系统的一个基本功能，它主要体现在三个方面。首先，通过大遗址解说系统提供的相关信息，如大遗址介绍、历史文化知识、自然地理知识、大遗址保护忠告、注意预警等，可以使公众更加深入地理解大遗址的历史价值、科学和艺术价值，了解大遗址与周边地区的关系以及整个大遗址保护的价值和意义，使公众在参观、游览的同时获得知识的补充和启发；其次，大遗址解说系统可以让公众学习在大遗址内参加各种运动及游憩活动所必需的技能，如使用考古工具的技能、参与考古发掘的实践技能、修复陶瓷器或制作陶瓷器等技能；最后，通过大遗址解说系统使其在认知大遗址价值的基础上，通过大遗址解说系统的解说、提示等信息，增加人们对旅游资源及旅游产品的理解和欣赏，在游览中达到寓教于乐的目的，提升体验价值，增强大遗址和文化遗产保护意识，参与到保护大遗址和文化遗产的行动中来，为保护我国珍贵的文化遗产做出贡献。

5. 管理功能

大遗址面积广大，单纯依靠工作人员不可能做到全面管理，而大遗址解说系统是一种针对游客和其他公众的有效管理策略，可以起到辅助管理作用。解说在保护大遗址资源方面扮演着重要的角色，解说减少了故意破坏行为，它鼓励公众采取恰当的行为，以达到大遗址区域的持续发展。科学、合理的大遗址解说系统有助于提高游客体验质量，同时一定程度上也避免了不必要的人、财、物的浪费投入，使其在保护资源、教育与服务大众等方面发挥更大的作用；有助于更好地挖掘大遗址的文化内涵，塑造大遗址区域整体形象；能够有效地弘扬大遗址价值，促进公众对大遗址的认知，使公众产生保护大遗址和文化遗产的意识，使他们自觉参与到大遗址保护中；在此基础上，通过大遗址解说系统的引导，为公众安排各种实践活动，提供一种对话途径，使旅游者、社区居民、大遗址管理者、旅游管理者之间加强交流沟通，促进公众对大遗址保护管理工作的理解和支持，共同参与到大遗址适当的管理、建设和发展等活动中，实现大遗址的保护与价值弘扬传承。

三、大遗址解说系统的构成要素

关于解说系统的构成要素，国内外学者基于旅游学的主体、客体和媒介分析，普遍认为主要包括解说对象、解说受众和解说媒介三大要素；但该要素体系中未包括解说组织和解说内容。也有学者认为主要包括提供解说者、被解说的对象和接受解说者三要素，并将其称为"传递者—信息—接收者"模式[①]；这一模式其实包含四个要素，注意到解说组织，但未将解说内容纳入。我国的唐鸣镝认为，景区旅游解说系统主要包括认识对象（信息源）、使用者（接受者）、旅游解说（沟通媒介）三个基本构成要素，认识对象、使用者通过旅游解说相互沟通，以达到景区在使用、教育、保护等功能上提升互动的目的[②]，该要素系统是对传统三要素名称的重新诠释，仍未凸显解说组织和解说内容。张立明、胡道华认为，景区旅游解说系统由解说员、受众、解说信息和解说设施四个基本要素构成[③]。在前述基础上，李红翔依据传播模式理论中拉斯韦尔的"5W"模式理论，结合研究对象的具体情况，在唐鸣镝构筑的"使用者、旅游解说、认识对象"三足鼎立式的解说结构基础上，认为景区解说系统由解说组织、解说对象、解说内容、解说方式、解说受众五个要素构成[④]。本书以李红翔的研究为基础，认为大遗址解说系统包括解说对象、解说内容、解说方式、解说受众、解说组织五个方面的要素，并结合大遗址实际对大遗址解说系统的构成要素进行较为详细的分析。

1. 解说组织

解说组织是大遗址解说系统中负责组织、策划、设计、管理解说过程的领导机构或协调实施机构。解说组织涉及的工作包括解说对象信息的收集和分析、解说方式的选择、解说受众的调查研究、解说策划和解说方案制定、对相

---

① R. Peart, J. Woods. A communication model is a framework for interpretive planning. *Journal of Interpretive Canada*, 1976 (5): 22-25.
② 唐鸣镝：《景区旅游解说系统的构建》，《旅游学刊》2006年第1期。
③ 张立明、胡道华：《旅游景区解说系统规划与设计》，中国旅游出版社，2006年，第9页。
④ 李红翔：《景区解说系统构建及解说方式适用性研究》，东北财经大学硕士学位论文，2007年，第23-28页。

关解说人员的管理、解说效果信息的收集与评价、解说方案的修改和完善等[①]。一个完善的大遗址解说系统必须有一个健全的解说组织，来负责统筹安排、策划设计、协调实施解说系统各要素的运行。但这并不意味着解说组织必须配备各方面的人才，亲自做各方面的具体工作，其可以在解说组织的协调与管理指导下，委托相关的规划设计机构来完成。因此，解说组织并不仅仅局限于大遗址管理机构内部。

2. 解说对象

解说对象是指大遗址保护与展示的一切事物或现象及其相关的服务、导引标识图示或警示系统等。解说对象是大遗址解说系统的基础，没有解说对象，也就无所谓大遗址解说系统。大遗址解说对象包括了大遗址所有的资源构成要素和标识引导等服务要素。但大遗址保护、展示的进程不同，旅游发展阶段不同，具体时段解说对象也不同。具体解说对象的确定应根据大遗址保护、展示的需求来确定。

3. 解说内容

解说内容是根据大遗址保护、展示、利用的需求，在对大遗址解说对象进行科学、全面、客观分析和筛选的基础上形成的能反映具体解说对象的性质特征及内涵的凝练信息。它是大遗址解说系统的核心构成要素，只有科学、全面、客观地对具体解说对象进行解说，才能使公众比较清晰、准确地接收到解说对象的信息，增强对解说对象的认知，进而实现教育功能，增强旅游体验，实现美的享受。解说内容一般应根据保护、展示、利用需求和解说方式、解说受众的层次等来具体确定。随着保护展示对象的变化和大遗址保护的发展，应在保持相对稳定性的同时，不断调整更新解说内容。

4. 解说方式

解说方式是指能够有效传递、表达大遗址解说对象及解说内容的一切媒介。解说对象需要通过解说内容传递给解说受众，而解说内容必须要有相应的承载媒介。只有借助媒介，解说内容才能到达目标客体。因此，解说方式是大

---

① 李红翔：《景区解说系统构建及解说方式适用性研究》，东北财经大学硕士学位论文，2007年，第26页。

遗址解说系统的重要环节。一般来说，解说媒介包括了物理性的标牌解说、技术解说、人员解说、可携式解说及非物理性的展示陈列和情境再现这种活动方式（表7-2）。

表7-2 大遗址解说系统的解说方式及载体

类型		内容
标牌解说	全景标牌	全景图是大遗址整体形象在公众面前的全景展现，能让公众对大遗址有一个整体的认识和了解，因而也是策划、设计的重点。有平面图、鸟瞰图、简介文字等表现形式，一般设置在景区的大门口
	景点标牌	用以说明单个遗址的名称、性质、历史、内涵等信息，可以体现解说系统的教育功能，对公众有较强的吸引力
	保护标牌	用以说明大遗址保护的级别、保护的范围、保护的界限等，主要包括保护碑、保护界桩等
	指路标牌	在游览线路及节点，向受众清晰、直接地标示出前方目标、方向、距离等要素，有时可能包括多个目标地的信息
	警示标牌	即告知受众各种安全注意事项和禁止受众各种不良行为的牌示
	服务标牌	指相关服务功能设施的引导牌示，包括游客服务中心、售票点、停车场、厕所、餐厅等牌示
技术解说		技术解说是指运用现当代先进的科学技术手段和设施对解说对象及内容进行物理处理的方式，如影视播放、3D或4D技术、电脑触摸屏、幻灯片、便携式的语音解说、广播及背景音乐等。充分运用技术解说，可以大大提高观赏及体验的效率
人员解说		人员解说是指承担信息传递过程的人，主要指导游员、解说员、咨询服务人员等，具体解说的方式通常有全程导游解说、定点解说、演出解说、游戏解说、随机解说、专题解说等。人员解说的优点在于解说过程中可以和受众互动，随时回答受众提出的问题
可携式解说		可携式解说主要是指运用印刷品和音像制品等具有纪念意义的、可以方便携带保留的解说物。包括了旅游指南、旅游地图（导游图）、宣传画册或书籍、VCD、宣传彩页、明信片、纪念邮票邮折、刊物或报纸等
展示陈列		展示陈列主要采用真品实物配以照片、图表和模型的形式，集中展示，这种方式便于参观，容易理解，而且不受外界因素干扰，展示陈列常以博物馆、游客中心等综合性的形式出现
情景再现		情景再现是指运用现代的科学技术和手段方式，再现和大遗址有关的社会活动或情景，多以人物"再现"情景为主

5. 解说受众

解说受众指解说对象、解说内容、解说方式传递的信息的接受者。解说受众包括了组织和个人，组织一般指相关管理部门、当地社区、政府和社会团体；个人一般包括了旅游者、当地居民、保护工作者等。解说受众类型多样，他们的性别、年龄、文化程度、人生经历、职业等不同，导致他们人生观、价值观、世界观的不同，因此对于解说对象、解说内容和解说方式的要求也千差万别，多样化的人群导致多样化、多层次的需求，并导致大遗址解说系统的复杂性。同一解说对象、解说内容和方式不同的解说受众产生不同的信息接受程度，产生不同的解说效果。这促使大遗址解说系统要获得良好的解说效果，就必须对解说受众进行研究和分类，并策划出多个有针对性的解说方案。

总之，在解说组织的统筹安排下，针对具体的解说对象，设计出具体的解说内容和承载体，以使解说对象的信息有效地传达到解说受众。但解说受众的多样性和复杂性，要求在对解说受众分类研究的基础上，策划设计多个有针对性的解说方案，以实现大遗址解说系统的效果。同时，应注意到，标牌解说是使大遗址服务功能、解说功能、教育功能等充分发挥的基础设施之一，是大遗址不可或缺的基本解说方式和基本构件。它和遗址本体及环境等共同构成了大遗址可见的有形部分。因此，在大遗址解说方式的标牌策划、设计时，必须兼顾其景观性和保护性，在外形上和材料上，应结合大遗址的文化内涵、景观风貌等科学、合理的选择，以实现与大遗址整体景观环境的协调，增强大遗址的景观效果。

第八章 大遗址保护与利用模式体系研究

大遗址利用是大遗址保护的有效途径和重要手段，其目的就是要充分挖掘和有效发挥大遗址的各种价值和功能。只有通过科学、合理的大遗址保护与利用模式，促使大遗址保护与利用协调发展，才能实现大遗址的价值弘扬与可持续发展。

第一节 大遗址利用的概念和原则

一、大遗址利用的回顾

1. 国际社会对"利用"的重视

国际社会普遍重视对以遗址为代表的文化遗产的利用，习惯性地在保护过程中将利用作为保护的一种手段，以便于公众认知和了解，增强公众的保护意识。以欧洲为代表的国际社会在保护运动的发展中清晰地认识到遗址具有的教育价值、科研价值和经济社会价值（旅游价值），将其作为推动社会文化与经济发展的重要手段之一。而这些也随着国际组织的成立在国际性的宪章、宣言等中得到体现。

《雅典宪章》提出，保护纪念物和艺术品最可靠的保证是人民大众对它们的珍重和爱惜；当局通过恰当的举措可以在很大程度上增强这一感情。而这些恰当的举措就包括了对古迹遗址的利用。《关于保护景观和遗址的风貌与特性的建议》提出，为社会公用之目的利用古迹永远有利于古迹的保护。直接将"利用"看作是保护的重要手段或途径之一。《威尼斯宪章》第5条明确提出"为社会公用之目的使用古迹永远有利于古迹的保护"，进一步肯定了古迹遗址利用的保护功能及其必要性；并提出其利用程度与范围的条件限制，"古迹遗址必须成为专门照管对象，以保护其完整性，并确保用恰当的方式进行清理和开放"。这使"利用"作为保护的重要手段和途径的地位以综合性法规的形式得到确立。1966年联合国教科文组织第十四次会议通过的《国际文化合作原则宣言》中提到，保护文化遗产并对公众开放，能够构成鼓励各国人民互相了解的方法，有利于和平事业。将文化遗产的利用提到了世界和平事业的高度。但这些只是简单地提到应该利用，而关于为什么利用却没有更深层次的阐述。直到1972年通过的《关于在国家一级保护文化和自然遗产的建议》中得到强调，"考虑到在一个生活条件加速变化的社会里，就人类平衡和发展而言至关重要的是为人类保存一个合适的生活环境，以便人类在此环境中与自然及其前辈留下的文明痕迹保持联系；为此，应该使文化和自然遗产在社会生活中发挥积极的作用，并把当代成就、昔日价值和自然之美纳入一个整体政策"。在强调利用的同时，提出了对策建议和利用原则，"在适当情况下，这些文化和自然遗产的组成部分应恢复其原有用途或赋予新的和更加恰当的用途，只要其文化价值并没有因此而受到贬损"。1976年通过的《关于历史地区的保护及其当代作用的建议》要求"各成员国应根据各国关于权限划分的情况制定国家、地区和地方政策，以便使国家、地区和地方当局能够采取法律、技术、经济和社会措施，保护历史地区及其周围环境，并使之适应于现代生活的需要"。明确了将其与"现代生活"相联系的必要性。国际古迹遗址理事会于1978年在俄罗斯的苏兹达尔举办的"当代社会中的历史与文化古迹"专题座谈会，其中一个子论题为"历史古迹作为社会经济发展的支柱"。这表明，国际古迹遗址理事会很早就已经开始思考遗产保护与利用及发展之间的关系，同时提出了遗产保护在不断提高的生活质量中发挥的作用、遗产的社会层面以及如何将遗产问题与城乡规划相融合等问题。而这些在《佛罗伦萨宪章》得到具体的阐述，其认为"虽然历史园林适合于一些娴静的日常游戏，但也应毗连历史园林划出适合于生动活泼的游戏和运动的单独地区，以便可以满足民众在这方面的需要，又不损害园林和风景的保护"；"根据季节而确定实践的维护和保护工作，以及为了恢复该园林真实性的主要工作应优于民众利用的需要。对参观历史园林的所有安排必须加以规定，以确保该地区的精神能得以保存"；该宪章的"利用"条例在强调保护的同时，明确了利用的方式，肯定了民众在园林的观光、散步、日常游戏等活动的需要。

1999年国际古迹遗址理事会在墨西哥召开的关于"在发展中合理利用遗产"的科学研讨会进一步对"利用"问题进行了反思；并在通过的《国际文化旅游宪章》中指出，"对遗产场所、无形遗产和收藏进行保护和管理的一个主要原因是使它们有形的理性的重要性可以被东道主社区和旅游者所接受。除非对文化遗产有公共意识和公共支持，否则整个保护工作将始终被排挤，不会争取到它得以生存所需要的足够资金或公共的以及政治上的支持"。强调了"利用"是获得保护支持的重要前提之一。没有"利用"的保护，很难获得公众的支持。同年澳大利亚国际古迹遗址委员会通过的《巴拉宪章》中对利用是以"用途"和"相容性用途"来界定的；用途（use）是指地点的功能，以及可能发生在此处的活动或实践；相容性用途（compatible use）指能够尊重一个地点之文化意义的用途；这样的用途不影响该地点的文化意义，或者只是最小限度的影响；并对利用的策略提出指导原则，"策略方案应当确认一种或一组用途，或者是为保留该地点之文化意义而对其使用做出限制。一个地点的新用途应当对原来有意义的构件和用途只作最小限度的改变；应当尊重原来的情感联系和意义；那些有助于保持其文化意义的实践才是恰当的"。2005年通过的《会安草案》指出了保护地方、国内和地区文化资源的重要性，将其视为社会及经济可持续及合理发展的根本。2010年通过的《保护具有文化遗产价值区域的新西兰宪章》中明确指出，"保护具有文化遗产价值的地区的最便利方式就是赋予它一定的用途，应该保留和利用文化遗产价值组成部分的地区"。2011年联合国教科文组织总部巴黎通过的关于遗产保护、遗产自身价值传播、社区文化、社会以及经济发展的一系列原则和建议的《巴黎宣言》认为，只有给遗产赋予新的精神功能和日常用途，以此应对社会生活以及发展的负面影响，我们才能通过自给自足的方式找到可持续保护的方法。

随着经济社会的发展及保护运动的推进，人们对文化遗产的保护与利用关系认识不断深化，对"利用"内容和方式亦不断得到深化与扩展，并从单一的利用开始向与适应现代社会经济文化、区域发展、提高人民生活质量水平等综合性方向发展。

2. 我国对"利用"的重视

我国由于受传统保护思维和经济社会发展水平等因素的影响，在早期主要以对文物古迹本体的保护为主，限制或忽视了对文化遗产的利用。20世纪60年代，开始注意到对文物古迹的利用，但主要停留在发挥文物的教育、科研作用和简单的参观游览上，对利用的重要性认识还存在不足。

1950年7月，针对各地对古迹遗址的破坏，中央人民政府政务院发布了《中央人民政府政务院关于保护古文物建筑的指示》，其中第2条强调，"凡因事实需要，不得不暂时利用者，应尽量保持旧观，经常加以保护"。表明除特殊情况，禁止利用文物古迹。1953年10月，中央人民政府政务院发布《中央人民政府政务院关于在基本建设工程中保护历史及革命文物的指示》，认为文物古迹不但是研究我国历史与文化的最可靠的实物例证，也是对广大人民进行爱国主义教育的最具体的材料，一旦被毁，即为不可弥补的损失。因此，要求加强文物保护政策、法令的宣传，教育群众爱护祖国文物，并采用举办展览、制作复制品、出版图片等各种方式，通过历史及革命文物加强对人民的爱国主义教育。这一时期利用工作主要以展览、教育为主。1956年针对基本建设中对文化遗产的破坏，国务院发布的《国务院关于在农业生产建设中保护文物的通知》中要求，在既不影响生产建设、又使文物得到保护的原则下，应用广播、幻灯、黑板报等形式宣传文物保护政策和法令，普及文物知识，并且在发现文物地区，就地举办临时性的展览，宣传文物保护工作。这是最早关于保护与利用关系的法规性阐述，这一原则在1961年3月国务院发布的《关于进一步加强文物保护和管理工作的指示》中得到进一步深化，发展为"既对基本建设有利，又对文物保护有利的保护方针"。而这一方针在1980年5月国务院批转国家文物事业管理局和国家基本建设委员会《关于加强古建筑和文物古迹保护管理工作的请示报告》中得到强化，认为保护古建筑和文物古迹同国家各项建设事业发展之间的矛盾，只要认真贯彻执行"既对基本建设有利，又对文物保护有利"的"两利"方针，加强各有关方面的协作，是可以得到妥善解决的。强调了保护与社会经济发展之间的关系，对于促进我国文化遗产保护与利用关系的认知具有重要的指导意义。

1960年11月颁布的《文物保护管理暂行条例》第12条规定，核定为文物保护单位的纪念建筑物或者古建筑，可以建立博物馆、保管所或者辟为参观游览场所。这是关于文化遗产在展板等宣传教育利用基础上，针对文化遗产本体提出的具体"利用"方式，但未阐述保护与利用之间的关系。关于这一关系，在1981年1月15日，国务院批转国家文物事业管理局《关于加强文物工作的请示报告》中得到体现，报告提出，应本着有利于保护文物和发展旅游的原则，对一些被不合理占用的文物保护单位的管理权属进行谨慎讨论。报告中虽未提出具体的保护与利用关系，但针对文物保护与旅游发展提出了互利原则，标志着将旅游发展成为文物保护工作的内容，使其成为文物利用的一种方式。

进入20世纪80年代，伴随着西方文化遗产保护运动的发展和先进理念的传入，以及我国经济社会及文化遗产保护运动的发展，逐渐认识到文化遗产对社会发展的重要性，开始从"忽视利用"向"重视利用"过渡，在科学研究基础上，积极探索文化遗产旅游发展对遗产保护和经济社会发展的作用。1987年11月，国务院发布《关于进一步加强文物工作的通知》，提出文物工作的任务和方针是"加强保护,改善管理,搞好改革,充分发挥文物的作用,继承和发扬民族优秀的文化传统,为社会主义服务,为人民服务,为建设具有中国特色的社会主义做出贡献"。强调"充分发挥祖国文物在社会主义精神文明和物质文明建设中的作用,是文物工作的重要任务"。开始正式将文物的"利用"纳入社会主义建设中。结合我国经济社会发展和文化遗产保护实际,1995年9月,在西安召开的全国文物工作会议上,提出了"有效保护、合理利用、加强管理"的原则。这一原则在1997年3月30日国务院印发的《关于加强和改善文物工作的通知》中得到进一步强调,"合理利用"成为我国文物保护工作中的基本政策之一,并推动我国文化遗产保护体制的改革,提出"要努力建立适应社会主义市场经济体制要求、遵循文物工作自身规律、国家保护为主并动员全社会参与的文物保护体制"。同时还要将"文物保护纳入当地经济和社会发展计划,纳入城乡建设规划,纳入财政预算,纳入体制改革,纳入各级领导责任制"。这对于促进我国文化遗产的利用和提升其在我国经济社会建设中的地位具有重要意义。

进入21世纪后,针对大遗址错综复杂的矛盾和区域经济社会发展的强烈愿望,在"重视利用"的同时开始向"合理"的"综合利用"方向发展,以寻求大遗址或文化遗产保护与经济社会发展、人民生活质量改善之间的综合协调发展。最重要的是"合理利用"作为我国的文物工作方针被写入2002年10月修订颁布的《中华人民共和国文物保护法》,这标志着"利用"具有了法律依据。这一方针在2005年发布的《关于加强文化遗产保护的通知》中从物质文化遗产领域扩展到非物质文化遗产领域。针对大遗址保护中遗址面积大、保护关系错综复杂及大遗址区居民发展的困境和由此导致的破坏等问题,在强调"五纳入"的同时,开始在传统的历史、科学、艺术价值认知基础上,强调大遗址的社会价值、经济价值和环境价值等。并要求"在保护和抢救文物中,主动发挥文化遗产工作的多方面综合效益,使文化遗产保护进一步融入城市发展、融入社区生活、融入经济建设,展示城市、乡村的历史文化内涵,充分发挥它们的综合价值,为人民生活创造美好的文化氛围"[1]。同时要求,"在文化遗产保护过程中,要注重发掘文化遗产的多重价值,将其转化为服务于民众现实和未来生活的文化资源;注重充分发挥文化遗产的社会效益,为旅游业和文化产业的发展提供良好环境,为区域经济的发展提供新的增长点"[2]。即对大遗址的保护

---

[1] 国家文物局:《中国文物事业改革开放三十年》,文物出版社,2008年。
[2] 国家文物局:《中国文物事业改革开放三十年》,文物出版社,2008年。

要"与经济建设、政治建设、文化建设、社会建设紧密地结合起来,对于有市场前景的,鼓励在国家政策支持下进入市场,特别是和发展旅游业紧密结合,开发文化产品,拓展服务项目,在与产业和市场的结合中实现传承和可持续发展,在参与创造物质财富和精神财富的实践中焕发新的生机和活力。这是最积极、最有效、最有利于文化遗产可持续发展的保护和传承方式"[①]。强调了"利用"在以大遗址为代表的文化遗产保护与经济社会发展中的作用,只有把大遗址保护、发展文化产业与促进经济社会发展、城乡建设、改善环境相结合,合理利用大遗址资源,在注重对大遗址本体保护的同时,加强对大遗址景观环境的维护,创新利用模式,营造良好的环境,加快文化产业和旅游业发展,使大遗址成为经济社会发展的亮点。进而通过经济社会的发展,进一步推动大遗址保护和利用。而进入21世纪以来大遗址保护实践证明,经济社会发展是保护、利用大遗址的基础和前提,保护、利用大遗址是经济社会发展的重要内容和有力支撑。

二、大遗址利用的概念

利用一般主要有三层含义,一是借助外物以达到某种目的;二是使事物或人发挥效能;三是通过某种手段使之为人或物服务。通过对以大遗址为代表的文化遗产"利用"的回顾与总结,可以发现,"利用"主要是指"运用"、"使用"或"用途",即指帮助人们了解、认识大遗址价值和文化意义的活动。因此,大遗址利用是指运用或使用一定的方式方法以实现大遗址价值弘扬与传承的所有公益性活动或保护实践,包括了宣传教育、科学研究、展示、解说与旅游等。

大遗址利用的概念包括四层内涵,一是利用的方式方法必须是既对大遗址保护有利又能有效实现大遗址价值的措施或模式;二是大遗址利用的目的是实现大遗址价值弘扬与传承,这也决定了其是一种以遗产为资源的服务活动;三是所有的活动与实践及方式等必须是公益性的,有利于促进大遗址保护与大遗址利用、区域经济社会及居民生活质量水平改善相协调发展,但是公益性并不意味着不盈利,而是要将这种利益"反哺"到大遗址保护和大遗址区域的协调发展中;四是其价值一方面是对大遗址所具有的使用功能的恢复、延续和发挥,另一方面是赋予大遗址新的使用功能。

---

① 李长春:《保护发展文化遗产 建设共有精神家园》,《广西城镇建设》2010年第8期。

保护并不代表着"禁止访问",而是必须考虑到文化资本的特性及其动态性,尤其是发挥其基本的社会和经济功能,从而保证其可持续发展[①]。只有依托对大遗址资源及其价值的认知,选取科学、合理的方式方法或模式,给予大遗址一定的用途,对大遗址进行合理利用,才能使大遗址保护的成果惠及人民群众,满足人民群众不断增长的文化需求,为保护创造更好的条件。没有利用的保护无法实现真正的保护。能够保存下来的大遗址,要么是彻底地被历史原封不动的封存,要么是赋予了其用途,才得到不断延续。保护大遗址的最好方式就是为它找到合适的用途,这样才能避免持续不断的破坏。但是在此过程中,规划设计和建设者,必须充分尊重大遗址的和谐统一,并想方设法尽量减少新用途所可能对大遗址带来的改动和破坏。

三、大遗址利用的原则

1. 以保护为前提原则

利用是广义"保护"概念的一项重要工作内容,是狭义"保护"后的一项重要保护措施。大遗址保护的根本是对其价值的保护传承,利用是实现价值传承的重要方式和手段。利用是以大遗址资源为依托,对大遗址价值的利用,一旦大遗址资源无存,价值也无存,则大遗址的利用价值即不复存在或大打折扣。因此,大遗址利用必须以保护为前提,不能干一切不利于保护,有损于保护的事情。必须在科学、系统、全面调查、论证的基础上,制定科学的保护措施,实现对遗存本体及环境存在问题的治理。只有大遗址首先保护好,使大遗址得到有效的保存,才能为大遗址利用提供必备的资源,也才能促进大遗址的有效利用。

2. 公益性原则

大遗址是中华民族文明史的承载体,是先民智力文化的直接见证,是留给后代珍贵的遗产,是全民和全人类的宝贵财富。具有较高的历史、科学、艺术价值,同时也具有社会、文化、经济、环境等价值。对其认识是了解我国人类发展、历史文化演变及其内涵的重要资料。大遗址作为全人类的财富,由古

---

① 〔比利时〕玛利亚·杨森-弗比克等:《旅游文化资源:格局、过程与政策》,孙亚红、闵庆文译,中国环境科学出版社,2010年,第305页。

代先民创造，主要由人民来保护和传承。因此，在大遗址利用中，应在坚持以保护为前提的同时，坚持公益性原则，保护好全体民众享受大遗址的文化权益，使大遗址为民所用，以促进公众生活质量的改善。

3. 合理利用原则

合理利用即要把握住大遗址利用的度，不能不用，但也不能过度使用。必须结合大遗址现状，在科学调查、分析、总结基础上，针对大遗址存在的问题，在保护前提下，提出适合于大遗址价值弘扬与传承的有效方式方法和模式，以推进大遗址保护与利用的有机协调，使利用促进大遗址保护。同时，除考虑保护与利用的关系外，还应注意到大遗址利用与大遗址价值实现、文化传承、大遗址区域经济社会发展、环境改善、居民生活水平提高之间的协调有序发展。

4. 可持续发展原则

可持续发展是指既满足当代人的需求，又不对满足后代人需要的能力构成危害的发展。大遗址具有易损性、不可再生性、稀缺性等特性，一旦毁损，其完整性和真实性即受影响。因此，大遗址利用必须遵循可持续发展原则，保护好大遗址，使其能够为子孙后代所享用。同时，还应注意到，大遗址利用坚持可持续发展原则，不仅是遗址保存的可持续，还要求在利用中实现经济、社会、环境和文化多样性的可持续发展。

总之，在大遗址保护中，我们不应回避利用，还应该着眼发展，促进合理利用，将可持续发展融入大遗址保护事业，通过利用促进大遗址保护的可持续发展。

四、大遗址利用的方式

大遗址利用的途径和方式有多种，传统的主要以科研、教育和旅游为主。科研作用主要是指通过专家学者对大遗址的调查、勘探、考古发掘以获取对大遗址的认识，并在此基础上对其所反映的与古代有关的社会、经济、文化、军事、科技等的研究，以证史、补史。教育作用是指通过展示、宣传解说等实现大遗址价值的传承与弘扬，使公众了解古代社会；主要形式包括现场参观、出版印刷品、电子制品等。旅游即以大遗址为对象，在保护、展示、解说的基础上，开展的具有游赏性、体验性活动。

大遗址资源也是发展文化产业的重要资源，随着我国文化产业的发展和文化强国战略的提出，可以通过发展文化产业，促进大遗址保护与利用。这种方式主要以大遗址资源为核心，在保护、展示、解说的基础上，一方面通过以大遗址为依托的公益性展演、制作的文化产品和文物仿、复制品出售等形式直接利用，另一方面是在"强调大遗址保护公益性的同时，积极鼓励发展与之相关的文化产业，促进以大遗址为依托的文化旅游和文化消费，增强大遗址自身的'造血'功能"[①]，最终实现区域经济社会发展。相对而言，在这几种利用方式中，科研是基础，教育是根本，旅游是有效途径，而文化产业是现代社会发展实现大遗址区域综合保护、利用与发展协同的最佳模式。

第二节 大遗址保护与利用模式现状分析

一、大遗址保护与利用的现有模式

关于大遗址保护与利用模式的探讨，世界各国学者多有讨论。20世纪80年代，许多西方国家就将遗址保护利用纳入城市发展总体规划，并对古迹遗址保护的方式方法进行了探索，从单一的博物馆陈列式保护向开放式的景区与保护陈列等保护与利用结合的方向演进。但是不同的国家遗址的类型、建筑材料及国情不同，保护的历程及原则、方法和体系也不尽相同，而且有明显的差别，因而形成不同的遗址保护传统和体系。例如，日本在大遗址保护与利用方面形成了史迹公园（历史公园）的保护与利用模式；英国在露天陈列和遗址博物馆展陈的同时，在传统的"画意风格"的"夹杂着废墟的风景"式园林基础上，形成了"遗址公园"模式；美国结合国情形成了露天展示、国家公园模式。其后随着保护运动的发展，国际性法规文件中对遗址保护与利用的模式也多有提及，如《关于保护景观和遗址的风貌与特性的建议》提出，对景观和遗址的保护可通过划区、建立和维护自然保护区与国家公园的模式实现。

中国在学习西方先进经验的同时，结合本国实际不断实践。尤其是进入21世纪以来，我国大遗址保护已成为社会各界和公众参与的重大实践活动。而且，大遗址的保护、利用也正成为涉及城市、区域文化品质提升、经济社会发展、居民生活质量提高、环境改善所必须面临的艰巨任务。基于此，结合对文

---

① 单霁翔：《让大遗址保护 助推经济社会发展》，《中国文化遗产》2009年第4期。

化遗产认识的不断深入和文物保护法律体系的实践，国家、地方政府和专家学者对大遗址保护与利用的模式展开了积极的探索。例如，黄光宇与李和平等人，分别以重庆黄山陪都遗址和青岛琅琊台遗址为例，认为这些遗址可利用其自然、文化资源，进行综合开发，形成集人文景观、自然风光于一体的特色旅游景区[1]；孟宪民建议国家制定具有长期指导作用的大遗址保护展示体系和重点园区的建设规划[2]；杨海娟、周德翼以汉长城遗址为例，针对保护与利用失衡导致的矛盾，提出建设观光农艺园区、市民休闲体验农业园区和现代高科技农业园区等保护利用模式[3]；郝良真基于邯郸遗址的现状分析，提出将邯郸城遗址建设为森林历史公园的设想[4]；孙凤岐认为古遗址大都面临着保护与更新发展的矛盾，策略上还要处理得当，既能保护文化遗产，又使城镇更新建设得到发展，而遗址公园是一种有效的模式，基于此，在永宁古卫城遗址公园的规划和设计上充分发掘和利用了区域内的人文和自然方面的积极因素，依据现状进行功能分区，有效处理好了保护与创新的关系[5]；俞孔坚等针对元大都存在的问题，建议将其建设成为集元代历史文化与居住休闲为一体的遗址公园[6]；樊海强、权东计以汉长安城遗址为例，则提出了"遗址保护展示区+建设控制区+文化产业园区"为特征的保护与利用新模式[7]。李海燕[8]和郑育林[9]在总结前人研究的基础上，提出我国大遗址主要有整体保护与利用和局部保护与利用两种情况，整体保护与利用的模式主要有遗址公园、风景区、森林公园和历史文化农园四种；

---

[1] 黄光宇、李和平：《山地历史文化遗产的保护观念——论重庆黄山陪都遗址的保护与开发》，《城市规划》1998年第3期。

[2] 孟宪民：《梦想辉煌：建设我们的大遗址保护展示体系和园区——关于我国大遗址保护思路的探讨》，《东南文化》2001年第1期。

[3] 杨海娟、周德翼：《西安汉城遗址保护区内发展都市农业的设想》，《西北大学学报》（自然科学版）2002年第1期。

[4] 郝良真：《关于赵邯郸故城遗址保护的思考》，《文物春秋》2003年第1期。

[5] 孙凤岐：《发掘历史文化遗产，保护古卫城风貌——结合永宁古卫城遗址公园设计》，《中国园林》2003年第2期。

[6] 俞孔坚等：《北京元大都城垣遗址公园（东段）国际竞赛获奖方案介绍》，《中国园林》2003年第11期。

[7] 樊海强、权东计：《大遗址特性与保护利用模式探讨——以汉长安城遗址为例》，《西安电子科技大学学报》（社会科学版）2005年第4期。

[8] 李海燕：《大遗址价值评价体系与保护利用模式研究》，西北大学硕士学位论文，2005年，第38-43页。

[9] 郑育林：《我国大遗址保护与利用相关问题的研究》，《西北大学学报》（哲学社会科学版）2010年第3期。

局部保护与利用的模式主要有将部分遗址区建成参观展示区和将部分遗址区建设成遗址博物馆两种。而李海燕在上述总结的同时，还分析了这几种模式的针对性，认为遗址公园应用范围较广，保护效果最为理想；森林公园主要针对帝陵和墓葬群遗址，效果次之；旅游景区和遗址历史文化农业园区应用范围则局限于特定的区位，兼顾了当地经济与遗址保护二者的利益。

在对大遗址遗存保护与利用模式实践与探讨的同时，许多学者更从大遗址区域综合保护、利用、发展、管理等角度进行了深入总结与研究。李颖科在总结西安实践的基础上，从产业发展角度提出西安大遗址保护与利用中存在"大明宫模式"（文化旅游、文化创意、文化地产与文化遗产相结合）和"杜陵模式"（园林绿地、都市农业与文化遗址相结合）两种模式[1]；赵荣以西安为例，从保护、利用与管理的角度提出西安大遗址保护中存在退耕还林模式（汉杜陵遗址公园）、集团运作模式（唐大明宫遗址公园）、城市公园模式（唐曲江遗址公园）、民营建设模式（大唐西市遗址）和国家遗址公园模式（秦始皇陵遗址公园）五种模式[2]。在上述保护与利用理念或模式的指导下，近年来我国形成了一批大遗址保护与利用的优秀范例，如杭州良渚遗址、无锡鸿山遗址、成都金沙遗址、广州南越王宫署遗址、大明宫遗址等。

二、大遗址保护与利用模式存在的问题

上述模式的总结与探讨对于我国大遗址保护与利用具有积极的指导意义，但其规范性、适用性、特点与经验、问题与风险都还需要不断的分析和总结。就目前我国大遗址保护与利用模式研究与实践现状而言，还存在一系列问题，不利于我国大遗址保护及区域经济社会的协调发展，直接影响到我国大遗址保护与利用的进程。

1. 大遗址保护与利用以点性为主，普适性不强

通过回顾与总结可以发现，在这些模式的指导下，我国大遗址保护与利用取得一定的成绩，为我国大遗址保护与利用也提供了理论和实践支撑。但在此过程中，遗址保护与利用只是针对具体个案的探讨或总结，对于大遗址保护与

---

[1] 李颖科：《试论我国文化遗产保护体系的构建——以西安为例》，《历史文化论集》，西北大学出版社，2017年，第203-216页。

[2] 赵荣：《陕西大遗址保护新理念的探索和实践》，《考古与文物》2009年第2期。

利用成功模式中的共性原因及可以指导其他类型遗址保护与利用的研究开展较少,使我国大遗址保护与利用在取得一定成绩的同时,陷入了"点性"保护与利用以及保护与利用模式类型单一,普适性不强的困境。

2. 大遗址保护与利用模式存在互相"抄袭"现象

受传统保护思维的影响和利用模式单一的局限,大遗址在保护利用中存在着严重的互相"抄袭"现象,一旦一家大遗址采用一种模式取得相对较好的效果,其他计划保护利用的遗址也竞相效仿,不能实现大遗址保护与利用的多样化、特色化发展。例如,近年来,随着"国家考古遗址公园"的提出和实践,在产生一定的积极效应的同时,也出现了一些不能保证质量,盲目追求速度的现象。许多地区在没有科学调研,充分论证当地大遗址是否适合利用"考古遗址"模式的情况下,不顾实际,跟风而上,大搞"遗址公园"规划与建设,导致对大遗址破坏。没有认识到遗址不同,区位不同,大遗址保护与利用的模式不尽相同。

3. 大遗址保护与区域发展不能有机协调

我国大遗址保护区的资源分布和人口分布在地域上常常出现重叠,这样在传统的保护观念束缚下,大遗址区遗址保护、社区发展、居民生活质量改善之间往往面临着严峻的矛盾与冲突,导致大遗址不能实现保护、价值传承和区域经济社会的协调发展,不能有效实现大遗址保护与利用关系的平衡。而出现上述困境的关键原因在于受传统的"保护"理念束缚,缺乏新的大遗址保护与利用理论和模式的支撑,找不到实现大遗址保护与利用的平衡点。正如张忠培所言,不同类型的大遗址千差万别,即使同类型的大遗址在具体的保护方式、利用思路等方面都可能不同;即使有些思路一致,但绝不会存在完全一样的工作模式,因为每个遗产或遗址,无论其大与小,都有其特殊之处,……应该结合遗址自身的特点,以及所在地域的具体情况,寻求适宜的方式[①]。

三、基于西安遗址保护案例的分析

1. 西安地区大遗址保护与利用现状

西安,古称长安,被誉为"金城千里,天府之国",是中华民族的发祥之

---

① 张忠培:《中国大遗址保护的问题》,《考古》2008年第1期。

地，有着悠久的历史和灿烂的文明。自前11世纪西周建都沣、镐，先后有13个王朝在此建都，历时1100余年，是中国六大古都中建都历史最长的一个。悠久的历史文化和独特的历史地理条件，蕴含着极为丰富的古代遗存。从距今110万年左右的蓝田猿人遗址到围寨而居的临潼姜寨、西安半坡遗址，再到规模宏大、机制完善、享誉世界的汉、唐都城遗址和明清府县遗址，几乎各个时代都有极具代表性的文化遗址，反映了西安历史文化发展的完整性和延续性。这些遗址既有聚落、宫殿、城堡、城防、陵墓，又有居室、作坊、桥梁、市场、栈道和宗教寺观等，遗址类型丰富多样，集中反映了当时社会经济文化发展状况。而在这之中又以人类文明开端的新石器时代和周、秦、汉、唐四大王朝的遗址数量多、类型多样，文化价值和内涵丰富，无论从其所蕴含的历史文化科学信息，还是价值与规模，都是其他遗址难以比拟。为保护好这些遗址，历代王朝和先贤都曾做出过努力。尤其是中华人民共和国成立后西安市政府给予了高度重视。中华人民共和国成立伊始，在经济社会发展异常艰苦的背景下，就开始了遗址保护工作，经过几代人的努力，西安地区遗址保护工作取得了显著成绩，城市历史文化环境风貌得到有效保护。

但随着20世纪末社会经济发展及西安城市化进程建设的加速，西安市在遗址保护和城市建设、经济社会发展及社区、居民发展之间的矛盾日益突出。一方面，在严格的遗址保护需求下，在城市中心区域出现了许多保护性"飞地"，城市建设瞻前顾后，导致城市基础设施落后，城市发展缓慢，一度陷入发展瓶颈；在限制性保护措施下，遗址区居民生产生活和经济社会发展水平也远远落后于遗址区外，导致遗址区"保护性"贫富差距，使遗址保护区和周边建设控制区域成为城市建设"飞地"的同时，成为城市、社会发展的"洼地"。另一方面，在发展需求背景下，也存在一些政府或部门只顾单纯的经济开发和城市规模的扩张，忽视对大遗址及区域特色的保护；遗址区居民为了改善生活质量，寻求发展，也出现了"憎恨性"故意破坏遗址的现象。而出现这些现象或问题的深层原因主要是在文物保护中存在着为保护而保护的错误理念，不重视对遗址的展示利用，不能将区域发展、居民生活质量改善与保护文化遗产有效的协调。在这种理念下，西安的城市建设和遗址保护区域的人民付出了不能享受现代生活的巨大代价，遗址也在限制性保护下遭受到更为严重的破坏。在遗址保护利用方面除知名度较高的兵马俑、华清池等之外的其他遗址，一直缺乏"看点与亮点"。这不仅与西安丰富的历史文化资源极不相称，并且直接影响着西安城市发展与文化建设的内容和质量。

进入21世纪后，随着我国文化遗产保护事业的发展和理论建设的加快，西安市委、市政府在总结古迹遗址保护的经验教训，认真落实科学发展观的同时，结合《国务院关于加快文化旅游业发展的通知》和《国务院关于加强文化遗产保护的通知》等法规政策及保护与利用并重、遗址保护展示传承、文化遗产旅游等新理念，变被动为主动，将西安地区遗址保护与城市建设、民生发展等结合，提出了西安"国际化、市场化、人文化、生态化"的发展理念和城市定位，以及"文化+旅游+城市"的城市发展模式。在上述理念、模式指导下，结合国际化大都市建设，西安以遗址为基础，将遗址保护与城市环境景观塑造、公共文化事业建设、休闲娱乐以及影视、演艺、会展等其他产业联动发展。陆续建设了大雁塔北广场、大唐芙蓉园、唐城墙遗址公园、曲江池遗址公园、大唐不夜城、大唐西市遗址文化商业区、大慈恩寺遗址公园、寒窑遗址公园、秦二世陵遗址公园、杜陵遗址公园、大明宫国家遗址公园等。形成了以秦始皇陵遗址公园、汉阳陵遗址公园为代表的"国家公园模式"，以大明宫遗址公园为代表的"集团运作模式"，以延平门遗址公园、曲江遗址公园为代表的"市民公园模式"，以大唐西市遗址博物馆为代表的"民营资本投资模式"和以汉杜陵遗址公园为代表的"退耕还林模式"等适合于不同类型大遗址保护的运作模式[①]。使遗址不再成为城市和社区发展的累赘，反而极大地改善了城市环境，丰富了西安文化建设的内容，彰显了西安文化建设的地域特色，提升了西安文化建设的质量和品位。为西安建设文化型国际大都市提供了内容和内涵支撑，丰富了西安旅游产品体系，改善了西安旅游环境，塑造了新的西安旅游形象，构建了古迹遗址保护利用新模式。使大遗址保护与当地经济社会发展相结合、大遗址保护与提高当地群众生活水平相结合、大遗址保护与当地城乡基本建设相结合、大遗址保护与当地环境改善相结合。实现了大遗址保护与区域经济社会和谐发展、群众生产生活水平不断提高等协同发展的"多赢"局面。

2. 西安地区遗址保护与利用"多业共生"模式的类型

西安地区大遗址保护与利用，经过近十年的探索与实践，取得了一定的成绩，但也存在着许多问题，而这些问题中最关键的是缺乏理论与方法指导。虽然西安地区基于大遗址实践成功地总结出了"五种基本运作模式"，但这只是单体遗址在特殊背景下成功运作的一种个案，还未真正上升到理论层次，总结出一种能有效指导大遗址保护与利用、区域经济社会、社区协调发展的理论方

---

① 任学武：《陕西五种模式保护大遗址》，《中国文化报》2010年10月29日第2版。

法。基于此，通过对西安地区遗址保护利用现状的调研，结合实践和西安地区遗址保护的成功案例的总结分析发现，西安地区遗址保护与利用成功的范例中，存在着一种"多业共生"模式，这种模式有效地解决了大遗址保护与利用、区域经济社会发展、社区及居民发展的问题，具有一定的借鉴意义。其中典型的有以曲江新区、大明宫遗址、杜陵遗址及大唐西市遗址为代表的"休闲文化旅游社区"模式、"休闲文化公园"模式、"休闲文化农园"模式和"商贸文化旅游"模式。

（1）"休闲文化旅游社区"模式。"休闲社区"是前旅游时期旅游业发展过程中从大型主题公园演变而来的一种复合房地产开发模式，是旅游与房地产相互渗透与融合后产生的一种集旅游、休闲、度假、居住等诸多功能于一体的大型旅游休闲社区[①]。曲江新区在发展过程中，创造性地将"休闲社区"模式引入曲江遗址保护与利用，形成了"遗址保护展示+主题公园+房产+文化产业+文化旅游"的"休闲文化旅游社区"模式。曲江新区位于西安市东南，其依托区内的大慈恩寺遗址、寒窑遗址、秦二世胡亥墓、唐城墙遗址、曲江池遗址、大唐芙蓉园遗址，在遗址保护、展示的基础上，结合周边环境改造、景观塑造及配套设施的修建与完善，形成良好的人文及自然生态，发展文化旅游，促进遗址公园周边土地和城市资产大幅升值；同时，结合区域地理位置及区位优势，建造了曲江海洋馆、陕西民俗园等人工主题公园，形成和遗址旅游相互补的主题景区。在此基础上，发展房地产业集聚人气。但曲江的发展模式又是不同于传统的"休闲社区"的旅游模式，而是在发展遗址文化旅游、主题旅游及景观房地产的同时，开创性地大力发展文化产业和公共文化事业。形成了遗址保护利用、房地产开发、主题公园、文化旅游及影视、会展、出版、传媒、演艺、动漫等文化产业和电影城、美术馆、音乐厅、大剧院、陕西文学馆、民间艺术馆等公共文化事业相互发展的新模式，使遗址保护利用与区域社会、经济、文化、城市发展等融合为一体。

（2）"休闲文化公园"模式。"休闲公园"是城市公共文化空间的重要构成部分，主要就是以环境改造和景观塑造为中心，配以相关的休闲娱乐基础设施使其成为公众休闲娱乐的一个重要场所。大明宫遗址在保护利用过程中，借鉴西方的考古遗址公园理念，创造性地将遗址保护与"休闲公园"建设相结合，形成了"遗址保护展示+城市公园+房产+文化旅游"的"休闲文化公园"模式。大明宫遗址位于西安市火车站北部的城市中心区，其以城市中心区遗址

---

① 邹统钎：《中国旅游景区管理模式研究》，南开大学出版社，2006年，第39-40页。

保护展示为中心，在环境及景观改造、建设基础上，使其成为遗址保护展示、休闲娱乐和文化旅游的重要场所。在遗址外围区域，通过整治环境，发展景观房地产，形成了遗址保护利用与休闲娱乐、景观房产、文化旅游相结合的发展模式。实现了遗址保护利用、发展文化遗产与推进城市建设、提高人民生活水平、改善大明宫遗址区环境等目标，使遗址不再是城市发展与社区居民发展的"包袱"，有效地改善了区域社会经济文化发展现状。

（3）"休闲文化农园"模式。"休闲农园"是生态旅游和"农家乐"休闲旅游在我国发展过程中的一种模式。汉宣帝杜陵遗址在保护中结合自身特性移植该模式，形成了"遗址保护+休闲农业+休闲林业+文化生态旅游"的"休闲文化农园"模式。汉宣帝杜陵位于西安市东南角，虽然地处城市近郊，拥有丰富的历史文化资源，但长期以来文物保护固有思维定式的制约，使得遗址不断遭到破坏，周边环境不断恶化，区内基础设施和服务设施得不到改善。为改变这种现状，在绿色环境、绿色食品及城郊区"农家乐"休闲旅游理念指导下，以汉宣帝杜陵遗址区为依托，进行造林、造园，形成了千亩示范生态园、千亩银杏园、千亩柿子林、千亩桃林、千亩葡萄园等。在短短的几年时间里，引进雅森、万达等20余家生态园林企业和新型农业企业。这些企业除了从事所承包林地的管护与经营外，还从事"农家乐"休闲餐饮娱乐、盆景养殖与租赁、农业采摘休闲旅游、聚集野战拓展训练等项目，并在遗址区内建立了秦砖汉瓦博物馆，形成了遗址保护展示、林业观光与采摘、农业观光与采摘、"农家乐"休闲餐饮娱乐、文化旅游与生态旅游共同发展的新模式。不仅有效地保护了汉宣帝杜陵遗址本体，改善了遗址周边环境，而且大大提高了遗址区居民的经济收入，使汉杜陵遗址成为公众休闲、度假、娱乐、观光游览的重要场所。

（4）"商贸文化旅游"模式。"商游"结合模式最早出现在上海新天地。大唐西市遗址在保护利用方面创造性地移植了该模式，并结合自身特性，形成了"遗址保护展示+商贸产业+房产+文化旅游"的"商贸文化旅游"模式。大唐西市位于西安明代西城墙外繁华地段，最初规划的是商品房开发项目，但施工过程中挖出了唐长安城西市遗址。在文物保护和繁荣城市文化需求背景下，开发商将商住项目属性改为文化产业开发。首先是建立了大唐西市遗址博物馆，对发掘的遗址进行保护展示。在此基础上，深入发掘大唐西市文化内涵，对整个规划建设项目重新设计，在建筑形态上构建起了仿唐建筑、丝路沿途各国风情建筑和西欧式建筑三大模块，形成了遗址博物馆、西市博物馆、西安国际旅游纪念品交易中心、古玩城、商业步行街、五星级酒店、小吃城、各国顶级精品展销中心、大型商业主力店、现代商务写字楼及非物质文化表演与传承等有机融合在一起的文化旅游、休闲、购物、餐饮、娱乐、文化体验大型综合商旅文化城区，使人们在购物、旅游的同时，又能深深地体会到我国历史文化的博大与辉煌。

3."多业共生"模式的经验总结

（1）"多业共生"模式成功的核心理念。通过对西安地区遗址保护利用成功案例的分析可以发现，这种"多业共生"模式主要是以遗址为依托，通过科学、合理、有效的保护展示及周边环境改造和景观塑造，形成遗址本体与周边环境相和谐的完整文化与自然生态，开展文化遗产旅游；同时借助遗址保护展示及环境生态营造，文化旅游迅速集聚提升的人脉和知名度、便利的基础设施等，经充分论证，发展附带产业或周边产业，形成区域以遗址保护利用为中心的多业协同发展，多种盈利渠道和价值链的规模经济与范围经济，进一步提升遗址区域知名度、美誉度和吸引力；在此过程中，通过附带产业或外围产业的发展，形成遗址保护展示—多业共生的循环价值链条。

（2）"多业共生"模式的经营理念。"多业共生"模式在经营方面，主要是实行政府主导、协调下的以延伸产业收益为主，公益性收益为辅的经营理念。遗址保护展示主要以公益性为主，实行低门票，向消费者提供直接源自遗址保护展示的服务，获取可以容许的经济效益；但这种门票收入是"非营利性"的，主要是为了分人流，防止大规模涌入对遗址造成观赏性破坏，所有的收入也只能用于与遗址保护展示有关的项目。附带产业和周边产业主要是以遗址文化价值、环境价值等为依托发展起来的营利性产业，其收益是遗址的延展部分，目的主要在于"反哺"非营利性的遗址本身、发展区域经济、改善区域民生，提升区域环境与知名度；上层管理者或经营者收入不是为了分红，而是用于遗址保护和利用的再投入。

（3）"多业共生"模式的成效。"多业共生"模式最主要的特点就在于以遗址保护利用为核心，多产业协同发展，形成文化产业价值链和区域集聚效应，进一步推动区域的和谐有序健康发展。这种模式有效地解决了遗址保护展示与开发利用及经营的矛盾，在不对遗址本体进行大规模开发利用及产业化经营的背景下，使适度保护与适度开发及遗址的产业化经营得到实现；有效地解决了遗址保护与城市发展的矛盾，通过遗址保护利用及周边产业开发，共同发展，提升了区域知名度及美誉度，改善了区域旅游形象和城市形象，增强了区域吸引力；有效地解决了遗址保护与社区发展、居民发展的矛盾，改善了区域环境、发展了区域经济、提高了社区居民生活水平，使遗址不再成为社区及居民的"痛"；有效地解决了遗址保护与宣传教育的矛盾，在采取多种模式直观地展示遗址本体的同时，增强了观赏性，使公众更容易解读遗址。

通过对"多业共生"模式核心理念、经营理念和成效的分析可以发现，其实质是一种基于产业集聚理论指导的遗址保护与利用模式。这种模式有效地解决了遗址保护与遗址利用、区域经济社会发展的矛盾，使遗址保护、遗址利用和社区居民发展、产业结构调整和优化等有机的协调，最终促进区域经济社会发展和遗址保护与传承弘扬。为其他遗址保护利用与遗址区域经济社会协调发展提供了新的理论支持，开拓了大遗址保护与利用、区域经济社会、社区居民协调发展的新模式、新方向。

第三节 大遗址区产业集聚理论的机制与模式研究

一、大遗址区域产业集聚的概念、内涵分析

1. 大遗址区域产业集聚的概念

产业集聚作为一种有效的空间产业经济组织形式，在阿尔弗雷德·马歇尔提出以后，引起了经济学、地理学、管理学、社会学等学科的广泛兴趣，并展开了深入的理论与实践探索。在此过程中基于不同的学科背景或研究角度，形成了许多分析角度和表述方式不尽相同，但内涵相似的概念。目前国内外对产业集聚的界定主要是围绕着地理特性和产业特性两方面展开。普遍认为产业集聚是产业发展演化过程中的一种地理现象，是指同一类型产业或者不同类型相关产业的众多企业在一定范围内的空间集中以实现集聚效益的一种现象[1]。集聚效益就是集聚经济，指企业生产经营活动在一定地域的空间集中所带来的经济效益和成本节约[2]。它的本质是一种外部规模经济，从单个企业的角度来看，集聚经济是地理接近的企业之间存在正的溢出，促进生产要素或资源更有机的结合，使每个企业获得"质"的效益，是一种外部经济；从行业或整个集聚地域的角度来看，集聚经济又是该地域内生产经营活动总体规模扩大的结

---

[1] 张长立：《产业集聚理论探究综述》，《现代管理科学》2004年第12期；宋伟：《产业集聚理论研究评析》，《产业与科技论坛》2009年第8期。

[2] 魏后凯：《现代区域经济学》，经济管理出版社，2006年，第30-34页。

果，随着企业数目增多、产业规模扩大，每个企业都会获得"量"的效益，所以它又是一种规模经济①。

大遗址具有规模大、遗存多、价值突出的特性，它们的占地面积小者约1平方千米，大者有几百平方千米。我国在大遗址保护时，主要是通过划定大遗址保护范围和建设控制地带，通过对不同等级保护区域的限制性规则来实现大遗址的保护。大遗址的固定性、真实性等特性决定了大遗址保护利用活动只能在大遗址区进行，其特性也决定了其自身衍生产业的相对局限性。但是，大遗址可以摆脱自身空间的局限性，跳出遗址保护利用遗址，形成区内、区外联动的不同发展结构模式的体系化和区域化发展模式。大遗址区域产业集聚不是大遗址的集聚，也不是大遗址衍生产品的集聚，而是以大遗址保护利用为核心，形成的横向和纵向的多元化多类型关联产业集聚。

大遗址区域是以大遗址保护范围和建设控制地带为中心，包括了大遗址建设控制地带以外在时间上或空间上与大遗址紧密相连的区域。结合大遗址特性和产业集聚理论主要思想，本书认为大遗址区域产业集聚主要是指在政府引导与市场调节下，以大遗址为依托，通过大遗址保护与利用，推动以大遗址文化产业为核心的产业链条延伸和拓展，形成大遗址区域产业或产品链上的众多企业部门与机构在地理空间上集中的圈层网络。

2. 大遗址区域产业集聚的特征

大遗址区域产业集聚是以大遗址保护与利用为中心的一群既独立自主又彼此依赖，既有专业分工，又有资源互补的产业在大遗址区域范围内的集聚。这是一种新的大遗址区域资源组织和保护利用方式，对大遗址传承和区域协同发展具有无可置疑的战略意义。因此，大遗址区域产业集聚有自身独有的内涵特征。

（1）空间上的产业集聚特征。产业集聚理论认为地理上的集聚有利于形成规模经济。大遗址区域依托大遗址保护与利用形成基本的旅游吸引要素，在此基础上，促使大遗址文化产业、旅游产业和关联产业在大遗址区域地理位置上的衍生和延伸性集中因规模经济和范围经济产生集聚区，形成强大的综合性吸引力和知名度，吸引更多的企业进入，使区域知识和资本快速递增。

（2）空间上的圈层特征。大遗址的特性对保护与利用的独特要求，使大遗址区域产业集聚在依托大遗址展开的同时，又不能完全以大遗址区作为产业

---

① 〔美〕保罗·克鲁格曼：《发展、地理学与经济理论》，蔡荣译，北京大学出版社、中国人民大学出版社，2000年，第52—55页。

集聚的中心在大遗址区内开展产业集聚。而只能是以大遗址为中心，形成以大遗址保护范围、建设控制地带和建设控制地带外围区域为基础的圈层结构。基于大遗址保护的独特性，保护范围内只能开展大遗址保护与展示等大遗址核心产业项目或开展严格规划控制下的生态农业或休闲农业产业项目，进行参观游览或休闲体验活动；大遗址建设控制地带在严格规划控制下可以发展大遗址附属文化产业、对大遗址区遗址或遗迹及环境无影响的旅游产业和生态农业、休闲农业等农业产业；大遗址建设控制地带外围区域是大遗址区域产业集聚的核心，主要包括各种大遗址文化产业的副产品加工展销、专业技术服务等，旅游产业的横向和纵向产业如景区、酒店、纪念品商店或加工企业等，关联产业如其他文化产业、食品加工业、景观房产业等；通过区内区外不同产业集聚发展，区内保护利用带动区外发展，最终通过区外发展，引导区内产业结构调整优化和区内人口向区外就业分流，减轻对大遗址区内的破坏，并形成反馈机制，区外发展对区内形成补偿，实现遗址保护与区域协同发展。

（3）产业网络化特征。大遗址区域产业集聚不是简单的大遗址文化产业或旅游产业的集聚，它的范畴比大遗址文化产业或旅游产业集聚更广，包括了大遗址文化产业和旅游产业在内。集聚的功能维度、空间维度、时间维度和战略理念维度也超越了传统的大遗址文化产业和衍生的旅游产业。它是以大遗址保护与利用为基础，通过对大遗址文化产业、旅游产业及关联产业及各自产业链在横向和纵向上的扩张，使多种产业企业集聚并形成价值链网络化集聚的一种集聚模式。

（4）经济外部性特征。外部性是指某一经济主体发出的活动对与该活动无直接关系的局外人产生了一种外部影响，它对这种影响既不付报酬，也得不到好处，并且这种影响处于市场交易或价格体系之外[①]。外部性根据影响效果，可分为正外部性和负外部性。正外部性是指某个经济行为主体的活动使他人或社会受益，而受益者又无须花费代价；负外部性是指某个经济行为主体的经济活动使他人或社会受损而前者无法补偿后者的现象，其直接后果是导致资源配置不能达到最大效率，即不能达到帕累托最优[②]。大遗址区域产业集聚的目的之一就是解决大遗址保护所产生的负外部性，其主要途径之一就是通过鼓励正外部性来实现。外部性使大遗址区域产业集聚指导下的各个行业、部门相互依赖，

[①] 罗士俐：《外部性理论价值功能的重塑——从外部性理论遭受质疑和批判谈起》，《当代经济科学》2011年第2期。

[②] 朱善利：《微观经济学》（第二版），北京大学出版社，2001年，第290页。

互相协作，使企业个体的利益紧密地联系在一起，从外生性"量"的集聚向内生性"质"的集聚发展，即依靠大遗址区域产业共同体的力量，使大遗址区域网络化产业链结构更具稳定性和活力，进而提高大遗址区域的整体竞争力。

（5）分工与合作竞争特征。大遗址区域产业发展要获得可持续发展的旺盛生命力，必须使各构成部门、行业形成一个相对统一的综合体。在空间地域上表现为各部门、各行业的分工与协作[①]。大遗址区域产业集聚不仅包括了大遗址文化产业，还包括了衍生的旅游产业和关联的文化产业、农业、食品加工业，甚至景观房地产业等。它们特色各异、彼此依赖，形成各具特色的专业化功能分工与互补协作现象。一方面，大遗址产业集聚区域内部彼此之间通过差异化产品实现专业分工下企业间正式或非正式的合作关系，另一方面，生产或提供同质性产品的部门为争夺客源市场而发生激烈的竞争，这促使区域内产业或企业不断地自我完善和创新，以增强吸引力和产品供给力。大遗址区域通过不同产业企业之间的专业化分工和协作竞合，推动了大遗址区域的持续发展。

（6）动态特征。大遗址区域产业集聚与其他产业集聚发展一样，具有集聚发展演变的动态性。在大遗址区域内部要素和外部市场等环境要素的共同作用下，大遗址区域产业集聚发展过程中产业链在横向上的关联与纵向上的扩展，推动大遗址区域内的产业不断向高级化和合理化方向发展，使大遗址区域产业集聚表现出从低级到高级，从简单到复杂的动态演变过程。最终使大遗址区域产业体系从单一的大遗址保护利用形成一个产业、功能相对完善的大遗址产业集聚综合体。

3. 大遗址区域产业集聚的目的或目标体系

大遗址区域产业集聚的目的可以界定为两个层面，一个是基本目的，一个是宏观目标体系。基本目的是宏观目标体系的基础和根本所在，而宏观目标体系是基本目的实现过程中的衍生目标和最终目标。大遗址区域集聚的基本目的就是实现大遗址的保护和传承；而最终目标是多元化的，就是解决我国大遗址保护面临的保护传承困境和大遗址区内区外发展不均衡，在大遗址保护与利用的基础上，跳出遗址，通过大遗址区内部保护、展示和环境改善，带动大遗址区外部产业发展、集聚互补，实现大遗址的有效保护传承和解决区域经济发展"剪刀差"，使大遗址保护利用和区域经济社会协同发展（图8-1）。

---

① 袁莉、田定湘、刘艳：《旅游产业的聚集效应分析》，《湖南社会科学》2003年第3期。

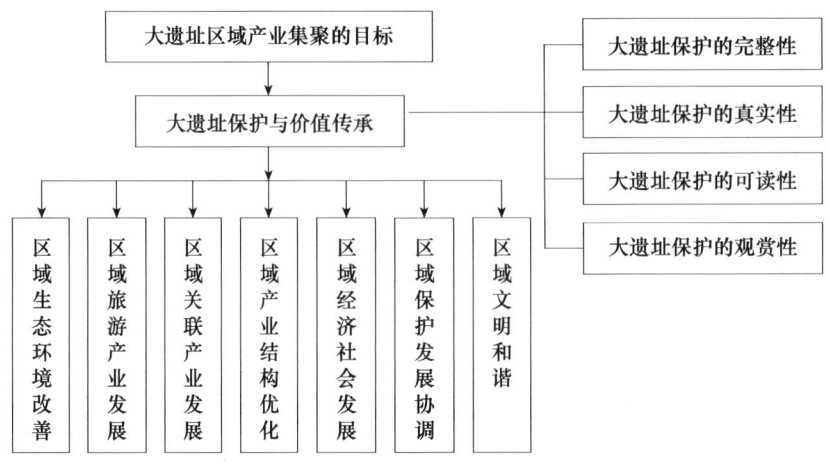

图8-1 大遗址区域产业集聚目标体系

二、大遗址区域实施产业集聚的原因分析

大遗址作为一种独特的文化遗产类型,其特性、区域发展特征、保护利用需求的综合性和关联性等决定了大遗址保护利用必须走以大遗址为依托,大遗址文化产业为主导,辐射和带动相关支持性产业、辅助性产业,推动以主导产业为核心的产业链条拓展与延伸,形成专业化集聚区的圈层网络的空间产业集聚模式。这是由多种原因所决定的。

1. 大遗址自身吸引力有限

我国大遗址主要以土遗址为主,经过漫长的历史发展演变,多只保存夯土基址,即使价值很高或很突出,但可读性和观赏性较差,导致自身吸引力不足。同时,在传统的保护为主和以西方保护展示利用理念为主导的思想影响下,大遗址展示方式方法单一、内容较少,旅游产品和活动类型相对单一,即使展示后观赏性也不强。因此,需要在大遗址保护与利用基础上,以规模经济和外部经济为指导,在大遗址区外围发展休闲娱乐、体验参与等不适合在遗址区内的横向和纵向旅游产业及文化产业,形成以大遗址保护利用为主导的多元化多类型的综合型差异化产业集群发展区,以增强大遗址区域吸引力。

2. 大遗址区内、区外发展不平衡

我国大遗址区内、区外经济发展不平衡，存在着严重的"剪刀差"现象。这种不平衡的根源在于大遗址区内与区外之间囿于传统的保护区划限制，大遗址区主要以限制性保护为主，区内居民和企业发展权受阻，在发展过程中，将遗址区内、区外人为割裂，导致经济结构的契合性不够，并最终引起"封闭独立性"下大遗址区内发展困境和遗址保护困境，区内居民或集体因限制性而贫穷，出现对阻碍发展的遗址故意破坏。这种不平衡是一种公平与效率失衡下的不均、遗址区内发展权和遗址区外发展权的不均问题。而要解决这种不均，结合大遗址保护特性，最好的方式就是"跳出遗址、保护遗址，遗址区内、区外联动发展"，区内主要以大遗址保护、展示及参观游览为主，区外发展旅游、文化、农业等关联产业，吸引、引导大遗址区内居民区外就业，同时通过区外产业发展补偿区内大遗址保护，以促进大遗址保护。

3. 大遗址区内产业结构不合理

我国大遗址区内主要以传统的开放式农业经营为主，种植作物一般根系较深，容易对地下遗址造成破坏；传统的大水漫灌形式，加剧了下渗性侵蚀破坏；现代化机械技术的深耕也对地下遗迹造成破坏。同时，随着社会经济的发展以及遗址区内外地租收益的差异，大遗址区内集体或个人出于利益需求，存在不合适的土地流转，导致大遗址区内工业企业数量增加，而这些企业主要以小型乡镇企业为主，集约化生产效率低，其建设和生产经营对遗址和遗址区景观环境造成威胁或破坏。因此，要实现大遗址有效保护，必须对大遗址区内不利于大遗址保护的产业结构进行调整和优化，而这种调整优化，主要以大遗址区域为主，不适合大跨度的产业迁徙和调整。最有效的途径就是结合大遗址保护，对大遗址区的农业生产，通过产业结构调整和优化，发展有利于大遗址保护的观光农业和经济农业，形成生态经济农业种植、生态农业旅游观光、农业休闲度假、生态农业产品加工与销售等产业体系，促进资源的优化配置和递增报酬的实现。对大遗址区内工业企业等，通过引导区内产业向区外发展，形成区外产业集聚，优化区域产业结构，使产业结构向有利于大遗址保护利用的方向发展。

4. 大遗址利用和经济社会发展的要求

大遗址要实现保护传承，必然需要通过大遗址展示与利用实现，而大遗址的展示与利用，必然带动大遗址文化产业、旅游产业和相关的文化产业等的发展，形成基于大遗址保护与利用的文化产业与文化旅游产业链的企业集聚。同时经济的发展要求优化区域产业配置，提升区域资源优化配置效率，这必然导致在大遗址文化产业和旅游等产业的带动下，区域经济结构的优化和升级发展，带动区域相关产业更大规模的集聚。

5. 大遗址保护与区域协调发展的要求

大遗址保护必然要引导遗址区部分居民向区外发展，同时，大遗址区域环境的改善，将吸引大批居民到遗址区周边居住、生产生活。因此，在大遗址外围区域，可通过积极地优化配置和引导，发展区内居民安置房建设和景观房地产，形成大遗址周边相对集中的、活力性的居民居住区，提升区域活力，在景观房地产发展基础上，引导区内商贸产业发展。

大遗址区域实施产业集聚的原因是多方面的，但主要原因是大遗址自身吸引力有限、区内区外发展不平衡和区内产业结构不合理等使大遗址陷入保护与利用困境。而要解决这种困境，在现代经济社会背景下，最优途径就是在产业集聚理论指导下"跳出遗址、保护遗址，遗址区内、区外联动发展"，实施大遗址区域产业集聚。通过区内大遗址保护与展示、环境改善等，增强吸引力；基于区内，在区外发展旅游、文化等多种关联产业，形成基于大遗址保护与利用的区域网络化产业链，进一步增强区域吸引力和竞争力，弥补大遗址自身观赏性、体验性不足缺陷，调整优化区内产业结构，引导区内居民区外就业、生活，使大遗址在得到有效保护的同时，实现区域协同发展。

三、大遗址区域产业集聚形成机制与模式

1. 大遗址区域产业集聚的形成机制分析

大遗址区域产业集聚是以大遗址资源禀赋和其他资源要素保护与利用下的

大遗址文化产业和旅游业为基础的,在外部经济、网络外部化经济和规模经济及政府宏观调控与市场调节等经济、政策驱动力作用下,使保护、展示后的大遗址和旅游等企业依据网络化价值链关系不断集聚、发展,在大遗址区域形成具有一定规模和竞争力水平的主导产业引导下的"多业共生"有机综合体。在集聚区形成过程中,大遗址及其资源要素是基础,大遗址文化产业与旅游产业发展是关键,外部经济、网络外部化经济、规模经济、政府政策与市场调节要素是持续循环积累发展的驱动力和保障。

(1)大遗址资源禀赋和相关资源要素。大遗址区域产业集聚主要是依托大遗址资源禀赋和相关资源要素来进行集聚。由于大遗址的不可移动性和区位、类型、价值内涵等的不同,彼此之间表现出一定的地区与文化差异。在此背景下,每一处大遗址区域最适合于发展与本地大遗址相关的旅游、文化产业,而不适合于生产与本地大遗址文化要素和景观集群等相关性较少的产品。因此,大遗址区域产业集聚主要以大遗址为核心的资源优势占有主导影响地位,并以大遗址的保护与利用为区域产业集聚基础。

(2)大遗址区域产业集聚的外部经济。外部经济是指某一经济主体发起的活动对与该活动无直接关系的局外人产生的一种外部影响,其根据影响效果分为正外部性和负外部性。大遗址区域产业集聚的外部经济主要是指在产业集聚理论指导下通过大遗址保护与利用及关联产业发展,对大遗址保护与区域社会经济产生的积极影响。大遗址区域产业集聚的外部性就是通过促使产业集聚正外部性发展,以消除大遗址区域发展中的负外部性。大遗址的正外部性认为单纯的遗址保护利用,发展遗址旅游不能解决大遗址保护中的负外部性。只有通过大遗址保护展示,开展环境改造与景观塑造,发展旅游业等多种产业,并引导区域内居民到区域外就业,全盘性地考虑遗址保护、遗址利用与社区发展、居民发展、区域环境维护之间的和谐发展,才能真正实现大遗址保护。外部经济决定了大遗址区域发展应采用"跳出遗址、保护遗址,区内、区外联动发展"的模式。在此过程中,要求集聚的产业之间"存在更细致且灵活的分工,聚集的企业之间(包括与大遗址之间)彼此有相互关联的利益,如同磁场一样的有利于企业家创业的氛围的形成"[1]。

(3)网络外部化经济。大遗址区域网络外部化主要表现在两方面。一是直接的网络外部化。对于大遗址区和周边的横向景区,消费者的需求存在相

---

[1] 车维汉:《论知识经济中企业经营模式和产业集聚的新变化》,《中国社会科学院研究生院学报》2000年第6期。

互依赖。消费者对大遗址区的参观游览将增加未来参观游览该地旅游者的效用。因为旅游者的到来，代表着对景区的一种认同，会使大遗址区的管理经营者发现在利用中存在的不足，及时根据旅游者需求或发现的缺陷，进行调整或完善相关服务。随着参观游览大遗址区的旅游者的增多，则大遗址区就越具有吸引力，对大遗址区管理经营者提出更高要求，使其不断完善大遗址区产品，成为区域旅游者参观游览的必到地。二是间接的网络外部化。是指与大遗址旅游配套的其他横向或纵向互补产品同样具有网络化效应。到大遗址参观游览的旅游者越多，则互补产品的经营者或生产者将更愿意提供与之相配套的配套产品。对于横向的不同型景区，希望起到一定的分流作用，吸引机会顾客到景区内参观游览、休闲体验，开展不同于大遗址旅游产品的旅游活动，达到差异化旅游；对于纵向的下游经营者，如文化、餐饮等产业经营者，则通过旅游者的到来，吸引他们购物或者食宿，提高在区域内停留时间下的消费水平。这样，一方面为区域产业增加了集聚、发展机会，另一方面也使购买最终大遗址旅游产品的旅游者获得更多的消费利益，方便他们的参观游览，在一个集中的区域实现时间最少化、旅途最短化下的周到服务，获取游览效果的最大化。

（4）规模经济。大遗址区域规模经济产生于以大遗址为核心的保护与利用水平，是指在大遗址保护与利用规模既定或变化不大的情况下，其所在行业或者大遗址区域范围内生产经营活动总体规模的扩大，使区域知名度提高，吸引力增强，游客流增加，促使企业成本下降和收益提高的经济模式。其可分为内部规模经济和外部规模经济。内部规模经济主要是指大遗址自身在保护、利用基础上，随着区域发展，不断完善自身品牌建设，增加展示内容，优化展示方式，通过"量"的增加和"质"的创新，不断增强自身吸引力，达到引导区域旅游者集中和产业发展的目的。外部规模经济是指在大遗址保护与利用规模不变的情况下，由其所在的产业如大遗址文化产业，包括不同类型旅游景区等数量的增加、质量的提升，增强区域吸引力和竞争力，进而带动旅游者区域集中和其他产业持续规模扩大，使区域的吸引力、竞争力等不断增强，成本降低、收益提高的形式。

（5）政府宏观调控与市场调节机制。大遗址区域产业集聚的形成过程是一个政府主导和市场自我调节的循环累积过程，这也是大遗址区域产业集聚网络化效应良性循环的重要因素。基于外部经济、规模经济和客源市场、目的地形象、企业品牌、人力资源等要素的市场引导、调节对大遗址区域产业集聚的形成发挥着重要的影响，但在此过程中，关键还在于政府宏观调控。

政府在产业集聚中的作用应该是作为促进者和中间人,把相关参与者聚集起来,提供支撑性的基础设施,建立动态比较优势和有利于产业集聚化的制度,创造一个有效的激励机制以消除市场调节下的系统失效问题[①]。例如,国家和地方政府在政策导向、资金扶持、土地划拨的支持;地方政府在公共产品方面的完善和配套,包括基础设施(道路交通、通信、电力等)、旅游基础设施(酒店、旅游公交线路、区域标志系统等)、区域环境整治与景观建设、政府在宏观层面对区域品牌的创造和宣传、对区域产业结构的调整和引导等。需要注意的是,在大遗址区域产业集聚的发展初期政府应起到主导作用,而后随着发展应逐渐弱化政府作用,给企业更多的自主权,促进区域内企业的市场化进程。

2. 大遗址区域产业集聚的模式体系

大遗址区域产业集聚不是以单一的产业集聚为基础,而是以大遗址文化产业与其他产业之间融合发展为主。吸引力是在主导的大遗址景区带动下,由众多横向上的互补性主题旅游景点和相关配套设施组成;产业模式是在主导的大遗址文化产业带动下,由众多基于大遗址和相关资源要素的关联产业如旅游产业、服务产业、农业产业、食品加工产业、金融产业、文化产业等组成;内部机构类型,不仅包括了相关产业发展的企业或公司等,还包括了区域提供公共产品的其他政府机构和事业单位等。这种区域产业集聚是在主导产业集聚发展下的"多业共生"模式,区域内的大量企业彼此之间有很强的关联效应,上下游产业或与辅助产业之间的关联是密集而顺畅的网络化构架,在这种基本模式和要素地不断创新与持续动态发展的网络化背景下,具有连接市场需求与区域产品供应链需要的重要功能。在市场调节下促使内部产业结构在动态调整中不断升级发展,产生循环累积的集聚经济,使大遗址区域得到持续发展。其实质是以大遗址为依托和吸引,跳出遗址、保护遗址,区内、区外联动,形成区域"多业共生"的产业集聚综合体,最终通过大遗址文化产业、旅游产业和其他关联产业的发展和反馈,区内、区外协同发展,区外对区内进行补偿,实现对大遗址的保护传承和区域经济社会的协调发展(图8-2)。

---

① 陈剑锋、唐振鹏:《国外产业集群研究综述》,《外国经济与管理》2002年第8期。

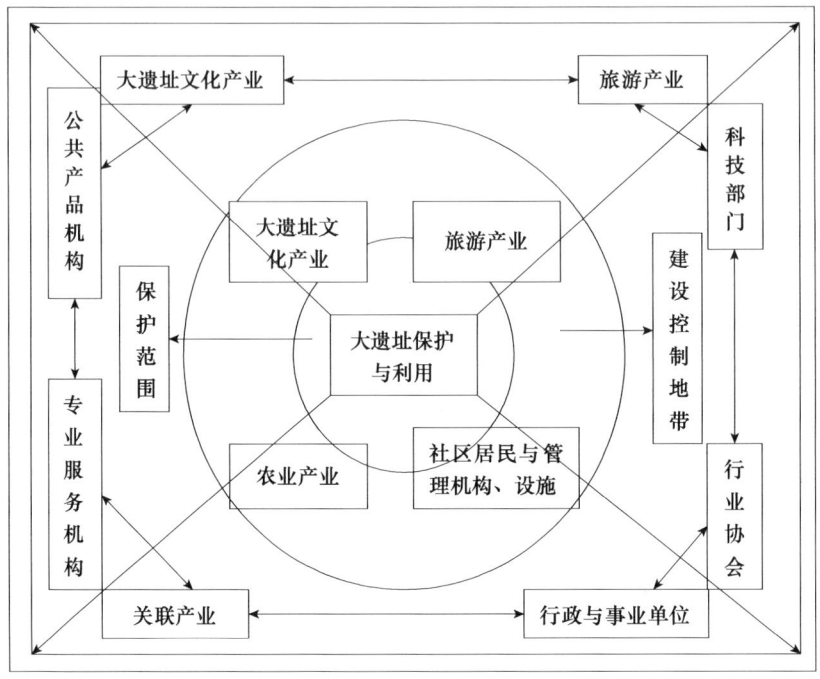

图8-2 大遗址区域产业集聚的模式与结构体系

第四节 基于大遗址区域产业集聚理论的大遗址保护与利用模式探讨

大遗址区域产业集聚是以大遗址为依托和吸引，跳出遗址保护遗址，区内、区外联动，形成区域"多业共生"的产业集聚综合体，最终通过大遗址文化产业、旅游产业和其他关联产业的发展和反馈，区内、区外协同发展，区外对区内进行补偿，实现对大遗址的保护传承和区域经济社会的协调发展。遗址类型不同、区位不同、规模不同采用的大遗址保护与利用模式不尽相同。结合对西安地区大遗址保护与利用现状分析及成功经验的总结，在传统的遗址博物馆、遗址公园、文物景区的保护利用模式基础上，以大遗址区域产业集聚理论为指导，对西安地区以城址、宫殿、陵墓和史前聚落为代表的汉长安城、秦东陵、阿房宫、杨官寨等大遗址的综合保护与利用展开探讨，希望通过对西安地区各类型典型大遗址的保护与利用模式的讨论，能为我国大遗址保护与利用提供有益的理论、方法及模式借鉴，推进我国大遗址保护的进程，为我国大遗址保护和文化强国战略做出贡献（表8-1）。

表8-1 大遗址区域产业集聚理论指导下的大遗址保护与利用模式

模式	产业集聚形式	类型	规模	区位	代表遗址
"田园文化城市"模式	遗址保护+生态景观农业+乡村景观社区+旅游	都城型	5平方千米以上	城市近郊	汉长安城遗址、周丰镐遗址、汉魏洛阳城遗址
"文化影视公园"模式	遗址公园+文化影视+旅游	宫殿型	3~6平方千米以下	城市近郊	阿房宫遗址
"田园乡村"模式	遗址保护+生态景观农业+旅游	陵墓型、都城型、聚落型	5平方千米以上	近郊或乡村	明秦王墓葬群、秦雍城遗址、乾陵遗址、二里头遗址、城子崖遗址、大堡子山遗址
"休闲社区公园"模式	遗址公园+商贸+休闲社区+旅游	聚落型	5平方千米	城市或近郊	杨官寨遗址、大辛庄遗址、郑州西山遗址、大河村遗址

一、"田园文化城市"模式

1. "田园城市"理论

田园城市是19世纪末英国社会活动家埃比尼泽·霍华德在他的著作《明日的田园城市》提出的建设一种兼有城市和乡村优点的理想城市的城市规划设想。旨在解决大城市畸形发展引起的各种问题，推动城乡平衡发展，其实质是城和乡的结合体。霍华德认为，田园城市是为健康、生活以及产业而设计的城市，它的规模能足以提供丰富的社会生活，但不应超过这一程度；四周要有永久性农业地带围绕，城市的土地归公众所有，由一委员会受托掌管。其解决城市问题的方案主要包括三方面，一是疏散过分拥挤的城市人口，使居民返回乡村；二是建设新型城市，即建设一个把城市生活的优点同乡村的美好环境和谐地结合起来的，在一定容积范围内有助于城市的发展、美化和方便的田园城市；三是改革土地制度，使地价的增值归开发者集体所有。这一理论不仅针对城市规模、布局结构、人口密度、绿带等规划问题提出了一系列独创性的见解和主张，还对田园城市建设的资金来源、土地规划、城市收支、经营管理等问题都提出具体的建议，设计了一套较完整的统筹城乡发展的社会制度，是一个比较完整的城市规划思想体系[①]。

---

① 此处综合参考了埃比尼泽·霍华德（2000）、金经元（1996）、何刚（2006）、柴锡贤（1998）、马万利（2005）等学者的文章。

2. 西安地区都城型大遗址的地位和保护利用现状

都城是一个国家的政治、经济、文化中心，也是一个国家先进文化的象征和文化精华的荟萃地，是人类社会进步最独特和全面的标志和见证。"筑城造郭，以为国固"，当政者一旦权力在握，便总要寻求某种手段来突出自己至尊无上的地位，而都城常常作为皇权坚如磐石的象征而全力加以渲染[①]。都城的确立和建设，意味着国家权力的确立，象征着皇权地位。为了使其建筑与权力、生活要求相一致，凸显都城的地位，统治者必然从建筑规格、布局、形式、用材等方面加以处理，在建筑类型上，必然也集全国之最，从宫殿、衙署、城防设施、坛庙，到居所、市场、作坊、商铺、学校、宗教寺观、道路、排水系统等应有尽有。虽然随着历史的变迁，这些都已不复存在，只剩下残垣断壁，甚至基址，但通过这些历史遗存，我们依然可以了解当时的信息，获取当时都城和王朝的艺术、科学、技术内涵，解读那个时代的社会经济、政治、军事、文化等信息。

西安地区不仅有都城遗址，且数量多而集中，我国历史上最为辉煌的周、秦、汉、唐的都城——周丰镐遗址、秦咸阳遗址、汉长安城遗址、唐长安城都位于西安地区。它们代表着周、秦、汉、唐文化之精粹，彰显和承托着西安这座悠久的历史文化之城在中国漫长历史长河中的地位。

西安地区的都城遗址以历史悠久、建都时间长、占地面积大、价值高而著称，它们应作为西安地区乃至我国最重要的大遗址或文化遗产而加以精心保护，为西安历史文化之城、遗产之城建设做出突出贡献。但是在具有高的价值和保护传承意义的同时，也面临着复杂的保护问题。由于历史原因，这些都城型遗址多位于现在西安市城市建成区或城市周边，唐长安城完全被现代西安市城市建成区所占压，只能实现散点式保护与利用。汉长安城遗址随着西安市的迅速扩张，已经被纳入城市范围，成为城市中心面积最大的乡村；周沣镐遗址随着西咸新区的建设，也被规划为沣渭新城重要的构成部分。在经济社会快速发展和西安国际化大都市建设背景下，限制性的保护政策必然导致遗址保护与区域经济社会发展和改善民生的矛盾。尤其是周丰镐遗址和汉长安城遗址，都位于城市周边和建设发展区，遗址面积大、内部复杂，多为村镇或企事业单位占压，全面搬迁、征用建设为遗址公园不现实。一方面导致大批耕地被占用闲

---

① 刘天华：《凝固的旋律：中西建筑艺术比较》，上海古籍出版社，2005年，第153页。

置，不符合我国土地法规中关于农业用地的管理要求；另一方面，遗址区内居民全部搬迁既需耗费大量资金，又破坏了遗址区历史文化活的传承延续。因此，以大遗址区域产业集聚理论为指导，借鉴西方的田园城市理论，对以汉长城遗址和丰镐遗址为代表的西安地区都城型遗址提出"田园文化城市"模式，以期开创西安地区大遗址保护和都城型大遗址保护的新模式，推进西安地区大遗址保护与利用传承。

3. "田园文化城市"模式的理念与机制

"田园文化城市"模式是借鉴埃比尼泽·霍华德的"田园城市"理论，构建的一种"遗址保护+遗址利用+生态景观农业（景观农业、休闲农业）+乡村景观社区+旅游（文化旅游、生态旅游、农业旅游、乡村旅游、休闲度假旅游）"模式。其是在保留乡村聚落和农业用地的前提下，以大遗址为本底，在保护遗址基础上，对遗址区农业用地和村落进行"现代化"和"景观化"改造与提升，使遗址区形成良好的自然生态景观环境，凸显大遗址及其环境的优越性，进而结合遗址保护和环境景观改造、现代农业等发展大遗址文化产业和其他相关产业，形成大遗址区"以田园乡村景观为本底、产业集聚、多业共生"的保护与利用新模式。"田园文化城市"的核心是遗址的保护、本底是整个遗址区的田园和乡村的"景观化"和"现代化"，支撑是大遗址文化产业和相关产业。"田园文化城市"的核心吸引力是在主导的遗址景观环境带动下，由众多横竖向上互补性主题旅游景点和相关配套设施组成；产业模式是在主导的遗址文化产业带动下，由基于遗址和相关资源要素的关联产业如旅游产业、服务产业、农业产业、食品加工产业、金融产业、文化产业等组成；其内部机构类型，不仅包括了相关产业发展的企业或公司等，还包括了区域内提供公共产品的其他政府机构和事业单位等。在这种模式下，使城和乡村有机结合为一个整体，实现"城"和内部"乡村"的良性互动，进而促使"城（汉长安城遗址）"和"城（西安市）"以及区域的良性互动，实现遗址区内、区外协同发展，区外对区内进行补偿，促进遗址的保护传承和区域经济社会的协调发展。

4. "田园文化城市"模式的表现形式

"田园文化城市"模式的形式主要包括空间形式、产业形式、居民发展形式和要素表现形式。

（1）空间形式。

从空间发展来看，由于遗址的特性对保护与利用的独特要求，"田园文化城市"模式在依托汉长安城遗址展开的同时，又不能完全单纯地以汉长安城遗址作为发展的中心。"田园文化城市"模式在空间上以汉长安城遗址为中心，形成以汉长安城遗址保护范围、建设控制地带和建设控制地带外围区域为基础的基本圈层结构。汉长安城遗址保护范围只能开展遗址保护与展示等遗址核心产业项目或开展严格规划控制下的生态农业或休闲农业产业项目，进行参观游览或体验与休闲活动；汉长安城遗址建设控制地带在严格规划控制下可发展相关附属文化产业，对遗址及环境无影响的旅游产业或休闲农业产业；汉长安城遗址建设控制地带外围区域是相对受限较小，可以开展不影响遗址区域景观环境风貌等的副产品加工展销、专业技术服务、旅游地产等。通过不同圈层、不同产业模式的集聚发展，区内保护利用带动区外发展，引导区内产业结构调整优化和区内人口向外疏散分流，减轻对汉长安城遗址区的破坏，并形成反馈机制，区外发展对区内形成补偿，实现汉长安城遗址保护与区域经济社会协同发展。

（2）产业形式。

从产业角度来看，结合汉长安城遗址保护和区域发展的需求，整个汉长安城遗址区首先应充分保护和利用好遗址区的农业用地，继续发挥其功能和效用，打造好优美的田园环境和现代农业，形成以现代农业为基础的第一产业链条，包括后续的第二产业食品加工等；在此基础上，结合汉长安城遗址特性，发展与汉长安城遗址相关的文化产业、旅游产业及相关服务产业、景观房产等，形成第一产业为本底，第二产业是支撑，第三产业为核心和驱动的"田园文化城市"产业发展模式。

（3）居民发展形式。

从居民发展角度看，一方面是通过技术培训和产业引导实现区内劳动力向区外转移；另一方面是结合田园"田园文化城市"建设，对居民开展技能培训，引导居民在遗址区内从事或开展与汉长安城遗址保护利用及生态农业、文化产业、旅游业和相关服务业等服务生产工作。既转移了区内过剩劳动力，又增加了居民收入、提高了居民的生活质量，同时又促进了汉长安城遗址的保护、推进了汉长安城遗址区经济社会的可持续发展。

（4）要素表现形式。

"田园文化城市"模式的要素表现主要体现在乡村社区景观化、农业生态景观化、基础设施环保化和区域旅游生态化四个方面。

第一，乡村社区景观化。在对汉长安城遗址区域环境整治与保护、展示的过程中，对占压在遗址范围内的乡镇居民进行内部调整置换安置和分流，在勘探确定没有遗址的区域集中安置。居民集中安置区可结合新农村和美丽乡村建设以及汉长安城遗址保护利用综合目标，建设为乡村景观化社区。乡村景观化社区的建设，一是改善了遗址保护环境，避免了单独的房屋建设和生活等对遗址的破坏；二是改善了遗址区居民的生活条件和生活质量，增加他们保护遗址的积极性；三是结合新农村和美丽乡村建设，既实践了国家关于新农村和美丽乡村建设的号召，又节省了拆迁、建设资金；四是内部调整置换，集中安置，一方面减轻了遗址区外大规模集中安置土地紧张的问题，另一方面也避免了遗址区内土地闲置，减少了土地资源浪费；五是景观化建设，改善了遗址景观环境，使其成为遗址区内的一处生活化景观，不仅延续了遗址区活态的历史文化，还有利于未来汉长安城遗址区域的统筹协调发展。

第二，农业生态景观化。农业生态景观化是指在对遗址内考古调查、勘探基础上，对遗址保护和利用及景观社区等建设用地之外的农业用地，在不征用的背景下进行保留，以继续发挥其价值和作用。但在此过程中，应结合遗址保护与利用和区域发展，对遗址区内和区外的农业用地的生产结构和生产方式进行调整、优化，以对遗址破坏和影响相对较小的、有利于遗址区未来旅游业发展的经济农业和生态农业种植为主，同时实现其景观化，在增强遗址区域农业的高附加值同时，增强景观观赏性。汉长安城遗址内部土地主要以农业用地为主，全部征用作为遗址公园用地或保护用地，必将导致土地大面积的荒化闲置或绿化闲置，这一方面既不符合我国土地法规政策规定，又不能实现土地价值最大化；另一方面还会使大批遗址区内居民失去生活保障，增加社会不安定因素和政府负担。因此，不应不切合实际地将遗址区内的土地全部征用，而应是结合汉长安城遗址综合发展需求，进行农业产业结构调整和优化，实行农业生态景观化发展。

第三，基础设施环保化。汉长安城遗址内道路、水电等基础设施建设需在认真调查及勘探不破坏、不影响遗址保护与展示利用背景下，结合汉长安城遗址区域旅游业发展，以生态环保、景观化建设为主。

第四，区域旅游生态化。在对汉长安城遗址保护与展示及区域乡村社区景观化和农业生态景观化建设基础上，大力发展旅游产业。形成遗址区域文化旅游、生态旅游、农业旅游、乡村旅游、休闲度假旅游统筹协调发展，以利于促进汉长安城遗址的保护。

二、"文化影视公园"模式

1. 以秦阿房宫遗址为代表的宫殿型大遗址保护利用现状

宫殿建筑是帝王日常生活与政务处理的场所，被认为是帝王权威和统治的象征，具有明显的政治性。"高敞、华美的居室是安万民的第一要义"[①]，"天子以四海为家，非壮丽无以示威"（《史记·高祖本纪》），从功利性的角度分析建筑的意义在于适用，但建筑也是艺术教育和教化的有力手段，皇帝的尊严要用礼仪来体现，宫室是行礼的场所，所以，体现君王权威的宫殿就应该具有宏大、威严、华丽的壮丽风格[②]。在这种思想理念主导下，历代王朝和君主都特别重视宫殿建筑的修建，以期通过基址选择、因地制宜地塑造环境以及群体空间布局、尺度、色彩处理等方面表现出的宏大、华丽、精致和级别等来凸显宫殿建筑的神圣和庄重。而且，王权越集中，国力越强盛，其宫殿建造得也就越考究、越巨大、越宏伟。因此，宫殿建筑代表了中国古代文化的精华，直观地表征着一个王朝的兴衰荣辱，是历史文化最无声的绝唱。与西方大多皇宫强调主建筑单体的传统不同，我国宫殿建筑以组织严密的群体而独步于世界建筑艺术之林，但经过数千年的兴衰变迁，不断更迭的各朝宫室，大都只留下一堆堆黄土，使人们很难领略到内部布局的组合的艺术魅力[③]。

西安地区曾是我国历史上最为强盛的周、秦、汉、唐四大王朝的都城所在，不仅留存着著名的四大都城遗址，也留存下来许多著名的宫殿建筑遗址，如秦阿房宫遗址、唐大明宫遗址和唐兴庆宫遗址等。这些著名的宫殿建筑遗址在中华人民共和国成立后都得到了相对有效的保护与利用，唐兴庆宫遗址在20世纪50年代被建设成为一座城市公园；唐大明宫遗址在2010年被建设为西安乃至国内最具典型性的一处考古遗址公园，成为西安乃至我国城市建成区宫殿型大遗址保护的典范。在这几座著名的宫殿中，目前保护与利用相对较差的是秦阿房宫遗址。

秦阿房宫遗址位于西安市三桥镇和王寺镇西南的西咸新区，东至皂河西岸，西至长安区纪阳寨，南至和平村、东凹里，北至车张村，总面积约11平方千米。与万里长城、秦始皇陵、秦直道并称为"秦始皇的四大工程"，被誉为

[①] 曹春平：《中国建筑理论钩沉》，湖北教育出版社，2004年，第2页。
[②] 曹春平：《中国建筑理论钩沉》，湖北教育出版社，2004年，第5页。
[③] 刘天华：《凝固的旋律：中西建筑艺术比较》，上海古籍出版社，2005年，第154页。

天下第一宫,是中国第一次大统一和华夏民族开始形成的标志性建筑。遗址以阿房宫前殿遗址为主,另外还包括上天台、磁石门、纪阳寨台地、烽火台等遗址①。

秦阿房宫经过漫长的历史变迁,遗址只剩下一些夯土基址。由于遗址地处城乡结合地带,一方面,基于文物保护需求,在传统的文物保护理念下,对大遗址区域居民的生产生活实行严格限制,当地群众只能从事传统、低效的农业生产,生活来源单一,经济水平与遗址周边地区的差距越来越大;另一方面,20世纪90年代以来,经济的快速发展,遗址区内的社区和居民基于发展需求,在违反文物保护法规的背景下,私自引进企业,修建厂房和商业区,有的村民在遗址区内随意建房、取土、修建坟墓,遗址区内污染性企业、乡镇企业、临时建筑、墓地、垃圾、荒地、废水污染等问题十分突出,对遗址本体及遗址周边环境造成极大破坏和影响。

进入21世纪以来,随着西咸新区的成立和城镇化建设速度的加快,秦阿房宫遗址的保护与城镇化建设、区域经济社会发展的矛盾越来越突出。基于此,在大明宫遗址公园建立和西安文化性国际化大都市建设稳步推进的基础上,西安市政府提出要将阿房宫遗址建设为"中国国家统一,华夏民族团结"为主题,全方位展示秦文化及秦代中国历史风貌的国家级考古遗址公园的构想。但是,正如在大遗址区域产业集聚理论阐释中所说,大遗址区域产业集聚即保护利用模式受到多重因素制约,遗址即使类型相同,因区位、遗存、区内现状等不同,保护利用开展产业集聚的模式途径也不尽相同。因此,简单地效仿大明宫国家考古遗址公园的模式开展秦阿房宫遗址的保护与利用,不一定能取得想象中的效果。基于此,结合秦阿房遗址区位、资源、保护利用现状等因素,以大遗址区域产业集聚理论为指导,提出"文化影视公园"模式,以推进秦阿房宫遗址的保护与利用,促进遗址保护、利用与区域经济社会发展的协调。

2. "文化影视公园"模式的机制与形式

"文化影视公园"模式是依托遗址文化内涵和价值特色,在以考古遗址公园为主的保护与利用模式基础上,引入影视文化,形成的一种"遗址公园+文化影视+旅游"模式。这种模式主要是针对位于城郊、占地面积比较大、历史文化

---

① 田增涛:《秦阿房宫遗址保护规划》,《文博》2005年第4期。

价值比较高、特色比较鲜明、内部环境相对简单的宫殿型大遗址，结合区域现状及近年来相关文化主题的影视拍摄需求，借鉴影视城发展模式，以大遗址区域产业集聚理论为指导，在对大遗址采取"遗址公园"保护利用模式的同时，以遗址文化为依托，发展文化影视主题公园，形成遗址公园、文化影视主题公园相互融合、交相辉映的遗址、历史文化、生态景观展示观赏与文化品位、体验参与、休闲娱乐等活动综合协调发展的模式。该模式可以增强区域观赏性与体验参与性，解决建成考古遗址公园后可能由于观赏性和吸引力有限，导致区域发展动力和后劲不足，不能有效地实现遗址价值的传承弘扬的问题。该模式的特色主要表现在以下三个方面。

第一，遗址公园、影视外景地和旅游三重功能融合。遗址公园的建设使大遗址在得到有效保护与利用的同时，改善了区域景观环境。在此过程中，结合秦阿房宫遗址文化内涵和特色及复原遗址建设，在建设控制地带及其外围建设文化影视主题公园。以秦文化为主体的影视主题公园，在建设初期，可引进摄制组的资金，降低大遗址区域项目建设中资金的投入。以遗址文化和遗址公园为基础的影视文化主题公园，将遗址公园与影视文化主题公园相互交融成为一体，其真实的历史文化遗存、优良的景观环境和较高文化含量与艺术品位、极强的观赏性必将满足公众的审美需求，加上以秦始皇为主题的历史文化的知名度以及媒体影视的热播和众多的体验参与性项目，将遗址保护、遗址展示、历史文化、艺术、观赏、休闲娱乐融为一体，满足不同游客群体的需求。

第二，主题上的特色性与项目上的互补性。秦阿房宫遗址区产业集聚发展的主题以秦阿房宫遗址及秦文化影视文化为主。遗址区主要以遗址保护、展示与游赏为主；秦文化影视文化主题公园主要在影视主题主导下，除了对秦阿房宫遗址的想象复原重建，再现规模宏大的世界第一宫殿胜景外，还充分利用影视的若干优势，增加体验参与性的项目，再现历史上有关秦国和秦王朝的大型活动，使游客在动静之间感受历史的波澜壮阔。

第三，遗址保护、展示与旅游影视为主的多业共生发展。秦王朝是我国历史上第一个大一统帝国。秦阿房宫遗址作为"千古一帝"未竟皇权和神圣地位的象征，是秦王朝历史上和目前所知最为著名和宏大的宫殿遗址。秦阿房宫考古遗址公园的建立，必将带动区域的良性循环发展，在此过程中，结合秦文化主题影视公园的持续滚动建设及秦文化影视剧的拍摄和热播产生新一轮游览高潮，使遗址价值在得到传承弘扬的同时，带动考古遗址公园的完善和影视资源的更新开发，降低秦阿房宫遗址自身的宣传营销成本。同时，影视剧和影视文化主题公园都比较重视自身的形象设计，时常举办大型综艺活动，必将推动秦阿房宫遗址进一步的宣传营销和价值传承与弘扬。

三、"田园乡村"模式

1. 以明秦王墓为代表的陵墓型大遗址的地位和保护利用现状

　　中国古人基于人死而灵魂不灭的观念，普遍重视丧葬，尤其是帝王将相，达官显贵更注重对陵墓的构筑。在漫长的历史进程中，中国的陵墓建筑得到了长足的发展，形成了具有时代特色的举世罕见，规模宏大的古代帝后、藩王墓群。而且，在历史的演变过程中，古代陵墓建筑逐步与宗教、君权、绘画、书法、雕塑等诸多思想、艺术门派融合为一体，成为反映当时社会、政治、经济、文化成就的综合体。同时，中国古建筑不欲以人工同自然竞久存，而要同自然界保持亲近协调的设计意念，在陵墓建筑上表现得格外透彻。这使得中国古代陵墓十分重视葬地的环境条件，在"天人合一"的指导下，先贤名哲、古代帝王的陵墓，与山水环境密切相融，取得了自然景观与人文景观的完美结合。

　　西安历经21个王朝，并作为13个王朝的古都存在，除著名的都城、宫殿遗址外，也留存下来许多著名的帝王与先贤陵墓，可谓是数不胜数，随便翻开一张西安地区的文物地图，各个时代、各种等级的墓葬星罗棋布。最著名的当属秦、汉、唐帝王陵及其陪葬墓。而在西安市区范围内的著名的如秦始皇陵、秦东陵、秦二世胡亥墓、汉文帝霸陵、汉宣帝杜陵以及明秦王墓等。在这些陵墓中，秦始皇陵、秦二世胡亥墓已经得到有效的保护与利用；汉宣帝杜陵在传统的"退耕还林"保护基础上，作为曲江旅游区的子项目，将建设成为考古遗址公园；汉文帝霸陵应依山为陵，周边环境保存相对较好，破坏较小；在这些帝王陵墓中，目前保护难度与压力较大的主要是秦东陵和明秦王墓，而随着城市化建设的加快，位于少陵塬上的明秦王墓面对的保护压力尤为艰巨。

　　西安明秦王墓位于西安市南三环外东起鸣犊西至三爻一带的少陵塬和凤栖塬上，是朱元璋第二个孩子朱樉（第一代秦王）及其后十二代秦王的十三个墓，习惯上被称为"西安明十三陵"，包括秦王、王妃、郡王、郡妃等墓共60多座，被誉为是埋藏在地下的一部完整的明代地方工权通史，是我国目前保存规模最大的、从明初一直延续到明末的藩王墓葬群[①]。该遗址区文

---

① 肖健一：《明秦藩家族谱系及墓葬分布初探》，《考古与文物》2007年第2期。

物类型多样、数量众多，其墓葬石刻、陪葬文物、丧葬制度及守墓制度等丰富的遗址内涵更体现出极高的历史文化价值，2006年入选全国重点文物保护单位。但是这处大遗址目前却没有得到有效的保护，由于西安市城市建设的加快和产业结构的调整，明秦王墓群北边现已紧邻西安市曲江新区，西面和南面被不断东扩的西安民用航天产业基地包围，东边紧靠规划建设中的杜陵遗址公园及其发展区。明秦王墓群分布在这之间东西约6千米，南北约4千米的狭长区域，区内目前主要以乡村和田地为主，高速公路和城市主干道从其北侧、南侧和中心穿过。由于文物保护宣传不力，明秦王墓存在着群众保护意识淡薄，封土及相关文物保存状况较差，盗墓猖獗，文物散佚及房地产业违法扩张等诸多问题。大量的地面精美石雕散落旷野田地任人毁损，地下的墓冢更是被盗了一遍又一遍，几近掏空。尤其是随着曲江新区二期工程、西安航天产业基地的东扩以及西安规划中的城市快速轨道交通的建设，明秦王墓保护面临着巨大的压力。在这么大的空间区域范围内，这么多散点式的陵墓，如何保护，成为西安市城市发展和文物保护面临的难题。基于此，借助陵墓建筑"天人合一"的理论观念和明清王墓群区域现状，提出"田园乡村"模式，以推进秦王墓遗址的保护与利用，促进遗址保护、利用与区域经济社会发展的协调。

2. "田园乡村"模式的机制与形式

"田园乡村"模式是依托陵墓型遗址及其所处的乡村环境现状，在对遗址保护展示的基础上，以古人陵墓建筑与自然环境要"天人合一"及"人乃造物同体，要与天地共生"的宇宙意识为指导，对区域内村庄环境与田园景观环境进行整治与构建，发展生态景观农业、休闲农业以及生态休闲旅游业的一种"遗址保护展示+生态景观农业+生态休闲旅游"模式。这种模式主要是针对位于城郊或离城市相对较远的占地面积比较大、历史文化价值比较高、区域内村庄田园密布、以遗址公园等形式保存难度比较大的陵墓型大遗址，以使其通过"田园乡村"模式，在区域环境整治、产业经济结构及田园景观塑造的基础上，达到遗址保护、乡村环境和农业持续、协调发展，并促使区域产业机构调整，发展生态有机、高附加值的经济型、景观化农业产业，进而带动区域休闲农业旅游发展的一种大遗址保护模式。

四、"休闲社区公园"模式

1. 以杨官寨遗址为代表的聚落型大遗址的保护利用现状

聚落是构成考古学文化的重要成分之一,不仅是考古学文化研究中的重要课题,在社会组织结构研究方面也具有不可替代的作用,考古学文化和人类共同体之间最重要最明显的重合与联系就在于聚落[①]。聚落遗址是指古代人类聚居生活的村镇遗址,通过对村镇遗址发掘出土的遗存的考察与研究,可以了解当时村镇的规模、结构及用途,分析村镇的布局及村镇之间的关系,从而推知古代人类生产、生活及当时的社会组织结构及其社会集团规模与形式。这类遗址一般规模比较大、价值比较高,对于复原当时的社会面貌,认识古代社会组织结构和经济社会发展情况具有重要的意义。

西安地区历史文化悠久,在几十万年的发展演变过程中,从旧石器时代的蓝田猿人遗址到新石器时代遗址群落,从商周文化遗存到近现代村镇聚落,西安地区留存下来许多著名的聚落遗址,如西安半坡、临潼姜寨、临潼白家、蓝田泄湖、临潼零口、西安米家崖、蓝田老牛坡等一大批遗址,确立并完善了以渭水流域为中心的考古学编年序列,在聚落形态、社会结构、生业与环境等领域的探索也取得较大进展[②]。但在此过程中,一直未发现西阴文化的聚落与真正意义上的墓地。2004年,陕西省考古研究所为配合泾河工业园北区建设,在高陵杨官寨遗址进行了长达4年的考古发掘工作,首次发现了属于西阴文化时期的完整环壕,这一发现对西阴文化聚落的考古研究具有重要的学术意义。同时,在杨官寨遗址还发现了仰韶晚期文化(半坡四期文化)成排的房址和陶窑。杨官寨遗址是目前发现该时期唯一环壕保存完整的中心聚落遗址,为探索庙底沟文化的聚落布局与社会结构以及我国城镇发展等提供了极为重要的资料,其将西安的建城史提前到距今6000年前。

杨官寨遗址位于西安经济技术开发区与西安市高陵县政府联合共建的泾渭工业园,遗址所在的土地当时已被划为建设用地,这使遗址发现后面临着园区和施工方建设的多重压力。后鉴于杨官寨遗址的巨大考古价值和历史意义,经陕西省政府出面协调,将其核心区域的500亩[③]土地征收为文物保护用地。但

---

① 张宏彦:《中国史前考古学导论》(第二版),科学出版社,2011年,第263-274页。
② 焦南峰、王炜林等:《陕西考古研究的历史与收获》,《考古与文物》2008年第6期。
③ 1亩≈666.67平方米。

遗址从发现至今，随着城镇化以及工业园区建设速度的加快，杨官寨遗址一直面临着被工厂和基础设施建设破坏的威胁，而遗址区内的遗址也多在发掘完成后回填；没有回填的遗址暴露在外，经受着自然的风吹日晒雨淋和人为的环境污染，许多已经坍塌；整个遗址区目前也是杂草丛生，甚至许多工业企业和当地居民将遗址区作为垃圾场，随意倾倒垃圾，严重破坏遗址区环境。同时，由于没有采取有效的保护与利用措施，遗址的价值不能为大众所认知，许多人认为遗址的存在，影响了区域经济社会的发展，建议将遗址在发掘完成后，继续作为工业用地，以满足企业发展用地需求。更为关键的是，随着西安市"十二五"期间城市布局和产业结构调整优化，泾渭工业园区将成为未来西安市的工业聚集区，迅速扩大的园区建设和未来发展，必将给处于相对封闭的杨官寨遗址保护带来更大破坏和威胁。基于此，在充分调研的基础上，考虑到工业园区和高陵县现在缺乏高等级公园和文化展示区的现状，以大遗址区域产业集聚理论为指导，提出"休闲社区公园"模式，以推进杨官寨遗址的保护与利用，促进遗址保护、利用与区域经济社会发展的协调。

2. "休闲社区公园"模式的机制与形式

"休闲社区公园"模式是依托遗址文化内涵和价值特色，在以考古遗址公园为主的保护与利用模式基础上，结合遗址区周边经济社会、文化发展现状，引入商贸和休闲社区，形成的一种"遗址公园+商贸+文化休闲社区+旅游"模式。这种模式主要是对位于城镇建成区的或位于城市周边的、占地面积比较大，且遗址周边正处于大发展、缺少公共绿地、文化娱乐场所和商贸购物设施的大遗址，在建成遗址公园后，可能面临生存压力的背景下，结合区域经济社会发展现状及需求，将遗址保护、遗址利用和区域社区发展、生产生活等紧密联系，以实现遗址保护利用与区域经济社会发展、民生和谐共生、协调发展。

"休闲社区公园"在大遗址区域产业集聚理论指导发展过程中，尤其应注意这样几个问题：第一是区域有建设公园和文化场所的需求；第二是区域正处于快速发展阶段，能形成较好的集聚效应；第三是区域缺乏城市休闲娱乐场所和商贸购物场所。而杨官寨遗址位于高陵县泾渭工业园区，周边三面为工业园建成区，东面为村镇聚居区。目前整个高陵县和工业园区都没有公园性的休闲文化场所；遗址位于高陵县未来的发展核心区，周边工业企业聚集，缺乏居住社区和综合商贸购物、休闲娱乐场所；区域有产业结构优化和搭配的需求，在工业发展的同时，需要高质量的服务产业出现，以丰富区域居民和工人等的生活。

总之，大遗址区域产业集聚是针对大遗址区域遗址保护与遗址利用、区域经济社会发展之间不可调和的矛盾而构建的一种基于"圈层"的跳出遗址保护遗址，区内、区外联动，形成区域"多业共生"的产业集聚综合体，以实现遗址保护和遗址利用及区域经济社会协调发展的理论体系或模式。它的基本模式和机理主要是：在产业集聚理论指导下，以大遗址作为"无价值"增长极，通过大遗址保护与利用，使大遗址区域环境得到改善，形成重要的文化景观场所及吸引物，在此基础上，以低价或免费开放的形式形成扩散性吸引力，带动以大遗址为依托的大遗址文化产业和旅游产业的发展，并在横向上构建新的旅游景区或文化景观集群，产业纵向上延伸拓展，在持续增强吸引力和知名度的同时，带动其他关联产业，如农业、食品加工、文化、旅游、体育等产业，各个产业之间息息相关，互相依托，形成点、线、面的网络化、链条式发展，进一步增强区域吸引力和发展潜力，最终通过区内大遗址保护利用带动区外关联产业发展，在区外产业持续集聚发展的同时，引导区内外产业结构调整优化，以区外产业发展外部性收益对区内形成补偿，实现大遗址保护与大遗址利用及区域经济社会协同、平衡发展的目的。

我国大遗址由于所处区域、区位、遗址类型和价值等的不同，遗址自身面临的现状和问题以及区域经济社会发展背景的不同，在大遗址区域产业集聚理论指导下具体的"多业共生"发展模式不尽相同，甚至相差甚远。因此，在以大遗址区域产业集聚理论指导区域大遗址保护与利用的综合发展过程中，应做到因地制宜，因遗址制宜。同时，在以大遗址区域产业集聚理论为指导形成的大遗址区域"跳出遗址保护、利用遗址"的"多业共生"产业集聚综合体模式在实施的过程中，还应注意坚持以下理念：一是应坚持遗址保护和遗址利用、区域协同发展的理念；二是在发展中应坚持政府主导和市场调节相结合，在初期政府应加强扶持和引导，基本成型后，应主要以市场调节为主，以增强其发展活力；三是应坚持以大遗址区域产业集聚理论为指导，加强大遗址区域产业集聚发展；四是规划先行，在理论指导下，充分调研，形成合理的规划布局和产业发展结构；五是应通过市场调节，实现创新和竞争，随时调整主导产业和辅助产业等之间的关系，防止大遗址区域产业衰退。

第九章 大遗址保护的保障体系研究

大遗址保护既需要理念的指导、技术的支持和综合的利用，同时还需要管理体制与法规政策等的保障。大遗址保护的保障体系主要包括保护管理体系、法规保障体系、资金保障体系和教育科研体系。

第一节 大遗址保护管理体系

大遗址保护管理体系主要包括建立和优化保护管理体制、登录制度、社会参与体系、监控体系及大遗址保护规划制度。

一、大遗址保护管理体制

大遗址保护管理体制是指大遗址保护管理系统的结构和组织方式，即采用怎样的组织形式以及如何将这些组织形式结合成为一个合理的有机系统，并以怎样的手段、方法来实现大遗址管理的任务和目的。大遗址保护管理体制建设是建构大遗址保护理论、方法体系的重要内容，也是大遗址保护管理的核心。其规定了各级政府和相关的部门及企事业单位在大遗址保护中各方面的管理范围、权限职责、利益及其相互关系的准则。各级大遗址保护管理机构的设置、权利的分配及相互协调的强弱直接影响到大遗址保护管理的效率和效能。

1. 我国大遗址保护管理体制的现状

我国大遗址保护管理还未形成独立的管理体制，现在的管理体制是随着大遗址保护运动的发展，从传统的文物保护管理体制分化出来的一种分类管理、分级负责、条块结合、属地为主、联合执法的保护管理体系。例如，《中华人民共和国文物保护法》第8条规定，国务院文物行政部门主管全国文物保护工作；地方各级人民政府负责本行政区域内的文物保护工作；县级以上地方人民政府承担文物保护工作的部门对本行政区域内的文物保护实施监督管理；县级以上人民政府有关行政部门在各自的职责范围内，负责有关的文物保护工作。

分类管理是指针对我国文化遗产类型的多样性和不同遗产保护特殊性的需求，形成了以世界文化遗产、历史文化名城、历史文化名镇（村）、风景名胜区、建筑遗产群、非物质文化遗产、博物馆、一般遗址和大遗址等不同的保护管理模式。尤其是随着大遗址保护运动的发展，针对我国大遗址的特性，结合我国传统文物保护管理机制，我国形成了以文物保护管理所或遗址博物馆进行大遗址保护的管理模式。

分级负责是指我国大遗址在保护中，结合传统的文物保护管理体制，形成了以中央、地方各级政府和中央、地方各级文物行政主管部门为主的分级负责机制。

条块结合是指大遗址管理机构一方面从分级管理角度，在业务上接受自上而下的文物保护管理部门的垂直管理，在组织上有五个层次的管理机构，采用国务院文物保护管理部门（国家文物局）—省级文物保护管理部门—地市级文物保护管理部门—县级文物保护管理部门—乡（镇）级文物保护管理部门，即所谓的"条条管理"；另一方面从属地管理角度，在行政上接受所属省、地市、县、乡的分级领导，各级文物保护管理部门隶属于同级人民政府，受同级人民政府领导，负责本行政区域内大遗址的统一管理工作，即所谓的"块块管理"。

属地为主是指在大遗址保护管理过程中，上级政府和管理部门在对地方政府和管理部门进行业务指导的情况下，大遗址保护管理以当地政府和管理部门为主的一种机制。

联合执法是指针对大遗址保护的复杂性，在大遗址的保护管理上，地方政府其他部门如城建、规划、公安、文物、税务等部门也赋有相应的职权范围，当出现大遗址破坏情况时，"文物部门应联合地方各相关职能部门进行文物保护执法的模式"[①]。

2. 我国大遗址保护管理体制存在的问题

以上级政府和文物保护行政部门为指导、基层文物保护管理所或遗址博物馆进行大遗址保护行政监督，文物部门联合地方各相关职能部门进行大遗址保护执法的管理模式在一定时期相对有效地保护了大遗址。但随着经济社会的发展，以传统文物保护机制为主衍生的大遗址保护管理机制在大遗址保护过程中，分级属地的条块管理导致多头管理、权责不明使得管理体制不顺、效能低

---

① 张韵：《我国大遗址管理机构现状和管理体制研究初探》，《内蒙古文物》2009年第2期。

下,价值认知不足导致管理职能单一,联合执法背景下大遗址保护管理的执法和监管能力缺失等一系列问题。

(1)大遗址保护管理体制不顺。我国现行的分级属地、条块管理模式似乎条块清晰,权责分明,但是在实际操作中,由于大遗址保护涉及保护区及周边区域社会经济、文化生活的多个方面,如环境整治、人口调控、经济结构及土地利用调整等,而这些工作在这种看似权责分明的分部门管理和相关法律法规及利益驱动下,缺乏灵活的全局综合调控功能。例如,我国的土地管理主要由国土部门负责,但大遗址区土地有其自身的特殊性,国土部门或专门的土地规划管理部门的人对其可能不尽熟悉,同时也不能完全了解大遗址区的发展战略。这样在政策、规划的制定编修,具体的审批、管理、执行过程中可能会做出与遗址保护相冲突的决策或决定。

由于权属体制的条块分割,各地普遍存在多头规划、多头审批、重叠交叉管理的现象。这种分散的管理模式势必造成管理目标的不一致,在部门利益驱动下,常出现属地开发建设,最终导致大遗址公共资源的过度开发或不合理利用。例如,大遗址区的区域、村镇规划与遗址保护规划、旅游发展利用规划、基础设施建设实施规划由不同部门审批,遗址规划难以控制大遗址区内村镇、道路、大型工程等基础设施的发展,甚至一些在重点保护区中的村镇建设、基础设施建设、乡镇企业或其他设施建设都有着合法的审批手续。而有些遗址区按照旅游规划来管理遗址,将遗址区建设项目作为保护展示项目或旅游项目报批,造成遗址区建设的混乱,影响遗址安全及大遗址区的景观风貌。

(2)大遗址保护管理机构职能单一。一方面,由于受传统的历史文化价值观和"单纯"的保护思维影响,我国在大遗址保护管理工作中形成了以各级文物保护管理部门为主的封闭式的单一保护体制,提到文物或大遗址保护,不管是本行业还是公众好像文物管理部门只有文物或大遗址日常保护管理和考古发掘及监管等职能,而未能结合经济社会发展和居民生活质量改善等需求以及大遗址价值认知的变化,综合考虑大遗址保护管理的职能,使得"以保护为主的单一的大遗址管理体制日益不适应新的大遗址价值取向,成了大遗址资源经济功能发挥的障碍;而另一方面,有些政府部门又盲目强调大遗址的经济价值,对大遗址进行低层次的开发和利用,严重损坏了大遗址的完整性和原真性,造成很多负面效应,严重地困扰了大遗址自身的保护"[①]。

(3)大遗址保护管理机构执法能力欠缺。我国大多数大遗址保护管理机构的行

---

① 吴荔:《基于价值取向的陕西省大遗址资源管理体制研究》,西北大学硕士学位论文,2008年。

政级别较低，一般只有行政监督权，文物执法权受上一级文物管理部门（文化局或文物旅游等）委托，执法权限主要是劝阻和制止大遗址破坏行为，并没有严格的法律程序[①]。这使得在大遗址区，如果发生大遗址破坏情况，大遗址保护管理部门执法能力受到自身级别、管理权限、行政许可职能、沟通协调效率等限制，无法及时制止破坏文物的违法行为，而需按照行政程序先上报，文物执法能力与效率欠缺。

3. 建立健全我国大遗址保护管理体制的对策

大遗址保护管理中存在的多头管理、权责不明、级别不符、职能单一、执法权不足等一系列问题直接导致大遗址管理体制效能低下，不能有效地处理大遗址保护中对大遗址保护与利用综合性、协调发展的要求，急需构建起适合大遗址特性的保护管理机制。因此，结合大遗址保护的目的、目标和大遗址特性、价值认知需求等要素，从机构建设、职能完善和执法权获取等角度对大遗址保护管理体制提出对策建议，明确大遗址保护管理中的责、权、利关系，建立起既符合大遗址特性和我国经济社会发展，又能促进区域经济社会协同发展的大遗址保护管理体制。

（1）建立健全大遗址保护管理机构。我国大遗址管理体制不顺、效能不高的主要原因是大遗址面积大、内部复杂，从行政区划上看，许多大遗址分属不同的乡镇、市（区、县）或省，缺乏一个高级别的统一的行政机构全面负责管理遗址区经济社会发展；从职能部门看，大遗址保护管理涉及文物、国土、建设、交通、环境、旅游等行政管理部门，存在着纵横交错的纵向和横向管理，使得大遗址区在缺乏部门统筹协调管理下，多头管理、权责不明。而且，随着经济社会的发展，大遗址保护在新时期提出了新的目标，必须实现大遗址保护与区域经济社会发展、居民生活质量改善相协调发展的要求。因此，在大遗址保护管理中，从分级属地和条块管理角度，应建立起一种由国家、地方政府和部门直管的大遗址保护管理体制；在大遗址区应在级别较低的保护管理所、遗址博物馆等保护管理机构基础上，建立起相对级别较高的多部门联合的综合性大遗址保护管理机构，以切实加强对大遗址的管理。而这种高级别、综合性的大遗址管理机构目前主要有"管理委员会"和"大遗址保护特区"两种形式。通过直管和多部门联合的综合性保护管理机构，理顺大遗址保护管理机制内部关系，优化权力结构，协调各方权益，使决策、结构、执行相互配合、相互协调、相互制约，以增强管理效率。

---

① 唐龙、余杰：《大遗址保护中的土地问题》，《中国文化遗产》2008年第4期。

（2）完善大遗址管理机构的职能。现有的大遗址管理机构职能一般主要以日常保护管理、考古发掘和监管等为主，未能与新时期大遗址多元价值认知和经济社会发展需求相结合，不能有效全面地实现新时期大遗址保护管理的需求。因此，首先，应在综合性管理机构下，完善大遗址保护管理机构职能，建立起包括大遗址登录、日常保护管理、展示、利用、考古发掘及监管、土地控制、游客管理、科学研究、文物执法等管理职能体系，综合统筹管理大遗址区域内的各项事务；其次，应坚持政企分开，监管与经营分开的原则，把大遗址保护管理与经营的职能分开，由保护管理机构全程监督，使大遗址保护管理部门只具有公共服务和行业综合指导、监管的职能；再次，应将大遗址保护管理的执法权纳入大遗址保护管理的机构职能，并纳入法制化建设，使得大遗址保护管理执法权有法可依、有据可循，增强大遗址保护管理的执法能力。

（3）对大遗址保护管理机构实行全额财政拨款。大遗址利用主要以公益性为主。因此，为了加强监管、执法工作，应改变目前一些大遗址保护管理部门的正常开支依赖于门票收益或地方政府的状况，即"管遗址、吃遗址"的现象和受属地支配的被动局面。大遗址保护管理部门的行政、事业经费应由财政全额拨款支付，以增强其保护管理的独立性和公益性。

（4）建立健全大遗址保护管理机构规章制度。大遗址保护管理机构规章制度是指大遗址保护管理机构针对单位内部员工管理制定的组织劳动过程和进行劳动管理的规则和制度的总和，是大遗址保护管理机构内部的"法规"，是监督、保障大遗址保护各项保护管理事务和法律法规落实的内部政策机制。我国大遗址保护管理机构应建立健全包括日常保护管理、保护设施设备管理、工资福利管理、工时休假、奖惩以及其他保护管理规定等规章制度，以加强对工作人员监督，落实各项保护规定。

总之，大遗址保护管理体制与机制是大遗址保护管理的基础，大遗址保护管理体制的建设是一个系统性的科学管理工程，涉及经济社会的各个领域，很难寄希望于"毕其功于一役"。因此，在明确大遗址保护管理体制建设的目的与目标后，应积极稳妥推进，以促进大遗址保护管理体制的健全，实现大遗址的有效保护管理。

二、大遗址登录制度

1. 我国大遗址登录制度现状及问题

文化遗产登录制度是欧美等西方国家普遍采用的一种有效保护方法，也是赋予文化遗产意义、理解、界定和价值认知的有效方法之一，有利于全面、真实地保护文化遗产。这一方法经过不断的改进与完善，得到世界各国的承认，1996年国际古迹遗址理事会通过《古迹、建筑群和遗址记录工作原则》这一国际性文件，以加强对登录制度的规范与宣传推广。

我国也较早地学习了西方的先进理念、方法，结合我国国情形成了以文化遗产"指定制度"为基础的"记录建档"制度。该制度是从1961年国务院颁发的《文物保护管理暂行条例》和1962年文化部文物局制定的《关于博物馆和文物工作的几点意见（草案）》中对文物保护单位"四有"的规定发展而来，并在1991年公布的《全国重点文物保护单位保护范围、标志说明、记录档案和保管机构工作规范（试行）》第四章中得到确认和细化。但是，记录建档作为指定的重点文物保护单位管理工作的一环，概念、内涵与外延并未在保护理论中得到学术性阐释，对记录建档的内容规定得比较简略，也没有引起基层文物工作者的重视，多成为一种形式。直到2002年《中国文物古迹保护准则》公布，才对记录建档的重要性和内容有所说明，并在2003年公布了《全国重点文物保护单位记录档案工作规范（试行）》和《全国重点文物保护单位记录档案著录说明》《全国重点文物保护单位记录档案卷盒、卷内表格、专用纸规范》，使得我国重要的指定文化遗产记录建档工作有了详细的工作规范，在一定形式上有助于形成有效的文化遗产记录档案，为保护、展示、利用等提供"第一手"的基础资料。但在这过程中也存在着许多问题，我国文化遗产保护基层工作人员不足、专业性不强、工作任务重等缺陷，在规范指导下，也多是对文化遗产进行笼统的记录建档，并未细化。例如，在大遗址的描述中，一般只是笼统地提出遗址的名称，详细的也只是对保存状况简单地介绍，很少对具体的遗址的面积、范围、分布、布局、方向、基本形制和保存程度等进行描述，而对遗址的地形地貌、景观环境、社会经济、非物质文化遗产的描述则几乎没有[1]。这使得不能有效全面地记录、认识大遗址内遗址的真实现状和保护历程，无法对其进行全面、科学、真实的价值评价，并开展科学的保护、展示、利用与管理。出现这些问题的原因主要是记录档案制度在我国现阶段存在对记录建档工作理解不清、重视度不够、记录建档的原则和标准缺

---

[1] 《全国重点文物保护单位记录档案著录说明》4.1.6.2.1条在总体描述规定基础上，规定对古遗址的描述应包含以下7项：（1）位置、面积、范围、方向；（2）文化堆积；（3）主要遗迹；（4）重要文化遗物（器型、质地、纹饰等）。遗物丰富的可分类综合介绍，遗物少的主要介绍典型器物。包括若干时代的遗物，应分时代介绍；（5）城址、聚落等需介绍平面形状及尺寸（长、宽、周长）、城墙、城门、城壕的形制和构筑方式、城内外遗迹、遗物等；（6）窑址需介绍窑炉、窑具及产品种类、窑系；（7）时代分期和文化属性。

失等问题，尤其是没有针对具体的文化遗产类型制定相应的原则和记录标准，使得实践中缺乏相应指标的具体指导，导致出现记录内容简单、单一，不能科学、全面地记录。因此，我国有必要在全国重点文物保护单位记录档案制度基础上，不断完善、充实，针对大遗址这一专有文化遗产综合体，建立健全登录制度，形成科学、有效的保护登录制度，使得文化遗产记录建档工作能够真正发挥效能，为宏观和微观的保护、利用、管理工作提供有效帮助，使得大遗址的历史文化信息资料能够得到有效的保存。

2. 建立健全我国大遗址登录制度的对策

大遗址登录制度的最大优势在于能够尽可能科学、全面地保护大遗址所包含的文化遗产，能够广泛地深入社会生活的各个层次，通过登录过程中的提名、选择、评价等一系列步骤、程序，唤起公众对文物保护的关注和兴趣，使人们意识到文物保护与自身生活之间存在的种种联系或利害关系，从而激发和促使公众参与到文物保护的实践活动当中。同时，这种广泛性和公众基础也赋予了文物保护工作丰富、多样的地域特点。因为不同的地域，其历史、传统、文化的差异性使得保护工作在具体内容、保护手段的实施方式、保护技术以及文物保护与社会生活的密切程度等诸多方面呈现出多样性和丰富性。而我国大遗址档案记录存在的主要问题是记录内容不全（相对比较简单和单一），而这主要是由于记录原则和记录标准等的缺失所造成。因此，应从记录原则和记录标准等方面加强我国大遗址登录制度的建设。

（1）建立大遗址登录制度体系。大遗址登录制度是指在对大遗址整体进行分类综述性描述的基础上，对大遗址区内的遗存进行分类、分级登录，以实现大遗址综合信息的保存。我国目前主要是以记录档案的形式对指定的属于国家级或省级的重要大遗址实行档案记录，但并未形成科学的体系。应在已有的规范、说明基础上，结合大遗址的特征，从大遗址登录的概念、目的、作用、原则、内容、规范、标准、调查和登录的方法、登录的主体和职责等层面进行系统研究，厘清为何登录、由谁登录、如何登录和登录什么，构建起科学、有效的大遗址登录制度体系，以指导大遗址登录工作。

（2）分类、分级细化登录内容。大遗址登录的内容，在现有规范的基础上，应结合大遗址特征和构成不断深化。其登录内容可主要细分为基本信息描述和动态信息描述两个大的方面。基本信息描述主要包括大遗址整体综述性分类描述和构成要素分类、分级描述。首先，对大遗址整体，可结合《全国重点文物保护单位记录档案著录说明》的要求，按类别进行综述性分类、分层记录；其次，在上述基础上，按照大遗址的主要构成要素，从遗址本体、遗物、地脉和文脉四个层面进行分类等级。其中，针对遗址本体应在调查、勘探或发掘基础上，从保存的好坏进行分类、分级登录。分级主要按照价值高低和保存完好度进行确定，可分为保存较好、保存一般和保存较差三个级别。如有必要，根据具体情况，可增加保存好和保存差两个级别，形成五级制度。并对每个遗址的类别、位置（地理位置、相对位置、价值高低）、保存现状、面积、范围、分布、布局、方向、基本形制、构成要素等进行阐述。在基本信息描述基础上，针对大遗址每次的调查、勘探、考古发掘、评估、保护工程、展示工程、利用和管理等动态性工作按时间段进行登录描述，并将成果在基本信息中得到体现。

（3）制定大遗址登录的原则和方法。原则和方法是大遗址实现登录有效性和发挥作用性的指导。在我国大遗址登录中，首先必须确立起以价值为导向的大遗址登录观，大遗址登录必须基于对遗产地和遗产意义的理解和价值的认知，能够厘清大遗址价值评估、准备详细的研究与勘探调查、考古发掘以及保护与利用决策所需材料之间的关系。在此基础上，制定大遗址登录的原则和具体的指导方法。

一般来说，对信息的了解方法主要以调查、勘探和考古发掘为主。大遗址登录的调查包括普查和详查，主要是为了了解相对具体的一些资料信息。普查一般是带有突击性的全面工作，详查是为了全面摸清具体情况。在大遗址登录工作中，应以详查为主。例如，我国从中华人民共和国成立以来已经开展了三次大的不可移动文物普查工作，但这主要是对大的点的调查，即使在2008年开始的第三次普查中，对大遗址构成要素的登录、描述依然不全，主要停留在整体性的登录、描述上，对构成要素的调查很少。勘探是为了弥补调查的不足，为进一步加强对遗址的具体认识，而进行的钻探。考古发掘是全面、详细地了解遗址基本信息的最有效手段，但一般破坏性也大。因此，除非必要，一般主要以调查和勘探为主。

传统的大遗址登录从人员上来说主要由考古学家和大遗址基层保护工作人员来共同完成。但随着现代科学技术的发展和大遗址保护对象的多元化，对登录的具体方法手段提出新的要求。尤其是计算机技术（数字化、图像化）和立体测绘摄影技术、航空测绘技术等的发展，大遗址登录已经进入数字化、图像化时代，进而导致登录工作的专业化。数字化要求在登录中应利用数字化信息系统等计算机应用方法来进行登录；而图像化则需要专业的"制图或摄影、测绘"工作人员来辅助完成；专业化则指由于登录内容的广泛化和多元化，保护团队的构成则不仅仅只包括考古学家，还应包括建筑、历史、文献、地理、旅游、景观等专业性的"信息专家"，负责精确测量、提供保护专家所需资料，协助保护与利用，以最大化地获取大遗址所蕴含的各种信息，既保护文物古迹，又让公众了解文物的多样性。

总之，大遗址登录制度有助于科学、全面、综合性地登录大遗址的各种基本信息，为大遗址保护、展示、利用和管理提供基本资料，并有助于避免开展大规模的浪费人力、物力等的普查，引导公众参与到大遗址保护中，增强记录档案的科学性和有效性。

三、大遗址保护社会参与体系

1. 我国大遗址保护社会参与的现状及问题

公众参与是指在涉及公共利益的社会经济活动中，公众应在享受法律保障的基本权利（平等权、知晓权、处置权等）的基础上更广泛地行使民主权利（决策权等）[1]。其作为一种社会活动，起源于西方社会政治思潮的发展，进而演变为一种民主手段[2]，渗透进公众的日常生活，在此过程中理论与实践得到不断发展和完善，成为西方国家公民自由和公民参与社会、政治、经济、文化等活动的重要方式。约在19世纪初期，伴随着保护运动的发展，这一制度或理念被引入文化遗产保护领域，主要是针对国家或政府保护力量的不足，鼓励全社会的力量参与到文化遗产保护工作中，最大限度地保存珍贵的历史遗存。随着保护实践和理论研究的不断推进，其成为文化遗产保护的重要方式和必须程序，得到了西方各国政府和公众的普遍认同，以及法律的保障，使得自下而上的保护要求和自上而下的保护约束能在一个较为开放的空间中相互接触和交流，并经过多次反馈而达成共识，使得民间自发的保护意识能够通过一定的途径实现为具体的保护参与[3]。这一制度在第二次世界大战后随着文化遗产保护制度的完善和各国、各地区社会参与制度及程序、民间组织、大众团体的健全，得到进一步发展，成为西方国家文化遗产保护的最主要力量，并在《内罗毕建

---

[1] 方可：《当代北京旧城更新：调查·研究·探索》，中国建筑工业出版社，2000年，第114页。
[2] 刘婧：《公众参与的起源及其在历史文化遗产保护中发展》，《四川建筑》2007年第1期。
[3] 阮仪三、王景慧、王林：《历史文化名城保护理论与规划》，同济大学出版社，1999年，第107页。

议》《华盛顿宪章》《考古遗产保护与管理宪章》《关于世界遗产的布达佩斯宣言》等国际性文件中得到规定和阐述。

随着社会参与理念的发展，我国在大遗址保护过程中也积极地引入了这一制度，进入20世纪90年代末，面对大遗址保护与我国经济社会发展进程中的突出矛盾，进行了积极的实践和理论探讨。我国也在法规文件中多次强调其重要性，尤其是1997年3月30日国务院印发的《关于加强和改善文物工作的通知》中将其提高到现代文物保护体制的范畴，规定"应努力建立与社会主义市场经济体制相适应、遵循文物工作自身规律、国家保护为主并动员全社会参与的文物保护体制"。但由于种种原因，这一文物保护体制一直未能有效建立，社会参与大遗址保护也只是成为专家的一种"呼声"，缺乏真正的实践性；即使在实践中开展，也多流于形式，社区及居民很难参与进去；有时甚至不愿参与进来。使得现阶段大遗址的保护还停留在国家保护为主，"由政府官员和专家等'少数精英'推动的一种'自上而下'的保护阶段，而广大群众对于历史文化遗产的保护，缺乏全面、正确的认识，甚至还存在着不理解的情况，这就使得遗产保护工作难以顺利展开，缺乏广泛的社会基础"[①]。这不符合世界文化遗产保护的趋势和我国文化遗产保护所面临的紧迫现状。我国大遗址由于数量多、面积大、保护内容的综合性和复杂性及大批量资金的投入，单纯地由政府来保护，很难实现，而这在近年来的经济社会发展中随着大遗址破坏现象的增多不断被证实。而自下而上的社会参与是文化遗产得到有效保护的主要途径之一，民间自发的保护意识能够通过一定的途径成为具体的保护参与。因此，应在国内建立起以公众考古为基础的大遗址保护社会参与体系。

2. 建立健全我国大遗址保护社会参与制度的对策

我国大遗址保护社会参与制度未能全面展开的原因是多方面的，但主要是由于社会参与制度理论体系未能建立，缺乏具体的参与程序和相应的法律保障，公众对该制度还缺乏了解和认识。因此，我国大遗址社会参与制度的建立应主要从理论建设、宣传推广等方面完善。

（1）建立大遗址社会参与制度体系。社会参与制度体系的建立健全是大遗址保护社会参与的基础。大遗址社会参与制度体系建设主要包括大遗址社会参与制度的概念、目的、原则，参与的主导机构、参与的程序和参与的

---

① 刘婧：《公众参与的起源及其在历史文化遗产保护中发展》，《四川建筑》2007年第1期。

方式及保障机制等。而参与的方式和保障机制是大遗址社会参与有效实现的根本。公众的参与从时间或程序看，包括大遗址保护前、保护中和保护后整个程序的参与，不同的阶段参与的模式也不尽相同，应具体问题具体分析；保障机制不仅仅只是法规政策保障，还应包括技术保障和宣传保障机制。同时，在大遗址保护社会参与制度体系建设中应将"自上而下"与"自下而上"的保护相结合，增强并扩大大遗址保护的社会基础，以有效地指导大遗址保护进程中的公众参与。

（2）建立公众考古制度。公众考古起源、盛行于欧美国家，其是考古学专业化与文化遗产保护大众化的矛盾产物，交流与解释是其基本命题[①]。这使得其从一开始就具有从公众利益出发、让公众认知和引导公众参与考古资源或文化遗产保护、共享成果的双重属性。通过多年实践和探索，公众考古在国外文化遗产保护事业中发挥出巨大的效用。我国大遗址属于考古资源的范畴，在我国传统的限制性保护理念下，大遗址成为考古专业人士的专有领地，一般公众很难直观接触和认知大遗址，使公众失去参与大遗址保护的积极性和意识。而公众考古的目的就是让公众在认识考古的过程中，了解考古遗址及其文化，实现大众和遗址的前期衔接，增强公众的遗址保护意识，进而促使公众参与到遗址的保护中。因此，我国应建立公众考古制度，通过参观考古现场、模拟考古发掘、考古图书影视出版发行等多种方式宣传考古过程，增强公众对大遗址的认识，促使公众参与到大遗址保护中。

（3）增强公众参与大遗址保护的意识。世界遗产委员会把"通过宣传增强公众对世界遗产保护的认识、参与和支持"作为工作的战略目标之一。公众不能有效地参与大遗址保护，主要的原因之一就是对大遗址和社会参与制度的不了解。因此，有必要增强公众的社会参与意识，而这主要通过宣传引导来实现。第一，中央和地方政府应通过制定法规政策、举办各种专家讲座与咨询活动、召开各种有关大遗址保护的论坛与开展具体的大遗址保护社会参与实践活动等积极引导公众参与；第二，大遗址保护利益群体应共同合作，参与到大遗址保护进程中；第三，应引导公众积极关注大遗址保护。而要实现上述内容，应加强对公众的大遗址宣传与教育工作。首先，应加强对公众的大遗址教育，尤其是青少年的大遗址教育，使其认识到大遗址保护的价值。积极开展各种形式的大遗址宣传教育进校园、进社区活动，通过对大遗址的展示宣传，使广大民众受到教育启迪，陶冶思想情操，充实精神世界，提高生活质量，形成良好

---

① 姚伟钧、张国超：《中国公众考古基本模式论略》，《浙江学刊》2011年第1期，第43页。

的文化生态和人文环境[①]。其次,应加强宣传普及工作,利用各种宣传媒介和媒体进行宣传、推广大遗址及社会参与制度,增强公民依法保护意识,积极培养大遗址保护志愿者。营造保护文化遗产人人有责、文化遗产保护成果人人共享的社会环境,形成有利于文化遗产保护的舆论氛围[②]。

总之,我国大遗址资源十分丰富,保护任务十分艰巨,保护工作不可能由国家全部包揽下来。要在构建起科学有效的大遗址保护社会参与制度体系的基础上,尊重社会公众对大遗址保护工作的知情权、受益权、参与权、监督权,拓展社会参与大遗址保护的途径,充分发挥社会公众和组织的力量,宣传动员社会公众参与到大遗址保护的行动中来。努力构建起适应社会主义市场经济体制要求、遵循文物工作自身规律、国家保护为主并动员全社会参与的文物保护体制[③]。

四、大遗址保护监控体系

1. 我国大遗址保护监控机制的现状及问题

大遗址保护监控机制是指对大遗址风险和保护过程的监测、监督及调整控制。主要是运用现代化科学技术手段,通过调查、信息采集、监测、监督、评估等过程或手段方法及时发现大遗址存在的安全隐患和问题,分析评估其毁损变化规律和可能造成的危害,确定科学的保护方法或技术手段,以实现大遗址的可持续发展。

基于保护和管理的需求,西方各国较早地对其遗址所在地或遗产地实施了监控制度,尤其是对遗产地的监测监督,已经建立了相应的保护机构、颁布了相应的法律法规、制定了科学的监测监督指标体系,形成了相对完善的保护体系。随着科学技术的发展,现代化的技术手段也不断应用于遗产地文化遗产的监控中,如随着空间技术和信息技术的发展,这一技术方法被运用到遗产地监测中,使得监测分析实现了全天候、全方位、及时化、全景化和信息化,有效地推进了文化遗产的保护和对遗产地的监管。尤其是随着世界遗产事业的不断发展与完善,越来越多的遗产保护管理从业人员认识到,监测是世界遗产保护管理的重要方法之一,是维护遗产安全最基本、最有效的保障手段,也是极需

---

① 国家文物局:《中国文物事业改革开放三十年》,文物出版社,2008年。
② 李长春:《保护发展文化遗产 建设共有精神家园》,《人民日报》2010年6月12日第1版。
③ 国务院:《关于加强和改善文物工作的通知》,1997年3月30日。

要遗产所在地各级管理机构相互协作、共同实践的保护管理途径之一[①]。

我国对文化遗产的监控机制也是随着世界遗产保护制度的发展和监测机制的实践而逐步形成的。进入21世纪后，随着我国世界遗产数量的增加和对文化遗产保护的重视，对文化遗产监测、监督的重视程度日益增强，这一理念也随着大遗址保护运动的发展而被引入大遗址保护中。但由于我国对大遗址监测管理工作并没有制定专门文件和提供技术规范等方面的指导，开展监测管理的大遗址的检测工作也多是根据自身保护管理需要摸索出来的，没有形成系统的理论基础。由于缺乏理论指导，在大遗址保护中，监测、监督机制的实践多停留在专家"呼吁"层面；在实践中运用，也多是针对部分价值比较高的遗址本体或其附着体如壁画、画像砖石、丝麻制品等进行试验性的尝试；或是为了保护需求，对本体及其周边环境开展物理因素（如温湿度、空气质量、地质灾害等）的监测；监督监管也相对乏力，多只针对突发事件或危险期而开展，缺乏长期性与可持续性；同时，对保护调查、勘探、考古发掘与保护规划、保护工程等也没有形成过程性监控，不能有效评估保护过程中出现的危害，导致结果性偏差。因此，有必要建立健全和完善大遗址保护监控体系，以形成对大遗址保护宏观与微观过程的整体监测、监督与调整控制，开展预防性保护，使得大遗址朝着可持续方向发展。

2. 建立健全我国大遗址保护监控机制的对策

大遗址保护监控体系建设主要包括大遗址监测机制、大遗址保护第三方监督机制和预防性保护机制三个层面。

（1）建立健全大遗址监测机制。大遗址监测主要是通过运用现代先进的技术手段和科学的管理方法对大遗址承载体及其遗存可能存在的风险影响因素进行周期性和系统性的观察认知，客观反映大遗址保护现状，并在科学、全面评估分析大遗址保护效果的基础上，提出对策建议，避免大遗址遗存本体和环境的劣化，以切实保护、传承大遗址遗存及其价值。大遗址监测机制的建设主要包括其理论基础的构建，如大遗址监测的概念、目的、原则、监测对象和监测的技术，同时还包括监测信息系统及其评估标准、反馈分析机制和机构的建立、人员的配备等。因大遗址监测结果是大遗址进行科学保护、管理的决策依据，这一机制应成为大遗址保护、管理的基本工作之一。

---

① 国家文物局世界遗产处：《监测：世界文化遗产保护管理的有效手段》，《中国文物报》2007年11月23日第8版。

（2）构建大遗址保护第三方监督机制。大遗址保护规划和保护、展示工程及利用的实施，直接影响到大遗址的安全。而我国目前不管是在大遗址保护还是其他文化遗产保护中，保护规划的编制、保护工程的实施、大遗址建设完成后的管理与运营都主要由遗址所在地的文物部门或监管的文物部门负责进行。由于各种利益关系，各地存在监督监管不力等现象。尤其是在同一系统同一部门的背景下，经常性会出现文物部门自己监管自己的现象，即自己组织编制规划、自己实施和运营监管；即使由第三方参与，因为行业传统，也多为圈内人士，缺乏相对独立的机构对保护成果的检验和定期考核，使得大遗址保护中出现的问题不能得到及时、有效的反馈、调整控制及改进。因此，在大遗址保护监控体系中，应组建由各类专家组成的省级以上第三方监督机构，在大遗址保护过程中，对大遗址保护规划、保护工程、展示工程、利用与运营效果等进行监督监管和评估，保证大遗址保护实践与运营的科学性与合理性，以维护大遗址的安全。

（3）构建大遗址预防性保护机制。大遗址预防性保护是指在大遗址还未遭到破坏的情况下，针对可能出现的危害或影响，在科学评估的基础上采用一定的措施以避免危害发生的机制。该理念是20世纪60年代由意大利文物保护专家切萨莱·布兰迪在《文物修复理论》中针对文物的修复而提出，其后这一理念被运用到整个文化遗产和旅游资源等的保护中，并随着国际文化遗产保护运动的发展而得到国际的认同，成为文化遗产保护的一项重要措施或工作。这一理念也被我国所接纳，并运用到一些文化遗产的保护中。随着我国经济社会的快速发展和城市化、旅游业发展对大遗址保护带来的挑战，越来越多的人认识到大遗址最有效的保护方式不是针对破坏抢救性的保护，而是通过监测、监督等手段，提前发现可能存在的问题，并有针对性地开展积极主动的预防性保护。因此，应结合大遗址监控体系的建设，构建起科学、合理、有效预警、提前防护的大遗址预防保护机制，确保大遗址的长久安全，实现大遗址保护的完整性和真实性。

总之，大遗址保护监控工作是大遗址有效保护的重要手段或方式之一。在大遗址保护中应加强对其的监测、监督和预防性保护，不断完善相关的法规制度和配套设施建设。使大遗址的预防性保护与抢救性保护相结合，在真实性、完整性和最小干预等原则指导下，形成大遗址以预防性保护为主的保护机制。同时，应结合现代科学技术的发展，不断引进现代化的监控技术手段，使得监控手段也向信息化、系统化、科学化、规范化、和模块化方向发展，以增强大遗址保护监控的效果。

五、完善大遗址保护规划制度

1. 我国大遗址保护规划的现状及存在问题

大遗址保护规划指为了保护、展示、利用和管理大遗址，使其发挥多种功能和作用而进行的各项保护要素的统筹部署和具体安排。其是我国基于经济社会发展及在此过程中大遗址面临的错综复杂的综合矛盾而借鉴规划学提出的一项大遗址保护措施。目的是加强对大遗址的保护，继承中华民族优秀历史文化遗产，统筹、规范大遗址各项保护工作，促进区域经济社会与大遗址和谐发展。大遗址保护规划是大遗址保护、展示、利用与管理的一个指导性文件，规划的科学合理性与大遗址保护成败有着直接的关系。

我国大遗址从行政级别及经济发展角度看，主要以乡村为主体，多属于传统农业经济区域；在行政区划上，一个大遗址区可能分属不同的省、市、县、乡（镇）、村。针对这一性质独特的大遗址区域，在发展过程中，相关部门为了尽量不与国家对大遗址保护的要求相冲突，对其尽量采取回避态度，导致大遗址区在保护发展上缺乏有效统一的规划管理，成为部门与各级行政管辖机构各自管理的薄弱区。最为严重的是由于大遗址区受不同行政单位管辖，原有相互之间存在的遗址整体保护与经济联系被人为地分割开，由此造成大遗址区布局混乱、土地资源极为浪费、生态环境严重破坏等突出问题，单一的大遗址保护规划无法实现真正的保护。同时，由于大遗址自身性质的特殊性及国家对其保护区域范围发展特殊的要求，大遗址区的保护规划既不同于城市区域，也不同于乡村、旅游景区或其他类型遗产地，加之保护规划制度引入大遗址保护的时间较短，导致在大遗址保护规划实践过程中存在着诸多问题。主要表现为大遗址保护规划理念还未完全确立；还未构建起科学、合理的大遗址保护规划理论体系，致使大遗址保护规划缺乏理论指导；大遗址保护规划编制准入制度、评审制度和编制人才队伍结构急需完善。

2. 建立健全我国大遗址保护规划的对策

（1）树立综合性的动态大遗址保护规划理念。我国在传统的大遗址保护中，多只注重被动的抢救性保护或点性的保护，在实施某项保护工程或考古发掘时，多只是具体问题具体对待，存在保护工作中有什么需求办什么事的现象，一直未形成宏观整体、具有前瞻性的规划保护理念。即使有一定的规划工作，也多是出于博物馆建设等需求的静态保护规划需求，未能从区域动态发展和总体发展布局等角度开展大遗址保护规划工作。近年来，随着150处大遗址保护运动的发展，保护规划的理念开始传播，但许多基层文物保护工作者仍然存在认识不足的问题，不能将其作为长期系统工作的有效手段，仍然停留在针对遗址本体和博物馆建设等静态保护的层面。大遗址保护规划是对大遗址保护的综合性、前瞻性、长远性布局和安排。而且大遗址内外部关系复杂，保护不仅仅是对遗址本体的保护，牵涉到整个大遗址区域经济社会的方方面面。因此，应树立以保护规划指导保护工作和动态保护规划理念，认识到大遗址保护规划是一个随着社会发展而动态发展并不断调整的综合性过程。

（2）建立健全大遗址保护规划理论体系。尽管我国借鉴规划学（包括城市规划、旅游规划、历史文化名城规划等）的理念在大遗址保护中引入了大遗址保护规划制度，并以其理论和方法作为指导进行了实践探索，基本形成了现有的大遗址保护规划框架体系，但大遗址不同于一般的城市、乡村和旅游景区或其他类型遗产，有其自身的独特性；而且目前的大遗址保护规划无论是从指导的理论方法、规划层级和类型以及内容框架体系等都存在缺失和不完善。因此，有必要构建起科学的大遗址保护规划理论体系。大遗址保护规划理论体系的内容主要包括大遗址保护规划的概念体系（包括特征、目的、原则）、与其他规划的对比分析、理论基础、编制的程序、规划的成果形式、规划内容体系架构、规划与设计方法、保障机制等。从保护理论看，应构建起以多学科为指导的理论基础；从编制程序看应包括调查、规划编制、规划评审、规划实施四个阶段；规划的成果形式主要包括规划文本、规划图、说明书及基础资料等；规划的类型，从层次看应形成总体规划与详细规划（控制性详细规划和专项详细规划）两个层次，从时间上看包括近期、中期、远期规划，从规划内容看应针对大遗址存在的具体问题编制专项规划（保护工程规划、展示工程规划、土地管理规划、旅游发展规划、景观环境整治规划等）；从内容体系架构上，应增加旅游发展规划、产业发展规划、游客管理等内容。以形成综合性的理论方法体系，指导大遗址保护规划向综合性、动态性方向发展，真正实现大遗址的保护和区域的协调发展。

（3）严格大遗址保护规划准入制度。目前我国大遗址保护规划单位比较杂乱。我国大遗址保护刚刚开展，尤其是"十一五"和"十二五"期间150处大遗址规划的提出，在当时专业规划机构缺少的情况下，许多遗址地为了完成规划，或获得国家大遗址保护资金支持，使许多不具备资质或资质不合规范的规划设计单位通过资质拆借也参与到大遗址规划中；尤其是在这些规划队伍中，许多规划人员对大遗址了解较少，导致大遗址保护规划出现许多偏颇。因此，应严格大遗址保护规划准入制度，规定只有具有合理的大遗址保护规划编制队伍结构和合格的资质的编制单位才可进入。一般大遗址保护规划编制队伍人才的知识背景必须要有考古学、建筑学、文化遗产保护规划或管理学、旅游规划学、经济学的人员参与；职称结构上必须合理，做到人尽其才，要有经验丰富的高级技术人员带队，不能申请到项目后直接全部交给初、中级技术人员来完成。编制单位资质方面应以具有文物保护甲级资质的单位为主，在特殊情况下（如保护规划编制人才队伍完备、合理），方可允许乙级资质的编制单位参与。

（4）完善大遗址保护规划评审制度。"十一五"以来，我国加强了大遗址保护，提出了"150处大遗址保护项目"，并规定国保级和省保级大遗址都应编制保护规划，以使大遗址保护有据可循，有规可依。这对我国大遗址保护产生了积极的影响和效果。针对实践探索阶段的大遗址保护规划编制中遇到的众多问题，许多专家、学者进行了讨论和实践推进，但关于大遗址保护规划评审方面存在的问题，却关注较少。因为规划评审牵涉到对大遗址保护规划可行性和操作性的论证，是对规划做一个最终鉴定，是大遗址保护规划中重要和必要的环节。大遗址保护规划一经评审通过，就具有法规约束力，不可随意调整。但目前我国大遗址保护规划评审存在评审机制缺失、评审组人员结构不合理（知识背景和结构不合理，不能真正反映各方利益）、过程式评审和规划评审重文本轻图件等许多不合理和不规范的地方，不能发挥规划评审的真正作用。因此，应从严格评审制度与审批制度，构建多学科、多层次的规划评审组成员结构，加强大遗址保护规划评审专家认定，建立评审组成员实地考察机制，制定大遗址保护规划评审办法，加大学术评论自由与舆论监督等角度完善现有大遗址保护规划评审制度，以增强大遗址保护规划的科学性、合理性、有效性和指导性。

第二节 大遗址保护法规保障体系

一、我国大遗址保护法规制度的现状及问题

大遗址保护法规是大遗址保护法律、规则和政策等的简称，是指由国家制定或认可的，以国家强制力保证实施的与大遗址保护、管理、经营有关的规范性文件，包括大遗址保护法律、条例、规定、规则、决议、决定、办法、命令等。大遗址保护法规是推进文物事业发展的根本保障，是监管、保障大遗址安

全的武器,是大遗址保护管理部门规范大遗址保护秩序、促进大遗址健康发展的依据和保证,是大遗址保护管理者和相关公众应当熟知的行业规范和行为规范,是保护管理工作人员行为的准则与依据。改革开放以来,随着文化遗产保护事业的发展,我国制定了一系列文化遗产保护法规制度,基本构建起了"以《文物保护法》为基础,以《文物保护法实施条例》《水下文物保护管理条例》《长城保护条例》等法规为支撑,部门规章、地方法规、地方政府规章、各种规范性文件和行业标准规范为重要组成部分的文物保护法律法规体系"[1],为我国大遗址保护提供了一定的法规保障。进入21世纪后,随着大遗址保护的提出,针对大遗址保护、管理,我国又专门制定了一系列法规政策,如《全国重点文物保护单位保护规划编制审批办法》《全国重点文物保护单位保护规划编制要求》《大遗址保护专项经费管理办法》《国家考古遗址公园管理办法(试行)》和《国家考古遗址公园评定细则(试行)》以指导大遗址具体保护管理工作。同时,国家文物局从"十五"开始将大遗址保护作为一项重要内容纳入"五年"规划,先后发布了《"大遗址"保护"十五"计划》《"十一五"国家重要大遗址保护规划纲要》和《国家文物博物馆事业发展"十二五"规划》等,从宏观调控指导大遗址保护管理;针对大遗址保护中的关键性问题,先后形成了《关于建设考古遗址公园的良渚共识》《洛阳共识》和《荆州宣言》等重要的文件;各地方也针对本地大遗址制定了一系列具体的大遗址保护法规。这些大遗址保护政策文件与相关法规为大遗址保护提供了基本的法理学依据,有效地保障了大遗址安全。但是,在取得成绩的同时,我国大遗址保护法规保障也存在着一系列问题,主要表现为以下几个方面。

(1)大遗址保护法规缺失。改革开放以来,我国基本构建起了文化遗产保护法规体系,并且基本覆盖文化遗产保护领域各个重要方面,如长城保护、世界文化遗产保护、历史文化名城(名镇、名村)、风景名胜区保护等,但目前在行政法规层面还没有制定相关的大遗址保护法规,从文化遗产保护类型和体系上缺失了大遗址保护法律法规,没有形成完善的体系,缺乏宏观的具体指导。而许多地方针对大遗址保护的专项法规也没有制定,大遗址保护执法缺乏统一的法律依据。

(2)现有大遗址保护法规针对性差。大遗址具有不同于其他文化遗产的特性,现有的文化遗产法规在具体的大遗址保护和管理中缺乏针对性,难以做到有的放矢,如《中华人民共和国文物保护法》只是对遗址等文物保护做出笼统

---

[1] 国家文物局:《中国文物事业改革开放三十年》,文物出版社,2008年。

规定，还没有针对大遗址这种特殊的遗址类型保护做出规定和规范；已经颁布地方性法规的地区，其法规针对性也存在不足，如西安市在1995年通过了《西安市周沣镐、秦阿房宫、汉长安城和唐大明宫遗址保护管理条例》和《西安历史文化名城保护条例》，对四处大遗址的保护进行了规定，但这两部法规对具体大遗址保护的针对性不强，实施效果较差。

（3）内容上存在片面性。我国已有的大遗址保护法规在内容上存在片面性，主要表现在四个方面。第一，从立法对象上看，大遗址保护立法规范的对象多侧重于对遗址区居民或其他公众群体，忽略了对大遗址保护管理者和考古发掘者的规范约束；第二，在内容体系上，主要强调对保护与管理的规定，而忽略了对大遗址展示、利用和游客管理等进行规定；第三，从权利和义务角度看，重视了公众的保护义务，而未能综合考量公众的权利；第四，缺失了对文物保护行政管理部门和事业部门的规范约束。

因此，有必要建立健全我国大遗址保护法规体系，明确不同主体在大遗址保护中的权利和义务，给大遗址保护提供可靠的法规依据，促进我国大遗址保护早日步入规范化、法制化的轨道。

二、健全我国大遗址保护法律制度的对策

1. 完善现行的文物保护法规制度

近年来，一些地区虽然针对大遗址保护制定了一些地方性的法规，但目前在国家层面以及大部分地区都还没有制定大遗址保护的专项法律法规。即使已经制定，相关的地方性法规还不健全，内容存在不足，在文物保护及文物执法方面缺乏统一的依据。且缺乏实际操作性，不能真正发挥法规效力。基于此，应当加快《中华人民共和国文物保护法》的修订，制定出具体的管理办法，尤其是对大遗址这类特殊的文化遗产，应做出明确的界定，将大遗址保护纳入我国文物保护的基本法，做到真正的有法可依。同时应修订文物保护规划相关法规，完善已有的地方性大遗址保护条例，增强其实践性与操作性，使法规真正发挥保护的效力，为实施大遗址保护制度或措施提供保障。

2. 加强大遗址保护的独立立法

针对大遗址地域广大、社会情况复杂及保护的特殊性，我国大遗址区可根据实际情况对保护区独立立法。一方面包括制定国家层面的《大遗址保护管理

法》或《大遗址保护条例》及《大遗址保护规划编制办法》等；另一方面包括地方由省级、省会所在市或较大的副省级市人大或人大常委会针对本地区大遗址制定并颁布专项大遗址保护条例，如《汉长安城遗址保护条例》《秦雍城遗址保护条例》《城子崖遗址保护条例》等。规范和指导大遗址区保护管理、土地使用、居民搬迁及产业结构调整等工作。

3. 建立健全我国大遗址保护法规体系

建立一套系统、完善、具体的文化遗产保护法规体系是文化遗产保护的基本前提。随着大遗址保护的进一步推进和我国法制化建设的加快，针对综合性的大遗址，我国应建立健全大遗址保护法规体系。从法规层次上来看，可从大遗址保护法律、行政法规、行政规章、地方法规、地方规章等层面健全大遗址保护法规体系；从内容或保护对象角度，可构建起从调查、登录、评估、保护技术措施、展示、利用、管理以及包括保护理念、技术方法、大遗址保护规划、大遗址保护资金、社会参与等为主体的内容结构体系或法规体系。

总之，法律法规和规范标准是有序开展大遗址保护一切工作的基本准则，是依法行政、行政执法的根本依据。应建立健全大遗址保护法规体系，以保障大遗址安全，规范大遗址保护行为，推进大遗址保护工作进程。

第三节 大遗址保护资金保障体系

一、我国大遗址保护资金的现状及问题

大遗址保护资金是用于大遗址保护的一种经费或款项，国内外文化遗产保护的实践证明，资金投入是大遗址保护的基础和文化遗产保护事业发展的基本依据。国外文化遗产保护成熟的国家，历来重视文化遗产保护资金的投入，一般主要包括公共财政投入、文化遗产单位运营收入、企事业单位和社团等民间资金投入及国际保护组织援助。这一机制也得到国际性保护组织及其通过的法规文件的确认和支持。我国尽管很早就实行了文化遗产保护资金保障制度，但由于我国经济发展和保护理念等原因，在文化遗产保护资金保障方面存在着许多不足，表现在大遗址保护资金上，主要包括以下几个方面。第一，我国由于历史发展原因，在文化遗产包括大遗址保护资金投入方面，目前主要以国家及地方政府投入为主，社会参与极少；且由于经济社会的发展，保护成本不断

增加，虽然国家对大遗址保护的资金投入持续增加，但这与大遗址保护资金的实际需求相比还非常有限，远远不能满足大遗址保护资金缺口。第二，进入21世纪后，针对大遗址保护的复杂性，我国专门设置了大遗址保护专项基金，但现有的大遗址保护专项基金也主要以国家政府基金为主，未能建立有效的多元化社会参与机制，社会资金和公众投入的渠道和意识建设还存在不足。第三，我国一些大遗址通过保护展示，发展旅游业，获得了一定的收益，但由于传统限制，主要以门票收益为主，且由于管理不严等原因，包括门票收益等保护资金存在挪用现象，使原本投入和产出就很少的大遗址保护资金不能发挥有效的保护作用。第四，尽管我国已经在一些大遗址保护中开始探索国际合作，利用国际援助资金保护大遗址，但由于发展历史较短，开展国际合作、利用国际援助资金保护的意识相对薄弱和经验不足，国际援助保护资金较少，不能真正满足大遗址保护资金需求。因此，结合我国现有的文化遗产保护资金投入保障机制，应在坚持公益性目的和加强监管前提下，继续增加政府保护资金投入，同时积极引导全社会参与到大遗址保护中来，拓展大遗址保护资金筹措渠道，建立起完善的大遗址保护资金保障机制。

二、建立健全我国大遗址保护资金的对策

1. 加强大遗址保护资金的管理

我国大遗址保护属于社会公益的范畴，因此，在大遗址保护与利用中首先应明确其非营利性。在非营利性原则指导下，开展大遗址保护资金筹措和管理。我国大遗址保护资金应该是一种专款专用的保护资金，《中华人民共和国文物保护法》规定文物保护单位等的事业性收入的用途，"必须专门用于文物保护，而不得用作其他"，同时规定"禁止任何单位和个人对其侵占或挪用"。因此，大遗址保护筹措的资金，必须用于大遗址保护，避免出现挪用、浪费或非法侵占等现象。这需要通过法规与制度建设，加强对其监管。第一，在各级法规制度中应明确大遗址保护资金专款专用的法理学地位，对非法挪用、侵占的行为给予制裁；第二，应明确大遗址保护资金的来源和数额，对其可能的用途进行详细规定，以利于监督检查；第二，加强财务管理制度建设，在一定范畴内，可引入第三方（银行、审计部门等）或基金会监督机制，提高资金使用效益，以切实保障大遗址保护资金的合理、有效使用；第四，对大遗址产业收益，应按照"收支两条线"的原则，实行专户集中统一管理，全部用

于大遗址的保护；第五，大力推进大遗址保护经费"阳光工程"建设，增强大遗址保护资金使用的公开度、透明度，提高社会和公众的信任度。

2. 建立健全大遗址保护资金筹措渠道

（1）增加政府财政拨款。由于文化遗产保护法规体系的不完善，社会参与不足，在大遗址保护资金投入方面，政府一直是大遗址保护事业的唯一投资主体。从国家到地方各级政府的财政投入为大遗址保护工作提供了根本的保障。随着我国经济社会的发展，大遗址保护中面临的问题越来越突出，需要大量的资金投入。尤其是在大遗址保护初期，只有政府进行必要的资金投入，才能帮助其实现基本的保护需求，才能够进入正常的运转状态。因此，必须坚持大遗址保护政府主导投入政策，继续加大各级政府对大遗址保护的财政拨款，以保证其基本保护需求。

（2）利用大遗址创造的财富提供保护资金。2002年的《世界文化报告》中提出，文化遗产的保护是目的，产生收益是为了更好的保护。因此，应避免急功近利，把大遗址保护与利用作为摇钱树和过分开发的借口。但可以在坚持科学、有效保护和公益性目的的前提下，开展一定的利用活动或宣传教育，拓展大遗址保护资金的渠道，增加大遗址保护资金的来源，以更好地保护大遗址。

1）开展大遗址旅游。在保护、展示的基础上，合理利用和运营大遗址，开展大遗址旅游，收取一定的门票，一方面对游客流进行合理的控制，另一方面增加大遗址的收益，将其作为保护经费。但在收取门票中一定要明确其公益性目的，门票收入也只能作为大遗址保护资金使用。对于门票的价格也应在综合考虑公益性需求及控制游客流量的基础上，进行科学、合理的界定，不能定价过高，使其成为公众认知大遗址的负担。

2）发展大遗址文化产业。在政府加大财政支持的同时，以大遗址区域产业集聚理论为指导，通过制定各种经济引导、扶持政策，在大遗址区内保护大遗址或发展旅游业的同时，在大遗址区外发展服务业、文化产业、生态农业等相关产业，实行大遗址区内、区外联动，引导大遗址区内居民到区外就业，在实现大遗址保护的同时，用区外的产业化收益反哺大遗址保护。使单一的政府投入方式转变成政府、企业和社会多元化投入方式，增加民间资本和社会资金在保护资金中的比例。

（3）建立以社会参与为机制的大遗址保护专项基金。大遗址保护专项基金是一种用于大遗址保护、展示、利用和保护补偿的专用资金，是在政府一般性财政转移支付之外的一种专项保护资金措施。我国目前的大遗址专项保护基金主要由我国政府设立和投入，但由于我国大遗址数量多、面积大、面临的保护问题复杂，保护中所需资金较大，以政府行为为主的专项基金有限，导致保护资金缺口较大，不能有效地提供大遗址保护所需资金。因此，随着大遗址宣传教育和社会参与制度的建立健全，我国应以健全现有大遗址保护专项基金制度为基础，建立多元化的大遗址保护社会投入机制，拓宽大遗址保护资金来源渠道。第一，在继续坚持国家投入基础上，地方政府也应设立大遗址保护专项基金，与国家专项基金形成配套；第二，通过积极宣传教育，引导个人、企事业单位、社会团体进行捐赠，但在此过程中应制定相应的税收等优惠政策，以增强个人、企事业单位和社会团体的捐赠积极性；第三，可效仿体育彩票和社会福利彩票等，发行大遗址或文化遗产保护福利彩票，将其收益纳入大遗址保护专项基金。

除上述各种渠道外，还包括如向银行低息或无息贷款、发行债券、获得国际性保护资金援助等。

3. 制定税费等各种政策性优惠措施

对于非政府性的捐赠、开展大遗址保护公益性产业发展的企事业单位、社会团体和个人，国家及地方应制定各种政策性优惠措施，如补贴、低息贷款或税收减免等，鼓励、引导全社会参与到大遗址保护中；同时应积极探索制定文物保护专项税收政策，形成稳定的文物保护资金增长机制，以增强全社会对大遗址保护政策的支持及增加社会公益性保护投入，保障大遗址保护资金制度的实施。

总之，资金保障是大遗址保护的基础，其不是依靠一部法规或者一次政令、一次捐助就能解决的，必须充分调动各方面的积极性，建立一个全民参与的、系统的大遗址保护资金保障机制，形成文化遗产保护的强大合力和长效机制。

第四节　大遗址保护教育科研保障体系

大遗址保护不仅需要管理体制机制、法律法规和资金的保障，更需要宣传教育、各类高素质综合型保护人才和科学研究的保障。

一、大遗址保护宣传教育体系

大遗址保护宣传教育是指通过一定媒介或途径对大遗址的知识和信息进行

传播教育，使公众认识、了解大遗址，并能够欣赏、感受大遗址，参与到大遗址保护中的一种培养机制。我国由于早期经济社会发展的局限和文化遗产保护的传统，对大遗址的教育多是一种被动的保护法制宣传。进入21世纪后，随着大遗址保护概念的正式提出，一批考古纪录片和大遗址保护示范工程的推出，公众才开始认识了解大遗址。但这种认识多停留在少部分感兴趣的公众通过考古纪录片或到景区旅游的公众到景区景点后导游介绍的层面，真正的大遗址教育一直未能开展。因此，我国应建立系统的大遗址保护宣传教育体系，以培养公众对大遗址价值的认知和信息的了解，在学习我国传统文化的同时，增强大遗址保护意识，并参与到大遗址保护中。具体的除大遗址解说、公众考古等之外，还应从保护对象和保护方式方法两个方面进行完善。首先，从教育对象看，大遗址教育是面向整个社会公众的一项义务教育，因为只有公众认识、了解了大遗址，才能去欣赏、珍惜、爱护它，才能参与到大遗址保护中去，实现大遗址的社会参与。其次，从教育方式上来看，应以学校教育和社会教育相结合的方式来进行。大遗址教育首先应从对青少年的教育抓起，应结合历史文化，将大遗址教育写入青少年教育计划或纲要，让其从小就认识、了解我国的大遗址及其丰富、深厚的文化内涵，增强对大遗址的认同；还应建立健全大遗址青少年免费参观与教育制度，在书本、课堂学习的同时，学校应组织青少年深入大遗址实地考察、了解，增强直观感受；同时，在学校教育的基础上，青少年还有全社会的公众也可通过书刊、报纸、影视、旅游参观、导游讲解等了解、认识我国大遗址及其保护需求。

二、大遗址保护人才培养体系

我国大遗址保护的科学技术水平与世界文化遗产保护发达国家之间有着相当大的差距，而以科技保护为主体的人才培养体系建设是我国大遗址保护体系的突破口，也是大遗址保护实现和谐、可持续发展的必由之路。没有高水平的人才和适应各方面人才需求的人才体系的培养和建设，再先进的保护理念与管理体制、机制、技术、方法等也只是一种摆设，也无法构建起好的保护与利用体系。我国目前在大遗址保护人才方面存在着明显的不足，不管是大遗址保护规划人才，还是管理人才和保护科学技术人才都存在缺口，尤其是在基层，几乎没有专业的大遗址或文化遗产保护人才。因此，应以大遗址保护中存在的问题和出现的重大需求为导向，通过学校学历教育和培训教育等多种方式，努力培养一批"知识渊博、品质优秀、甘于奉献的专门型人才，一批敢于创新、善于创新的创新型人才,一批熟悉和掌握古代科技知识和传统工艺的专业型人才,一批善于运用现代科技手段保护和利用文化遗产的科技型人才,一批熟悉文化遗产工作、懂经营善管理的复合型人才,一批历史文化知识丰富、具有世界眼光、熟悉外语的外向型人才"[①]。全面提高大遗址保护工作者的综合素质和业务能力,提升大遗址保护、管理和科学研究的水平。

三、大遗址科研体系

科学研究是大遗址保护、管理的重要支撑,也是大遗址宣传教育和大遗址人才培养的重要支撑。我国经过近几十年的探索与实践,已经构建起了从国家到地方,从科研院所、高等院校到基层保护组织等的文化遗产保护科研体系。但随着大遗址保护的提出和发展,在面对错综复杂的大遗址保护工作时,仍存在着许多未解的问题需要科研工作者去不断探索。既有宏观的全局性、基础性问题,也有微观的具体的保护技术措施、展示与利用方法问题,如大遗址考古发掘、大遗址历史文化研究、大遗址保护理论与方法体系建设、大遗址区域经济社会的协同发展、大遗址保护技术措施、大遗址的展示与利用方式方法,甚至包括器物的修复保护等。因此,在大遗址保护中应以重点解决热点、难点和瓶颈问题为核心,以重大大遗址保护与利用计划或规划为载体,充分调动全社会一切可以利用的优秀科技资源,加强大遗址保护的研究、实践,促进我国大遗址保护科技水平、管理水平等各方面的整体提高与发展。

---

① 李长春:《保护发展文化遗产　建设共有精神家园》,《广西城镇建设》2010年第8期。

后　　记

　　本书是在我2012年底完成的博士学位论文基础上修改完善而成，为尽可能保留当时写作的思想和历程，鞭策自己在学术道路上不断完善提高，此次出版，没有对论文内容做过大修正，主要是删减了相关案例和小结。在本书修改完成之际，除了体会到投身治学生涯的辛苦，更多的是感到幸运，在此仅以不尽笔力，表达衷心感谢。行远道者，假于车马；济江海者，因于舟楫；求真知而欲求突破者，则成于恩师的心血化育和谆谆教诲。本书的完成，要感谢我不同阶段的四位老师。首先得益于我的博士生导师李颖科教授的悉心指导，当年博士论文从选题、立意、建构到具体内容写作都倾注了导师大量的心血；而此次出版，老师更是在繁忙的公务之余，牺牲大量的休息时间，来为本书撰写序言；尤其是对于大遗址保护存在问题和原因等的分析，弥补了作者早期写作过程中（第一章绪论部分）研究背景等撰写的不足，在此谨向老师表示最诚挚的感谢和崇高的敬意。其次，要感谢赵丛苍教授，赵老师是我博士研究生期间的校内指导老师，学识渊博、做事严谨认真、待人诚恳；我自硕士研究生以来就一直随赵老师学习、研究，从老师那儿学到了许多考古学、大遗址保护及规划学知识，并在日常生活中增长了人生阅历。再次，是我硕士研究生时期的导师王建新教授，在我攻读博士期间，也多得其指导、帮助，在论文写作中也提出了殷切的建议，使得论文结构不断完善、充实。最后，是我在中国社会科学院考古研究所做博士后期间的合作导师杜金鹏研究员，正是在他的鼓励及鞭策下，我才下定决心将论文修改出版；论文修改期间，杜老师也提出了许多独到的见解，使本书的架构及内容衔接更显合理；尤其是杜老师渊博的知识、高屋建瓴的思想、深邃的洞察力、严谨的学风和质朴和蔼的生活作风使我在学习、工作期间受益良多。

　　在求学经历中，我很幸运自己选择了西北大学文化遗产学院，也很幸运文化遗产学院接纳了我这个懵懂的求知者。在学校学习的几年，多得陈洪海教授、冉万里教授、徐卫民教授、钱耀鹏教授、段清波教授、张宏彦教授、刘文瑞教授、刘军民教授、凌雪教授、吴铮铮副教授、刘成副教授、惠明老师、凤鸣老师、李成老师、王振老师的教诲。感谢他们在我学习过程中的指导和帮助，他们渊博的知识以及生动新颖的授课方法，使我受益匪浅。也感谢他们在我论文的选题、内容、结构甚至写作方法和收集资料方面给予的宝贵意见和建议。感谢在开题与答辩阶段对论文提出宝贵意见的老师和专家，包括原故宫博物院院长单霁翔先生、原陕西省文物局局长赵荣教授、陕西文化遗产院周萍院长、浙江大学张颖岚教授等。

同时还要感谢论文写作、调研期间给予我帮助和指导的师长、友人。在洛阳调研期间，天子驾六博物馆的张建文馆长亲自为我联系了各个调研地点，让我了解到许多一般调研可能看不到的情况，尤其是与其的交谈更加深了我对大遗址保护的认识；在二里头遗址与中国社会科学院考古研究所的许宏老师的交流中得到了许多有益的帮助；在汉魏洛阳城遗址中国社会科学院考古研究所的刘涛师兄在夏日的高温中，亲自带着我了解遗址保护现状，并对保护与利用、未来的保护趋势提出独到的见解；正如在调研结束后的感言中所写，一路向北的过程中，我得到了许多无私的帮助、指导和照顾。这还包括郑州考古研究院的刘文科，作为研究生时的好友，其全程安排了在郑州地区的调研；河北省文物考古研究院的杨丙君等友人，全程安排了在河北的调研。正如昔日离别时所言，感激之情无以言表，在此表示真挚的感谢。同时感谢意大利威尼斯学院的托尼、新西兰奥克兰大学的唐宇慧、德国慕尼黑大学的李晓兰等友人提供的关于意大利、法国、英国、德国等国与遗址保护有关的外文文献。

感谢北京市文物局的刘能老师、科学出版社的赵越老师在本书编辑、校对过程中的辛苦付出。正是她们的鼓励，使我进一步增强了信心，终于敢将其付梓印刷。

亲人的关爱永远是远航中的港湾，感谢我的家人朋友，特别是几位叔叔、婶婶及我的爱人和儿子，正是他们多年来对我的关心照顾及帮助鼓励，才能使我在生活面前勇往直前，坚信生活的美丽。我将珍惜我的所有，用一生的爱和努力回报他们。

感谢本书写作过程中引用或参考相关资料、文献、研究思想的所有作者。向因本人疏漏而未能在文献中注明姓名的作者们表示歉意！同时，本人深感自身才学有限，书中难免有疏漏不妥之处，敬请各位专家学者和读者批评指正。

生活总是眷顾有准备的人，我不认为自己是一个聪明的人，但我自认为还算是一个勤奋的人吧。多年的求学经历，使我更懂得严谨、务实的重要性。我相信"没有比脚更长的路，没有比人更高的山"，我继续走在路上。

刘卫红
2020年1月10日